타인의 친절

타인의 친절

—

2021년 11월 24일 초판 1쇄 발행

—

지은이 마이클 맥컬러프
옮긴이 엄성수
펴낸이 김정수, 강준규
책임편집 유형일
마케팅 추영대
마케팅지원 배진경, 임혜솔, 송지유, 이영선

—

펴낸곳 (주)로크미디어
출판등록 2003년 3월 24일
주소 서울시 마포구 성암로 330 DMC첨단산업센터 318호
전화 번호 02-3273-5135
팩스 번호 02-3273-5134
편집 070-7863-0333
홈페이지 http://rokmedia.com
이메일 rokmedia@empas.com

—

ISBN 979-11-354-7068-4 (03180)
책값은 표지 뒷면에 적혀 있습니다.

—

- 비잉은 로크미디어의 인문, 사회 도서 브랜드입니다.
- 잘못 만들어진 책은 구입하신 서점에서 교환해 드립니다.

The Kindness
of

타인의 친절

이기적인 인간은
어떻게 타인에게 친절을 베풀 수 있게 되었는가?

마이클 맥컬러프 지음 · 엄성수 옮김

Strangers

Being

조엘 윌리엄 마이클 맥컬러프와
마들렌 엘리자베스 맥컬러프에게 사랑을 담아.
그 많은 시간은 다 어디로 갔을까?

저자ㅣ**마이클 맥컬러프**Michael McCullough

마이클 맥컬러프는 캘리포니아대학교 샌디에이고 캠퍼스의 심리학 교수로, 진화 및 인간 행동 연구소 소장직을 맡고 있다. 그는 플로리다대학교를 졸업했으며, 버지니아커먼웰스대학교에서 심리학 석사, 박사 학위를 받았다. 그는 미국심리학회와 성격 및 사회심리학협회의 회원이며, 활발한 연구와 저술 활동으로 미국심리학회에서 수여하는 신진연구자상과 멘토링상, 템플턴 긍정심리학상을 비롯해 많은 상과 펠로우십을 받았다. 2005년에는 학술적 공로를 인정받아 루뱅 가톨릭대학교로부터 명예박사 학위를 받기도 했다. 그의 연구 성과는 〈뉴욕 타임스〉, 〈로스앤젤레스 타임스〉, 〈워싱턴 포스트〉 등 각종 매체에 게재되었다. 주요 저서로는 《복수의 심리학》이 있으며, 《용서》를 비롯해 여러 권의 책을 공저했다.

역자 | **엄성수**

경희대학교 영어영문학과를 졸업한 후 집필 활동을 하고 있으며 다년간 출판사에서 편집자로 근무했다. 번역에이전시 엔터스코리아에서 출판 기획 및 전문 번역가로 활동하고 있다. 주요 역서로는 《상상이 현실이 되는 순간》, 《거의 모든 것의 종말》, 《승리하는 습관》, 《무소의 뿔처럼 당당하게 나아가라》, 《테슬라 모터스》, 《더 이상 가난한 부자로 살지 않겠다》, 《러브 팩추얼리》, 《창조하는 뇌》, 《유전자 클린 혁명》, 《유튜브 컬처》, 《노동 없는 미래》 등이 있으며, 저서로는 《초보탈출 독학 영어》, 《친절쟁이 영어 첫걸음》, 《왕초보 영어회화 누워서 말문 트기》, 《기본을 다시 잡아주는 영문법 국민 교과서》 등이 있다.

차례

1장.

연민의 황금시대

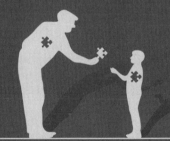

이 책은 동물과 관련된 세계적인 불가사의들 가운데 하나에 대한 책이다. 그렇다고 해서 코끼리의 눈물이나 돌고래의 미소, 침팬지들의 정치, 문어의 의식, 공작의 꼬리, 개미들의 왕국 또는 새나 벌 또는 개의 지혜를 이야기하자는 건 아니다. 나는 지금 낯선 이들을 돕는 묘한 습관을 가진 깡마르고 똑똑한 유인원, 그리고 낯선 이들을 돕기 위해 종종 자신의 소중한 시간이나 귀한 보물은 물론 심지어 목숨까지 내놓는 유인원에 대한 이야기를 하고 있는 것이다. 당신과 나의 이야기이며, 우리가 다른 낯선 이들을 어떻게 대하느냐에 대한 이야기, 즉 '낯선 이들에 대한 우리 인류의 친절' 이야기이다.

낯선 이들에 대한 연민 문제에 관한 한 인간은 그야말로 타의 추종을 불허한다. 인간과 마찬가지로 침팬지 또한 가끔 자기 친척과 친구들을 돕긴 한다. 그러나 물에 빠진 낯선 침팬지를 구하기 위해 불어난 강물 속에 몸을 던진다거나 탄자니아에 사는 궁핍한 침팬지 가족들에게 먹을 걸 보낸다거나 은퇴한 침팬지들의 집을 찾아가 자원봉사를 하는 침팬지는 없다. 해가 지나고 또 지나고 또 지나도록(그렇게 800만 번을 거듭하도록), 침팬지들은 낯선 침팬지를 돕기 위해 손가락 하나 까딱하지 않았다. 찰스 다윈Charles Darwin 같은 진화론자조차 인간과 침팬지의 남을 보살피는 능력 차이를 가장 눈에 띄는 두 종 간의 행동 차이 중 하나로 봤을 정도이다.

> 가장 열등한 인간의 마음과 가장 우월한 동물의 마음 사이에는 건널 수 없는 큰 골이 있다는 건 의심의 여지가 없다. 일부 유인원들은 자신들도 언제든 같은 무리의 다른 유인원들을 도울 수 있고, 그 유인원들을 위해 자기 목숨을 걸 수도 있으며, 다른 고아 유인원들을 보살필 수도 있다고 주장할지 모른다. 그러나 그런 유인원들조차 인간의 가장 고귀한 특징인 살아 있는 모든 생명체에 대한 사심 없는 사랑은 도저히 이해 못 한다는 걸 인정하지 않을 수 없을 것이다.[1]

자, 그럼 침팬지들이 이해 못 하는 그 일을 이해하도록 해보자. 우리의 가장 가까운 영장류 사촌인 침팬지와는 대조적으로, 미국에서는 매년 150명 이상이 그리고 영국에선 거의 100명이 낯선 이들에게 자신의 신장을 기증한다.[2] 예루살렘에 있는 국제 홀로코스트 추모 센터에 따르면, 홀로코스트 즉, 유대인 대학살 기간 중 자신의 생명과 자유를 걸고 유대인 구조에 나선 비유대계인은 2만 7,362명이 넘는다.[3] 카네기재단은 그간 죽어가는 사람을 구하기 위해 스스로 큰 위험에 뛰어든 평범한 미국인 1만 명 이상에게 카네기 메달을 수여했다. 메달을 받은 다섯 명 중 한 명은 사후에 메달을 받았는데, 그건 수상자가 위험에 빠진 사람을 도우려다 목숨을 잃었기 때문이다.[4] 물론 대부분의 영웅은 메달 같은 건 받지도 않는다.

인간은 덜 영웅적인 여러 가지 방식으로도 낯선 이들을 돕는다. 2001년 9. 11 테러 발생 직후, 약 4만 명의 뉴요커들이 헌혈을 하기 위해 줄을 섰다.[5] 전 세계적으로 매년 40억에 달하는 성인이 도움이 필요한 낯선 이들에게 따뜻한 손을 내밀고, 23억 명이 고아원에 기부를 하며, 16억 명 이상이 자원봉사를 한다.[6] 또한 매년 미국에서만 건강과 교육 그리고 인간 복지를 위해 일하는 단체들에 기부되는 돈이 6,000억 달러에 달한다.[7] 또 영국 성인의 3분의 2가 적어도 한 달에 한 번 자선 활동에 참여한다.[8]

인간의 너그러운 마음은 각국 정부가 취약 계층의 시민들을 위해 하는 일들에서도 드러난다. 부유한 선진국들은 자신들의 국내총소득GDI 가운데 평균 21%를 퇴직 연금, 의료 보험, 실업 보험, 가족 지원금, 식량 보조금, 주택 지원 같은 사회복지 예산에 할애하며, 그 외에 또 국내총소득의 5%를 교육에 할애한다.[9] 사회복지 예산을 '낯선 이들에 대한 너그러움 내지 관대함'으로 생각하지 않을 수도 있지만, 어쨌든 우리는 세금을 기꺼이 내고 있지 않은가. 불과 150년 전까지만 해도 국가가 사람들이 필요로 하는 이런 광범위한 것들을 충족시켜줘야 할 의무를 갖고 있다는 개념은 그 어디에도 존재하지 않았다. 그러다 갑자기 모든 곳에 존재하게 된 것이다.

매년 많은 정부와 비정부 단체가 세계에서 가장 가난한 나라들에게 1,500억 달러 상당의 공식적인 개발 원조 및 인도주의적 지원을 하고 있다. 물론 이 금액은 이들 국가 대부분의 국내총소득 가운데 극히 일부이지만, 여기서 1,000억 달러, 저기서 1,000억 달러 모이다 보면 곧 상당한 금액이 된다.[10]

오늘날 낯선 이들에 대한 너그러움 내지 관대함이 특히 놀라운 이유 중 하나는 그런 일이 전혀 일어날 것 같지 않은 일이라는 데 있다. 대부분의 과학적 설명에 따르면, 우리 조상들은 이방인에 대해 아주 심한 혐오증을 갖고 있어서 도움이 필요한 이방인들에게 기꺼이 깨끗한 물과 따뜻한 음식을 내주거나 밤새 머리를 눕힐 수 있는 장소를 제공하기는커녕 창과 화살로 쫓아냈다. 실제로 내가 자리에 앉아 이 책 초안을 쓰기 바로 며칠 전, 한 미국인 선교사가 벵골만 안에 있는 센티널 아일랜드에서 아직 외부 세계와의 접촉이 없는 한 부족 원주민들이 쏜 화살에 맞아 죽었다. 원주민들은 선교사의 시신을 해변에 끌고 가 묻었다고 한다. 그렇다면 낯선 이들에 대한 우리의 마음자세는 왜 이 원주민들의 마음자세와 크게 달라졌을까? 오늘날 인간들이 낯선 이들의 행복에 보이는 이처럼 큰 관심은 동물의 왕국 내에서는 물론 대부분의 인간 역사를 통틀어서도 비슷한 사례를 찾아볼 수가 없다. 그야말로 유일무이한 일이며, 그래서 특별한 설명이 필요한 것이다.

그간 대부분의 현대 역사학자는 인간의 너그러움의 역사에 대해 총괄적인 접근이 아니라 산발적인 접근을 해왔다. 예를 들어 한 역사학자가 고대 아테네인들의 박애정신에 대한 글을 쓰면, 다른 역사학자는 중세 유럽인들의 자선에 대한 글을 쓰고, 다른 역사학자는 16세기 영국에서의 엘리자베스 구빈법에 대한 글을, 다른 역사학자는 19

세기에 태동된 현대 복지국가에 대한 글을, 또 다른 역사학자는 지구 상에서 빈곤을 뿌리 뽑으려는 20세기의 노력들에 대한 글을 쓰는 식이었다.

오늘날에는 1세기 전보다 그런 주장을 펴는 사람의 수가 줄어들긴 했지만, 일부 역사학자들은 대대적인 너그러움의 출현을 역사학자들 버전의 '보이지 않는 손invisible hand'*인 '문명' 때문이라고 설명하려 했다. 아일랜드 역사학자 윌리엄 하트폴 레키William Hartpole Lecky는 도덕적 발전을 문명의 덕으로 돌리는 문명 이론의 대표 주자 중 한 명이었다. 레키의 견해에 따르면, 낯선 이들의 행복에 대한 인류의 관심은 수세기에 걸친 문명화 과정에서 나왔다. 그러니까 문명화 과정에서 각종 미신과 외국인 혐오증, 현상 유지에 대한 안이한 만족 등이 사라지고, 합리적 사고와 세계주의, 각종 실험 및 자기계발이 자리 잡게 됐다는 것이다. 또한 그 과정에서 인간의 자선 활동 폭이 넓어졌다는 것이다. 레키는 1869년에 발표한 자신의 두 권짜리 저서 《유럽 도덕의 역사History of European Morals》에 이렇게 썼다. "역사를 돌이켜보면, 문명이 발전하면서 인류의 자선 행위는 보다 따뜻해지고 확대되었으며, 인류의 습관적인 행동들은 보다 온화하고 차분해졌고, 진리에 대한 인류의 사랑은 보다 진지해졌다."11 빅토리아 시대의 다른 많은 작가 역시 문명주의자들(또는 진보주의자들이라고도 함)이었다. 오늘날까지도 낯선 이들을 돕는 데 활용되는 각종 사회 개혁을 주창한 사람의 상당수는 물론 다윈 자신까지도 일종의 문명주의자

---

* 스코틀랜드 출신의 사회철학자 겸 정치경제학자 애덤 스미스는 개개의 모든 이해가 궁극적인 조화를 이뤄, 보이지 않는 손처럼 시장을 지배한다고 했다. - 역자 주

였다.

역사학자들은 우리가 낯선 이들에 대한 친절을 이해하는 데 아주 큰 도움을 주었지만, 산발적 접근을 한 역사학자들이나 문명주의자들은 한 가지 중요한 사실을 간과했다. 표준적인 접근 방식으로 이타주의와 연민을 설명하는 과정에서, 인간의 타고난 특성, 즉 인간 특유의 믿음과 욕망, 동기, 감정, 인지 능력 등을 제대로 고려하지 못한 것이다. 낯선 이들을 돕는 데 결정적인 역할을 하는 이 특성들은 파란만장한 역사 끝에 오늘날에 이르러 대규모로 그리고 적극적으로 발휘되고 있다. 인지과학자 파스칼 보이어Pascal Boyer의 말처럼, 마음들이 사회를 만드는 것이다.[12] 따라서 우리 '호모 사피엔스'가 어떻게 도움을 필요로 하는 낯선 이들을 매정하게 내치지 않고 연민을 가지고 도와줄 수 있게 되었는지를 제대로 설명하자면, 사람들이 왜 오늘날과 같은 믿음을 갖게 됐는지, 왜 오늘날과 같은 생각을 갖게 됐는지, 왜 오늘날 원하는 것과 같은 것들을 원하게 됐고 어떻게 그것들을 손에 넣는 방법을 알아냈는지를 제대로 이해해야 한다. 석기 시대의 세계에 맞춰 낯선 이들을 두려워하고 죽이기까지 했던 인간의 마음이 어떻게 낯선 이들을 존중하고 도와주는 사회를 만들어내게 됐는지를 설명할 수 있어야 하는 것이다.

인간의 너그러움을 설명하는 역사학자들의 이런 접근 방식을 보완한 것이 바로 진화론적 접근 방식이다. 진화론을 지지하는 생물학자와 사회과학자는 낯선 이에 대한 인간의 너그러움에 대해 수세기 동안 집착에 가까운 관심을 보였는데, 너그러움이 진화론적 입장에서 그만큼 받아들이기 어려웠기 때문이다. 대체 어떻게 전혀 낯선 이들을 위해 소중한 자원을 낭비하는 성향이 진화될 수 있단 말인가? 어쨌든 자연 선택*은 번식 적응도에 좌우되고 번식 적응도는 자원에 좌우되므로, 자원은 더 많이 가질수록 유리하다. 그런데 어떻게 그리 귀한 자원을 별 볼 일 없는 사람한테 써버리는 사람들이 진화 과정에서 불이익을 받지 않는단 말인가?

오늘날 진화론자들 사이에서 낯선 이들에 대한 너그러움에 대한 설명은 크게 두 가지로 나뉜다. 하나는 낯선 이들은 고대의 인간 환경에서 아주 중요한 요소여서 이들을 도움으로써 더 나은 다윈 적응도Darwinian fitness**를 획득할 수 있었다는 것으로, 이 '낯선 이에 대한 적응' 가설의 지지자들에 따르면, 우리가 오늘날 낯선 이들을 돕는 것은 결국 진화의 결과인 셈이다. 우회적이긴 하지만 낯선 이들을 돕는 것이 진화에 도움이 되기 때문이라는 설명이다.

또 다른 설명은 낯선 이들에 대한 너그러움은 친구와 친척을 돌보는 쪽으로 진화된 본능의 부산물에 지나지 않는다는 것이다. 이 가설을 지지하는 사람들은 오늘날 우리가 낯선 이들을 돕는 건 고대의 경험 법칙을 따르는 거라고 주장한다. 누군가를 처음 만났다는 것은 나중에도 다시 만나게 될 거라는(그리고 그때 당신의 친절을 되돌려 받을 기회가 생길 거라는) 합리적 증거가 되던 세계에서 통하던 경험 법칙 말이다. 고대의 그 경험 법칙은 우리로 하여금 다시는 만나지도 못할 낯선 이도 돕게 만드는데, 자연 선택의 관점에서 봤을 때 이는 귀한 자원을 쓸데없는 도움에 낭비한 실수가 된다. 그래서 생물학자 리처드

도킨스_{Richard Dawkins}는 오늘날의 이 같은 이타심의 실수를 '축복받은 실수'라고 말한다.

> 똑똑한 커플이라면 다윈의 진화론을 읽고 자신들이 성적 욕구를 느끼는 궁극적
> 인 이유가 출산이라는 걸 알 것이다. 물론 두 사람은 여성이 피임을 하고 있기 때
> 문에 임신할 수 없다는 걸 안다. 그러나 그들은 자신들이 그런 사실을 알고 있음
> 에도 성적 욕구가 전혀 줄지 않는다. 성적 욕구는 성적 욕구일 뿐, 각 개인의 심
> 리상의 그 힘은 그런 욕구를 일으키는 궁극적 진화론의 압력과는 무관하다. 다
> 시 말해 성적 욕구는 그 궁극적 이유와는 별개로 존재하는 강한 욕구이다.
> 나는 친절에 대한 욕구, 즉 이타주의나 너그러움, 공감, 연민에 대한 욕구도 이
> 와 같다고 본다. 조상들의 시대에 우리에게는 가까운 친척들 또는 보답해올 가
> 능성이 있는 사람들에게만 이타적인 행동을 할 기회가 있었다. 오늘날에는 그
> 런 제약이 더 이상 없지만, 경험 법칙은 여전히 존재한다. 어째서 그렇지 않겠
> 는가? 친절은 성적 욕구와 같다. 그래서 우리는 매력적인(그러나 불임 또는 다른
> 이유로 애를 낳을 수 없는) 이성을 보고 성적 욕구를 느끼지 않을 수 없듯, 슬피 우
> 는 불행한(그러나 아무 관계도 없고 보답해올 가능성도 없는) 사람을 보면 연민의 정
> 을 느끼지 않을 수 없다. 둘 다 불발, 즉 진화론적 실수이다. 축복받은 소중한 실
> 수.**13**

'낯선 이에 대한 적응'과 '축복 받은 실수'의 차이에도 불구하고, 두 종류의 진화론자들은 모두 우리 인간은 낯선 이들의 행복에 변치 않는 관심을 보일 것이라고 예측한다. 그건 우리가 진화 과정에서 아예 낯선 이들을 보살피게끔 변했기 때문이거나, 아니면 일상생활에

서 낯선 이들을 워낙 많이 만나다 보니 (무의식적으로) 그들을 친구나 사랑하는 사람들로 잘못 생각하기 때문이다. 우리는 이제 더 이상 도움을 필요로 하는 낯선 이들에게 손길을 내미는 걸 자제할 수 없는데, 진화론자들의 주장이 옳다면, 그긴 마치 우리가 배가 고플 때 배에서 꼬르륵 소리가 나는 걸 막을 수 없는 것과 같다.

그런데 이 같은 진화론적 설명은 역사학자들의 설명과는 또 다른 그 자체의 맹점을 갖고 있다. '낯선 이에 대한 적응' 지지자들의 접근 방식이 갖고 있는 약점은 이 가설이 우리의 마음이 애초에 낯선 이들의 행복에 신경 쓰게끔 되어 있지 않다는 경험적 증거를 제대로 설명하지 못한다는 것이다. 연구 결과에 따르면, 낯선 이들의 행복에 대한 우리의 직관적인 관심은, 특히 우리 자신은 물론 친구와 사랑하는 이의 행복에 대한 관심과 비교할 때, 그리 생기지도 않을뿐더러 변덕스러워 쉬 식는다. 곧 살펴보게 되겠지만, 진화 결과 우리 인간의 마음이 낯선 이들의 행복에 적극적인 관심을 갖게 됐다는 걸 보여주는 증거는 아주 희박하다.

우리가 낯선 이들에 대해 연민을 갖는 것은 우리로 하여금 가족과 친구들을 보살피게 하는 심리학적 시스템 때문이라는 '축복 받은 실수' 지지자들의 주장은 자연 선택의 중요한 한 원칙, 즉 그런 심리학적 시스템 안에는 복잡한 안전장치와 인증 절차가 있어 우리가 '무심코' 낯선 이들을 돕는 실수를 피하게 될 가능성이 높다는 원칙에도 어긋난다. 심지어 축복 받은 사람들의 경우에도 실수의 대가는 커서 자연 선택의 원칙은 가능한 한 그런 실수를 피하게끔 되어 있다. 곧 좀 더 자세히 살펴보겠지만, 실제 우리는 그런 실수를 되도록 피하려 한다. 그렇다. 우리는 우리의 혈육을 돕게 진화됐을 뿐 아니라, 우리의 혈육과 비혈육을 구분할 수도 있게 진화됐다. 또 우리의 도움에 보답해 미래에 우리를 도와줄 가능성이 있는 사람들을 돕게 진화됐으며, 그에 대한 보완책으로 미래에 보답할 가능성이 있는 사람과 그렇지 않은 사람을 구분할 수 있게 진화됐다. 물론 우리의 진화된 사회적 본능과 연민은 낯선 이들에 대한 친절을 이해하는 데 아주 중요하지만, '낯선 이에 대한 적응' 및 '축복 받은 실수' 이론은 너무 단순하다.

낯선 이들에 대한 너그러움을 설명하는 많은 진화론적 관점은 최근의 인류 역사를 그리 진지하게 고려하지 못하고 있는데, 그건 진화론자들이 대개 복잡한 기능 디자인을 형성하는 데 억겁의 세월이 걸리는 자연 선택에 관심이 많기 때문이다. 그 결과 낯선 이들에 대한 우리의 너그러움이 지난 수만 년간 자라온 원인 경로를 되짚어보는 데 많은 시간을 쏟지 못하고 있는 것이다.

마지막으로 진화론자들은 우리 인간의 두 가지 중요한 정신적 능력을 간과하는 경향이 있다. 하나는 각종 인센티브를 좇는 우리의 능력이다. 다른 동물들과 마찬가지로 우리는 우리의 가장 큰 관심사, 즉 식량과 주거지, 옷, 명예, 질병과 범죄가 없는 도시, 번영하는 국가 경제, 우리의 윤리적 신념 고수, 의미 있는 삶 등으로 우리를 이끌어줄 행동 경로를 따라갈 줄 알며, 그것들에 보다 가까이 갈 수 있게 해줄 행동 과정을 구축할 줄도 안다.

진화론자들이 간과하는 또 다른 정신적 능력은 추론 능력이다. 우리 인간은 추론을 만들어내고 동시에 처리할 수 있게 진화됐다. 즉 자신의 믿음과 확신을 합리화하고 동시에 다른 사람들이 자신의 믿음과 확신을 제시하는 정당성을 평가할 수 있게 진화됐다. 너무도 오랜 세월 동안 진화론자들은 '인센티브들을 좇는 능력', '추론 능력'과 같이 다목적용으로 보이는 인지 능력에 토대를 둔 심리학적 행동 설명에 대해 알레르기 반응을 보여 왔다. 그러나 곧 자세히 살펴보겠지만, 이런 인지 능력은 낯선 이들에 대한 오늘날의 우리 관심을 제대로 설명하는 데 꼭 필요한 것들이다.[14] 이런 능력들에 대한 언급 없이 낯선 이들에 대한 우리 인류의 관심을 설명하긴 힘들다.

어쩌면 너무 당연한 일이지만, 지난 수만 년간 낯선 이들에 대한 우리 인류의 관심이 폭발적으로 늘어난 것을 과학적으로 설명하면서 우리의 사회적 본능과 지적 능력을 거론한 사람은 진화론의 창시자인 다윈 자신이다. 그는 이렇게 말했다.

> 그 어떤 동물이든 부모의 사랑이나 자식의 사랑과 같이 눈에 띄는 사회적 본능들을 갖고 있으며, 그 결과 필히 도덕관념이나 양심을 갖게 되는데, 이는 인간의 경우도 마찬가지다. 왜냐하면, 첫째, 그런 사회적 본능들 덕에 자기 동료들이 속한 사회에서 즐거움을 찾게 되고, 그 동료들에게 어느 정도의 연민을 느끼게 되며, 그 동료들을 위해 여러 가지 도움을 주게 되고…… 그러나 이런 감정들은 결코 같은 종의 모든 동료에게 적용되는 건 아니며, 자신과 긴밀한 유대관계를 맺고 있는 동료에게만 적용된다.[15]

다윈의 추정에 따르면, 모든 동족이 아닌 가까운 혈육과 동료들에만 관심을 갖게 만드는 '눈에 띄는 사회적 본능'은 인류 역사상 아주 최근에야 구현되기 시작해, 궁극적으로는 인류 전체의 행복에 대한 관심으로 발전되었다. 그리고 다윈은 그 모든 걸 가능하게 해준 것은 바로 우리 인간의 추론 능력이라면서 이렇게 부연 설명했다.

> 인간의 문명이 진전되면서 그리고 조그만 부족들이 합쳐져 보다 큰 공동체로 변하면서, 각 개인이 자신의 사회적 본능과 연민을 같은 국가의 모든 구성원에게(설사 개인적으로 모르는 구성원이라 해도) 확대해야 할 이유가 생겨났다. 상황이 이렇게 되자, 이제 각 개인의 연민이 국가와 민족의 모든 구성원에게 확대되는 걸 막는 장애물은 인위적인 장애물밖에 없게 됐다.[16]

훗날 1871년에 발간한 저서 《인간의 유래The Descent of Man》의 같은 장에서, 이미 결말이 난 일을 다시 거론하는 게 신경 쓰인다는 듯 다윈은 변명하듯 같은 주장을 이렇게 되풀이했다.

> 어쩌면 도덕관념은 인간과 하등 동물을 구분하는 가장 큰 차이인지도 모른다. 하지만 나는 이와 관련해 특별히 다른 말은 하고 싶지 않다. 왜냐하면 최근 들어 나는 적극적인 지적 능력과 습관의 효과 덕분에 인간의 가장 두드러진 도덕적 특징인 사회적 본능이 자연스레 '남에게 대접을 받고자 하는 대로 남을 대접하라'(마태복음 7장 12절)는 황금률에 이르게 되며, 이것이야말로 도덕의 기초가 된다는 걸 입증하려 애써왔기 때문이다.[17]

내가 이 책에서 하려는 주장 역시 다윈의 이런 주장과 비슷하며, 사실 아주 단순한 주장이다. 그러니까 낯선 이들에 대한 우리 인간의 친절이 놀라울 정도로 적은 본능, 즉 진화된 우리 인간의 네 가지 본능에 토대를 두고 있다는 주장인 것이다. 네 가지 본능에는 다윈이 말한 '사회적 본능들', 즉 나중에 다시 도움을 받을 희망으로 다른 사람들을 돕는 본능, 명예를 위해 다른 사람들을 돕는 본능, 그리고 다윈의 이른바 '적극적인 지적 능력'이라는 본능들, 즉 '각종 인센티브를 좇는 능력'과 '추론 능력'이 포함된다.

　나는 거기서 한 걸음 더 나아가, 낯선 이들에 대한 우리 인류의 친절은 지난 1만 년간 수많은 사람이 직면했던 7가지 문제와 우리의 사회적 본능 및 적극적인 지적 능력이 그 문제들의 해결책으로 제시한 것들을 통해 생겨났다고 주장한다. 우리는 그 힘겨운 7가지 역사적 문제들 더분에 기본적인 사회적 본능을 동원해 대가성 도움을 바라거나 명예를 위해 낯선 이들을 도왔지만, 한편으론 우리에게 중요한 것이 무언지 알아내는 능력은 물론 그 중요한 것을 손에 넣을 계획을 추론해내는 능력도 키웠다. 간단히 말해, 우리 조상들은 힘겨운 문제에 봉착하면서 동시에 위협과 기회에 직면했고, 추론 능력을 발휘해 가장 좋은 대응책을 알아냈다. 그리고 가장 좋은 대응책은 결국 연민과 관련된 것으로 밝혀졌다.

　우리에게 낯선 이들을 돌봐야겠다는 욕구가 생겨나게 된 건 사회적 본능과 추론 능력 덕분이지만, 나는 거기에 덧붙여 우리에게 낯선 이들을 돌볼 능력이 생겨나게 된 건 세 가지 분야, 즉 기술과 과학 그리고 무역 분야의 발전 덕이라고 주장한다. 우리에겐 카네기재단이 선정한 영웅도 있고, 홀로코스트 구조자도 있고, 익명의 신장 기증자도 있다. 우리는 자기 나라 안에 사는 가난한 사람을 위해서도 많은 노력과 자원을 투자하지만, 바다를 건너고 국경을 가로질러 때론 심지어 세대를 뛰어넘으면서까지 낯선 이들의 무거운 짐을 덜어주려 하는데, 그건 우리 인류에게 그런 욕구가 있기 때문이기도 하지만 우리에게 그럴 능력이 있기 때문이기도 하다.

다음 2장에서는 우리가 낯선 이들의 행복에 직관적인 관심을 갖는 걸 방해하는 심리학적 장애를 소개하면서 본격적으로 이런 주장을 펼쳐나갈 것이다. 사회심리학 및 인지심리학 연구 결과에 따르면, 의식적이고 의도적인 노력을 하지 않는 한 인간의 마음은 비정할 정도로 낯선 이들의 행복에 별 관심을 갖지 않는다. 만일 '낯선 이에 대한 적응' 지지자들이 주장하듯 자연 선택에 의해 우리 인간의 마음이 정말 낯선 이들을 돌보게끔 진화된 거라면, 그야말로 터무니없이 서툰 솜씨라 아니할 수 없다.

3장부터 6장까지에서는, 다윈이 낯선 이들에 대한 우리의 연민이 만들어진 토대라고 추정한 '사회적 본능과 연민'을 소개할 것이다. 인지과학과 진화론적 심리학의 현대적 설명을 빌자면, 이 본능과 연민은 진화된 인지 시스템, 즉 우리의 뇌 속에 신경세포와 시냅스의 네트워크 형태로 존재하는 작은 컴퓨터 장치의 결과물이며, 그 인지 시스템은 자연 선택에 의해 우리의 친구와 친척과 동포를 돌보게끔 만들어진 것이다. 3장에서는 자연 선택을 주마간산으로 훑어볼 것이다. 그리고 4장부터 6장까지에서는 다윈의 사회적 본능과 연민이 낯선 이들에 대한 친절을 설명하는 데 어떤 도움이 되는지를 살펴볼 것이다. 이 장들에서 살펴보겠지만, 다윈이 추정한 것과는 반대로, 실제로 변화를 가져오는 것은 우리의 '사회적 본능과 연민'뿐이다.

7장부터 13장까지에서는 우리 조상들로 하여금 낯선 이들이 필요로 하는 것들에 대해 관심을 갖지 않을 수 없게 만든 7가지 문제를 하나씩 다룰 것이며, 조상들이 각 문제에 어떻게 대처했는지도 살펴볼 것이다. 1만 년에 걸친 연민의 역사를 고찰하면서, 우리의 사회적 본능과 연민이 추론 능력과 함께 어떻게 오늘날까지 이어져오고 있는 각종 혁신과 제도를 만들어냈는지도 설명할 것이다.

이 책의 마지막 장인 14장에서는 자연사와 인류 역사를 한데 묶어 사회적 본능과 추론 능력을 설명할 것이며, 또한 지난 1만 년간 낯선 이들에 대한 인류의 연민을 만들어내는 데 기여한 기술과 과학과 무역의 발전에 대해서도 설명할 것이다.

2장.

애덤 스미스의
새끼손가락

인간은 날 때부터 낯선 이들에게 관심을 갖게 되어 있을까? 내 서가
에 꽂힌 책들을 죽 훑어보면, 《선의 탄생Born to Be Good》, 《연민의 본능
The Compassionate Instinct》, 《이타적인 뇌The Altruistic Brain》 같은 책들의 제
목에서 보듯, 많은 내 동료 과학자가 이에 전적으로 동의하고 있다는
걸 알 수 있다. 이 책들은 다 나름대로의 방법으로 '호모 사피엔스'라
는 동물은 연민을 갖게끔 진화됐다고 가르친다. 낯선 이들에 대한 친
절은 우리 인간의 일부나 다름없다는 것이다. 노력으로 얻는 게 아니
라면, 필요한 건 단 하나, 약간의 인내심과 약간의 훈련뿐이다. 워크
숍에 참석해보라. 노숙자 보호시설에서 자원봉사 일을 해보라. 그러
면 극빈의 얼굴을 볼 수 있다. 소설을 읽어보라. 그러면 어떻게 공감
해야 하는지를 배울 수 있다. 명상을 해보라. 연민은 당신 속에 있다.
당신은 그저 그 연민을 끄집어내기만 하면 된다.

요즘에는 많은 사회과학자가 낯선 이들에 대한 너그러움이 인간의 타고난 잠재력이라는 견해에 아주 긍정적이다. 그들이 낯선 이들에 대한 인간의 친절에 낙관적인 견해를 표하는 걸 보노라면, 몇 번 들은 적 있는 한 이야기가 떠오른다. 아마 당신 역시 들어본 이야기일 것이다.

신약성서에 나오는 선한 사마리아인 우화는 예수에게서 뭔가를 배우려는 지역의 한 종교학자와 마주친 직후 예수가 들려준 이야기이다. 그 학자는 예수에게 '네 이웃을 네 몸처럼 사랑하라'는 십계명 말씀이 정확히 무슨 뜻인지 알려 달라고 한다. 그러자 예수는 이런 이야기로 답을 대신한다.

"한 남자가 예루살렘에서 여리고로 내려가다가 강도들에게 공격을 당했더라. 강도들은 그의 옷을 벗기고 때려 정신을 잃게 한 뒤 반쯤 죽은 상태로 버려두고 갔더라. 마침 한 제사장이 그 길로 내려가다가 그 남자를 보고 그냥 다른 길로 피해 갔더라. 또 이와 같이 한 레위인도 그 장소에 이르러 그 남자를 보고 다른 길로 피해 갔더라. 그러나 한 사마리아인은 여행을 하다가 그 남자가 있는 곳에 이르렀고, 그를 보고 불쌍히 여겼더라. 그는 남자에게로 가 기름과 포도주를 붓고 그의 상처를 싸매 주었더라. 그런 다음 그 남자를 자기 당나귀에 태워 한 주막으로 데리고 가 돌보아 주었더라. 그 다음날 그가 주막 주인에게 데나리온 둘을 내어 주며 가로되 '이 사람을 돌보아 주라. 비용이 더 들면 내가 돌아올 때에 갚으리라.' 하였더라.

네 생각에는 이 세 사람 중 누가 강도들을 만난 자의 이웃이 되겠느냐?"

법을 전공한 자가 답하였다. "그 남자에게 자비를 베푼 자니이다."

예수께서 그에게 이르렀다. "너도 가서 이와 같이 하라."[1]

선한 사마리아인에 대한 이 우화는 인간이 연민을 갖고 있을 가능성에 대해 아주 낙관적이다. "마음을 열라. 편견들을 버려라. 그리고 따뜻한 손을 내밀어라. 당신도 그렇게 할 수 있다."

그러나 보다 최근에 있었던 일로, 이 사마리아인 우화와 상반되는 이야기도 있다. 어쩌면 당신도 이 이야기를 들어본 적이 있을 것이다. 〈뉴욕 타임스〉의 두 기자가 1964년 캐더린 '키티' 제노비스 Catherine 'Kitty' Genovese라는 한 젊은 여성의 성폭행 및 살인 사건에 대한 기사를 쓰면서 널리 알려진 이야기이다. 당시 제노비스 사건은 미국 전역을 떠들썩하게 했는데, 제노비스의 죽음 때문도 아니고 그렇다고 범인의 잔인함 때문도 아니었다. 근처 아파트 건물에서 이 사건을 목격한 사람들의 무관심 때문이었다. 거리에서 뭔가 안 좋은 일이 벌어지고 있다는 걸 뻔히 알면서도, 아무도 그녀를 돕기 위해 나서지 않은 것이다. 그 살인 사건이 있고 2주 후 마틴 갠스버그Martin Gansberg 기자가 〈뉴욕 타임스〉에 당시 그 사건을 목격한 사람들에 대한 기사를 올렸다.

> 법을 준수하는 존경할 만한 퀸즈 시민 38명이 반시간 넘게 살인자가 한 여성을 스토킹한 끝에 큐 가든즈에서 세 차례나 칼로 찔러대는 걸 지켜봤다. 두 차례는 사람들의 목소리가 들려오고 아파트 침실 불빛이 갑자기 번쩍해 깜짝 놀란 범인이 범행을 멈췄다. 그러나 범인은 그때마다 다시 돌아왔고, 그녀를 찾아내어 다시 칼로 찔러댔다. 범행이 일어나는 도중에 단 한 사람도 경찰에 전화하지 않

타인의 친절

앗고, 여성이 죽은 뒤에야 한 목격자가 전화를 했다.[2]

그리고 그해 말 〈뉴욕 타임스〉의 아베 로젠탈Abe Rosenthal 기자가 《38인의 목격자Thirty-Eight Witnesses》라는 제목의 책을 썼다. 그 책에서 그는 목격자들의 무관심에 대해, 그들이 보여준 인간 본성에 대해 이렇게 개탄했다.

> 그녀는 1964년 3월 13일 한밤중에 자신이 살고 있던 퀸즈의 한 작은 아파트 밖에서 죽었다. 그녀의 이웃들은 그녀가 숨을 거두기 마지막 반시간 동안 비명을 질러댔는데도 아무 일도 그야말로 아무 일도 하지 않았다. …… 38명의 목격자를 향해 정말 많은 비난이 쏟아졌는데, 그들은 아마 지금 아주 당혹스러워 하고 있을 것이다. 아주 후회하고 있을 것이다. 그러나 이 얘긴 꼭 해야겠다. 그들이 한 행동이 지금 모든 도시에서 매일 밤 일어나고 있다. 캐더린 제노비스의 이야기가 정말 끔찍한 것은, 그날 밤 그 38명 모두가 한 일은 결국 도시가 알지도 못하고 관심도 주지 않는 가운데 우리 각 개인이 매일 밤 하고 있는 일이이라는 것이다.[3]

그 어떤 선한 사마리아인도 나타나 도와주지 않았다. 적어도 이 38명의 목격자 이야기에서는 그랬다. 사실 그중 일부는 도움의 손길을 뻗으려 했다. 첫 공격 직후 여러 사람이 자기 집 창문에서 내려다보며 소리를 질렀고, 그래서 겁먹은 범인은 도망을 가기도 했다. 몇몇 사람들은 경찰에 전화도 했다. 한 이웃은 제노비스가 누워서 죽어가고 있을 때 달려 내려와 그녀를 도와주려 하기도 했다. 38명의 목격자는 갠스버그와 로젠탈이 말한 것처럼 무관심하진 않았다. 그러나 어쨌든 제노비스 이야기는 각종 책과 영화에 인간 무관심의 대표적인 사례로 영원히 기록됐고, 실상은 좀 달랐지만 지난 50년간 사실상 모든 사회심리학 교과서에서 중요하게 다뤄졌다.[4]

선한 사마리아인의 우화와 38명의 목격자 이야기는 인간의 연민에 대해 말하는 바가 전혀 상반되지만, 세상에는 우리의 도움이 필요한 낯선 이들이 얼마든지 있을 수 있다는 걸 상기시켜준다는 공통점이 있다. 그런데 우리는 선한 사마리아인일까 아니면 무관심한 방관자일까? 우리가 친절에 대한 인간의 기본 잠재력과 관련해 품고 있는 환상에서 벗어나게 된다면, 무엇을 발견하게 될까?

냉소적인 미스터 스미스

단어들을 냉소적으로 정의한 책 《악마의 사전Devil's Dictionary》을 쓴 앰브로즈 비어스Ambrose Bierce는 'cynic', 즉 냉소주의자를 '세상 모든 것을 잘못된 눈으로 본질보다는 현상만 보는 망나니(배덕자)a blackguard [dishonorable man] whose faulty vision sees things as they are and not as they ought to be'로 정의했다. 비어스가 말한 냉소주의자는 현실을 있는 그대로 보기 위해 굳이 위안이 될 만한 이상주의적 소설을 쓸 필요가 없다. 만일 그런 사람이 정말 냉소적인 사람이라면, 스코틀랜드 철학자 애덤 스미스만큼 낯선 이들에 대한 인간의 직관적 관심에 냉소적인 철학자도 없을 것이다.

아마 대부분 애덤 스미스 하면 1776년에 처음 출간된 그의 가장 유명한 책《국부론The Wealth of Nations》을 떠올릴 것이다. 그러나 당대에 그는 1759년에 내놓은 책《도덕 감정론The Theory of Moral Sentiments》으로 더 유명했다. 이 책은 도덕적 판단의 심리학적 토대를 탐구한 것이었다. 스미스가 오늘날의 심리학 분야에 미친 영향의 상당 부분은 다른 사람들의 행복에 대한 관심을 촉발하는 감정인 연민에 대한 그의 관심에서 나왔다. 스미스는 연민이란 감정이 없다면 다른 사람들에 대한 인간의 자연스러운 관심, 특히 낯선 이들에 대한 자연스러운 관심은 자기애에 눌려 전혀 빛을 발하지 못했을 거라 믿었다. 다음은 그의 말이다.

인간 본성이 갖고 있는 원래의 이기적인 열정에 비춰볼 때, 자신의 이익과 관련된 아주 작은 증가나 감소가 별 연관 없는 타인들에 대한 가장 큰 관심보다 훨씬 더 중요하게 여겨지며 훨씬 더 큰 기쁨이나 슬픔을 야기하고 훨씬 더 큰 열망이나 반감을 불러일으킨다. 이런 관점에서 볼 때, 타인들의 이익은 우리 자신의 이익과는 비교조차 될 수 없으며, 우리는 타인들에게 아무리 큰 피해를 주더라도 우리 자신에게 이익이 된다면 그야말로 어떤 일이든 다 한다.[5]

낯선 이들의 행복에 대한 인간 본연의 관심과 관련해 앰브로즈 비어스와 상반된 생각을 고수하려 드는 회의적인 독자들을 의식해, 애덤 스미스는 다음과 같은 '사고 실험thought experiment'을 제안했다.

갑자기 거대한 지진이 일어나 대제국 중국과 그 엄청나게 많은 인구를 몽땅 집어삼켰다고 가정해보자. 그리고 중국과 아무 연관이 없는 유럽의 한 '인류애에 불타는' 남자가 이 대재앙 소식을 접하고 어떤 반응을 보일지 생각해보자. 그는 아마 무엇보다 먼저 불행한 국민들의 불운에 대해 아주 큰 슬픔을 표한 뒤, 인간의 삶이 얼마나 예측 불가능하며 인간의 모든 노력이 얼마나 허망한 것인지에 대해 이런저런 많은 우울한 생각을 할 것이다. 그리고 그가 미래를 예견하는 걸 좋아하는 사람이라면, 이 재앙이 유럽의 상업과 전 세계의 무역 및 비즈니스 전반에 미치는 영향에 대해 이런저런 추론을 할 것이다. 그렇게 이 모든 철학적인 생각을 끝내고, 이 모든 인도적 감정을 제대로 표출하고 나면, 그는 아마 자신이 하던 일이나 좋아하는 일로 되돌아갈 것이며, 아니면 휴식을 취하거나 기분 전환을 할 것이다. 아무 일도 없었다는 듯, 예전처럼 다시 평온한 상태로 되돌아가는 것이다. 그러나 막상 자신에게 아주 하찮은 재난이라도 닥치면, 그야말로 일대 소동이 일고 상황이 훨씬 더 심각해질 것이다. 예를 들어 내일 새끼손가락을 잃게 된다면, 그는 아마 오늘밤 잠도 못 잘 것이다. 그러나 자기 눈으로 직접 목격한 게 아니라면, 수억 명이 죽어 나가도 별일 없다는 듯 코를 골며 잘 것이다. 그러니까 수많은 사람의 죽음이 자기 자신의 사소한 불운만큼 관심 있는 일은 못 되는 것이다.[6]

인간의 이기주의에 대한 애덤 스미스의 이 냉소적인 견해는 옳았을까? 우리는 정말 낯선 이들이 수억 명이나 허망하게 죽었다는 뉴스보다 자신의 새끼손가락 하나의 온전함에 더 관심이 있을까? 이런 의문에 직접 답하기 위해, 우리가 애매모호하고 절충적인 우화들이나 가발을 뒤집어쓴 18세기 스코틀랜드인의 심리학적 통찰력에 기댈 필요는 없다. 그 대신 애덤 스미스의 냉소적인 견해를 50년에 걸친 과학적 연구에 비추어 평가해볼 수는 있는데, 이 증거를 토대로 나는 애덤 스미스가 대체로 옳았다고 주장하고 싶다. 우리 모두가 스미스가 말하는 '인류애에 불타는' 그 남자 또는 그 여자일 수 있는 것이다. 그 '인류애'(애덤 스미스는 학식과 세련됨을 뜻했다) 덕분에 우리는 낯선 이들의 역경에 관심을 표명하고 삶의 허망함에 대해 깊이 생각하는 등 철학적 접근 방식을 취한다. 그러나 아무리 큰 관심을 표명하고 아무리 깊이 생각한다 해도, 다른 사람들을 대신해 적절한 행동에 나서지는 않는다. 그러니까 그냥 마음이 그런 쪽으로 움직이지 않는 것이다. 물론 다음 장들에서 더 희망적인 소식들을 접하게 되겠지만, 그에 앞서 먼저 '세상 모든 것을 그 본질보다는 현상만 보려 하는' 잘못된 눈으로 인간의 본성을 살펴보도록 하자.

주의의 한계

아마 많은 사람이 이와 비슷한 경험들이 있을 것이다. 몇 년 전 나는 한 야외 식당에서 가족들과 함께 저녁 식사를 했다. 식사를 마친 뒤, 아내는 애들에게 캔디를 사주려고 애들을 데리고 근처 한 가게로 갔다. 장인어른과 나는 마실 걸 다 마신 뒤 수제 맥주에 대한 얘기에 열을 올리고 있었다. 15분쯤 후 아내가 헐레벌떡 돌아와 물었다.

"그 여자 가방 찾았대요?"

"어떤 여자가 가방을 찾았다고?"

"그 여자요!"

"무슨 여자?"

"그 여자요! 방금 저쪽에서 소매치기를 당한!"

"우린 못 봤는데."

"뭔 소리에요? 그걸 못 보다니?"

믿지 못하겠다는 표정으로 아내는 경비원 쪽을 가리켰다. 경비원은 우리가 앉아 있는 데서 5~6미터밖에 안 떨어진 데 있었는데, 한 여성으로부터 우리가 앉아 있는 곳 근처에서 어깨에 메고 있던 가방을 소매치기 당했다는 신고를 받고 있었다. 그 여성이 도와 달라며 계속 소리를 질렀고, 스쿠터를 탄 쇼핑몰 경찰과 행인 여러 명이 범인을 잡으려고 뒤를 쫓는 등 난리가 났는데, 우리는 그걸 몰랐던 것이다.

우리는 정말 까맣게 몰랐다. 장인어른과 내가 그 여성의 불운에 일부러 눈감으려 한 건 아니었다. 단지 우리의 주의 자원이 몽땅 수제 맥주 얘기에 쏠려 그 여성에게 주의를 기울일 수 없었던 것이다.

당신은 지금 무언가에 집중하고 있는가? 그렇다면 그건 정말 대단한 일이다. 왜냐하면 지금 이 순간 당신이 주의를 기울일 수 있는 다른 일들이 말도 못 하게 많기 때문이다. 뒤에 흐르는 음악, 밖에서 부르릉거리는 오토바이 소리, 시야에 들어오는 물체 하나하나의 모든 특징들, 팔꿈치에 느껴지는 관절 통증, 석고판에 못 박히는 소리, 귓속의 혈압, 커피의 뒷맛, 카페인 섭취로 인한 손 떨림, 속닥거리는 귓속말, 웅 하며 컴퓨터 하드 드라이브 돌아가는 소리, 두서없는 혼잣말, 콧날에 얹힌 안경의 무게 등등. 게다가 누군가 지금 팝콘을 굽고 있나? 고소한 팝콘 냄새도 난다. 이렇듯 우리 주변에는 우리 마음이 처리해야 할 일이 수도 없이 많다. 그 결과 스스로도 의식 못 하는 사이 우리는 어떤 것에 주의를 기울어야 할지 힘겨운 선택을 해야 한다. 주의란 우리를 둘러싼 세상에서 다른 것들은 다 무시하고 오직 한 가지만 비추는 스포트라이트와 같다.

우리는 그 주의의 스포트라이트를 안으로 돌려 우리 자신의 정신 과정들을 비출 수도 있다. 예를 들어 어떤 목표를 달성하려 할 때, 우리는 그 목표 자체와 그걸 달성하기 위해 수행해야 할 일들에 집중한다. 그 과정에서 세상의 다른 많은 흥미로운 대상을 관찰하는 데 필요한 주의 자원은 줄어들게 된다. 그리고 그 결과 나타나는 게 바로 과학자들이 말하는 이른바 '무주의 맹시inattentional blindness' 현상이다. 그러니까 사람들이 주의를 온통 한 가지 일이나 목표에 집중할 경우, 주변에서 일어나는 범상치 않은 일, 이를테면 가방 소매치기는 물론 외바퀴 자전거를 타는 광대들, 문자 그대로 나무에 매달린 지폐들, 농구 경기 중에 가슴을 치며 코트 위를 지나가는 고릴라들까지 인지하지 못한다는 것이다.[7]

무주의 맹시 현상을 입증하기 위한 흥미로운 한 실험에서 심리학자 크리스토퍼 차브리스Christopher Chabris와 그의 동료들은 20명의 실험 참가자들에게 밤에 조깅을 하는 다른 사람 뒤를 따라 달리게 했다. 실험 참가자들은 달리는 동안 앞에서 조깅하는 사람이 자기 머리를 만지는 횟수를 세야 했다. 그런데 연구진은 실험 참가자들 몰래 폭행 장면을 연출했다. 조깅하는 사람들이 지나갈 때 길 바로 옆에서 두 남자가 한 남자를 폭행하도록 한 것이다. 실험이 끝나고 설문조사를 해보니, 20명의 실험 참가자들 가운데 폭행 장면을 목격했다는 사람은 7명밖에 안 됐다. 나머지 사람들의 경우 조깅하는 사람이 자기 머리 만지는 것에 집중하느라 무주의 맹시 현상이 일어났고, 그 바람에 위험에 처한 낯선 이는 보지도 못한 것이다.

사람들이 폭행 장면을 보지 못한 게 밤이라는 특수 상황 때문이 아니라는 걸 확인하기 위해, 연구진은 동일한 실험을 낮에도 해보았다. 그 대신 머리 만지는 걸 세는 일의 난이도에 변화를 주었다. 실험 참가자들의 3분의 1에게는 이전처럼 조깅하는 사람 뒤를 따라가면서 그 사람이 자기 머리를 만지는 횟수를 세게 했다. 이런 조건에서 폭행 장면을 목격한 실험 참가자는 56%였다. 또 다른 실험 참가자 3분의 1에게는 그냥 조깅하는 사람을 따라 달리라고만 했는데, 이 경우 폭행 장면을 목격한 사람은 무려 72%나 됐다. 나머지 실험 참가자들에게는 무주의 맹시 현상이 훨씬 더 심하게 나타날 만한 주문을 했다. 즉, 앞에서 조깅하는 사람이 오른손으로 자기 머리를 만진 횟수와 왼손으로 자기 머리를 만진 횟수를 각각 세도록 한 것이다. 이들 가운데 폭행 장면을 목격한 사람은 겨우 42%였다. 다른 연구 결과들에 따르면, 스마트폰을 들여다보는 경우에도 이와 똑같은 무주의 맹시 현상이 일어나 도움이 필요한 다른 사람의 일에는 신경도 못쓰게 된다. 우리의 관심은 제한된 자원이다. 그만큼 여유가 없는 것이다.[8]

아무리 우리의 주의 대부분이 현재 당면한 일들(수제 맥주에 대한 얘기를 나누거나 머리 만지는 횟수를 세며 달리는 일 등)에만 집중된다 해도, 중요한 정보를 찾아내기 위해 주변 세상을 모니터링 할 방법이 없다면, 인간의 마음은 정말 잘못 설계된 것이리라. 그리고 실제로 과학자들은 몇 가지 종류의 정보는 우리가 다른 뭔가에 푹 빠져 있을 때조차 우리의 주의를 사로잡는 경우가 많다는 걸 알아냈다. 예를 들어 우리는 자신의 이름을 듣거나 볼 때 주의를 기울이게 된다. 우리에게 속한 물체들의 이미지를 볼 때도 주의를 기울이게 되는 경우가 많다. 친구나 가족 또는 사랑하는 사람의 이름을 듣거나 볼 때도 주의를 집중하는 경향이 있다(대개 자신의 이름을 듣거나 볼 때만큼은 아니지만). 사실 워낙 많은 기본적인 인지 과정들(주의, 인식, 의식, 기억, 학습, 의사결정 등)이 그 인지 과정들을 '나' 또는 '내 것'과 관련되게 만듦으로써 효율성이 높아지게 되었고, 그래서 그렇지 않은 인지 과정은 생각조차 하기 힘들게 되었다.[9]

우리의 주의는 우리가 잠시 보류해야 하는 중요한 목표들과 관련된 주변 환경 요소에 의해 끌릴 수도 있다. 예를 들어 아주 배가 고프지만 어떤 일을 끝내기 위해 그 배고픔을 무시해야 하는 경우, 음식과 관련된 자극이 들어오면(예를 들어 인터넷상에 맛있는 음식 사진들이 올라오면) 자동적으로 하던 일에서 그 자극 쪽으로 주의가 향하게 될 수 있다. 또 파블로프의 개처럼 우리의 주의는 보상과 관련짓는 광경이나 소리에 끌릴 수도 있다.[10]

우리가 무주의 맹시 현상과 주의 포획 현상에 대해 알고 있는 사실들을 자세히 살펴보면, 관심은 가히 자기중심적인 능력이라 할 만하다. 주의는 우리의 목표, 우리의 필요, 우리의 친구들, 우리의 사랑하는 이들, 우리의 맥주, 우리의 대화, 우리의 새끼손가락에 스포트라이트를 비추는 걸 좋아한다. 그렇다면 낯선 이들의 행복에 대해선? 별로다. 인명 구조원이나 소방관 그리고 슈퍼맨은 자신의 주의 자원을 총동원해 도움을 필요로 하는 낯선 이들을 찾는다. 그러나 나머지 사람들은 대부분 자기 자신에게만 주의를 기울인다. 물론 양심의 가책을 느낄 일은 아니다. 원래 주의라는 게 그런 거니까. 그래서 나는 바로 옆에서 일어난 가방 소매치기 사건을 까맣게 모르고 있었던 것에 대해 자책하지 않았다.

공감의 한계

선한 사마리아인의 우화에서, 사마리아인이 상처 입은 낯선 이를 보고 바로 도움의 손길을 내민 건 아니다. 보고 도움의 손길을 내밀기 전에 먼저 상처 입은 낯선 이에 대해 연민을 느꼈다. 연민을 느낀다는 말에 해당하는 그리스어는 '스플랑크니조마이splagchnizomai'로, 대충 번역하자면 '마음속으로 불쌍히 여긴다' 정도가 된다. 그러니까 그 사마리아인을 선한 사마리아인으로 만든 것은 육신의 눈이 아니라 마음속 눈이었던 것이다.

선한 사마리아인의 우화를 쓴 작가와 마찬가지로, 많은 학자 또한 낯선 이들을 비롯한 다른 사람들에게 도움의 손길을 내미는 데 결정적인 역할을 하는 건 이 같은 마음속 감정들이라는 사실을 수세기 동안 당연시해왔다. 18세기 스코틀랜드 철학자 데이비드 흄David Hume은 동정심이 다른 누군가의 고통에 대한 '생각ideas'을 그 사람의 그 고통과 연결되는 '인상impressions'(오늘날에는 '감정feelings'이라 부른다)으로 바꾼다고 생각했다. 다음은 흄의 말이다.

우리가 다른 사람들의 열정과 감정에 공감할 때, 그 움직임은 먼저 우리 마음속에서 단순한 생각 형태로 나타나며, 우리가 다른 사실에 대해 생각할 때 그렇듯 분명 다른 사람에게 속한 걸로 생각되어진다. 또한 다른 사람들의 애정에 대한 생각은 그것이 나타내는 바로 그 인상으로 바뀌며, 열정은 우리가 그것에 대해 품는 이미지에 맞춰 생겨난다. 이 모든 건 더없이 분명한 경험의 대상으로, 철학의 그 어떤 가설에 따라 달라지지 않는다.[11]

흄에 따르면, 도움을 필요로 하는 다른 사람에게 손을 내밀게 만드는 원천은 너무도 분명하다. 그러니까 누군가가 곤경에 처해 있다는 걸 알게 될 때 당신은 그 인식을 단순한 생각으로 경험하지만, 그 생각에 동정심을 갖다 붙이는 순간 감정이 된다. 그러면 갑자기 무슨 마술에라도 걸린 양, 낯선 이가 필요로 하는 걸 당신이 필요로 하는 것처럼 느끼게 되는 것이다. 잃어버린 가방을 찾는다든가, 격려해줄 사람을 찾는다든가, 폭력적인 남편을 피할 장소를 찾는다든가, 첨단 의수나 의족을 단다든가, 아메리칸 드림을 이룬다든가, 단란한 가정을 꾸린다든가 하는 것들 말이다. 동정심이 사람들이 필요로 하는 것에 대한 무덤덤한 생각을 그들을 돕고 싶다는 활기찬 욕구로 바꾸는 것이다.

애덤 스미스는 자신의 책 《도덕 감정론》에서 흄의 동정심 이론을 다음과 같이 발전시켰다.

연민과 동정심은 우리가 다른 사람의 슬픔에 대해 동류의식을 느낄 때 쓰는 단어이다. 동정심은 원래 그 의미가 연민과 같을 수도 있으나, 어떤 열정이 깃든 동류의식을 보여주는 데 사용될 수도 있다.

인간에겐 서로 따뜻하게 대할 수 있는 능력이 있다는 자신의 이론에서 동정심 내지 연민은 워낙 중요한 요소여서, 애덤 스미스는 자신의 책《도덕 감정론》에서 동정심 내지 연민의 놀라운 효과에 대해 다음과 같이 경탄을 금치 못했다.

> 더없이 이기적일 수도 있는 게 인간이지만, 인간의 본성에는 몇 가지 원칙이 있어 다른 사람들의 운명에 관심을 갖게 되며 또 그들의 행복을 필요로 하게 된다. 설사 다른 사람들이 행복해지는 걸 지켜보는 기쁨 외엔 아무것도 얻는 게 없다 해도 그렇다. 우리가 다른 사람들의 불행에 대해 느끼는 동정심이나 연민이 바로 이런 종류의 감정들로, 이런 감정들은 우리가 그런 사람들을 직접 보거나 아주 생생히 상상할 때 느끼게 된다.[12]

연민pity이니 동정심sympathy이니 공감empathy이니 동류의식fellow-feeling(여기에 당신이 알고 있는 동의어를 마음껏 더 보태도 좋다)이니 하는 용어들은 모두 많은 사람에 의해 다른 사람들의 행복에 관심을 갖게 만드는 깊은 자원으로, 또 우리가 더 발전시키고 지켜야 할 소중한 자원으로 여겨진다.[13] 오늘날 이 용어들은 약간 다른 의미로 쓰이는데, 이는 최근에의 일로 1900년대 초에 이르러서야 의미들이 구분되기 시작했다. 애덤 스미스를 비롯한 1700년대의 여러 작가들이 '동정심'이라 부르던 것은 후에 '공감'으로 바뀌었는데, 이는 특히 심리학자들이 공감이라는 감정에 점점 더 많은 관심을 갖게 됐기 때문이다.

2000년대에 이르러, 한 저널리스트가 영장류 학자 프란스 드 발Frans de Waal에게 그가 만일 신이라면 인간의 본성 중 어떤 걸 바꾸겠냐고 물었다. 그때 드 발은 이렇게 답했다. "공감은 이 세상에 석유보다 더 부족한 자원입니다……. 내가 만일 신이라면, 이 세상에 공감이 더 많게 할 겁니다."[14]

드 발과 마찬가지로, 경제학자 제레미 리프킨Jeremy Rifkin 역시 인류의 가장 큰 문제들을 해결하기 위해 가장 필요한 것은 공감의 확대라면서 이런 말을 했다.

> 지금 우리 인류 앞에는 아주 벅찬 일이 놓여 있다. 사상 처음으로 우리 인류는 여태까지의 역사와는 달리 가능한 한 더 적은 에너지를 소비하는 보다 상호의 존적인 새 문명을 만들어야 하며, 그러면서도 공감을 계속 확대시키고 전 세계적인 의식도 확대시켜, 우리가 사용한 에너지보다는 우리 인류의 연민과 위엄으로 우리 지구를 뒤덮어야 한다.[15]

드 발과 리프킨은 둘 다 공감에 많은 기대를 걸었다. 그들은 우리 자신으로부터 우리를 구하는 것은 물론, 지구를 구하기 위해서도 공감이라는 감정에 주목했다. 그러나 주의를 기울이는 능력의 경우와 마찬가지로, 공감에는 한계가 있어 거기에 너무 많은 희망을 걸어선 안 된다는 걸 알아야 한다.[16]

또한 주의와 마찬가지로 공감도 거의 분명 자연 선택에 의해 만들어진 게 아니어서, 우리는 애초에 인간 외의 다른 동물이나 우주 전체는 고사하고 낯선 인간의 행복에도 관심을 갖게 되어 있지 않았다. 실제로 공감의 진화론적 기원에 대해 깊은 고찰을 한 사실상 모든 과학자는 가장 가깝고 소중한 사람들, 즉 가족과 친구들을 돕게끔 하기 위해 공감이란 감정이 진화된 것 같다고 여긴다.[17] 그래도 긍정적인 것은 우리가 친구들과 사랑하는 사람들 그리고 동포들을 향해 연민을 갖는 데는 아주 익숙하다는 것이다. 다음은 데이비드 흄의 말이다.

> 우리가 알아낸 바에 따르면, 우리는 본성도 대체로 비슷하지만 사고방식이나 성격 또는 나라나 언어 면에서도 비슷한 점이 있는데, 그게 연민 내지 동정심을 유발한다.…… 그러나 우리와 아주 먼 사람들의 감정은 우리에게 별 영향을 주지 않는다. 따라서 제대로 의사소통을 하려면 보다 가까운 관계일 필요가 있다. 혈연관계 역시 종종 비슷한 효과를 내며 친분관계 역시 마찬가지여서, 교육 및 관습과 같은 방식으로 작동되고…… 이 모든 관계가 한데 합쳐질 경우 우리 자신의 인상이나 의식은 다른 사람들의 감정이나 열정에 대한 생각으로 바뀌게 되어, 우리는 다른 사람들에게 더없이 강하고 깊은 연민을 느끼게 된다.[18]

그러나 연민이나 공감은 한계가 있다. 자연 선택의 법칙에 따라 주로 특정 인지 문제를 해결하는 데 고도로 전문화된 정신 능력이 진화된다. 당연히 그런 정신 능력은 전문 분야가 아닌 문제들을 해결하는 데는 대체로 서툴다. 만일 공감 능력이라는 게 존재해 우리가 가까운 이들과 소중한 이들에게 관심을 갖게 되는 거라면, 이 같은 전문화 원칙하에서 우리는 공감 능력 때문에 낯선 이들에게 관심을 갖는 거라는 생각에 의문을 갖지 않을 수 없다. 그리고 어떤 사람들이 낯설면 낯설수록 그들에게 공감 능력을 발휘하긴 더 힘들어진다. 이와 관련해 데이비드 흄은 이렇게 말했다. "인정하지 않을 수 없는 사실이지만, 다른 사람들에 대한 연민은 우리 자신에 대한 관심보다는 훨씬 더 약하다. 특히 우리와 먼 사람들에 대한 연민은 가깝고 소중한 사람들에 대한 연민보다 훨씬 더 약하다."[19]

그러니까 전혀 낯선 이들에 대한 공감은 네스 호의 괴물과 비슷한 데가 있어, 소문은 무성하지만 실제로 본 사람은 거의 없다.

사회심리학자인 대니얼 뱃슨Daniel Batson은 '이타주의의 셜록 홈스'다. 그는 지난 40여 년간 다음과 같은 간단한 의문에 대한 답을 찾아 헤맸다. '사람들은 정말 순수하게 다른 사람의 행복에 관심이 있어 남을 돕는 걸까? 아니면 아무리 교묘히 감추려(심지어 자기 자신으로부터도) 애써도, 결국 자신의 이기적인 관심 때문에 다른 사람을 돕는 걸까?' 뱃슨은 인간에겐 정말 이타적인 관심이 있으며, 그 관심은 공감에 의해 생겨날 수 있다고 생각했다. 그리고 이 의문에 대한 답을 찾기 위해, 그는 이른바 '공감-이타주의 가설empathy-altruism hypothesis'이라는 걸 내놓았다. 반면 이타주의 회의론자들은 뱃슨의 가설에 반대하며, 공감은 이타적인 이유보다는 이기적인 이유로 사람들로 하여금 남을 돕게 만든다고 주장한다. 그럼 대체 누가 옳은 걸까? 뱃슨이 옳을까, 아니면 이타주의 회의론자들이 옳을까?

뱃슨은 셜록 홈스의 수사 기법을 활용했다. 즉, 공감이 이타적 동기로 발전될 수 있는지를 알아내기 위해 불가능해 보이는 것을 하나씩 배제해나가다 보면 아무리 터무니없어 보이더라도 마지막에 남는 게 진실이라는 것이다. 이쯤에서 이타주의 회의론자는 이렇게 말할는지 모른다. "이봐요, 난 당신이 이타적 동기라 부르는 것이 정말 이타적인 거라고 생각지 않아요. 물론 사람들은 도움을 필요로 하는 누군가에게 공감을 느껴 손을 내밀지만, 그들의 그런 행동은 실은 자기 자신의 정신적 고통을 덜려는 것에 지나지 않아요. 공감은 우리로 하여금 곤궁에 처한 사람을 돕게 하지만, 사실 그건 순전히 곤궁에 처한 사람들이 우리를 불편하게 만들고 우리는 불편한 걸 좋아하지 않기 때문이에요." 만일 이타주의 회의론자의 이 말이 옳다면, 공감을 통해 누군가를 돕는 것은 그저 불편한 걸 피하기 위해 미덕이라는 미명하에 행해지는 이기적인 행동에 지나지 않는다.

배슨은 공감-이타주의 가설을 세워놓고, 하나씩 자기중심적인 다른 대안을 생각해보았다. 사람들이 상상 가능한 모든 자기중심적 동기(예를 들어 개인적 고통을 피하거나 죄책감을 면하거나 아니면 도덕적으로 옳아 보이게 하기 위한)를 배제한 상태에서도 꾸준히 낯선 이를 도우려 한다면, 그 꾸준함을 설명할 수 있는 이유는 단 하나(설사 이것이 아무리 불가능해 보인다 해도), 그들이 정말 곤궁에 처한 낯선 이의 삶이 더 좋아지기를 바란다는 것, 즉 이타주의라는 동기에서 낯선 이들을 돕는다는 것이다.[20]

배슨의 공감-이타주의 가설은 40여 년간 수십 차례의 실험을 거치면서 점점 더 설득력을 얻게 된다. 공감을 토대로 움직이는 사람들은 낯선 이를 돕지 않음으로써 경쟁적이고 자기중심적인 목표를 달성할 수 있을 때조차도 꾸준히 곤궁에 처한 낯선 이를 도우려 하며, 낯선 이를 돕는 것이야말로 그들이 추구하는 목표 그 자체인 듯하다. 따라서 우리는 공감은 이타적인 동기를 이끌어낸다는 결론에 도달할 수 있다.[21] 우리가 지금 공감이 과연 위기에 처한 낯선 이들을 돕게 만드는 동기로 발전될 수 있을지를 알아보려고 하는 거라면, 이 거야말로 바로 우리가 찾고 있는 답이 아닐까?

그렇진 않다. 뱃슨의 실험에 참가한 사람들이 그랬듯, 현실 세계에서 우리는 우리 자신이 직접 곤궁한 처지에 놓인 낯선 이들의 입장에 서본다면 기분이 어떨지 상상해보지는 않는다. 그런 식으로 했다간 아마 그 어떤 일도 못할 것이다. 사람은 너무 많고 시간은 너무 없으니 말이다. 사실 현실 세계에서 우리는 상대의 행복이 그리 중하지 않을 경우 그 누구에게도 공감을 느끼려 하지 않는다. 심지어 뱃슨도 이렇게 인정했다.

우리는 모든 인간의 생명을 중시한다거나 모든 인류의 행복을 중시한다는 입에 발린 말을 듣는 경우가 많다. 그러나 사실 대부분은 사람에 따라 그 가치를 달리한다. 어떤 사람의 행복은 아주 중시하고 어떤 사람의 행복은 별로 중시하지 않는다. 라이벌이나 좋아하지 않는 사람의 행복은 전혀 중시하지 않기도 한다. 우리가 만일 어려움에 처했다고 생각되는 누군가의 행복을 별로 중시하지 않는다면, 그 사람이 어려움 때문에 어떻게 될지에 대해 별 관심도 갖지 않을 것이며, 그저 그걸 그 사람의 행동을 어떻게 통제할지에 대한 단서로나 보려 할 것이다. 그러니까 그 사람이 무얼 필요로 하는지 뻔히 알면서도 별 관심을 두지 않게 된다는 것이다. 이는 공감 어린 관심을 느끼는 일의 토대가 되진 못한다.[22]

예를 들어 우리가 의도적으로 모든 걸 낯선 이의 관점에서 보는 등 낯선 이의 입장에 서서 생각해보면 어떨지 상상하려 할 경우조차, 우리가 늘 공감을 느끼는 건 아니다. 마이애미대학교 대학원 시절에 내 연구소에서 일한 적 있는 심리학자 윌리엄 매콜리프William McAuliffe 는 학생 몇 명과 함께 프로젝트를 진행했는데, 당시 그 프로젝트에서 나온 결과가 이런 것이었다. 당시 그 프로젝트에는 메타 분석이라는 체계적인 양적 검사, 즉 과연 우리의 관점에서 공감이 나오는가 하는 문제에 대한 다른 과학자들의 이전 실험 결과들에 대한 조사가 포함되어 있었다. 실험에서 연구원들은 실험 참가자들에게 곤경에 처한 낯선 이의 관점에서 생각해보라는 지침을 주어 낯선 이에게 공감하게 하거나, 아니면 곤경에 처한 낯선 이의 감정을 생각하지 말라는 지침을 주어 공감하지 못하게 했다. 실험에 대한 메타 분석 결과, 의도적으로 곤경에 처한 낯선 이의 입장에 서보는 것이 실제 그 사람에 대한 공감 능력을 높여주진 못했다. 그러나 낯선 이의 곤경에 대해 생각하면서 객관적 입장을 유지한다고 해서 공감 능력이 떨어지지는 않았다. 우리가 직접 실시한 실험(이는 이 책을 쓰고 있는 지금 이 순간에도 공감-이타주의 가설에 대한 실험들 가운데 가장 규모가 큰 실험이다)에서도 똑같은 결과가 나왔다. 즉, 낯선 이들에 대한 공감을 억누르는 것이 높이는 것보다는 더 쉽다.[23]

우리는 지금 최근 나온 신경과학 분야의 증거들을 통해 문제의 본질에 다가가고 있다. 데이비드 흄이나 애덤 스미스와 마찬가지로, 일부 과학자들은 다른 사람들의 행동을 보면서 마음속에서 그 행동을 시뮬레이션하고, 그런 다음 마음속 시뮬레이션을 통해 생겨나는 감정들을 모니터링하면서 그들의 감정을 이해하게 된다고 생각한다. 그러니까 다음과 같은 식이다. 나는 친한 친구 해리슨(그런 이름을 가진 친구가 있으면 좋겠지만, 사실 내겐 해리슨이란 이름을 가진 친구가 없다)이 자기가 좋아하는 축구팀이 시합에 져서 흐느껴 우는 걸 보며, 마음속으로 시합에 진 반응으로 흐느껴 우는 행동을 시뮬레이션하게 된다. 그리고 그 시뮬레이션을 토대로 내가 정말 흐느껴 운다면 어떤 기분일지 짐작해보며, 이를 통해 실제로 흐느껴 우는 해리슨의 기분을 추론하게 된다. 인간의 마음속에서 어떻게 공감이 생겨나는지에 대한 멋진 가설이 아닐 수 없다. 그러나 이 가설의 경우, 다른 사람들의 감정을 시뮬레이션하는 뇌 부위가 곤궁에 처한 낯선 이들에 의해서는 거의 활성화되지 않는다는 데 문제가 있다. 그들의 감정을 시뮬레이션할 수고조차 하지 않게 하려는 듯 말이다.

심리학자 메간 메이어Meghan Meyer와 그녀의 동료들이 실시한 한 실험은 이런 현상을 아주 잘 보여준다. 메이어와 그녀의 팀은 사람들로 하여금 한 친구 또는 낯선 이가 알지 못하는 다른 두 사람과 '사이버볼Cyberball'이라는 비디오 게임을 하는 걸 지켜보게 했다. (사이버볼이 어떤 게임인지를 이해하려면, 공원에서 다른 두 사람과 함께 프리스비를 던지며 논다는 상상을 해보도록 하라. 이제 그 두 사람이 당신한테 프리스비를 열 번 던진 뒤 갑자기 더 이상 던지지 않는다고 상상해보라. 바로 그것이다. 아무런 이유 없이 당신에게 더 이상 프리스비를 던져주지 않는 것. 사이버볼 게임은 연구실 안에서 사회적 배척을 연구할 때 널리 쓰이는 표준적 방법이다.[24]) 실험 결과 연구진은 실험 참가자들이 사이버볼 게임에서 낯선 이가 배척될 때보다 친한 친구가 배척될 때 더 큰 공감을 느낀다는 걸 알게 됐다.

게다가 친구가 배척될 때는 육체적 고통의 경험에 관여하는 뇌 부위가 활성화됐으나, 낯선 이가 배척될 때는 그렇지 않았다.[25] 또한 이와 비슷한 연구들의 결과에 따르면, 이른바 뇌의 '고통망pain network'은 같은 인종이 고통을 받는 걸 지켜볼 때 활성화되는 반면, 다른 인종의 고통을 지켜볼 때는 활성화되지 않았다.[26] 결국 아주 현실적인 측면에서 볼 때, 이 모든 연구 결과는 우리가 낯선 이나 외부인의 고통보다는 친구나 사랑하는 사람 또는 동포의 고통에 훨씬 더 크게 반응한다는 걸 보여준다.

아직도 좀 우울한가? 공감과 관련해 우울해할 만한 사실이 두 가지 더 있으니 조금만 더 참아 달라. 하나는 낯선 이에게 공감을 느끼는 것도 어렵지만, 곤궁에 처한 낯선 집단에 공감을 느끼는 건 훨씬 더 어렵다는 사실이다. 심리학자 폴 블룸Paul Bloom은 이와 관련해 이런 말을 했다. "공감은 편협하며 속이 좁고 숫자에 약하다." 그러니까 관련된 사람들의 수가 늘어난다고 해서 공감이 늘어나는 건 아니라는 얘기다.[27]

공감과 관련해 우울해할 만한 두 번째 사실은 사람들은 원래 낯선 이에게 공감을 느낄 기회를 적극적으로 피하려는 경향이 있다는 것인데, 그러지 않을 경우 별 관심도 없는 사람들을 도와주어야 하는 번거로운 일에 빠지게 된다는 걸 알기 때문이다.[28] 내가 이 책을 쓰고 있는 지금은 연말이다. 그래서 마트에 가면 앞에서 종을 흔들며 도움이 필요한 가난한 사람들을 돕게 기부를 해달라는 구세군과 마주치게 될 것이다. 올바른 정신 상태에서라면, 나는 아마 그런 기회를 의무나 명예 아니면 심지어 즐거움으로 맞을 것이다. 그런데 사실 그보다는 그런 기회를 그저 귀찮은 상황으로 볼 가능성이 더 높다.

타인의 친절

칵테일 음료 한 병 사러 가면서 구세군과 마음속 줄다리기를 해야 되니 말이다.

이러한 구세군 딜레마와 타협하는 한 가지 방법은 아예 공감을 느낄 기회를 원천 봉쇄하는 것이다. 한 독창적인 연구팀이 공감 기회 원천 봉쇄를 입증할 만한 구세군 실험을 했다. 그 결과 구세군으로부터 직접 기부 요청을 받을 경우 약 14%의 쇼핑객들이 기부를 했다(평균 기부금은 1.69달러). 그러나 33%의 쇼핑객들은 매우 불편한 다른 출입구를 이용함으로써 구세군과 마주칠 기회를 아예 차단했다. 그리고 그 나머지 반쯤 되는 쇼핑객들은 그냥 가장 편한 출입구를 이용하되 구세군의 기부 요청을 완전히 무시했다.[29] 그러니까 우리 대부분은 낯선 이들을 위해 공감 능력을 발휘할 기회를 가지려 하지 않고 그런 기회를 아예 피하거나 무시해버리려 한다는 것이다.

데이비드 흄이 직감했듯, 거리가 먼 사람들에 대해 느끼는 우리의 연민은 가까운 사람들에 대해 느끼는 연민보다 훨씬 약하며, 우리가 갖고 있는 외국인 혐오증과 집단 이기주의 경향은 워낙 강해, 우리의 공감은 그 능력을 발휘할 기회를 찾기도 전에 아예 그 싹까지 잘려 나가버린다. 하지만 우리의 잘못은 아니다. 공감의 작동 방식 자체가 그런 것이다.

포맷 에러

포맷 문제는 모든 정보 처리 시스템의 골칫거리다. 당신이 정보 처리 시스템에 제대로 된 포맷 형태로 정보를 넣어주지 않으면 시스템은 그 정보를 읽지 못한다. 예를 들어 미리 PDF 문서 포맷(Wordish가 아니라 PDFese로 쓰여진)을 지정해주지 않을 경우, 마이크로소프트 워드 Microsoft Word는 PDF 문서에 포함된 성보를 읽어내지 못하는 것이다. 마찬가지로, 당신의 시각 시스템은 당신의 청각 시스템이 쉽게 해독하는 기압파에 포함된 정보를 해독하지 못하며, 당신의 청각 시스템은 당신 혀의 맛봉오리들을 자극하는 분자들의 정보는 해독하지 못한다. 잘못된 포맷이기 때문이다.

모든 인지 시스템, 특히 인간이 서로를 대하는 방식을 좌지우지하는 훨씬 더 복잡한 시스템 역시 포맷에 민감하다. 포맷 민감성 덕분에 인지 시스템은 극도로 전문화된 일을 잘 처리하긴 하는데, 전문화에는 대가가 따른다. 전문화된 인지 시스템으로는 아무리 유용한 정보라 해도 자신이 이해할 수 없는 언어로 된 건 해독하지 못할 수 있다. 이는 낯선 이들에 대한 우리 인류의 친절에 정말 큰 문제이다. 우리는 도움을 절실히 필요로 하는 전 세계의 많은 사람을 직접 만날 기회가 전혀 없는데, 직접적인 만남이 이 인지 시스템이 제대로 해독할 수 있는 유일한 정보 포맷일 수도 있기 때문이다.

윤리학자 피터 싱어Peter Singer는 다음과 같은 멋진 사고 실험을 통해 우리의 마음이 다른 사람들이 고통 받고 있다는 소식을 전달해주는 포맷에 대해 얼마나 까다로울 수 있는지를 입증했다.

당신은 출근길에 늘 조그만 연못을 하나 지난다. 무더운 여름날엔 아이들이 무릎까지밖에 안 오는 그 연못에서 노는 경우가 많다. 그런데 오늘은 날씨도 차고 시간도 이른데, 한 아이가 연못 안에서 첨벙대는 게 보여 당신을 놀라게 한다. 가까이 다가가보니, 이제 겨우 걸음마를 배울 정도로 어려 똑바로 서지도 못하고 연못 밖으로 걸어 나올 수도 없는 아이가 물속에서 허우적대고 있다. 부모나 아이 돌보는 사람을 찾아보지만, 주변에는 아무도 없다. 아이는 한 번에 몇 초 이상 물 위로 머리를 내놓고 있는 것도 힘들어 보인다. 당신이 걸어 들어가 꺼내주지 않는다면, 그 아이는 십중팔구 익사할 것 같다. 걸어 들어가는 건 쉽고 위험하지도 않지만, 산 지 며칠밖에 안 된 신발과 정장이 젖고 더러워질 것이다. 아이를 보호자한테 넘겨주고 옷을 갈아입을 때쯤이면, 아마 지각도 하게 될 것이다. 어찌 해야 할까?[30]

피터 싱어는 자신이 이 사고 실험을 학생들한테 수시로 해봤는데, 대부분은 자신에게 즉각 물에 빠진 아이를 도와줄 도덕적 책임이 있다는 결론을 내렸다. 그러면 싱어는 학생들을 이렇게 몰아세웠다. "자네 신발은 어떻게 하고? 지각하는 건?" 그러나 학생들은 확고했다. "어떻게 신발이 젖는다거나 출근 한두 시간 늦는 걸 신경 쓸 수 있단 말이에요? 그게 아이의 생명을 구하지 않을 이유가 된단 말이에요?"[31]

우리가 물에 빠진 아이를 구하기 위해 물에 뛰어들 동기를 갖는 건 어렵지 않은데, 그건 허우적대는 조그만 두 팔, 도움을 청하는 희미한 외침, 공포에 질려 둥그렇게 뜬 눈, 수면 밑으로 사라지는 조그만 머리통 같은 정보가 올바른 포맷 형태로 우리의 돌봄 시스템에 도달하기 때문이다. 다른 사람의 곤경이 살과 피의 형태로 포맷될 때, 우리의 돌봄 반응은 아주 신속하면서도 직감적으로 그리고 쉽게 나타난다.

그런데 곤경에 처한 사람이 단순히 관념상의 낯선 이일 때, 그러니까 그 불행을 통계 수치나 뉴스로나 접하게 될 경우에는 어떨까? 피터 싱어도 지적했듯, 그런 경우 우리는 굳이 그런 관념상의 낯선 이를 돕지 않아도 될 온갖 구실을 찾아낸다. 그러니까 도움이라는 건 의무라기보다는 개인적 신념의 문제라거나, 우리에겐 우리가 번 돈을 어떻게 쓸 건지를 결정할 권리가 있다거나, 아니면 할 만큼 하고 있다는 식의 주장을 하는 것이다. 그러면서 자선 활동은 가난한 나라들이 자신들의 문제를 스스로 해결할 수 있는 정치적 변화만 지연시킬 뿐이라거나, 가난한 사람들을 도와줘 봐야 의존성만 길러줄 뿐이라는 주장도 한다. 또 한 사람의 기부는 의미 있는 변화를 불러오기에는 너무 미약하다는 주장도 한다. 이외에도 낯선 이들을 돕지 않아도 될 구실은 셀 수 없이 많다.[32]

애덤 스미스의 가설에 나오는 '인류애에 불타는' 남자, 그러니까 중국에서 지진으로 무고한 사람이 많이 죽었다는 소식에 비통해하는 그 남자는 분명 그 재난을 직접 목격해서 알게 된 게 아니다. 신문기사를 통해 또는 친구로부터 들은 소문을 통해 알게 된 것이다. 그런데 관념상의 낯선 이들의 고통에 대한 소식은, 그게 대서특필된 신문 기사 포맷 형태를 띠든 스코틀랜드 글래스고의 한 커피숍 안에서의 농담 포맷 형태를 띠든 아니면 소셜 미디어상에서 유행하는 이야기 포맷 형태를 띠든, 남들에 대한 자연스러운 관심을 자극하진 못한다. 그 결과 애덤 스미스의 '인류애에 불타는' 남자는 중국 재난 소식을 듣고도 별 일 없다는 듯 코를 골며 잘 것이다. 해 뜰 녘에 자기 새

끼손가락 하나가 절단된다는 생각에는 밤새 잠 못 자고 괴로워할 사람이 말이다.[33]

이처럼 우리는 관념상의 낯선 이들의 고통에 대해선 무감각한데, 이에 대한 잠재적 해결책이 하나 있다. 웸블리 스타디움 1,000개가 지진으로 사망한 중국인 희생자들의 시신으로 가득 찬 장면을 그려본다면 어떻겠는가? 또는 웸블리 스타디움 5개가 올해 말라리아로 죽은 45만에 달하는 어린이들의 시신으로 가득 차 있는 장면을 상상해본다면 어떻겠는가? 매년 말라리아로 죽어가는 어린이가 45만 명이라는 사실을 말로 백 번 듣는 것보다는 이렇게 직접 그 장면을 그려보는 게 더 가슴에 와닿지 않는가? 아마 그럴 것이다. 그러나 이 같은 마음속 그림이 주는 충격조차 직접적인 경험이 주는 감정적 충격에 비하면 약하다. 그렇다 해도 마음속 이미지는 우리가 직접적인 감각 경험을 통해 만들어내는 시각적 인식과 닮았다. 즉 마음속 그림은 같은 뇌 부위의 시각적 인식에 의존하는데, 심리학적 영향의 시각적 인식과 행동학적 영향의 인식은 서로 비슷하다. 그러나 그 영향은 실제 인식의 경우보다는 이미지들의 경우가 훨씬 약하다.[34] 자선 단체들이 자선 활동을 벌일 때 직접 고통 받는 인간들의 사진을 보여주는 것도 이 때문이다. 단순히 낯선 이들이 고통을 겪고 있다는 사실을 아는 것은 물론, 마음의 눈으로 이들의 고통을 그려보는 것만으로는 충분치 않기 때문이다. 우리는 그들의 고통을 직접 목격할 때 가장 큰 관심을 갖게 된다. 그 외의 다른 모든 것은 생사를 오가는 고통마저 공허한 말과 맥없는 이미지로 변질시킬 뿐이다.

빌 클린턴Bill Clinton 미국 대통령 시절에 미국 법무장관을 지냈으며 지금은 고인이 된 재닛 레노Janet Reno는 기자 회견 중 기자들의 '만일 ~라면 어떻게 하겠습니까?' 식의 질문에 "저는 가정에 근거한 말은 하지 않습니다."라고 답하곤 했다. 우리 마음의 진화된 돌봄 시스템에 대해서도 이와 비슷한 얘기를 할 수 있을 것 같다. 그들은 지금 가정에 근거한 고통을 겪고 있는 게 아니다. 진짜 고통을 겪고 있는 것이다.

수수께끼

진화를 통해 우리는 선한 사마리아인이 될 준비를 하게 됐을까, 아니면 아무 반응을 보이지 않는 방관자로 머물게 됐을까? 우리가 이 장에서 살펴본 인간의 독특한 주의와 감정, 포맷 민감성은 전부 우리 마음이 사실 우리와 먼 낯선 이들에게 관심을 두게끔 만들어지진 않았다는 걸 보여준다. 결국 낯선 이들의 행복에 대한 우리의 관심은 타고난 재능보다는 고매한 염원에 더 가까운 듯하다.

이 모든 건 우리의 잘못은 아니다. 우리의 마음은 한계를 갖고 있다. 우리는 10차원은 상상하지 못한다. 총알이 날아가거나 풀이 자라는 걸 보지 못한다. 박쥐와 같다는 게 어떤 건지 알지 못한다. 또 우리는 낯선 이들이 필요로 하는 도움에 제대로 잘 반응하는 걸 가로막는 인지 능력의 한계도 갖고 있다. 모든 능력에도 불구하고, 이런 한계들 탓에 우리는 기껏해야 머뭇거리는 사마리아인들이 될 수 있을 뿐이고, 최악의 경우에는 아무 관심도 보이지 않는 방관자들이 된다.

  이 같은 분석의 결과로 우리는 다음과 같이 어려운 과학적 수수께끼를 하나 떠안게 된다. 애당초 너그러움이란 것과 어울리지도 않는 마음을 가진 우리가 대체 어떻게 낯선 이들에게 이런저런 관심을 보이고 있다고 믿는 세상을 만들어내게 된 걸까? 그 답은 우리 마음의 진화된 능력, 즉 우리로 하여금 가까운 친지와 친구를 돌보게 만드는 진화론상의 사회적 본능이 지난 수만 년간의 인류 역사와 어떻게 상호작용해왔는지를 알아내는 과정에서 찾을 수 있다. 그러나 그런 사회적 본능을 제대로 이해하기에 앞서, 먼저 진화 과정에서 어떻게 그런 본능이 생겨나게 됐는지를 이해하는 게 도움이 될 것이다. 사회를 만들어내는 건 우리의 마음이지만, 그 마음을 만드는 건 자연선택이기 때문이다.

3장.

진화의 중력

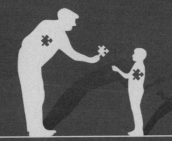

물리학자들은 흔히 우주를 가득 메우고 있는 소립자들 간의 상호작용을 지배하는 기본적인 힘이 네 가지 있다고 말한다. 네 가지 힘 가운데 가장 큰 '강력strong force'은 원자 속 양성자들이 양전하로 인해 서로 반대방향으로 밀려날 때도 원자핵이 쪼개지는 걸 막아줄 정도로 세다. 두 번째 기본적인 힘인 '전자기력electromagnetism'은 강력의 137분의 1에 불과하지만, 반대 전하를 가진 소립자들끼리는 서로 끌어당기게 하고 같은 전하를 가진 소립자들끼리는 서로 멀어지게 할 정도로 강해, 우리 몸 속 세포들을 구성하는 원자와 분자는 물론 단백질들까지 3차원 구조를 띨 수 있게 한다. 강력의 100만분의 1밖에 안되는 힘을 가진 세 번째 기본적인 힘은 이른바 '약력weak force'으로, 쿼크$_{quark}$*를 한 가지 특이한 '풍미'에서 다른 풍미로 변화시키고 핵융합 반응을 일으킨다.

그런데 약력에는 다른 이름을 붙여줘야 하는지도 모르겠다. 정말 약한 힘을 가진 것은 네 번째 기본적인 힘인 '중력$_{gravity}$'이기 때문이다. 중력은 그 힘이 강력의 1,000,000,000,000,000,000,000,000,000,000,000,000,000(1천간)분의 6밖에 안 되며, 양성자와 쿼크를 비롯한 아원자 입자들의 상호작용에 미치는 영향력은 미약한 편이다. 내가 주방 식탁 위에 열쇠 꾸러미를 놓고 아이의 학교 사진이 붙은 냉장고 자석을 이용해 끌어 올려보면, 자석의 힘이 중력보다 강해 열쇠 꾸러미가 쉽게 들어 올려진다. 중력은 아원자 해변에서 허구한 날 얼굴에 모래를 뒤집어쓰는 뼈만 앙상한 사내나 다름없다.

중력이 이처럼 다른 세 힘에 비해 형편없는 '약골'로 보이는 이유는 단 하나, 아직 우리가 그 실체가 드러날 만큼 물질의 규모와 거리를 축소해서 보지 않았기 때문이다. 관점을 바꿔 중력을 제대로 평가하려면 망원경을 사용해야 할 것이다. 서로 분리된 거리가 아주 짧고 아주 미세한 물질들의 상호작용을 연구할 경우, 중력은 유일하게 중요성을 갖지 않는 기본적인 힘이다. 그러나 분리된 거리가 멀고 커다란 물질들의 상호작용을 연구할 경우, 중력은 유일하게 중요한 기본적인 힘이다.

어떤 물체의 질량이 100배 늘어날 때마다 중력의 영향력은 10배씩 늘어난다. 그리고 행성이나 별과 같이 거대한 물체들은 순수한 전

---

*   양성자나 중성자 같은 소립자를 구성하고 있다고 여겨지는 기본적인 입자. - 역자 주

하를 갖고 있지 않은데, 이는 구성 요소들 모두의 전하가 서로 상쇄되기 때문이다. 따라서 거대한 행성과 별들 간의 상호작용을 좌지우지하는 것은 '약골'인 중력이다(아주 먼 거리에서는 늘 서로 미는 게 아니라 끌어당기는 역할을 한다). 그리고 어떤 물체가 아주 거대해질 경우, 그러니까 대략 목성 100개 정도의 크기가 될 경우, 중력은 모든 물체를 빨아들여 엄청나게 밀도 높은 구체를 만들며, 그 구체의 중심부는 핵융합로처럼 변하게 된다. 그야말로 중력은 우주의 찰스 아틀라스Charles Atlas*이다. 모든 물질을 별들로 바꿔버린다.[1]

진화의 기본적인 힘 가운데 하나인 '자연 선택'은 중력과 비슷한 점이 있는데, 홍보 문제를 안고 있다. 어느 시점부터인가 자연 선택은 멍청이 같아졌다. 인간의 몸을 이루는 작은 물질들, 그러니까 인간 게놈을 이루고 있는 DNA 염기순서를 들여다보고 또 그것들이 어떻게 배치되어 있는지를 들여다보면, 자연 선택은 별로 한 일이 없는 듯하다. 오히려 돌연변이나 대규모 이동, 물이나 공기를 통한 표류 같은 다른 진화 과정이 우리의 게놈에 훨씬 더 강력한 영향을 미쳤다. 이 문제와 관련해서라면, 진화와 전혀 관련 없는 사건, 즉 일회성 기근이나 동결, 홍수, 화재 등이 자연 선택보다 훨씬 더 급격히 인류의 운명을 바꿔놓을 수 있는 것이다.

그러나 축소해서 보면, 자연 선택이 어쨌든 진화에 영향을 미치는 유일한 힘이다. 자연 선택이 '디자인design'을 만들어낼 수 있는 유일한 진화론적 힘이기 때문이다. 자연 선택은 한 가지 확고한 기준에

---

*　전설적인 보디빌더. - 역자 주

60

타인의 친절

따라 오랜 세월 한결같이 유전자들을 걸러낸다. 즉, 종의 번식률을 높이는 데 도움이 되는 유전자들을 키워내는 것이다. 진화 생물학자 리처드 도킨스가 여러 가지 방법으로 더없이 분명히 입증해왔지만, 유전자들 안에는 물질들을 만드는 데 필요한 레시피가 들어 있다. 그리고 그렇게 만들어지는 것 가운데 일부(먼저 단백질, 그런 다음 단백질로부터 전문화된 세포기관인 미토콘드리아와 리보솜, 그런 다음 전문화된 세포들, 그런 다음 팔, 다리, 눈, 귀, 심장, 폐, 뇌 그리고 심지어 각종 믿음과 욕구 등)는 멋진 장치들 같아 보인다. 그리고 그것들을 만드는 유전자들의 복제를 촉진하는 장치들은 잘 보존되고 다듬어지며, 반대로 그것들을 만드는 유전자들의 복제를 방해하는 장치들은 배제된다. 그리고 오랜 세월 '이 유전자는 번식률을 높여주는 장치들을 만들어내는가, 아닌가?' 하는 단 한 가지 기준에 따라 유전자 걸러내기 과정을 거치면서 생명체들은 '디자인'을 축적해나간다. 그리고 가차 없이 진행되는 이 모든 유전자 걸러내기 및 장치 만들기 과정을 거치면서 생명체들은 천재적인 능력으로 주변 환경에 적응해가며 번성한다. 그들에게는 성공에 필요한 툴이 있다. 중력과 마찬가지로 자연 선택 역시 스타 제조기인 것이다.

다윈의 위험한 생각

자연계의 뚜렷한 디자인은 아리스토텔레스Aristotle 이래 많은 생물학자를 매료시켜왔으며, 그걸 순전히 자연주의적 관점에서 설명하는 것은 진화 생물학 분야의 영원한 숙제 가운데 하나이다.[2] 지난 수천 년간 신학자들은 지구에 사는 모든 생명체가 지혜로운 한 설계자, 즉 신에 의해 만들어졌다는 걸 못 믿는 사람들을 설득하기 위해 '설계 논증argument from design'이라는 걸 만들어냈다.[3] 1802년에 처음 출간된 저서 《자연 신학 - 또는 자연의 모습들에서 수집한 신의 존재와 특성들의 증거Natural Theology - or Evidences of the Existence and Attributes of the Deity Collected from the Appearances of Nature》에서 영국 신학자 윌리엄 페일리William Paley는 '설계 논증'을 다음과 같이 완성시켰다.

(1) 들판을 걷다가 커다란 바위를 만난다고 가정해보라. 당신은 그 바위가 대체 어떻게 거기에 생겨났는지 또는 거기에 있는 목적이 무언지를 알고 싶어 자세히 들여다본다. 그 바위가 어떻게 만들어졌는지와 관련해 특별히 놀랄 만하거나 특이한 점을 발견하지 못해(바위는 그저 바위일 뿐이니까), 당신은 아마 '그냥 바위가 여기 있구나.' 하는 결론에 이르게 될 것이다. 바위는 아무 짓도 하지 않는다. 바위는 그저 거기 놓여 있을 뿐이다. 바위는 어떤 특별한 목적을 위해 디자인된 것 같지는 않다.

(2) 이번에는 들판을 걷다가 회중시계를 발견한다. 시계가 아주 복잡하다는 걸 보게 될 것이며, 그 모든 기어와 스프링들과 다른 작은 부품이 어떻게 서로 협력해 시간의 경과를 보여주는지도 보게 될 것이다. 또한 시계에 이렇게 저렇게 손을 대면, 즉 부품들을 멋대로 재배열하면 시간 경과를 보여주는 효과가 떨어진다는 것도 보게 된다. 그래서 당신은 '아, 이 시계는 어떤 설계자에 의해 조립됐구나.' 하는 결론을 내릴 것이다. 그러니까 어떤 설계자가 미리 시계의 목적을 머릿속에 그린 뒤, 그 목적을 염두에 두고 조립을 했다고 말이다.

타인의 친절

(3) 당신이 시계 설계자를 만난 적이 없다거나, 그 시계가 개선 가능하다거나, 때론 수리를 해야 한다거나 또는 당신이 긱 부품의 역할을 잘 모른다 해도 상관없다. 모든 부품이 아주 정교하게 배치되어 있어 절대 무작위로 막 조립한 건 아닐 것 같다는 점으로 미루어 볼 때, 그 시계는 시간을 재는 물건을 만들려 한 어떤 설계자에 의해 조립됐다는 걸 알 수 있다. 심지어 고장 난 시계도 시간을 재기 위한 용도로 디자인된 걸로 보인다.

(4) 생물학계의 생물들과 그 특징들(윌리엄 페일리는 복잡한 인간의 눈을 예로 삼았다)은 시계보다 훨씬 더 정교하게 디자인되었다. 자연계의 장치들은 복잡성과 섬세함 그리고 호기심을 끄는 메커니즘 측면에서 예술계의 장치들을 뛰어넘을 뿐 아니라, 그 수와 다양성 측면에서도 예술계의 장치들을 뛰어넘는다.[4]

(1)부터 (4)까지를 차분히 읽어본 사람이라면, 생물계는 한 지혜로운 설계자의 행동에 절대적인 영향을 받는다는 걸 인정하게 될 것이다.

이는 신의 존재를 입증하는 그럴 듯한 주장이어서 종교 옹호론자들은 오늘날까지도 윌리엄 페일리의 설계 논증을 사용한다. 뉴질랜드 출신의 기독교 전도사 레이 컴포트Ray Comfort는 "바나나는 무신론자의 악몽이다."라는 말로 유명하다. 쥐기에 딱 알맞은 것도 그렇고, 익으면 노랗게 변해 먹기 좋은 상태를 쉽게 알 수 있는 것도 그렇고, 까먹기 쉬운 것도 그렇고, 소화가 잘되는 것도 그렇고, 신이 설계한 게 아니고선 그럴 수 없다는 것이다. 그러니까 바나나가 인간이 먹기 좋게 되어 있는 건 지혜로운 설계를 할 수 있는 신이 존재한다는 증거라는 것이다.

그러나 이 같은 종교 옹호론자들의 설계 논증에는 한 가지 의문이 제기된다. 만일 지혜로운 설계자가 우리 주변의 모든 생물학적 존재를 설계했다면, 그 설계자는 대체 또 누가 또는 무엇이 설계한 것일까? 미국 연주자 겸 가수인 빌리 프레스턴Billy Preston의 팬들에겐 미리 사전 양해를 구하고 그의 말을 인용하고 싶다. "아무것도 아닌 것에서 나온 아무것도 아닌 것은 아무것도 아니다." 역사적으로 많은 사상가가 설계 논증의 이 의문과 맞닥뜨렸으나, 답을 알아낸 사람은 아무도 없었다(스코틀랜드의 철학자 데이비드 흄이 그나마 그 답에 가까이 갔지만 말이다[5]). 그러니까 적어도 찰스 다윈이 나올 때까지는 그랬다.

찰스 다윈이 특별한 사람이 된 건 그가 살아 있는 생물들의 세계 안에서 새로운 디자인을 찾아냈기 때문은 아니다. 아리스토텔레스와 페일리 그리고 그 두 사람 사이에 태어난 사실상의 모든 자연주의자는 살아 있는 세계가 일류 디자인 작품으로 가득하다는 걸 이미 알았다. 찰스 다윈이 특별해진 건 그 모든 디자인 작품을 설명할 수 있는, 순전히 자연주의적인 메커니즘을 찾아냈기 때문이다. 바로 '자연 선택' 말이다.

미국 철학자 대니얼 데닛Daniel Dennett은 이런 말을 했다. "자연 선택을 제대로 이해할 경우 받을 수 있는 '상'은 그 무엇보다 안정된 설명 체계를 가질 수 있다는 것이다. 그 결과 우리는 이제 더 이상 끝없는 미스터리 속을 헤맬 필요가 없다."[6] 나는 우리가 지금 인간의 너그러움을 뒷받침해줄 생물학적 토대를 알아보고 있는 상황에서, 이 안정된 설명 체계야말로 받을 만한 가치가 있는 상이라고 믿는다. 자연 선택에 대해 자세히 알아보자면, 유전자에 주목해야 한다. 지구가 멋진 생물학적 디자인들로 넘쳐나는 이유는 잘 디자인된 생명체들을 만드는 것이 유전자들이 차후 스스로를 복제하는 데 가장 효과적인 방법이기 때문이다.

지구의 생명은 유전자가 아니라, 스스로를 복제할 수 있는 생명체에서 시작됐다. 가능한 시나리오를 하나 제시하자면 이렇다. 유전자에 앞서, 흥미로운 특성을 가진 무생물 물질(아마도 점토의 아주 작은 입자들을 이루는 극도로 작은 규소 결정체들)이 있었다. 그 무생물들이 당시 그 작은 입자들의 결정체 구조를 이루고 있던 주변 환경으로부터 분자들을 끌어들였다. 물리학의 힘에 의해, 초기의 이 물질들은 자신들을 복제했다. 그 복제물들 또한 복제를 할 수 있는 분자들이었고, 그 분자들이 다시 주변 환경으로부터 원자재들을 끌어왔으며, 이들을 사용해 빠른 속도로 다시 스스로를 복제했다.

그 과정에서 주로 규소로 이루어진 '복제자replicator'가 탄소로 이루어진 기질substrate*을 끌어들이기 시작했고, 그 덕에 복제 속도가 훨씬 빨라지게 됐다. 결국 셀 수 없이 많은 복제-징집-복제 과정을 거치면서 규소로 이루어진 복제자들에 탄소로 이루어진 물질들이 추가되었고, 자기 나름의 구조를 갖게 되면서 규소에 의존한 복제를 그만두어도 되게 되었으며, 그 결과 스스로 복제자 역할을 하게 됐다.[7]

이 태고의 복제자들은 점토 속에서 호사스럽게 지내거나 유해한 화학물질 자쿠지** 안에서 일광욕을 즐기며 아무 생각 없이 무생물 물질들을 징집했고 또 아무 생각 없이 스스로를 복제했다. 그리고 그

---

* 결합 조직의 기본 물질. - 역자 주
** 물에서 기포가 생기게 만든 욕조. - 역자 주

복제물들 중 일부에선 작은 분자 변형이 일어났는데, 그것이 바로 오늘날 우리가 말하는 돌연변이로, 그로 인해 복제물들이 자신들을 만들어낸 분자들과 조금 달라지게 됐다. 그 어떤 물리적 과정도 완벽하진 못한데, 분자 복제의 경우도 예외는 아니다. 돌연변이의 대부분은 복제물을 개선시키는 게 아니라 복제 시스템에 혼란만 안겨주었다. 이와 관련해 진화 생물학자 리처드 도킨스는 이런 말을 했다. "분명한 건 살아남는 길도 많겠지만, 죽음에 이르는 길이 훨씬 더 많다는 것이다."[8] 그러나 아주 드물긴 하지만, 복제자들은 이따금 기질을 끌어들이는 능력을 개선하거나 우주의 적대적인 힘들에 저항할 수 있는 일종의 보호 수단을 제공함으로써 보다 나은 복제물을 만들어내는 돌연변이에 성공했다. 더 많은 걸 알 필요는 없다. 그저 어떤 돌연변이는 복제물을 더 낫게 만든다는 사실만 알면 된다. 그러니까 어떤 점에서 이런 돌연변이는 '유익한' 돌연변이라 말해도 좋을 것이다.

이처럼 새로운 '유익한' 돌연변이를 가진 복제물들이 스스로를 복제하자, 그 유익한 돌연변이는 후손들 사이에서도 나타났고, 그 결과 복제물들은 갈수록 복제율을 높일 수 있는 특성들을 갖게 됐다. 즉 자연 선택 현상이 나타난 것이다. 스스로를 복제해내는 복제자의 효율성을 높여주는 분자 특성은 점차 복제자 전체의 특징이 되었고 복제 효율성을 떨어뜨리는 분자 특성은 점차 사라지게 되었다.

수없이 많은 복제와 돌연변이 그리고 선택을 거치면서, 지구 위의 복제자들은 발가벗고 돌아다니는 걸 멈추었다. 그 대신 복제율을 높여준 그 모든 분자 특성은 마법의 망토와 비슷해졌다. 복제자들이 걸칠 경우 가장 효율적인 복제를 할 수 있게 되는 각종 디자인 특징들을 가진 마법의 망토 말이다. 자, 이제 '복제자'나 '복제율을 높여줄 돌연변이의 축적'과 같이 다소 황당해 보이는 얘기는 그만두고, DNA와 그 DNA가 만들어내는 유기체에 대한 얘기를 시작하겠다. 자연 선택을 유전자 중심의 관점에서 보면, 유기체는 유전자가 스스로를 복제하는 동안 타고 다니는 차량과 같다. 리처드 도킨스는 자신의 저서 《이기적 유전자The Selfish Gene》에서 그런 차량을 '생존 기계survival machines'라 불렀다.

> 서로 다른 종류의 생존 기계는 겉보기에도 그렇고 내부 기관도 그렇고 생긴 게 전혀 다르다. 문어는 쥐와 전혀 다르며, 둘 다 오크나무와도 다르다. 그러나 기본적인 화학적 성질 측면에서는 아주 비슷하다. 세균에서 코끼리에 이르는 모든 생물체의 경우 특히 그것들이 만들어내는 복제물과 유전자들은 기본적으로 같은 종류의 분자로 되어 있다. 우리는 너 나 할 것 없이 모두 같은 종류의 복제자, 즉 DNA라 불리는 분자를 위한 생존 기계이지만, 세상에서 살아가는 방식은 아주 달라 복제자들은 수없이 많은 종류의 기계를 만들어 활용한다. 예를 들어 원숭이는 나무 위에서 살기 좋은 유전자를 가진 기계이며, 물고기는 물속에서 살기 좋은 유전자를 가진 기계이다. 심지어 독일 맥주잔 받침 안에서 살기 좋은 유전자를 가진 작은 벌레도 있다.[9]

자연 선택은 유전자 세트의 복제율을 높이면서, 동시에 유전자들의 생존 기계인 생명체로 하여금 유전자 복제율을 제한하는 환경 요소를 뛰어넘게 하는 어떤 특성을 취하게 해 유전자 복제율을 높인다. 이때 유전자 복제율을 제한하는 환경 요소는 일종의 '디자인 문제'로 생각할 수 있는데, 자연 선택은 디자인 문제에 대한 공학적 해결책을 모색하는 것처럼 작동된다. 생명체들로 하여금 유전자 복제율을 제한하는 장애물들을 없애는 쪽으로 진화되게 하는 돌연변이를 계속 유지하게 하는 것이다.

또 다른 예로는 눈이 없었던 고대 원시 생명체 슬루즐sloozle을 들수 있다. 수억 년 전 슬루즐은 유전자 복제율을 제한하는 디자인 문제에 봉착했다. 다시 말해 자신들이 관심 있는 것(먹이, 물, 둥지 틀기 좋은 장소, 잠재적인 짝, 포식동물 등)이 있는 장소에 대한 정보에 따라 서식지를 조정할 경우, 더 빨리 스스로를 복제할 수 있었던 것이다.

유전자 복제율을 제한하는 이 같은 문제의 해결책은 공간 내 물체들의 위치와 햇빛 속에서 그 물체들로부터 튀어나오는 광자들 간의 상관관계를 잘 활용하는 것이었다. 소나기처럼 쏟아지는 광자들 속에 포함된 정보를 활용하기 위해, 슬루즐은 아마 광자들을 포착해 거기에서 정보를 뽑아낼 수 있는 감각 기관이 필요했을 것이다. 즉, 눈이 필요했던 것이다. 따라서 유전자 복제율을 제한하는 요소(시력이 없는 것)는 슬루즐 유전자가 해결해야 할 디자인 문제로 볼 수 있다. 그러니까 시력이 없는 상태에서 시력이 있는 상태로 변화되는 디자인 경로를 통해 슬루즐 유전자들은 복제율을 높일 수 있었을 것이다. 그러나 문제는 시력이 없는 상태에서 시력이 있는 상태로 단번에 바뀔 수 없다는 것이다. 단 한 번의 유전자 돌연변이로 눈이 만들어질 수는 없으니까 말이다.

그에 반해 인간 설계자들과 엔지니어들은 목적이 분명하고 앞을 내다보는 분석과 시뮬레이션, 테스트, 피드백을 통해 복잡한 다단계 문제들을 해결한다. 그러나 생물학계에 어떻게 복잡한 디자인이 나타나는지를 설명하는 일은 엔지니어들이 어떻게 문제를 해결하는지를 설명하는 것보다 힘든데, 그건 우리가 그걸 설명하면서 앞을 내다보는 '지혜로운 설계자' 얘기를 할 수는 없기 때문이다. 이와 관련해 미국 철학자 대니얼 데닛은 이렇게 말했다.

> 다윈의 생각은 이랬다. 원칙적으로 같은 작업(인간의 연구 개발로 성취되는)은 오랜 세월 동안 그 일을 해온 다른 종류의 과정에 의해, 또 단계별로 성취되는 설계 작업을 통해 수행될 수 있다. 반복해서 행해질 필요는 없다. 다윈은 이른바 '디자인 축적의 원칙' 같은 것을 생각해냈다.[10]

영국 신학자 윌리엄 페일리가 자신의 저서에서 말한 것처럼, 다윈 역시 척추동물의 눈을 통해 설계가 어떻게 축적되는지를 보여주었다.

> 이성은 내게 이렇게 말한다. 단순하면서도 불완전한 눈에서 복잡하고 완벽한 눈으로의 단계별 변화를 확인할 수 있다면, 눈의 소유자에게 각 변화는 유용할 것이라고. 더 나아가 눈은 계속 변하고 그 변화는 유전된다고. 그리고 그런 변화가 계속 변하는 삶의 여건 속에서 어떤 동물에게 유용해야 한다면, 설사 우리의 상상력으로 극복될 수는 없다 하더라도, 완벽하면서도 복잡한 눈이 자연 선택에 의해 만들어질 수 있다고 믿기가 어려워서 기존 이론을 뒤엎는 것으로 여겨져선 안 된다고 말이다.[11]

다윈이 주장한 것처럼 디자인이 정말 축적되는 것이라면, 슬루즈가 눈을 갖기 위해 필요한 일은 단 하나, 진화 과정 중에 돌연변이를 통해 유전학적으로 통제 가능한 소소한 개선이 많이 이루어지고 이것이 오랜 세월 축적되는 것이다. 자연 선택이 하는 일이 바로 그런 것이다. 도움이 되는 것은 계속 유지하고 그렇지 못한 것은 버리는 것. 그런데 시력이 없는 가상의 생명체들과 관련된 사고 실험 결과와 증거는 판이하게 다르다. 동물들이 극도로 소소한 일련의 디자인 개선을 통해 시력이 없는 상태에서 있는 상태로 진화됐다는 증거는 얼마나 확실할까? 매우 확실하다. 계통학*에서 이루어진 연구 결과로 밝혀진 사실인데, 척추동물의 눈을 만들어낸 디자인 작업은 6억 년도 더 전에, 돌연변이로 인해 빛에 민감한 세포들이 발달된 한 해양 생명체에서 시작된 걸로 추정된다. 햇빛은 많은 화학 작용을 촉발한다. 즉, 빛에 민감한 세포들로 인해 생물 안에서 이런저런 화학 작용이 일어나고, 그 결과 그 생명체의 행동에도 변화가 일어난다. 예를 들어 낮에는(먹이가 풍부할 때는) 활동적이 되고 밤에는(먹이가 드물 때는) 덜 활동적이 되거나, 아니면 그 반대로 낮에는(도처에 포식 동물들이 있을 때는) 덜 활동적이 되고 밤에는(포식 동물들이 잠들었을 때는) 더 활동적이 되는 등 낮과 밤 주기에 따라 자기 행동을 통제하기 시작한 것이다. 이후 2,000만 년 넘게 소소하면서도 점진적인 디자인 개선이 이루어지면서 빛에 민감한 세포들이 광자를 더 잘 받아들이게 됐고, 또한 화학적으로 광자들에 더 잘 반응하게 됐다. 빛에 민감한 세포들은 아

---

*   종들 간의 진화론적 관계, 그들의 형질 특성들, 그런 특성들을 만들어낸 유전자들 등을 추적하는 학문. - 역자 주

직 제대로 된 '눈'은 아니었지만, 그런 세포들을 가진 생명체가 그렇지 못한 생명체보다 살아남는 데 더 유리했을 게 분명하다.

그 이후에도 자연 선택은 계속됐다. 5억 5,000만 년 전에 이르러, 새로운 돌연변이로 인해 빛에 민감한 새로운 유형의 세포들이 나타나게 되며, 원시적인 눈으로부터 신경세포들이 나와 뇌의 다른 부위들('시상'이라 불리는 중요한 감각 중계소 등)로 연결됐다. 또한 수정체도 진화되어, 외부에서 들어오는 광선이 한 이미지로 초점이 모아지게 되었다. 그 과정에서 홍채도 진화되어 피사계 심도 조절이 가능해졌다. 눈 바깥쪽 근육도 진화해, 눈이 있는 생명체들은 몸을 돌리지 않고도 눈을 움직일 수 있게 되었다. 4억 3,000만 년 전쯤 되면, 빛에 민감한 세포들이 훨씬 더 개선되었고, 홍채도 변화됐다. 또한 눈 안쪽에도 근육들이 생겨나, 수정체는 가까운 물체와 멀리 떨어진 물체 모두에 초점을 맞출 수 있게 됐다. 그리고 4억 3,000만 년 전쯤에, 수정체는 그 모양이 타원형이 되어 공기 중에서(물속에서보다는) 작동되는 데 더 적합해졌다. 마지막 화룡점정은 눈꺼풀의 진화로, 그 결과 이 정교한 디자인 작품의 모든 것을 자연의 적대적인 힘으로부터 보호할 수 있게 되었다.[12]

척추동물의 눈이 어떻게 진화했는지를 간단히 살펴봤는데, 이를 통해 눈 이외의 것에 대해서도 많은 교훈을 얻을 수 있다. 오랜 세월에 걸친 복제와 돌연변이 그리고 선택을 통해 여러 디자인 경로들이 생겨나며, 그 경로들을 통해 아주 현실성 있는 목적지에 도달하게 된다. 예를 들어 빛에 민감한 세포를 갖고 있는 건 더 좋은 일인데, 빛에 훨씬 더 민감한 세포를 갖는 건 훨씬 더 좋은 일이다. 또한 이런 세포들이 감각 중계소에 연결된다는 것은 그 산출물이 뇌 안의 모든 행동 통제소까지 전달될 수 있다는 뜻으로, 일부 행동 통제소에만 직접 연결되는 것보다 더 좋은 일이다. 훨씬 더 좋은 일인 것이다. 그리고 수정체를 사용해 한 가지 세세한 이미지를 만들어내는 것은 초점도 안 맞는 희미한 이미지를 만들어내는 것보다 훨씬 더 좋은 일이다. 결국 충분한 복제, 충분한 걸러내기, 충분한 시간을 통해 진화의 힘이 스스로를 복제하는 생명체들에게 능력을 부여하는 것이다. 다시 말해, 설계자도 없이 자연 선택으로 점점 더 적절한 디자인이 제공되는 것이다.

진화심리학과 그 결함

유전자 및 자연 선택 중심 사고는 원숭이와 물고기와 독일 맥주잔 받침 벌레와 슬루즐의 디자인 특징이 어떻게 생겨났는지를 이해하는 데 더없이 좋은 방법이지만, 이 책은 그런 생명체에 대한 책이 아니다. 이 책은 인간에 대한 책이며, 낯선 이들에게 너그러울 수 있는 우리의 잠재력에 대한 책이다. 물론 자연 선택 중심의 사고는 진화심리학이라 불리는 학문 분야를 통해 이런 목적에 부응할 수도 있다. 어떤 사람들은 진화심리학을 섹스 및 폭력에 대한 연구와 동일시하는 잘못을 저지르기도 한다. 섹스는 소위 아주 잘 팔리는 주제이며 폭력 또한 사람들을 혹하게 만드는 주제여서, 뉴스 제작자들은 "피를 흘려야 이목을 끈다."는 경험 법칙을 따른다. 따라서 이 주제들에 대한 진화심리학자들의 연구는 대중의 주의를 일거에 사로잡는다. 실제로 그렇게 쓰이기는 해도, 진화심리학은 단순히 사람들을 자극하거나 놀라게 만드는 주제가 아니라 심리학의 모든 것을 다루는 분야이다. 그러니까 진화심리학은 감정, 인식, 정신생리학, 학습, 인지, 발달, 사회적 행동, 정신병리학 그리고 인간의 마음과 관련된 그 밖의 모든 것을 다룬다.

60년 전에 진화생물학자 조지 C. 윌리엄스George C. Williams는 다음과 같은 말로 도전장을 내밀었다. "인간의 마음이 어떤 목적으로 설계되었는지를 알면 그걸 이해하는 데 큰 도움이 되리라고 기대하는 건 당연하지 않은가?"[13] 이 도전에 관해 그간 진화심리학자들은 윌리엄스의 편을 들어왔다. 그들의 연구에 영감을 불어넣어준 신념은 분명했다. 다른 생물학적 기관들과 마찬가지로 인간의 뇌 또한 자연 선택의 결과물이니, 분명 보다 효율적이며 멋진 기능을 수행하게끔 디자인됐을 거라는 것.

적응은 많은 심리학적 과정에서 눈에 띄는 특징이다. 예를 들어 우리는 배가 고파지면 먹을 걸 찾아 나서고, 날카로운 이빨을 가진 동물들은 우리를 해칠 수 있어 두려워하고, 식중독을 일으킨 음식은 아주 싫어해 이후 그런 음식은 피하게 된다. 그러나 어떤 인지 시스템이 이런 반응들을 일으키는지는 불분명한 경우가 많다. 가장 단순해 보이는 행동도 많은 계산 단계를 거치기 때문이다. 어떤 한 가지 문제 해결 시스템 내에 내장된 계산들은 거의 프랙탈fractal* 구조를

---

*   작은 구조가 전체 구조와 비슷한 형태로 끝없이 되풀이 되는 것. - 역자 주

갖고 있다. 즉 계산들은 보다 미세한 하위 계산들로 나뉘고, 그 하위 계산들은 다시 훨씬 더 미세한 하위 계산들로 나뉜다. 그래서 눈에 도달하는 광자들 속에 내장된 정보를 활용해 물리적 세계의 시각적 표상을 만들어내거나 눈으로 목격한 어떤 장면의 기억을 저장하기 위해, 당신의 시각 또는 기억 시스템은 수십 가지 또는 수백 가지 계산을 하게 된다.[14] 그리고 배가 고플 때 뭔가를 먹는 건 분명 적응인데, 공복 상태에서 나는 꼬르륵 소리 등이 대체 어떻게 햄버거나 감자튀김을 찾게 하는 걸까? 정신 작용에 대한 이런 의문에 답해야 하는 상황에서, 자기성찰 같은 건 아무 도움이 안 된다.

진화심리학의 목표는 마음의 적응 과정, 그러니까 진화된 계산 회로에 대해 알아보는 것이다. 진화심리학자들은 신경세포에 대한 연구를 통해서가 아니라 신경세포 활동의 최종 결과에 대한 연구를 통해, 즉 자연 선택에 의해 프로그래밍되는 인식, 감정, 결정에 대한 연구를 통해 이를 찾아내려 한다. 진화심리학을 뒷받침하는 추론은 간단하다. 마음은 자연 선택에 의해 수행하게끔 설계된 일을 수행하는 데 특히 뛰어날 가능성이 높은데, 그런 일들은 우리 조상들의 건강을 증진시켜주면서 동시에 우리 뇌 회로가 진화되게 해준 행동들이라는 것이다. 따라서 자연 선택에 의해 수행하게끔 디자인된 일이 아닌 경우에는 우리 마음 또한 제대로 수행하지 못하거나 전혀 수행하지 못한다. 이는 진화생물학자들과 진화생태학자들이 일반 동물들의 생리 현상 및 행동과 관련된 다양한 특징의 기능을 알아내는 데 쓰는 한 전략이며, 진화심리학자들 또한 쓰는 전략이기도 하다.

진화심리학은 그간 나름대로 비판도 받아왔다. 비판론자들에 따르면, 인간이 인간다운 것은 자연 선택의 힘이 아니라 신경 가소성의 힘이나 통계 학습의 능력 또는 후생유전 영향이라는 것이다. 문화적 변화의 속도가 생물학적 진화의 속도보다 워낙 빨라, 더 이상 자연 선택이 인간의 행동에 미치는 영향을 찾을 수 없다고 말하는 사람들도 있다. 진화심리학자들은 유전학 결정론자들이어서 발달을 무시한다는 비판도 있다. 또 어떤 사람들은 진화심리학이라는 사이비 과학은 특권 의식에 찌든 백인들이 여성과 소수집단에 대한 자신들의 억압을 정당화하는 수단에 지나지 않는다고 주장한다. 대체 그 어리석은 진화심리학자들은 모든 부위에 기능이 있는 건 아니라는 걸 모른단 말인가? 배꼽은 아무 기능도 없지 않은가! 게다가 행동은 화석화되지 않으니 그 모든 진화론적 가설을 검증해볼 수도 없지 않은가! 이기적인 유전자니 성차별이니 인종차별이니 환원주의reductionism*니 유전자 결정론이니 우생학이니 하는 가설들을 말이다.[15]

이런 비판에 대해서는 이미 많은 진화심리학자가 정면으로 대응해왔다. 그래서 나는 지금 여기서 이런 비판들을 하나하나 반박하면서 여러분의 귀한 시간을 뺏고 싶지는 않다.[16] 가장 격한 비판 중 상당수는 '허수아비 때리기 오류straw men fallacy'**나 잘못된 이분법 또는 잘못된 전제에 의한 것이며, 사실상 타당한 비판은 모두 이미 인정되어 지적인 학문 틀 안에 통합됐다.[17] 실제로 진화심리학 분야는 지금 발달과 학습 그리고 문화가 행동을 만들어내는 데 하는 역할을 인정

---

* 보다 복잡한 국면을 덜 복잡한 국면으로 축소하여 설명 가능하다는 견해. - 역자 주
** 상대방의 이야기를 곡해해, 그와 유사하지만 전혀 다른 '허수아비'를 정해놓고 그것을 공격하는 오류. - 역자 주

하고 받아들이고 있다. 그리고 많은 진화심리학자가 "적응은 정말 필요로 하는 데서만 사용되어져야 하는 특별하면서도 부담스런 개념이다."라는 생물학자 조지 C. 윌리엄스의 말을 인정하고 있다. 즉, 증거가 확실할 때에만 어떤 특징을 자연 선택에 의해 진화된 것으로 본다는 것이다.[18] 결론적으로 진화심리학은 우리 조상들을 진화에 성공하게 만들어준 종 특유의 심리학적 적응들을 찾아내는 특수한 심리학이며, 또한 인간의 너그러움을 만들어내는 본능들을 찾는 데 안내자 역할을 해줄 심리학이다.

대가가 큰 협력

생명체는 각종 적응을 통해 많은 진화론적 이점을 얻지만, 그에 따른 대가도 지불한다. 발달 과정에서 분자와 단백질, 세포, 세포 조직, 각종 기관 등 많은 물질에서 적응이 이루어지며, 이를 실행하고 유지하는 데 자원이 사용된다. 특정 적응에 사용되는 자원은 다른 적응들을 위해 사용될 수도 있는 자원이다.

어떤 적응의 경우는 또 다른 방식으로 대가를 지불한다. 소중한 자원을 다른 사람에게 주게끔 동기가 부여되는 것이다. 캥거루들이 새끼주머니를 차고 다니는 것, 흡혈 박쥐들이 배고픈 동료 박쥐들에게 먹이를 나눠주는 것, 인간이 셀 수 없이 많은 방법으로 서로를 돕는 것처럼 말이다. 그런데 이런 행동은 진화론에 역행하는 행동 아닌가? 자연 선택은 상대적인 것으로, 라이벌 디자인들 간의 경쟁이다.

내가 당신에게 주는 혜택은 내게는 비용으로 간주된다. 그러니 자연 선택의 관점에서 볼 때, 어떻게 진화 중인 인간이 자원(식량, 시간, 에너지 등)을 나눠줌으로써 더 잘 생존해나갈 수 있단 말인가? 그 자원이 자신의 생존과 자손 번식에 사용될 수도 있는 것들인데 말이다. 한 개인이 다른 개인에게 혜택을 주고 그 대가를 치르는 이런 유형의 대가성 협력은 지난 수십 년간 전통적인 자연 선택 사고방식에 크게 반하는 것으로 여겨졌고, 생물학자들은 이런 현상을 '협력 문제the problem of cooperation'로 부르기도 했다. 만일 우리가 자연 선택이 어떻게 이 협력 문제를 해결했는지를 알지 못한다면, 낯선 이들에 대한 너그러움이라는 수수께끼를 풀 수 있는 희망 또한 희박해질 것이다.

협력 문제를 풀 수 있는 중요한 돌파구가 처음 마련된 것은 1960년대이다. 이는 그야말로 기념비적인 이론적 성취로, 그 덕에 가족과 친구를 돕게 하는 사회적 본능에 대한 과학적 연구가 아연 활기를 띠게 됐다. 또한 그 이론적 성취 덕에 우리는 '이타주의altruism'라는 말을 제대로 사용할 수 있는 새로운 방법을 손에 넣게 되었다.

4장

모든 게 상대적이다

살아 있는 생명체의 적응 특징에 대한 고전적인 진화론적 설명은 단순명료하다. 생명체들은 적응으로 효율적인 번식이 가능해지며, 그 결과 더 많은 자손을 얻게 된다는 것이다. 그렇다면 자손을 덜 남기게 하는 적응은 대체 어찌 된 건가? 수탉이 꼬꼬댁 소리를 질러 다른 닭들에게 여우가 다가오고 있다는 걸 경고할 때, 그 수탉 자신은 여우의 1차 표적이 된다. 또 꿀벌의 입장에선 탐욕스러운 손에 침을 쏘는 건 곧 사형 선고이다. 벌 얘기가 나와 하는 말인데, 사회성을 가진 많은 곤충(개미와 말벌도 포함해서)들은 번식에는 전혀 관여하지 않는 일꾼들을 만들어낸다. 이 일꾼들은 뭔가를 가져오기, 들고 다니기, 집안 돌보기, 조경, 수렵, 채집, 농사, 경비 등의 온갖 잡일을 전문적으로 하지만, 육아의 기쁨은 전혀 맛보지 못한 채 생을 마감한다. 그리고 육아 얘기가 나와 하는 말인데, 인간의 경우 자신의 아기를 돌볼 때 보다 넓은 세상에 나가 새로운 번식을 할 기회를 포기한다. 집에 머물면서 아기에게 우유도 주고 기저귀도 갈아주어야 하기 때문이다.

경고를 발하는 닭, 공격을 감행하는 꿀벌, 불임 상태의 일꾼 곤충, 자식을 돌보는 인간 부모 등은 전부 자기 자신의 번식에는 불리하고 다른 개인의 번식에 좋은 방향으로 행동하고 있다. 죽거나 불임 상태가 될 경우, 또는 아이 보살피는 일에 너무 지쳐 당분간 임신은 생각도 못 하게 될 경우, 새로운 자손을 만들 수가 없으니 말이다. 이 같은 적응 사례들을 보면서, 생물학자들은 결국 자연 선택은 다윈이 발견한 것보다 그 범위가 더 넓다는 걸 깨닫게 된다. 일단 유전자의 눈진화 관점을 취하자 어떤 특정 유전자에 대한 자연 선택의 편애는 그 유전자가 개별 생명체의 번식 성공에 어떤 영향을 주는지뿐만 아니라, 그 유전자가 다른 생명체들 안에 갇혀 있는 자신의 복제물, 즉 같은 유전자를 갖고 있는 유전학적 혈육의 번식에 어떤 영향을 주는지에 의해서도 결정된다는 사실을 깨달을 수 있었다.

우리가 일단 유전자들이 목적에 따라 움직인다고 생각하게 될 경우(다윈의 위험한 생각은 우리가 그래야 한다는 거지만), 유전자의 목적은 단 하나, 이 세상에 살아 있는 자신의 복제물 수를 늘리는 거라는 사실을 더 쉽게 알 수 있다. 그 복제물들이 어떤 생식선gonad*에서 온 것이든 관계없이 말이다.[1]

이렇듯 깊은 통찰력 덕에 결국 생물학자들은 다윈의《종의 기원

The Origin of Species》이 나온 지 1세기도 더 지난 시점에서 그의 '적자생존survival of the fittest' 개념을 수정하지 않을 수 없게 된다. 그리고 그 힘겨운 수학적 과제는 20세기 들어와 영국 생물학자 윌리엄 해밀턴William Hamilton 손에 맡겨지게 된다. 해밀턴이 말하는 유전자의 이른바 '포괄 적응도inclusive fitness'는 유전자의 '직접 적응도direct fitness(자신이 직접 번식함으로써 얻을 수 있는 적응도)'와 '간접 적응도(다른 개체들의 번식을 간접적으로 도와줌으로써 얻는 적응도)'의 합이다.[2] 해밀턴에 따르면, 설사 당신의 번식 성공률을 줄이더라도 형제자매와 사촌 그리고 자손들을 돕게끔 동기를 부여하는 유전자가 자연 선택될 수 있다. 이 같은 해밀턴의 발견 덕에 우리는 다른 이들을 돌보는 쪽으로 진화되는 데 필요한 적응을 찾아냈다. 즉 다윈이 '부모와 자식 간의 사랑'이라고 부른 '눈에 띄는 사회적 본능'을 찾아내게 된 것이다. 이런 적응은 다른 이들에 대한 우리의 관심을 조절하는 요소에 대해 가르쳐주는 바가 많다. 그러나 곧 살펴보게 되겠지만, 이런 적응들은 대개 질투심이 많아, 우리로 하여금 가족과 친척은 열심히 돕되 그 외의 사람은 마지못해 돕게 한다. '남에게 대접을 받고자 하는 대로 남을 대접하라'는 이른바 황금률에 대해 다윈의 '부모와 자식 간의 사랑'은 그가 생각한 것보다 더 불확실한 심리학적 토대를 제공한다.[3]

'근연도relatedness'라는 개념은 해밀턴의 포괄 적응도 개념을 보다 분명히 이해하는 데 도움을 준다. 유전자의 눈 진화 관점에서 볼 때, 근연도란 당신 속에 존재하는 어떤 드문 유전자가 또 다른 특정 개체 안에도 존재할 수 있는 확률이다. 고등학교 생물 시간에 배운 걸 상기해보라. 부모와 자손들의 근연도는 분수 1/2로 나타나고, 형제자매의 근연도 역시 1/2, 의붓 형제자매의 근연도는 1/4, 고모·삼촌과 질녀·조카의 근연도 역시 1/4, 사촌들 간의 근연도는 1/8 식으로 나타난다. 이 분수들이 무얼 의미하는지를 알려면, 당신 자신이 엄마(모든 척추동물은 각 유전자의 두 복제물을 갖고 있다는 걸 상기해볼 것)이며, 세상의 다른 모든 사람이 갖고 있는 그 유전자의 한 버전을 당신이 갖고 있다고 상상해보라. 그리고 그 유전자의 한 버전을 대문자 A라 하자. 그리고 다른 누구도 갖고 있지 않은 돌연변이 복제물도 하나 있는데, 그것은 한 단세포의 발달 과정에서 일어난 유전적 복제 실수로 생겨난 것이다. 그 드문 복제물은 소문자 a라 하자.

만약 당신이 많은 자손을 낳는다면, 그 자손 중 약 50%는 A버전의 유전자를, 나머지 약 50%는 a버전의 유전자를 물려받게 될 것이다. 그렇다면 당신의 각 아이가 드문 a 유전자를 가질 확률은 어떻게 될까? 50%이다. 엄마와 자손이 1/2, 즉 50%의 근연도를 갖는다는 건 바로 이런 의미이다. 이제는 이 모든 걸 자손의 관점에서 생각해보자. 당신이 엄마로부터 드문 a 유전자를 물려받았다면, 당신의 형제자매들 중 한 사람이 드문 a 유전자를 갖고 있을 확률 역시 50%이다. 형제자매의 근연도가 1/2, 즉 50%라는 건 바로 이런 의미이다.

우리가 다른 이에게 간접 적응도 혜택을 주기 위해 스스로 직접 적응도 대가를 지불하는 적응에 대해 생각하는 경우, 우리는 근연도를 일종의 유전자 맞교환율로 보는 것이다. 그러니까 어떤 유전자가 우리 안에 번식 가능성을 갖고 있지만, 다른 이들의 번식 가능성을 높이기 위해 그 가능성을 기꺼이 내놓을 수 있다는 얘기이다. 이런 맞교환율은 어떤 유전자가 어떤 생명체의 포괄 적응도에 미치는 영

향들을 측정하는 데 사용할 수 있는 수치이기도 하다.[4]

오늘날 '해밀턴의 법칙Hamilton's rule'이라 불리는 이 법칙에 따르자면, 예를 들어 꿀벌로 하여금 침을 쏘고 죽게 만드는 유전자처럼 어떤 유전자가 그 유전지 所유자의 직접 번식 가능성을 줄일 경우, 그 유전자는 자연 선택에 의해 진화될 수 있다. 물론 이는 그 유전자가 다른 개체들에게 주는 '평생 번식 혜택'(b)(이는 유전자 소유자와 혜택을 받는 모든 개체 간의 평균 근연도(r)에 의해 가중됨)이 유전자 소유자가 치르게 되는 '평생 번식 대가'(c)보다 클 경우의 얘기이다.[5] 다시 말해, 유전자는 rb-c의 값이 0보다 클 때 더 많은 개체 속에 살아남게 된다. 유전자가 당신의 직접 번식 가능성에 안 좋은 영향을 미치면 미칠수록, 다른 개체의 번식에는 더 좋은 영향을 미치게 되는 것이다. 특히 혜택을 주는 쪽과 받는 쪽이 아주 밀접한 관계인 경우, 그 유전자의 진화에 훨씬 더 큰 도움이 된다. 따라서 유전학적 혈육들의 직접 적응도를 위해 당신 자신의 직접 적응도를 내놓음으로써 진화되는 특징은 생물학자들이 말하는 이른바 '혈연 선택kin selection'이라는 과정을 통해 진화된 특징들이라 할 수 있다.[6] 많은 생물학자가 그렇게 생각하듯, 당신 역시 그걸 생명체 디자인을 위한 '이타적인' 접근 방식이라 생각할 수도 있다.

이타적 디자인 학파

'이타주의' 내지 '이타심'을 뜻하는 영어 단어 'altruism'은 그 짧은 역사를 통해 여러 가지 다른 현상을 설명하는 말로 쓰이고 있다. 19세기 영국 철학자 허버트 스펜서Herbert Spencer는 'altruism'이 생물학 및 사회학 관련 어휘와 일상적인 대화 어휘로 자리 잡는 데 큰 역할을 했다. 그는 이 단어를 여러 의미로, 그러니까 윤리적 이상을 뜻하는 데나, 스스로 손해를 봐가며 곤궁한 사람들을 돕는 예들을 드는 데, 또는 다른 사람들의 행복에 대한 순수한 심리학적 관심을 설명하는 데 사용했다.[7] 또 20세기에는 윌리엄 해밀턴 같은 진화생물학자들이 '혈연 선택'을 통해 진화하는 적응들을 설명하는 데 이 단어를 사용했다.[8] 유전자가 그 소유주에겐 번식 가능성을 포기하는 대가를 치르게 하고 다른 개체들에겐 번식 혜택을 주는 것은 자연 선택에 의해 선호되는 것으로, 우리는 이를 이타적인 적응으로 생각할 수 있다.

이타적으로 설계되는 적응의 가장 좋은 예 중 하나는 '자손 돌봄 parental care'을 촉진하는 적응이다. 여기서 말하는 자손 돌봄이란 부모들이 자기 자손들의 향후 번식 성공을 위해 하는 심리 및 행동 적응을 뜻한다.[9] 임신 중에 자신의 수정란에 달걀노른자 형태로 단백질과 지방을 제공한다거나, 각종 항체와 호르몬, 항산화물질 등으로 자신의 수정란을 보호할 때, 그 어미는 자손 돌봄을 하고 있는 것이다. 어미 새가 둥지 안에 앉아 알들을 따뜻하게 품고 뱀들로부터 지키는 것도, 자손을 위해 주거지를 만드는 것도 자손 돌봄이다. 자손들에게 먹을 걸 제공하고 스스로 번식할 수 있게 도와주고 성인이 되어서도 도움을 주는 것 역시 마찬가지다.

엄마의 가정 요리

자손 돌봄을 위한 적응이 어떻게 어미의 간접 적응도를 늘리면서 동시에 직접 적응도를 줄여 진화하는지를 단적으로 보여주는 예는 모유 수유이다. 수유는 단궁류라는 척추동물들에서 시작되어 3억 년 넘게 진화되어온 관습이다. 단궁류는 계통 유전 경로의 맨 위쪽에 위치한 동물로, 궁극적으로 오늘날의 포유동물들로 발전되며, 평생을 땅 위에서 사는 최초의 동물들이 되었다. 이 동물들이 물에서 벗어날 수 있었던 것은 그들의 알껍데기가 야외에서 생존할 수 있었기 때문인 걸로 추정된다. 오늘날의 새들로 진화한 고대 동물들의 알껍데기가 수압을 견뎌낼 수 있게 단단했던 데 반해, 단궁류의 알껍데기는 공기가 통하는 양피지처럼 부드러웠다. 또 단궁류의 알껍데기는 습기를 잘 함유하지 못했는데, 이는 문제였다.

단궁류의 알이 쉽게 건조해지며 적응 기회가 열렸고, 적응 문제를 해결하는 데 도움을 주는 돌연변이들이 자연 선택에 의해 선호되었다. 다른 동물들은 어미들이 알을 땅 속에 묻는 방식이 선호된 반면, 단궁류는 피부 표면의 분비샘들을 활용해(그리고 지방을 통해 습기 손실을 줄임으로써) 알에 습기가 전달되게 하는 방식이 선호된 것이다. 포유동물의 수유는 이렇게 시작됐다.

어미의 피부로 알에게 습기를 전하는 것 자체는 좋은 일이었지만, 발달 중인 배아가 곰팡이 및 세균 감염에 노출되는 위험이 따랐다. 이런 취약성 때문에 진화 중인 분비물 혼합물에 철분이 결합된 단백질 변종과 항균 합성물을 추가한 새로운 돌연변이들이 각광을 받게 되었다. 포유동물의 이 같은 분비물 레시피는 자연 선택 과정에서 그 혼합물에 각종 영양분들이 추가되면서 진화 측면에서 일대 전환점을 맞게 된다. 처음에는 소량의 탄수화물이 추가되어 어미의 피부 분비물들이 배아에게 더 잘 전달될 수 있게 됐고, 그렇게 알 속에 탄수화물이 들어가자 새로운 돌연변이들이 나타나 배아들이 탄수화물을 유용한 에너지로 바꿀 수 있게 되면서 아주 큰 도움을 받게 됐으리라고 생물학자들은 추정한다. 그들의 추정에 따르면, 이 시점부터 약 1억 5,000만 년간 계속 유전자 변화가 일어났고, 그 결과 진화중이던 분비물 혼합물은 양적으로나 질적으로 더욱 개선되었다. 그리고 그런 변화를 통해, 체내 임신, 임신 기간 연장, 자손의 수 감소 그리고 어미의 보살핌과 영양분 공급에 대한 자손들의 극단적인 의존 등이 자연 선택된다.[10]

척추동물의 눈의 진화와 마찬가지로 수유의 진화는 오랜 세월 지속적인 돌연변이들을 거치게 되고, 유전자 소유자의 포괄 적응도는 계속 높아지게 된다. 돌연변이에 돌연변이가 이어지면서 조금씩 개선이 된 것이다. 그러나 우리에게 눈을 만들어준 진화의 길과 모유 수유를 하게 된 진화의 길 간에는 결정적인 차이가 있다. 우리의 눈을 더 낫게 만들어준 유전자들은 단순히 우리 조상들의 직접 번식 가능성을 높임으로써 진화되었다. 그러니까 더 잘 봄으로써 더 나은 삶을 살 수 있었고, 더 나은 삶을 살아감으로써 더 나은 번식이 가능해졌다. 그러나 모유 수유의 진화 과정의 경우는 대가를 지불하는 어미와 혜택을 받는 자손이라는 두 개체의 적자생존 문제를 생각해봐야 한다.

수유의 진화를 야기한 돌연변이들이 어미의 직접 번식 가능성을 떨어뜨리는 역할을 했다면, 왜 그런 돌연변이가 자연 선택에서 선호된 걸까? 해밀턴 법칙이 적용됐기 때문이다. 그러니까 어떤 유전자가 그 소유자에게 치르게 하는 평생 직접 번식 대가보다 다른 개체에게 주는 평생 번식 혜택의 총합이 더 클 경우, 그 유전자는 자연 선택에 의해 진화된다. 게다가 이 경우 혜택을 받는 개체 역시 다른 개체에게 혜택을 주게 만드는 유전자를 갖게 될 가능성이 높아진다. 이것도 너무 복잡한가? 보다 간단한 설명 방법이 있다. 어미의 직접 번식 가능성을 c만큼 떨어뜨리면서 동시에 자손들의 직접 번식 가능성을 b만큼 높이는 수유 돌연변이들은 $rb > c$일 경우 자연 선택되는 것이다. 인간 아이들은 엄마로부터 어떤 유전자를 물려받을 가능성이 50%이다. 따라서 모유 수유의 경우 혜택을 주는 어미와 받는 아이들 간의 근연도 r은 0.5이다. 이 값을 가지고, 우리는 이제 자연 선택이 수유를 개선하는 유전자를 계속 유지하는 데 필요한 최소한의 대가/혜택 비율을 구체화해볼 수 있다. 아이의 평생 번식 혜택은 엄마의 평생 번식 대가보다 두 배가 조금 더 되어야 한다. 즉 $rb > c$가 되면 진화는 빨라진다. 수유가 더 나은 유전자가 되는 것이다.

단서를 가진 자궁

자손 돌봄에의 적응이 자연 선택 과정에서 선호되는 한 가지 요소는 부모와 자손 간에 존재하는 높은 수준의 근연도이다. 그런데 두 번째 요소 역시 아주 중요한데, 특히 어미들한테 중요하다. 어미들의 세상에는 도움의 손길을 어디로 보내야 할지를 알게 해주는 단서들이 차고 넘쳐, 결국 어미들은 다른 어미들의 자손이 아닌 자기 자신의 자손에게 혜택을 주게 된다. 그런 단서들에 따라 자손 돌봄 시스템을 작동하게 하는 유전자들, 즉 혈육과 비혈육을 구분해주는 유전자들 덕에 도움의 대가가 줄어들게 된다.

여기서는 사고 실험이 도움이 된다. '빵 상자 안에 들어갈 만한 주변 모든 것을 돌봐주어라'와 같이 말도 안 되는 원칙에 따라 도움의 손길을 내미는 자손 돌봄 시스템이 자연 선택으로 구축됐다고 가정해보라. 이 원칙을 준수하는 엄마들은 빵 상자보다 작은 모든 것에 무차별적으로 도움을 줄 것이다. 자기 자신의 갓난아기뿐 아니라 다른 엄마들의 갓난아기, 자기 집안의 반려동물, 다른 엄마 집안의 반려동물, 갓난아기를 닮은 장난감 인형, 일각수를 닮은 장난감 인형, 그리고 심지어 빵 조각들에까지 도움의 손길을 내밀게 되는 것이다. 이처럼 잘못 인도된 자손 돌봄은 시간과 노력을 낭비할 것이다. 그 어떤 간접 적응도 혜택도 주지 못하면서 직접 적응도 대가만 치러야 하니 말이다. 이보다 더 나은 원칙이 있는데, 이 원칙은 자연 선택의 입장에서 자손 돌봄 통제를 위한 의사결정 시스템에 접목할 의사가 있는 걸로 보인다. 그 원칙이란 이것이다. "당신 집안에서 시끄럽게 우는 살아 있는 모든 것을 돌봐주어라."[11]

자연 선택을 하나의 시합, 그러니까 동물들로 하여금 '빵 상자' 원칙을 준수하게 만드는 혈육 구분 시스템과 동물들로 하여금 '당신 집안에서 시끄럽게 우는 살아 있는 모든 것' 원칙을 준수하게 만드는 혈육 구분 시스템 간의 시합이라 상상해보자. 이 두 가지 혈육 구분 시스템이 몇 세대에 걸쳐 서로 선택받기 위한 경쟁을 벌인다고 가정할 때, 아마 '빵 상자' 원칙을 지키는 시스템보다 '시끄럽게 우는 살아 있는 모든 것' 원칙을 지키는 시스템이 포괄 적응도를 늘리는 데 더 효과적이라는 걸 알게 될 것이다. '시끄럽게 우는 살아 있는 모든 것' 원칙에 따라 주는 도움은 거의 다 자기 자손에게 갈 것이니 말이다. 반면 '빵 상자' 원칙에 따라 주는 도움은 거의 다 아무 쓸모없는 낭비가 될 것이다. 무차별적인 이타주의 디자인은 늘 단서를 활용하는 보다 신중한 디자인을 당해내지 못한다. 실제로 많은 종의 새들은 '시끄럽게 우는 살아 있는 모든 것' 원칙을 매우 치밀하게 구사한다. 특히 뻐꾸기와 찌르레기 같은 새들(자신의 알을 몰래 다른 새둥지 안에 넣어 '탁란 동물'로 불림)은 이 원칙을 활용해 다른 새로 하여금 자기 새끼들을 기르게 하기도 한다. 이들은 그 원칙이 얼마나 기막힌 원칙인지를 보여준다. 탁란, 즉 다른 새에게 자신의 알을 대신 품어 기르게 하는 것은 '시끄럽게 우는 살아 있는 모든 것' 원칙을 따르면서 치러야 하는 대가이지만, 그건 그럴 만한 가치가 있는 대가이다.

동거를 토대로 한 혈육 구분은 부모의 몸 밖에 위치한 단서, 즉 '만일 어떤 새 새끼가 네가 자는 데서 잠을 잔다면, 먹을 걸 줘라.'라는 단서에 의존한다. 그러나 포유동물 어미들이 사용하는 혈육 단서의 상당수는 그들의 몸 안에 있다. 예를 들어 곧 태어날 포유동물이 어미의 산도를 타고 내려올 때, 자궁벽에 늘어선 근섬유들은 자궁 내 신경들로 하여금 많은 신경 신호를 뇌로 보내게 한다. 그리고 그 신경 신호들은 뇌하수체를 자극해 프롤락틴과 옥시토신 같은 호르몬을 분비하게 한다. 그러면 두 호르몬은 분만 속도를 높이고 젖 분비를 촉진하며 뇌의 양육 회로들을 활성화시킨다.[12] 이처럼 분만 과정에서 자궁 근육들은 일종의 혈연 단서로 기능하는데, 이는 실패할 염려가 없는 단서이다. 전 생애를 통틀어, 여성의 근친 혈육들은 우주 안에서 유일하게 그녀의 자궁 근육을 움직이게 만드는 생명체들이다.

어미, 형제들 그리고 기타

어미에게는 자기 자손을 인식할 수 있게 해줄 외부 및 내부 단서가 워낙 많아, 자연 선택 과정에서 어미-자손 혈연 인식 문제는 비교적 쉽게 해결된다. 그러나 그 밖의 다른 혈연 인식 문제들은 해결하기가 어렵다. 형제자매들은 어떻게 서로가 혈육이라는 걸 인식할까? 아버지들은 어떻게 자기 아이를 인식할까? 우리는 또 어떻게 가계도상에서 먼 혈육들을 인식할까?

여기 가능한 답이 하나 있다. 당신이 누군가를 처음 만나는데, 다른 누군가가 이런 말을 해준다. "네 사촌형 마빈이다." 또는 "밥 삼촌이시다." 그때 당신은 이 토막 지식("마빈이 네 사촌형이다." 또는 "밥이 네 삼촌이다.")을 받아들여, 그것들을 마빈과 밥에 대한 정보, 즉 그들의 외모, 목소리, 체취 등과 합친다. 그런 다음 서로 연결된 그 모든 정보를 활용해 마빈의 데이터베이스와 밥의 데이터베이스를 만든다. 이 데이터베이스는 시간이 지나면서 변하는 마빈과 밥의 외모, 목소리, 체취 등을 반영해 업데이트된다.

그런데 혈연 라벨을 토대로 진화된 혈연 인식 시스템의 개념은 두 가지 문제를 안고 있다. 첫 번째 문제는 '사촌형'이나 '삼촌' 같은 라벨은 보다 넓은 생명체의 세계 안에서 혈육을 식별하는 데 전혀 필요가 없다는 것이다. 미생물에서부터 미어캣에 이르는 생명체들은 어떻게든 혈육을 알아보고, 그에 따라 도움을 준다. 그들은 적절한 식별을 하는 데 혈육 라벨을 필요로 하지 않는다.[13] 두 번째 문제는 라벨을 토대로 한 혈연 인식 시스템은 효과도 신통치 않다는 것이다. '조카'를 뜻하는 영어 단어 'nephew'를 생각해보라. 내 누이의 아들과 내 아내 자매의 아들을 구분하는 단어가 있는 언어도 있지만, 많은 언어는 대체로 그렇지 않다. 족보 체계가 엉성한 언어들의 경우, 그 두 아들이 다 내 'nephew'인데, 나와 전자와의 근연도는 0.25이고 후자와의 근연도는 0이다. 이렇게 자유 재량권이 많은 혈육 라벨들은 진화 중인 혈연 인식 시스템에 온갖 종류의 폐단을 안겨준다.

그럼 구두상의 라벨이 아닌, 대체 어떤 단서를 활용해 어미-자식 관계 이외의 혈육을 인식하는 시스템이 자연 선택으로 구축됐을까? 형제자매 인식의 경우, 동거 법칙을 따르는 시스템이 구축된 듯하다. 심리학자 데브라 리버먼Debra Lieberman과 그녀의 동료들은 형제자매 인식 시스템은 자동차의 주행거리계처럼 작동된다는 가설을 제시했다. 그러니까 형제자매 인식 시스템이 두 사람이 어린 시절 함께 지낸 시간을 다 집계한다는 것이다. 그리고 그 두 사람이 성인이 되면, 형제자매 주행거리계에 나타나는 수치는 곧 자신이 오랜 세월 함께 먹고 자고 놀고 다툰 사람이 자신의 형제자매라는 사실에 대한 무의식적 확신을 나타낸다. 리버먼과 그 동료들의 결론을 정당화시켜 주는 사실은, 어린 시절에 함께 지낸 시간이 많을수록 두 사람은 성인이 된 뒤에도 서로를 보살펴줄 가능성이 더 높다는 것이다. 게다가 어린 시절 함께 지낸 시간이 많을수록, 서로 섹스를 한다는 건 상상도 하기 힘들어지는데, 형제자매를 향한 따뜻한 관심을 제어하는 형제자매 주행거리계가 근친교배를 막아주는 역할도 하는 것이다.[14]

사실 형제자매 주행거리계로는 당신의 형제자매로 추정되는 사람이 진짜 형제자매인지는 알지 못한다. 주행거리계로 알 수 있는 건 단 하나, 당신이 다른 아이와 함께 보낸 저녁 식사와 여름의 회수뿐이다. 그거면 오케이다. 사실 당신 차의 주행거리계로는 당신이 어느 정도 거리를 여행했는지는 알 수 없다. 그런 정보는 자동차 바퀴들의 회전을 주행거리계의 숫자판에 연결된 기어들의 회전으로 전환시키는 정해진 비율 내에서 알 수 있을 뿐이다. 그러니까 주행거리계는 당신이 여행한 거리와 주행거리계에 연결된 기어들의 회전 간의 일대일 대응을 통해 당신의 주행 거리를 보여줄 뿐이다. 형제자매 주행거리계의 경우도 마찬가지다. 우리가 어린 시절 형제자매들과 함께 보낸 날들의 수와 우리가 실제 유전학적 혈연관계일 확률 간의 밀접한 대응, 즉 어린 시절의 동거가 자연 선택에서 형제자매 인식의 단서로 활용되는 것이다.

예전에는 자동차 바퀴를 거꾸로 돌리는 편법으로 주행거리계에 실제 주행 거리보다 짧은 주행 거리가 나오게 하는 게 가능했다. 형제자매 주행거리계 경우도 이런 편법이 통할 수 있다. 그 좋은 예가 1970년대에 이스라엘의 많은 키부츠에서 행해진 혈연관계가 없는 아이들 간의 비전통적인 공동생활방식이다. 데브라 리버먼과 탈마 로벨Thalma Lobel은 아이들이 공동생활을 하는 키부츠에서 자라난 남자와 여자들 간의 관계를 연구했다. 어린 시절에 그들은 먹고 자고 목욕하는 등 깨어 있는 시간의 대부분을 자기 부모의 집이 아닌 공동체 어린이집에서 혈연관계가 없는 아이들과 함께했다. 그 아이들이 성인이 된 후 인터뷰를 해본 결과, 리버먼과 로벨은 그들이 공동체 어린이집에서 함께 자란 사람들을 혈육처럼 대한다는 걸 알게 됐다. 그들은 어린 시절 가장 많은 시간을 함께 보낸 사람들을 돕는 일이라면 기꺼이 팔을 걷어붙이고 나섰다. 그리고 아무리 이성이라도 많은 시간을 함께 보낸 그들과 섹스를 한다는 건 상상할 수도 없어 했다.[15] 이 같은 연구 결과는 형제자매 주행거리계 가설이 옳다는 걸 입증해준다. 즉, 동거를 한다고 해서 함께 지낸 사람들에게 유전학적으로 더 끌리는 건 아니지만, 그들을 섹스 상대 내지 배우자가 아닌 도와줄 가치가 있는 사람들로 보게 된다는 걸 보여준다.

근연도를 측정하는 데 동거 기간만큼 좋은 단서가 하나 더 있다. 만일 당신 엄마가 매일 다른 아이에게 젖을 먹인다면, 그 아이는 아마 당신 동생일 것이다. 데브라 리버먼은 이 단서를 '모계 출산 전후관계maternal perinatal association' 단서라 했다. 고대에는 여성들이 출산 후 3~4년이 지나서야 다음 출산을 했다(아이들이 2~3년간 모유 수유를 해야 했기 때문에, 그 시기에는 임신을 해선 안 됐다). 게다가 보통의 경우, 엄마가 손위 형제자매에게 모유 수유를 하는 건 볼 수 없으니, '모계 출산 전후관계' 단서는 손위 형제자매에게만 통했다. 그러나 이 단서는 혈연관계를 알아보는 데 더없이 믿을 만한 단서여서 만일 어린 시절 엄마가 동생을 돌보는 걸 보게 될 경우, 동생과 얼마나 오래 함께 살았든 상관없이 성인이 된 뒤에도 동생에게 정신적 사랑을 베풀며 따뜻하게 대하게 된다. 리버먼과 그녀의 동료들은 어떤 단서가 다 자란 형제자매 사이에 혈연관계를 더 많이 느끼게 해주는지를 알아보기 위해 동거 기간과 모계 출산 전후 관계 단서 간의 통계학적 비교를 해보았다. 그 결과 형제자매 간에 모계 출산 전후 관계만큼 친밀한 관계가 형성되려면 약 5년의 동거 기간이 필요하다는 걸 발견했다. 그리고 모계 출산 전후 관계 단서를 토대로 한 친밀감은 함께한 시간이 많을수록 더 컸다. 어쨌든 모계 출산 전후 관계는 비장의 형제자매 단서이다.[16]

그렇다면 아빠들은 어떻게 누가 자기 아이인지 알아볼까? 일단 남성은 아빠가 되려면 섹스를 해야 한다는 사실에서 시작한다(시험관 아기 기술 같은 현대 의학을 논외로 친다면). 따라서 육체관계를 맺지 않은 여성이 낳은 아이를 배제할 수 있다. 또한 아이 엄마로 가정해볼 수 있는 각 여성의 경우, 아이의 출생에서 9개월 전이라는 섹스 주행거리계만 되돌려보면 된다. 9개월 전쯤 여성과 섹스를 했다면, 그 여성이 낳은 아이는 자기 아이일 가능성이 있는 것이다.[17]

그러나 그건 어디까지나 가능성일 뿐이다. 한 남성과 한 여성이 섹스를 했다고 해서, 그로부터 9개월 후 태어난 아이가 그 남성의 아이라는 보장은 없다.[18] 그 여성이 다른 남성들과 섹스를 했을 수도 있으니까 말이다. 윌리엄 해밀턴에 따르면, 다른 누군가의 아이에게 부모로서의 보살핌을 제공하는 것이 그 사람 자신의 간접 적응도에는 그리 좋은 영향을 주지 못한다. 자기 아이도 아닌 아이에게 부모로서의 보살핌을 제공하는 건 적응도 비용 내지 대가를 늘리는 것이기 때문이다. 따라서 남성들이 자기 자손을 알아내는 일에는 섹스 상대인 여성의 정직성도 고려되어야 한다.[19]

이 외에도 수컷이 자기 새끼를 알아보는 데 도움이 될 만한 다른 단서는 많다. 예를 들어 냄새는 어떤가? 많은 척추동물이 피부에서 발산되는 화학물질을 감지해 자기 혈육을 알아낸다. 그런 화학물질을 만들어내는 유전자들은 게놈에서 '초가변 영역hypervariable part'이라는 곳에 위치해 있는데, 인간의 경우 이 초가변 영역을 HLA, 즉 '사람 백혈구 항원 복합체human leukocyte antigen complex'라 한다. HLA의 가장 중요한 기능 중 하나는 당신에게 속하는 세포와 세포조직을 그렇지 않은 세포 및 세포조직과 구분하는 것이다. 당신의 몸에 해당하는 걸 구분하게 해주는 HLA의 기능 때문에, 장기 기증자들과 장기를 받는 사람들은 HLA 호환성을 세심히 검사해야 장기 이식 시 거부 반응이 일어나지 않는다. HLA 유전자는 사람에 따라 워낙 달라, 이 유전자가 방출하는 화학물질 역시 '초가변적hypervariable'이다. 유전적 혈육은 비혈육에 비해 더 많은 유전적 변이를 공유하며, 따라서 혈육의 몸에서는 비슷한 냄새가 나게 된다.[20] 실제로 눈가리개를 한 뒤 냄새 테스트를 해보면, 일란성 쌍둥이의 몸에서 나는 냄새는 너무도 똑같아 한 사람의 냄새 샘플(보통은 3일 밤 내내 입은 티셔츠)이 아닌가 하는 착각이 들 정도이다.[21] 이처럼 우리는 '근연도'를 냄새로 알 수 있을지도 모른다.

얼굴의 유사성 또한 혈육을 알아보는 단서가 된다. 인간의 얼굴은 유전학적으로 가장 복잡한 해부학적 특징 중 하나로, 얼굴이 유사한 사람 사이에는 유전학적 유사성이 많이 발견된다.[22] 따라서 우리가 얼굴의 유사성을 토대로 혈연관계를 어느 정도 알아내는 건 놀랄 일이 아니다('머신 러닝machine learning' 알고리즘은 훈련을 통해 얼굴 인식을 기막히게 잘해낸다).[23] 우리의 옛 조상들은 자신들이 어떻게 생겼는지 전혀 몰랐다. 사진도 초상화도 거울도 없던 시대였으니 그럴 수밖에 없었으리라. 그러니 만일 얼굴의 유사성을 토대로 근연도를 알아보는 쪽으로 적응하려면, 새로 알게 된 사람들의 얼굴을 이미 자신의 혈육으로 판명된 사람들의 얼굴과 비교해보는 방식으로 그렇게 했을 것이다. 묘한 상황이긴 하지만, 결국 우리 자신의 얼굴은 근연도를 알아보는 데 아무 역할도 하지 못했다는 얘기다.[24]

심리학자 대니얼 크럽Daniel Krupp과 수학자 피터 테일러Peter Taylor는 '혈연관계 추정자kinship estimator'가 유사성을 토대로 혈연관계를 추정하는 방식에 대한 통계학적 모델을 개발해냈다. 그 모델은 이렇다. 첫째, 추정자는 가장 중요한 혈육의 얼굴(아니면 냄새 또는 진화론적으로 신뢰할 만한 다른 근연도 단서)을 연구한다. 이때 가장 중요한 혈육은 '당신과 같은 지붕 아래에서 잠자는 모든 사람' 또는 '당신과 같은 불로 요리된 음식을 먹는 모든 사람' 등의 공간 단서에 의해 추정된다. 둘째, 그렇게 추정한 혈육의 얼굴(또는 냄새 등)의 평균치를 반영하는 '혈육 견본'을 만든다. 셋째, 가족 외에 밖에서 만나는 다른 모든 사람의 얼굴(또는 냄새 등)을 연구해, 그걸 토대로 '비혈육 견본'을 만든다. 일단 이렇게 혈육 견본과 비혈육 견본이 준비되면, 혈연관계 추정자는 새로 만나는 모든 사람과 자신의 근연도를 통계학적으로 추정할 수 있게 된다. 예를 들어 새로 만난 사람의 특징이 비혈육 견본보다 혈

육 견본에 더 가까울 경우, 그 사람은 혈육으로 분류되는 것이다.[25]

그런데 자연 선택으로 얼굴 특징이나 냄새 특징을 가지고 혈육 견본과 비혈육 견본을 만들 수 있는 혈연 인식 메커니즘을 구축하려 했다면, 굳이 사람들의 티셔츠 냄새나 귀의 크기 등에서 그 호기심을 멈출 필요가 있었을까? 혈육과 비혈육을 구분하는 기타 다른 감각 정보도 처리할 수 있는, 보다 광범위한 시스템을 만들 수도 있지 않 았을까? 예를 들어 키나 신체질량 지수는 어떤가? 둘 다 쉽게 구분할 수 있고 유전도 아주 잘되지 않는가?[26] 그렇다면 또 심리적 태도나 강한 개성은 왜 혈육의 단서로 삼지 않은 걸까? 둘 다 비교적 잘 유전 되는데 말이다.[27] 일반적으로 단서가 많을수록, 그리고 특히 그 단서 가 다른 유전자에 의해 통제될수록, 혈육 구분 시스템이 내리는 판단 의 신뢰도 또한 높아진다.

일단 우리가 유전학적으로 통제 가능한 몸과 정신의 특징을 토대 로 혈육 견본과 비혈육 견본을 만들 수 있는 시스템을 갖출 경우, 그 시스템이 어린 시절의 믿을 만한 상관관계를 보여주는 단서들을, 또 는 직접적인 유전학적 통제 아래에 있지도 않은 단서들을 유전학적 근연도에 통합하는 걸 어찌 막을 수 있겠는가? 어쨌든 어떤 새들은 가족 특유의 노래를 배우고 이를 활용해 자신의 혈육들에게 어떤 도 움을 줄 건지를 조정한다. 우리 인간으로 하여금 그런 일을 하지 못 하게 막는 건 무엇일까?[28] 예를 들어 가족의 이름, 즉 성을 혈연관계 의 단서로 활용한다면 어떨까?

이는 얼핏 생각하는 것처럼 이상한 일이 아니다. 진화심리학자 케리스 오츠Kerris Oates와 마고 윌슨Margo Wilson은 한 상업용 데이터베이스에 이름과 주소가 있는 6,400명의 미국인 남녀에게 이메일을 보냈다. 그들의 이름은 'Michelle Smith'처럼 비교적 흔하기도 했고 'Hugh Morrison'처럼 비교적 드물기도 했다(미국 통계국 자료에 따르면). 그 메일들은 학교 과제로 연구 프로젝트를 진행 중이라는 한 대학생 이름으로 보냈는데, 이 가상의 인물의 이름과 성은 이메일 수령자의 성 또는 이름과 같거나 둘 다 같거나 아니면 둘 다 달랐다. 대부분의 이메일 수령자들은 연구 프로젝트와 관련된 학생의 요청을 무시했지만, 이름이나 성이 학생과 같은 수령자들은 그렇지 않은 수령자들에 비해 요청에 응하는 비율이 거의 두 배나 높았다. 이 같은 이름 공유 효과는 특히 Smith 타입의 흔한 성보다 Morrison 타입의 드문 성을 가진 이메일 수령자들의 경우 훨씬 더 크게 나타났다. 그리고 그 효과는 학생과 수령자가 Morrison 타입의 드문 성에 Hugh라는 드문 이름까지 같을 경우 훨씬 더 컸다. 오츠와 윌슨의 실험에서 영감을 받은 보다 최근의 한 실험에서도 비슷한 결과가 나왔다.[29]

어른이 되어 집을 멀리 떠나기 전 내가 만난 모든 맥컬러프 McCullough는 가까운 이웃이거나 그 친척의 배우자였다. 그래서 어린 시절 내 혈연 인식 장치는 맥컬러프라는 성을 가진 사람과 친척 간의 상관관계를 추적했던 걸까? 그랬다면 내가 왜 아직까지도 맥컬러프라는 성을 가진 사람을 만날 때 뭔가 끌리는지가 설명된다. 나는 십대 시절에 한때 마이클 얼 맥컬러프Michael Earl McCullough(그렇다. 우리는 가운데 이름까지 같았다)라는 프로 골프선수를 만나려고 무지 애를 썼다. 골프의 골 자도 몰랐고 지금도 모르는데 말이다. 또 한때는 운동을 하러 헬스클럽에 다녔는데, 거기서 일하던 에리카 맥컬러프Erica

McCullough라는 '가상의' 사촌 누이에게도 늘 반갑게 인사를 했다. 물론 마음 한구석의 나는 지난 몇 세기 동안 맥컬러프라는 성을 가진 사람들이 지구 곳곳에 흩어져 그 두 맥컬러프와 나의 실제 근연도는 아주 희박할 거라는 걸 알고 있다. 그러나 혈연관계 단서를 추적하는 쪽으로 진화된 마음속의 또 다른 나는 재외 스코틀랜드 공동체의 역사는 별로 개의치 않는 듯하다. 어쩌면 그 또 다른 나는 내가 아끼는 모든 이가 그리고 또 나를 아끼는 모든 이가 단 며칠만 걸으면 닿을 수 있는 세상에 살고 있다고 믿고 있는 것 같기도 하다.

가족에 초점을 맞춰라

인간의 이타주의에 대한 진화론적 이야기는 그야말로 인간 가족에 대한 이야기이다. 아이들은 이것저것 원하는 게 많아 우리를 귀찮게 하는데, 아이들이 그렇게 된 건 자연 선택에 의해서다. 수렵 및 채취를 하던 우리 조상들 시대의 아이들은 10대 후반까지는 자신이 매일 필요로 하는 것들을 충족할 힘도 능력도 없어 칼로리를 제공해주는 가족들에게 의존하게끔 진화됐다. 오늘날의 아이들은 15년 또는 20년 아니면 25년간 자기 엄마와 아빠, 형제자매 등으로부터 음식과 집, 옷을 제공 받고 또 애정 어린 보살핌도 받는다. 심지어 성인이 되어서도 가족들의 도움 없이는 헤쳐나갈 수 없는 힘든 때도 있다. 집세 낼 때가 다 되었는데 돈이 떨어졌다거나 병이 들었다거나 할 때, 대부분의 사람은 가장 먼저 누구한테 돈을 빌리고, 건강을 되찾을 때

까지 아이들을 누구한테 맡기겠는가? 추측을 해보라.[30]

혈육에 대한 편애가 가정경제 영역을 벗어나 공공경제 영역으로 들어갈 때, 그리고 권력을 잡은 사람들이 자신의 직위를 이용해 좋은 것들을 자신의 혈육에게 몰아줄 때, 우리는 혈육에 대한 그런 편애를 족벌주의라 부른다. 능력 위주의 서구 세계에서 그런 족벌주의를 고위직 부패의 중요한 뿌리들 중 하나로 보는데, 실제로도 그렇다. 전 세계 대부분의 지역에서 공직자로 출세하려는 이유 중 하나는 자식과 부모, 배우자, 사촌, 조카 등에게 좋은 일자리를 찾아주고 괜찮은 정부 계약을 따게 해주려는 것이다.

수십 년간의 족벌주의를 통해 400억 달러의 부를 축적한 인도네시아의 수하르토Suharto 가문이 그 좋은 예이다. 그러나 그들의 행태는 결코 드문 일은 아니다. 시카고 시장이었던 리처드 J. 데일리Richard J. Daley는 왜 시카고 시로 하여금 보험 계약권을 자기 아들 존이 취업한 회사에 몰아주게 했는지(또 왜 그렇게 함으로써 계약에 입찰하려 한 다른 회사들은 다 배제시켰는지) 해명하라는 요구에 시달린 적이 있다. 자신을 향한 비난에 대해 데일리는 다음과 같이 뻔뻔한 변명을 늘어놓았다. "내가 내 아들을 도와줄 수 없다면, 대체 누구를 도와줄 수 있겠어요? 난 떳떳해요……. 사람이 자기 자식들을 보살피지 않는다면, 대체 이 세상은 어떤 세상이 될까요?"[31] 특기할 만한 사실은 이 데일리 시장의 장남인 리처드 M. 데일리Richard M. Daley가 1989년부터 2011년까지 장장 22년간 시카고 시장을 역임했다는 것이다. 시카고 시 역사상 가장 오래 시장을 지낸 것이다. 리처드 M. 데일리가 시장으로 재임 중이던 1999년 〈시카고 트리뷴〉지는 그 자신과 아내 쪽 친척 68명이 시카고 시를 비롯한 일부 다른 공공기관에 취업해 있다는 기사를 내보냈다. '가족 유사성family resemblance'*의 또 다른 예라 할 수 있겠다.32

역사를 통틀어 이 같은 족벌주의 내지 혈육 중용주의의 사례들은 예외라기보다는 규칙에 가까웠다. 애덤 벌로우Adam Bellow는 자신의 저서 《족벌주의 예찬In Praise of Nepotism》에서 이렇게 적었다.

> 언론은 족벌주의에 대한 이야기를 격분한 어조로 보도하며, 그 폐해를 지적하면서 '노골적인', '극악한', '만연한' 같은 부정적인 단어들을 사용한다. 정말 충격적인 것은 수하르토 집안이 자신들의 족벌주의에 대해 수치심 같은 걸 전혀 느끼지 않는다는 것이다. 그들은 족벌주의를 감추기는커녕 오히려 자신들이 이룬 일을 자랑스레 떠들어대며, 그런 일들로 존경받는 경우도 많다. 효율성과 공정성에 대한 우리의 가치가 전부 뒤집힌 전도된 세계에 들어온 것처럼 느껴질 정도다. 그리고 실제 그렇다. 이런 사회에서는 실제 족벌주의가 감추어야 할 나쁜 일이 아니라 좋은 일, 그러니까 널리 자랑할 만한 일로 여겨지고 있으니 말이다.33

공개적인 선거나 언론 자유 같은 민주주의의 이상과 제도는 족벌주의 충동을 억제하는 데 도움이 되지만, 그것들로 족벌주의를 뿌리 뽑기는 어렵다.34 족벌주의는 어떻게든 혈육들이 원하는 걸 충족시켜주려는 쪽으로 진화되어온 인간들에게 너무 솔깃한 유혹이다. 윌리엄 해밀턴도 주장했듯, 인간을 비롯한 사회적 존재는 유전학적 혈

---

* 어떤 집단의 한 구성원이 가진 속성을 그 집단의 다른 구성원들이 공유하는 정도를 나타내는 척도. - 역자 주

육들에게 이런저런 혜택들을 주려는 의지와 방법을 개발하는 쪽으로 진화하게 되어 있다. 게다가 자연 선택은 워낙 인색하기 때문에, 우리는 가능한 한 혈육들에게만 도움을 주는 단서를 활용해, 이타적으로 디자인된 적응의 결과로 인한 손실을 최소화하려 한다. 족벌주의에 분개하는 건 당연하지만, 족벌주의 밑에 깔린 동기 자체를 부도덕한 걸로 보는 건 어리석다. 이와 관련해 인류학자 헬렌 피셔Helen Fisher는 이런 말을 했다. "족벌주의, 그건 우리 인간 고유의 '가족 가치family value'* 중 하나라고 말할 수 있다."[35]

해밀턴의 법칙과 황금률

그렇다면 우리는 '인간 고유의 사회적 본능' 가운데 특히 '부모와 자식 간의 사랑'이 낯선 이들에 대한 오늘날 우리 관심의 토대가 됐다는 찰스 다윈의 주장을 어떻게 받아들여야 할까? 지성과 이성에 의해 단련된 우리의 사회적 본능이 우리의 관심 확대에 기여했다는 다윈의 생각은 옳은 걸까? 해밀턴의 법칙은 정말 '남들에게 대접을 받고자 하는 대로 남들을 대접하라'(마태복음 7장 12절)는 황금률의 토대인 걸까?[36] 우리가 혈육이니 혈연이니 하는 말을 써가며 비혈육에 대한 친밀감을 나타내는 걸 보면, 다윈의 추정이 옳다고 할 수도 있을 것 같다. 부모와 자식 간의 사랑을 먼 낯선 이들에게까지 확대한 게

---

* 가족에 대해 그 구성원들이 갖고 있는 가치 의식. - 역자 주

아니라면, 대모(가톨릭에서의 여자 후견인)나 대부, 전기 노동자 국제 친선 조직International Brotherhood of Electrical Workers, 미국 혁명의 딸들Daughters of the American Revolution,* 자유의 아들들Sons of Liberty,** 경찰 공제 조합 Fraternal Order of Police 등은 대체 어떻게 받아들여야 할까? 'fatherland' 또는 'motherland' 즉, 조국의 우월성을 강조하는 주전론적 연설들은 어떻게 받아들여야 할까? 기독교에서 말하는 성부God the Father니 성자 God the Son니 형제자매들brothers and sisters이니 하는 말들은 또 어떤가? 이처럼 사회 구성원들을 얘기하면서 혈연 관련 단어들(mother, father, son, daughter 등)을 쓴다는 건 어떤 면에서 우리가 그들을 정말 가족이나 혈육으로 생각한다는 건 아닐까?

전혀 그렇지 않다. 교회에 다니는 사람들은 다른 교인을 형제자매라 부르지만, 그렇다고 해서 그들을 진짜 형제나 자매로 보진 않는다. 만일 그렇다면, 그들과 섹스를 해 가정을 갖고 아이들을 키우는 생각만 해도 역겨워 해야 하는데, 실제로는 같은 신앙을 가진 사람들 중에 배우자를 선택하는 경우가 너무 많다.[37] 가상의 혈연관계는 이용 가치가 많아, 현대적인 기관이나 제도(교회, 국가, 노동조합, 군대, 테러 집단 등)의 설립자나 리더는 구성원들끼리 서로 이타적으로 대하게끔 하기 위해 그런 혈연관계를 이용한다. 그러니까 낯선 이를 돕지 않는 건 당신과 당신의 양심 간의 문제지만, 형제나 자매를 돕지 않는 건 배신행위라는 논리를 내세우는 것이다.[38]

다윈이 인류 문명은 부모와 자식 간의 사랑을 먼 타인들에 대한

---

*   혁명기 미국인들의 자손들로 구성된 여성 애국 단체. - 역자 주
**   미국의 독립 운동을 지지한 애국 단체. - 역자 주

관심으로 확대시켰다고 주장할 때, 그는 자신의 진화론을 부인한 거나 다름없다. 우리의 부모-자식 사랑은 자연에 의해 워낙 확실히 선택되어, 애초에 그 사랑을 낯선 이들에게 확대할 수 없기 때문이다. 또한 우리는 아이들과 형제자매들에 대해서는 아버지의 사랑, 어머니의 사랑, 형제자매의 사랑을 느끼는데, 그건 신원 확인 절차를 통해 그들을 문자 그대로 피와 살을 나눈 진짜 혈육으로 보기 때문이다. 그러니까 단순히 같은 교회나 사원 등에서 예배를 드린다거나 같은 나라를 위해 싸운다거나 같은 노동조합 회원이라는 등의 이유로 부모-자식 간의 관심을 그들에게 나눠주진 않는 것이다. 우리의 관심을 먼 타인들에게까지 확대시켜주는 인간 마음의 진화된 특징을 이해하려면, 가족이라는 테두리를 넘어 더 멀리까지 스포트라이트를 비춰야 한다.

그런데 스포트라이트를 가족이라는 테두리 너머 얼마나 멀리까지 비춰야 할까? 공동체나 부족 또는 국가는 어떤가? 지난 수십 년간 많은 학자가 인간이 너그러움이라는 특성을 갖게 된 것은 각 인간과 그 혈육들의 번식에 도움이 되기 때문이 아니라 각 인간이 속한 집단의 이익에 도움이 되기 때문이라고 추정해왔다. 인간의 너그러움이 집단의 이익에 도움이 되기 때문에 생겨났다는 추정은 '집단 선택group selection'이라는 이론적 관점에서 비롯된다. 만일 집단 선택 관점의 지지자들이 옳다면, 그래서 오늘날 우리가 낯선 이들에게 관심을 보이는 게 우리가 먼저 이웃과 동포들에게 관심을 갖게끔 진화됐기 때문이라면, 그 지지자들의 통찰력은 너그러움의 계보를 파악하려는 우리의 노력에 큰 도움이 될 것이다. 그리고 설사 그들의 접근 방

식에 잘못이 있다 해도, 그건 또 그 나름대로 알아볼 필요가 있을 것
이다.

5장

스팍을 기리며

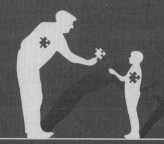

"게으른 자여, 개미에게로 가서 그 하는 것을 보고 지혜를 얻으라!"*
수천 년간 인간은 인간 본성에 대한 깊은 통찰력을 얻기 위해 벌과
개미와 말벌 같이 사회성을 가진 곤충을 관찰해왔다. 구약성서 〈잠
언〉을 쓴 사람은 게으른 사람은 근면한 개미를 보고 배울 게 많다고
생각했다. "지휘관도 감독관도 통치자도 없는데, 여름에는 식량을 비
축하고 가을에는 식량을 거둬들인다."[1] 모르몬교의 창립자들은 꿀
벌들의 근면함에 너무 큰 감동을 받아 자신들의 영역(훗날의 유타주)을
뜻하는 지명에 '데저레트Deseret'(모르몬교의 신조어로 '꿀벌'이란 뜻이다)라는
단어를 썼다. 그래서 오늘날 유타주의 주 깃발에 꿀벌집이 그려져 있
고 그 밑에 Industry 즉, '근면'이란 말도 써 있다. 영국 철학자 토머스

---

* 잠언 6장 6절. - 역자 주

홉스Thomas Hobbes는 17세기의 인간 사회에 전제 군주가 필요한 이유를 설명하는 데 사회성을 가진 곤충을 예로 들었다. 반면 독일 철학자 칼 마르크스Karl Marx는 19세기의 인간 사회에 전제 군주가 필요 없는 이유를 설명하는 데 그 곤충을 예로 들었다.[2] 논객들의 욕구 변화에 따라 이 곤충의 이미지도 변화된 것이다. 어쨌든 곤충-인간 비교를 통해 종종 인간에 대한 새로운 통찰력이 생겨난다. 또한 사람들은 곤충-인간 비교를 통해 자신이 보고 싶은 것을 보는 경우가 많다.[3]

지난 수십 년간 일부 진화론자들은 곤충-인간 비교를 통해 인간의 너그러움을 설명해주는 한 가지 특징을 설명하려 했다. 그건 '진사회성eusociality'*인데, 인간 공동체의 이 특이한 특징을 만들어낸 걸로 믿어지는 진화 과정이 바로 '집단 선택'이다. 생물학자 에드워드 O. 윌슨Edward O. Wilson은 그 특유의 열정으로 이 두 가지 개념과 인간 사회에 대한 이해의 가치에 대해 이렇게 적었다. "동물들에게 적용되는 기술적인 정의를 그대로 적용할 경우, 호모 사피엔스는 생물학자들이 말하는 이른바 '진사회성'을 갖고 있다. 다시 말해 집단 구성원들이 다양한 세대로 이루어져 있으며 분업의 일환으로 이타적인 행동을 하는 경향이 있는 것이다. 이런 점에서 그들은 개미나 흰개미 등 진사회성을 가진 곤충과 비교된다."[4] 다른 데서 윌슨은 또 이렇게 적었다. "수백만 년간 열대와 아열대 지역에 살았던 모든 영장류 중에서 단 하나, 호모 사피엔스의 조상인 아프리카 대형 유인원의 한 종만이 유인원의 한계를 뛰어넘어 진사회성을 갖게 됐다."[5]

---

* 사회 구성원 전체가 하나의 목표를 위해 각자의 개성을 뒤로한 채 체계적이고 분업화된 역할을 수행하는 것. - 역자 주

그런데 윌슨이 말하는 진사회성은 일반적으로 진화론을 믿는 다른 생물학자들이 말하는 진사회성과는 다르다. 진사회적 사회들의 눈에 띄는 특징 중 하나는 '카스트caste'로 알려진, 육체적·행동적으로 전혀 다른 한 개 이상의 계급으로 발전한다는 것이다. 한 카스트가 자손을 번식하는 일을 전담한다면, 또 다른 카스트는 새끼들을 돌보고 먹을 걸 끌어모으고 집을 청소함으로써 그 번식자들을 돕는 일을 전담하는 식이다. 물론 개미나 꿀벌 같은 곤충들의 진사회적 사회와 인간 사회는 판이하게 다르다. 어쨌든 인간 사회에는 절대 번식은 할 수 없고 오로지 번식을 전담하는 운 좋은 소수한테 봉사하기 위해 존재하는 노동자 계급은 없으니까 말이다. 그리고 인간 사회에도 분업은 있지만, 인간들은 자기 엄마로부터 받는 화학 신호나 유아 시절에 먹는 음식에 따라(진사회적 곤충들이 그러듯) 핀 제조업자나 도살업자, 양조업자, 제빵사 등으로 역할이 정해지진 않는다. 핀 만드는 일에 싫증나면 술 빚는 일로 전향할 수 있다. 한가한 시간에는 아기를 가질 수도 있다. 그러나 꿀벌들의 경우는 그렇지 않다. 일만 하는 일벌들은 번식을 하지 않으며, 그걸로 끝이다. 전통적인 세계관 측면에서 보면 인간도 진사회성을 갖고 있다는 주장은 이렇게 조금만 들여다봐도 허점을 찾을 수 있다.[6]

진사회성에서부터 집단 선택으로

만일 곤충의 사회 조직과 인간의 사회 조직 간의 경계가 모호해지는 것이 순전히 인간 사회를 진사회적 사회로 보는 데서 오는 결과라면, 불안해할 이유가 전혀 없다. 그런데 이런 결과로 인해 일부 사람들은 이런 믿음을 갖게 된다. 그러니까 인간은 너그러운 본능을 갖고 있는데, 그건 그 본능의 적자생존 이점이 단순히 너그러운 사람 자신이나 그 혈육들에게 도움이 되어서가 아니라, 너그러운 사람이 살고 있는 사회에 도움이 되기 때문에 진화된 것이라는 믿음 말이다. 이것이 바로 집단 선택이라고 알려진 개념으로, 이 개념을 널리 알리는 데 앞장선 에드워드 O. 윌슨은 이런 말을 했다. "현대인들의 사회적 행동을 규정하는 유전 암호는 '키메라chimera'*이다. 한 부분은 집단 내에서의 개인들의 성공을 선호하는 특징들을 나타내고, 또 한 부분은 다른 집단과의 경쟁에서 한 집단의 성공을 선호하는 특징들을 나타낸다."[7]

집단 선택을 옹호하는 사람들 중 일부는 해밀턴의 자연 선택이 어떻게 협력 본능을 만들어내는지를 포괄 적응도 이론이 정확히 설명해준다는 과학자들의 확신이 잘못됐다는 걸 밝히려 한다.[8] 이와 관련해 에드워드 O. 윌슨은 이런 말을 했다.

> 40년 만에 믿을 만한 패러다임으로 성장한 사회 진화의 낡은 패러다임은 결국 실패했다. 한 과정으로서의 혈연 선택에서부터 시작해 해밀턴 학파의 협력을 위한 부등식 상태, 그리고 다윈 학파의 집단 구성원들의 지위로서의 포괄 적응도에 이르기까지 그 패러다임의 추론은 제대로 작동되질 않는다. 일반 이론의

---

* 같은 조직 내에서 부위에 따라 유전적 특성이 다르게 나타나는 현상. - 역자 주

대상으로서의 포괄 적응도는 뜬구름 잡기식 수학 구조로, 현실적인 생물학적 의미를 가진 그 어떤 방식으로도 바로잡을 수 없다.[9]

이는 반세기 이상 학계를 지배해온 인간의 사회적 감정 및 본능 진화에 대한 해밀턴 학파의 유전자 중심 사고를 뿌리째 뒤엎을 수 있는 대담한 주장이다. 윌슨의 이런 주장은 옳은 걸까? 집단 선택이 인간의 친사회성을 들여다보기 더 좋은 렌즈일까? 아니면 포괄 적응도 이론으로 설명할 수 있는 똑같은 얘기를 그저 다른 말로 설명하는 건 아닐까? 집단 선택 이론은 포괄 적응도 이론으로는 보여줄 수 없는 방식으로 인간이 진정 이타적이라는 것을 보여줄 수 있을까? 집단의 이익을 위해 행동한 사람들에 대한 얘기 없이 어떻게 부족이나 국가의 얘기를 할 수 있겠는가? 혹 어디선가 집단 선택은 전혀 통하지 않는다는 글을 본 적이 있는가? 아니면 어디선가 집단 선택은 잘 통한다는 글을 읽은 적이 있는가?

'대체 집단 선택이 뭔데요?'

물어봐 주어 고맙다.

집단 선택의 한 가지 선택

'집단 선택'이란 용어는 서로 다른 여러 개념에 적용된다. 어떤 과학자들은 집단을 이루는 개인이 아닌 개인들로 이루어진 집단을 대상으로 어떻게 자연 선택의 유전자 분류 작업이 이루어지는지를 설명

타인의 친절

하면서 집단 선택이란 용어를 쓴다. 이 경우 집단 선택은 개인 적응도보다는 집단 적응도를 극대화하려는 걸로 보인다. 반면에 어떤 과학자들은 자연 선택이 어떻게 생물학적 조직의 다양한 수준에서 작동되는지를 설명하면서 집단 선택이란 용어를 쓴다. 그러니까 집단 선택이 한 집단 내의 유전 변이에 영향을 줌으로써 유전자 풀gene pool*을 바꿀 수도 있고, 아니면 여러 다른 집단들 내의 유전 변이에 영향을 줌으로써 유전자 풀을 바꿀 수도 있다는 것이다. 또 어떤 과학자들은 '전쟁warfare'이란 말 대신 집단 선택이란 용어를 쓴다. 그러니까 만일 내 집단이 당신 집단을 공격해 망각 속에 묻어버리려 한다면, 내 집단(그 속에 있는 살아남은 모든 개인의 유전자들과 함께)은 지금 살아남기 위해 집단 선택을 하고 있는 것이며, 당신과 당신의 유전자들은 아주 운이 없는 것이다.

또한 집단 선택은 비유전적인 과정을 가리키는 데도 쓰인다. 그러니까 성공적인 집단들이 갖고 있는 특징(예를 들어 그 집단들이 갖고 있는 철제 무기의 힘, 슈퍼컴퓨터들의 속도, 전구들 속에 들어 있는 필라멘트의 질 등)이 그 집단(부족, 연구소, 전구 제조업체들 등) 구성원들이 갖고 있는 특징이 되는 과정을 집단 선택이라 하는 것이다. 또 집단 선택은 사람들로 하여금 서로 협력하게 만드는 사회적 규범이나 문화적 관행이 협력 증진을 위해 그런 규범과 관행에 더 적극적으로 호응하는 유전자의 선택 압력으로 작용하는 걸 가리키기도 한다. 집단 선택은 이 외에도 여러 의미로 쓰인다.[10]

---

* 어떤 생물집단 속에 있는 유전정보의 총량. - 역자 주

집단 선택의 의미는 이처럼 가뜩이나 복잡한데, 집단 선택을 토대로 활동하는 과학자들이 자신들이 말하는 집단 선택이 다른 집단 선택과 어떻게 다른지를 밝히는 데 관심을 두지 않기 때문에 더 복잡해진다. 집단 선택에 대해선 할 얘기가 엄청나게 많지만, 여기서는 세 가지 의미만 다루기로 하겠다. 집단 선택이 너그러움에 관여하는 유전자들을 자연 선택하는 데 적용할 수 있는 의미들 말이다. 우리가 해밀턴 학파의 이론으로는 발견할 수 없었던 너그러움에 대한 새로운 진화론적 경로들을 발견하는 데 집단 선택이 도움이 될까? 집단 선택식 사고는 우리가 우리 자신에게 있는지조차 몰랐던 풍부한 너그러움과 이타심을 발견하는 데 도움이 될까? 자, 이제 그 모든 걸 살펴보기로 하자.

다수의 요구

내 세대의 다른 많은 아이도 그랬겠지만, 내가 집단 선택식 사고를 처음 접한 건 1982년 여름이었다. [스타트렉 2: 칸의 분노Star Trek II: The Wrath of Khan]에서 커크 선장과 스팍 대위 그리고 우주선 엔터프라이즈호의 나머지 승무원들은 칸 누니엔 싱이라는 인조인간과 지혜를 겨룬다. 텔레비전 시리즈 [스타트렉] 1편부터 그들의 가장 큰 숙적이었던 칸 역은 다재다능한 멕시코 출신의 배우이자 크라이슬러 자동차의 카리스마 넘치는 대변인이었던 리카르도 몬탈반Ricardo Montalbán이 맡았다. [스타트렉]에서 칸이 성운 내의 모든 분자를 재배열할 수 있는 가공할 위력을 지닌(그래서 분자들을 변화시켜 부드러운 커리디언 가죽으로 실내 장식이 된 크라이슬러 콜도바 모델을 만들어내기도 하는) 장치인 '제네시스 디바이스Genesis Device'를 훔쳐 달아나자, 우주선 엔터프라이즈 호가 출동한다. 그런데 칸이 제네시스 디바이스를 작동하는 데 성공해, 엔터프라이즈 호는 최대한 빨리 그리고 최대한 멀리 그 장치로부터 벗어나야 했는데, 한 가지 문제가 생긴다. 누군가 '워프 드라이브warp drive'*를 고치지 않으면 엔터프라이즈 호는 어디로도 갈 수 없게 되고, 그 결과 기관실은 곧 방사능으로 뒤덮이게 될 위기에 놓인 것이다. 그런데 누구든 워프 드라이브를 고치는 사람은 죽게 된다. 그리고 고치는 사람이 없으면 모든 승무원이 죽게 된다.

그때 스팍 대위가 자청하고 나선다. 비참한 죽음을 맞게 될 텐데도, 워프 드라이브를 고치겠다고 나선 것이다. 레오나드 맥코이 박사가 자살 행위나 다름없다며 반대하고 나섰으나, 스팍 대위는 박사의 목 밑 압점을 눌러 기절시키고는 자신의 임무를 강행한다. 수리를 끝낼 즈음 스팍은 이미 치명적인 양의 방사선에 노출되었으나, 워프 드라이브가 정상 작동되면서 엔터프라이즈 호는 빠른 속도로 위험에서 벗어난다. 때 맞춰 합류한 커크 선장은 스팍이 마지막 숨을 거두는 장면을 무력하게 지켜본다. 스팍은 자신의 가장 친한 친구 커크를 논리로 위로한다(논리 외에 무엇으로 위로할 수 있겠는가?).

스팍: 슬퍼 마요, 선장. 논리적인 일이에요. 다수의 요구가……

---

*   빛보다 빠른 속도로 공간 이동을 할 수 있게 해주는 가상의 장치. - 역자 주

커크: ……소수의 요구에 우선한다.

스팍: ……아니면 혼자만의 요구에.

우리는 두 사람이 이전에도 이미 한두 차례 이런 극한 상황에 놓인 적이 있었다고 추측할 수밖에 없다.[11]

생명체들이 자기 집단 또는 자기 종 전체의 행복을 위해 행동하게끔 자연 선택된다는 관점은 냉혹한 적자생존의 현장을 촬영한 야생동물 다큐멘터리의 진통제 내지 해독제나 다름없다. 사자는 왜 늘 가장 약한 영양만 잡아먹을까? 그건 무리 중에서 가장 약한 영양이 가장 뒤처지기 때문이기도(그래서 가장 잡기 쉽기 때문이기도) 하지만 지친 영양이 더 건강하고 강한 동료 영양들의 목숨을 구하기 위해 포식동물의 아가리 안에 자기 몸을 던지도록 프로그램화되어 있기 때문이기도 하다. 다수의 요구가 소수의 요구에 우선하는 것이다. 왜 어떤 동물 종은 새로운 지역으로 대거 이동을 할까? 그것도 상당한 위험을 무릅쓰면서. 그건 식량을 찾을 가능성을 높이기 위해서이기도 하지만, 식량 공급이 끊겨 멸종으로 내몰리지 않기 위해서이기도 하다. 다수의 요구가 소수의 요구에 우선하는 것이다.

다윈은 개체 집단들에 대한 자연 선택의 역할에 기대지 않고 여러 흥미로운 동물 특징의 진화를 설명할 수 있다는 데 의문을 제기했다.[12] 예를 들어 《종의 기원》에서 다윈은 여러 곤충 사회들에서 볼 수 있는, 번식을 하지 않는 노동자 계급을 설명하는 데 특히 어려움을 느끼게 된다. 어떻게 절대 자기 자신의 자손을 가질 수 없는 개미와 벌이 자연 선택 과정에서 생겨날 수 있단 말인가? 이 어려움을 극복하기 위한 노력의 일환으로, 다윈은 '가족 선택family selection'이라고 불러도 좋을 개념을 도입했다. 다음은 다윈이 자신의 저서에서 한 말이다. "자연 선택이 개체는 물론 가족에게도 적용될 수 있다는 사실을 상기하면서, 그리고 그 결과 바람직한 결과에 도달하면서, 극복하기 어려울 것 같던 이 어려움은 줄어들거나 사라지게 된다."[13] 그런 다음 다윈은 자연 선택이 부모들에게 영향을 주어 번식을 할 수 없는 일부 자손들을 만들어낼 수 있다며, 번식할 수 없는 계급의 문제를 해결했다. 그러니까 번식할 수 없는 자손들 덕에 공동체가 필요한 일들을 해나갈 수 있게 된다는 것이다. 그는 자신의 그런 견해를 개미를 통해 간단히 설명했다.

> 분업이 인간의 문명에 큰 도움이 되고 있다는 걸 감안할 때, 노동자 계급 개미들의 생산이 개미 사회에 얼마나 큰 도움이 됐을지 짐작할 수 있다. 인간은 습득한 지식과 제작된 기구들을 이용해 일을 하는 데 반해, 개미들은 물려받은 본능과 물려받은 도구 또는 무기들을 이용해 일을 한다.[14]

그로부터 12년 후 다윈은 《인간의 유래》에서 인간의 도덕적 가치를 설명하면서 다시 집단 선택을 거론한다. 그는 도덕적 가책 내지 양심을 가진 사람이 자기 사회의 다른 구성원들에 비해 비교 우위에 설 수 있다는 건 믿기 어렵다면서도, 도덕적인 사람이 많은 부족이 그렇지 않은 부족에 비해 경쟁 우위에 설 수 있다고 믿었다. 이를 우리는 '부족 선택tribe selection'이라 불러도 좋을 것이다.

이걸 잊어선 안 된다. 어떤 개인과 그 아이들이 도덕성의 기준이 높아진다고 해도 같은 부족의 다른 사람들에 비해 약간의 이점을 갖거나 아무 이점도 갖지 못하지만, 어떤 부족이 도덕성의 기준이 높아지고 도덕성이 뛰어난 사람이 많아진다면 그렇지 않은 부족에 비해 엄청난 이점을 갖게 된다. 높은 수준의 애국심, 충성심, 복종심, 용기, 연민 등이 있어 언제든 서로 도울 준비가 되어 있고 공동의 이익을 위해 자신을 희생할 준비가 되어 있는 구성원들이 많은 부족은 다른 대부분의 부족을 압도하게 될 것인데, 이것이 바로 자연 선택이다. 세계 역사를 돌이켜보면, 늘 이런저런 부족들이 이런저런 부족들을 대체해왔다. 부족의 성공에서 도덕심은 중요한 요소이다. 따라서 어디서나 도덕성의 기준은 높아지고 도덕성이 뛰어난 사람의 수는 늘어나는 경향이 있다.[15]

《종의 기원》이 나온 세기 내내 자연 선택은 개인 차원을 뛰어넘는 생물학적 조직 차원에서, 그러니까 예를 들면 벌집이나 흙더미, 가족, 부족 등의 차원에서 일어난다는 견해는 생물학계에서 가장 뛰어난 많은 학자 사이에서 열렬한 지지를 받았다.[16] 그러나 1950년대에 이르자 '다수의 요구'가 우선한다는 집단 선택 이론에 비판적인 사람들이 결집하기 시작했다. 또 많은 동물 행동 연구가가 생물학 전반에 대변혁을 일으키고 있던 멘델의 유전 법칙과 자연 선택 사고방식을 합친 현대적인 종합 이론을 가지고 연구에 임했는데, 집단 선택 이론은 그런 목표에 걸림돌로 여겨졌다. 어쨌든 신다윈주의적 종합 이론은 자연 선택이 각 개체의 번식 성공을 극대화시켜줄 적응을 선호한다는 데 의견 일치를 봤다. 그런데 진화를 거치면서 생명체들은 자기 집단의 이익을 위해 스스로를 희생하게 된다는 개념은 이 이론과는 상반되는 듯했다. 그러나 이후 수년간 집단 선택과 관련해 할 수 있는 일이라고는 과학 기사 한두 편을 쓰고 퍼지 사고fuzzy thinking* 에 대한 비판을 늘어놓는 정도였다. 그러다 1962년 베로 윈-에드워즈Vero Wynne-Edwards라는 생물학자가 집단 선택에 반대하는 사람들에게 보다 믿음직한 샌드백을 하나 제공했다. 그건《사회적 행동과 관련된 동물 분산Animal Dispersion in Relation to Social Behavior》[17]이라는 제목의 653쪽짜리 책이었다.

그 책에서 윈-에드워즈는 자연 선택은 두 종류의 뚜렷한 적응을 만들어낸 두 가지의 뚜렷한 진화 과정으로 이루어진다는 가설을 내놓았다. 첫 번째 진화 과정은 다윈의 진화론과 관련된 요소로, 이를 통해 각 개체는 자신의 번식 가능성을 극대화시켜줄 수 있는 적응을 하게 된다. 이 주장에는 누구도 이의를 제기하지 않았다. 그런데 자연 선택에 대한 윈-에드워즈 가설의 두 번째 요소가 바로 '집단 선택' 이었다.(#18) 그는 집단 선택은 '집단 적응'을 만들어내고, 그 집단 적응 중 일부는 '협력적이며 사회적인 행동'을 만들어낸다고 보았다. 그러니까 결국 집단 선택이 동물들에게서 자기 자신의 이익을 우선시할 권리를 빼앗고, 대신 자기 집단의 공동 이익을 위해 타협하게 만든다고 본 것이다.[19] 윈-에드워즈는 자신의 입장을 이렇게 설명했다.

이 수준에서의 진화는 여기에서 말하는 이른바 '집단 선택'의 덕이라 할 수 있는데, 집단 선택은 개체 수준에서의 선택보다 훨씬 더 중요하다. 개체 수준에서

---

* 인간의 말, 의미, 사고 등에 본질적으로 포함되어 있는 애매모호함을 수학적으로 다루는 이론. – 역자 주

의 선택은 개체의 생리 작용 및 성취와 관련이 있고, 집단 수준에서의 선택은 집단 전체의 생존 능력 및 생존과 관련이 있다. 이 양자가 서로 충돌하는 때가 있는데, 개체의 단기적 이익이 집단 전체의 미래 안전을 저해할 경우로, 그런 때는 집단 선택이 우위에 서게 되어 있다. 안 그러면 집단 전체가 쇠퇴해 다른 집단으로 대체될 것이며, 그 경우 개체들의 반사회적 발전은 한층 더 심한 억압을 받게 될 것이기 때문이다.[20]

그러니까 윈-에드워즈에 따르면, 각 개체의 번식 성공에 유리한 적응이 집단 전체의 번식 성공을 위협할 경우, 자연 선택은 그런 적응을 줄이는 특징을 선호할 수도 있다는 것이다. 번식에 참여하는 개체들이 서로 살기 좋은 서식지를 만들기 위해 경쟁을 벌이는 거라면, 구성원들로 하여금 살기 좋은 서식지를 만드는 데 방해되는 방식으로 먹고 마시고 번식하지 못하게 하는 집단이 경쟁 우위에 서게 된다고 가정하는 건 이치에 맞지 않는 걸까? 결국 다수의 요구가 소수의 요구에 우선한다는 것이다.

윈-에드워즈는 모든 것을 집단 선택적 적응으로 보았다. 예를 들면 섹스도 일종의 집단 선택적 적응이다. 한 종이 미래에 대비한 자금을 보유하듯 유전 변이를 지속해 훗날 선택 압력을 보다 쉽게 극복할 수 있게 하는 것이니 말이다. 동물들의 커뮤니케이션 시스템은 순전히 각 개체의 이익을 위한 것일 뿐 아니라, 각 개체의 활동과 번식 노력을 통합·조정해야 할 필요가 있는 집단 전체의 이익을 위한 것이기도 하다. 노화 및 죽음과 마찬가지로 삶의 초반에 번식 성숙도가 지연되는 것도 유전 분산을 높이고 개체 수 과잉 현상을 낮추기 위한 집단 선택적 적응이다. 윈-에드워즈는 동물들이 치열한 영역 다툼을 벌여 승자가 서식지를 독점하고 패자는 빈손으로 떠나는 것도 집단 선택적 적응으로 보았다. 다음은 그의 말이다. "이 정교한 자연 선택 과정은 매 단계가 의례적이며 관습적이다. 그리고 경쟁자들에 비해 최소의 노력과 손실로 최대의 번영을 이끌어낼 부모 유전자형을 선택할 수 있는 과정이다. 적응은 전적으로 집단 선택의 결과이며, 그 결과 생존 가능한 집단 유전자 풀이 유지된다."[21]

윈-에드워즈의 주장을 좀 더 잘 이해하기 위해, 그가 제시한 집단 선택 가설이 어떻게 새들을 번식을 절제하는 쪽으로(원칙적으로 다 자랄 때까지 키울 수 있는 자손 수보다 적은 자손을 번식시킴으로써) 진화시키는지를 살펴보자. 별개의 여러 공간 단위로 나뉜 물리적 환경을 상상해보면 도움이 될 것이다(표 5.1 참조). 각 공간 단위 내에는 새 다섯 마리가 살 수 있으며, 그 이상은 단 한 마리도 더 살 수 없다. (윈-에드워즈가 유전학적으로 관련 없는 가상의 개체 집단을 포함한 집단 선택 이론을 펼치고 있었다는 데 주목할 필요가 있다. 한 공간 단위 내의 개체들이 서로 유전학적으로 관련 있다는 걸 인정할 경우, 자기절제를 통해 유전학적 혈육들에게 도움이 되는 쪽으로 진화되는 게 쉬워진다. 그리고 그런 시나리오에서라면 굳이 집단 선택에 의존해 설명할 필요가 없다. 해밀턴의 포괄 적응도 이론만으로도 충분하기 때문이다.) 어쨌든 여럿으로 나뉜 공간 단위들 중 한 단위에 여섯 번째 새가 들어오면, 새 여섯 마리가 집단적으로 좋아하는 먹이를 먹어대 그 먹이는 곧 씨가 마르게 된다. 그 결과 그 공간 단위 안에 사는 새 개체군이 붕괴되면서 모든 새가 굶어 죽게 된다. 그러나 새들 없이 빈 상태로 한 세대가 지나면, 그 공간 단위 안에 먹이들이 다시 생겨나게 되고, 결국 그 공간 단위는 다른 공간 단위에서 이주해온 새로운 새들의 서식지로 변하게 된다. 윈-에드워즈의 관점에서 보자면, 공간 단위들 간의 이주는 한 공간 단위가 개체군 붕괴로 텅 비게 될 때에만 가능하다.

[표 5.1] 윈-에드워즈의 집단 선택을 알기 쉽게 설명한 도식
* 여기서 g는 generation 즉, '세대'를 뜻한다. - 역자 주

　자 이제, 이 새들에게 평소 먹는 먹이의 양에 영향을 주는 두 종류의 유전자 변이가 일어난다고 가정해보자. 이기적인 유전자들(표 5.1에서 큰 원 안의 작은 검은색 점들)은 그 소유자로 하여금 최대한 자주 또 많이 먹게 한다. 반면 절제하는 유전자들(표 5.1에서 큰 원 안의 작은 흰색 점들)은 그 소유자로 하여금 더 큰 절제력을 발휘하게 한다. 한 공간 단위 안에서는 게걸스레 먹는 새가 절제하는 새보다는 번식을 더 많이 하게 되는데, 그건 전자의 새가 먹이를 더 많이 먹어 번식 능력 또한 높아지기 때문이다. 따라서 이 공간 단위 안에서는 자연 선택의 결과로 이기적인 유전자들이 더 많이 나타나게 된다. 한 공간 단위

안에 대식가 새가 한 마리만 있어도(표 5.1에서 A열과 C열의 경우처럼), 그 공간 단위의 개체군은 붕괴된다. 대식가 새들은 한 공간 단위 안에서 자신의 번식 성공에만 맹목적으로 매달림으로써, 자신은 물론 대식가 새들과 비대식가 새들 모두의 멸종에 일조하는 것이다. 참으로 안타까운 일이 아닐 수 없다.

자 이제, 표 5.1의 B열의 경우처럼 다섯 마리의 새가 모두 절제하는 유전자를 갖고 있다고 가정해보자. 이 새들은 먹는 양에 신경을 쓰기 때문에, 절대 개체 대체 수준replacement level* 이하로 떨어지게 먹이를 먹지 않으며, 그래서 절대 자기 자손들까지 잡아먹어야 하는 경우가 생기지 않는다. 그렇다. 이렇게 절제하는 새들은 다른 단위 공간에 사는 대식가 새들에 비해 번식하는 자손의 수는 더 적다. 하지만 무슨 걱정인가? 절제하는 새들로 가득한 단위 공간은 늘 먹이가 풍부하며, 그래서 이런 단위 공간은 무한정 살아남는다. 게다가 먹이를 너무 많이 먹어 멸종된 대식가 새들이 살았던 인근 단위 공간은 먹이들이 다시 생겨나 절제하는 새들의 새로운 서식지가 되며, 그 결과 절제하는 유전자가 더 널리 확산된다. 결국 여러 세대가 지나면, 절제하는 유전자들이 집단 선택에 의해 게걸스레 먹는 유전자들을 압도하게 되는 것이다. 표 5.1을 보면, 이런 대체 과정은 맨 위의 단위 공간 A열에서 시작되어 g+4를, 맨 아래 단위 공간 C열에서는 g+6을 만들어낸다.

윈-에드워즈는 자신의 저서《사회적 행동과 관련된 동물 분산》으

---

* 개체 수를 현상 유지하는 데 필요한 번식률 수준. - 역자 주

로 일약 유명인사로 떠올랐다. 과학자와 비과학자 모두 그의 책에 관심을 보였고, 세계 곳곳에서 각종 회의에 참석해 강연을 해달라는 요청이 쇄도했다. 이 책이 출간되고 2년 후에는 미국의 과학 잡지 〈사이언티픽 아메리칸Scientific American〉이 이 책의 요약본을 내놓았는데, 그 요약본은 35만부나 팔렸다. 1960년대 들어와 사람들은 인간의 환경파괴 문제(레이첼 카슨Rachel Carson의 1962년 9월 《침묵의 봄Silent Spring》 출간)와 인구과잉 문제(그로부터 6년 후 폴 에얼릭Paul Ehrlich과 앤 에얼릭Anne Ehrlich의 《인구 폭탄The Population Bomb》 출간)에 우려를 표명하기 시작했다. 윈-에드워즈는 《사회적 행동과 관련된 동물 분산》에서 동물들은 집단 선택에 의해 번식 절제 본능을 가지고 태어난다고 주장함으로써, 오늘날 인류가 자신들의 존재를 위협하는 근본적인 위기를 극복해야 한다는 주장에 모호한 지지를 보낸 것으로 보였다.[22]

그러나 오래지 않아 그의 주장에 반박이 시작됐다. 영국 옥스퍼드대학교와 미국 뉴욕주립대학교 스토니브룩 캠퍼스에 몸담고 있던 두 과학자가 책 한 권 두께의 반대 논문을 발표했는데, 그 논문에서 두 사람은 집단 선택과 관련해 몇 가지 수학적 해결책을 제시하면서 결국 윈-에드워즈가 집단 선택 가설로 잠시 확보했던 수사학적 토대를 거의 다 무너뜨려버렸다.

두 과학자 중 한 사람은 옥스퍼드대학교에 몸담고 있던 저명한 영국 조류학자 데이비드 랙David Lack이었다. 자연 선택의 대상은 생명체 집단이 아니라 개체라는 믿음을 고수하며 늘 개체 차원의 적응을 주장해온 랙은 윈-에드워즈의 주장을 완전히 뿌리째 흔들었다. 《사회적 행동과 관련된 동물 분산》을 비판한 논문에서 랙은 윈-에드워즈가 집단 선택의 증거로 제시한 현상은 다윈의 자연 선택 이론(평생 번식 성공을 극대화시켜주는 적응들을 집단보다는 개체에서 찾는)으로도 충분히 설명할 수 있다는 주장을 반복했다.[23] 예를 들어 윈-에드워즈는 집단 선택의 증거로 새들이 번식을 늦춘다고 주장했는데, 랙은 결코 그렇지 않다고 반박했다. 랙은 새들은 번식을 늦추는 게 아니라 오히려 최대한 서둘러 평생 번식 비용 내지 대가(자손 돌보기는 누구에게나 진을 빼는 일이므로)를 뛰어넘는 평생 번식 이익을 보려 한다면서, 설득력 있는 증거를 제시했다. 또 랙은 윈-에드워즈이 새들이 먹이를 과도하게 먹어치우는 걸 막기 위해 번식 규모를 적극 절제한다고 한 주장에도 반대했다. 랙은 새들이 번식 규모를 절제하기는커녕 오히려 평생 번식 가능성을 극대화하려 애쓴다고 주장했으며, 먹이가 부족할 때 새들이 알을 적게 낳는 걸 그 증거로 제시했다. 랙에 따르면, 결국 집단 선택은 이런 현상들과는 아무 관계가 없었던 것이다.[24]

랙이 볼 때 윈-에드워즈가 주장한 집단 선택 이론의 가장 큰 문제는 '인색함의 결여'였다. 랙은 이렇게 말했다. "개체 차원의 자연 선택 이론만으로도 얼마든지 같은 현상을 설명할 수 있는데, 무엇 때문에 군이 집단 선택과 집단 적응 같은 개념을 동원하는가? 과학적인 설명이 문제에 봉착할 때는 전통적인 지혜가 더 낫고, 보다 단순한 게 더 낫다. 적어도 누군가가 보다 단순한 설명으로 설명할 수 없는 현상을 보다 복잡한 설명으로 설명하는 게 가능하다는 걸 보여주기 전까지는 그렇다."[25]

대서양 건너 미국에서는 뉴욕주립대학교 스토니브룩 캠퍼스의 생물학자 조지 윌리엄스George Williams가 윈-에드워즈의 집단 선택에 비판의 칼날을 들이댔다. 윌리엄스는 자신의 책《적응과 자연 선택 Adaptation and Natural Selection》1페이지에서, 지난 세기에 진화생물학 분야에서는 두 집단의 사상가, 즉 다윈의 자연 선택은 생명체 설계의 주요 동인이라고 보는 사상가들과 다윈의 자연 선택은 진화생물학자들이 고려해야 할 많은 동인 중 하나에 불과하다고 보는 사상가들 간에 투쟁이 벌어졌었다고 말했다. 윌리엄스에 따르면, 이 투쟁 내지 논쟁은 30년 전 진화생물학자 로널드 피셔Ronald Fisher, 시웰 라이트Sewall Wright, J.B.S 홀데인J. B. S Haldane이 수학적 집단 유전학에 대한 연구 결과들을 내놓으며 일단락됐었다. 그들의 해결책에 따르면, 생명체들은 각 개체의 번식 성공에 미치는 자연 선택의 영향을 통해 설계된다. 그래서 윌리엄스는 진화생물학의 가장 중요한 목표는 '적응', 즉 자연 선택이 번식 성공에 미친 영향을 토대로 설계된 생명체의 특징을 알아내는 것이 되어야 한다고 봤다.

윌리엄스는 적응을 알아내는 데 필요한 근본 원칙 두 가지를 제시했다. 하나는 적응이라는 개념을 아무데나 다 적용하지 않는다는 것이다. 그렇다. 자연 선택은 이런저런 적응을 만들어내지만, 흥미로운 특징 중 상당수는 적응이 아니다. 따라서 많은 증거를 통해 어떤 특징이 자연 선택에 의해 번식 성공을 높이는 특징으로 설계됐다는 결론을 내릴 수 있기 전까지는 섣불리 적응이란 말을 써선 안 된다. 두 번째 원칙은 적응은 증거가 필요로 하는 것보다 높은 차원의 생물학적 조직에 적용되어선 안 된다는 것이다. 그러니까 어떤 특징이나 행동이 개체의 번식 성공에 필요한 적응을 반영하는 것이라면, 굳이 그 특징이나 행동이 집단 번식 성공에 미치는 영향 때문에 진화된 거라고 추측할 필요는 없다는 것이다. 실제로 윌리엄스는 이런 말을 했다. "이런 설명으로는 충분치 않다는 뚜렷한 증거가 있는 게 아니라면, 생물학자는 자연 선택이 가장 단순한 차원의 생물학적 조직에서, 그러니까 멘델 집단Mendelian population* 내 대체 대립유전자alternative allele** 조직에서 일어난다고 가정하는 게 몸에 배야 한다."[26]

조지 윌리엄스가 자신의 저서 《적응과 자연 선택》에서 언급한 두 번째 근본 원칙에 나오는 '멘델 집단 내 대체 대립유전자들'이라는 말은 윈-에드워즈식 집단 선택 이론의 숨통을 끊을 결정적인 말이었다. 특히 집단 선택 논란을 집중적으로 다룬 장에서, 윌리엄스는 예를 들어 어떤 곤충의 개체 수가 안정적이라는 사실이 그 종이 집단 안정성에 필요한 적응을 하고 있다는 견해를 뒷받침하는 건 아니라고 주장했다. 그러니까 어떤 곤충의 개체 수가 안정적이라는 것은 집단 내에서 작동 중인 개체 차원의 모든 적응의 뜻하지 않은 결과일 수 있다는 것이다. 윌리엄스는 개체 차원의 그 적응은 '멘델 집단 내 대체 대립유전자들' 간에 벌어지는 경쟁의 결과라면서 이렇게 말했다.

우리는 다음 의문에 대한 결론을 내려야 한다. 이런 과정이 과연 개체 수 극대화, 성장률 제고, 개체 수 안정 그리고 보다 큰 시스템 구축에 효과적인 설계를 보여주는 걸까? 집단 생존율을 높이면서도 생명체의 적응으로 설명되지 않는 시스템 특징은 '생물 적응biotic adaptation'이라 부를 수 있다. 만일 그게 아니면, 그러니까 어떤 곤충의 지속적인 생존이 단순히 생명체 적응에 따른 결과라

---

*   멘델의 유전 법칙이 적용되는 집단. - 역자 주
**   같은 변이의 다른 버전. - 역자 주

면, 그건 적응된 곤충들의 수에 지나지 않는다.[27]

결국 적응된 곤충들의 수가 꼭 그 곤충들의 적합한 개체 수는 아니다. 그러니까 평생 적응도가 극대화된 개체들의 집단이 꼭 개체들의 평생 적합도가 극대화된 집단은 아닌 것이다. 윌리엄스에 따르자면, 집단은 각 개체가 적응하는 대상이지 그 자체가 스스로 적응하는 단위는 아니다. 또한 윌리엄스의 견해에 따르자면, 만일 집단 적응이란 것이 있는데, 개체 차원의 적응을 하는 개체들 간의 상호작용으로부터 생겨나는 집단 차원의 현상은 없다면, 윈-에드워즈는 설득력 있는 사례를 보여주지 못한 것이다. 이와 관련해 보렐로Borrello는 이런 말을 했다. "윌리엄스는 생물 적응 없이는 집단 선택도 있을 수 없다고 봤다. 그래서 그는 책의 모든 지면을 집단 선택을 부정하는 데 할애했다."[28]

이처럼 거의 동시에 발간된 데이비드 랙의 책과 조지 윌리엄스의 책은 방사능으로 가득 찬 엔터프라이즈 호의 기관실 같은 것으로, 그 안에서 윈-에드워즈식 집단 선택 이론은 거의 죽은 상태로 1960년대 말까지 목숨만 부지하게 된다. 몇 년 후 아예 숨통을 끊어버린 건 수학적 이론으로 무장한 몇몇 과학자들이었다. 그들은 윈-에드워즈식의 집단 선택이 일어나는 데 필요한 여건을 깊이 파고들었다. 그렇다. 그들도 인정했다. 윈-에드워즈식 집단 선택은 이론상으로는 가능하다. 그러나 그에 따른 추정에 너무 제약이 많아, 자연 상태에서 실제로 일어날 가능성은 극히 낮다.[29] 집단 내 개체들이 유전학적으로 서로 관련이 있을 때 또는 집단 내 경쟁이 완전히 억제될 때라면 그런 집단 선택이 일어날 수 있다. 이런 여건은 예를 들어 세균(유전학적 클론들로 볼 수 있다) 또는 '진사회성'을 가진 곤충의 경우 충족될 수 있다. 그러나 대부분의 동물 사회에서는 전혀 충족될 수 없다.[30]

예를 살펴보기 위해, 잠시 단위 공간 내 새들 이야기로 되돌아가 보자. 그 이야기에서 우리는 대식가 새들이 절제하는 개체들이 있는 단위 공간 안으로 이주할 경우, 윈-에드워즈식 집단 선택 이론은 제대로 작동되지 않는다는 걸 알 수 있다. 대식가 새들이 그런 식으로 이주해 들어와(표 5.2에서처럼), 지금은 죽었지만 한때 절제하던 새가 차지했던 둥지 구역을 넘겨받는다면(이런 현상은 C와 B열에서 g+4와 g+5 사이에서 일어난다), 그 대식가 새는 대식가 새들이 흔히 하는 행동을 하게 된다. 즉, 자신의 작은 두 발로 움켜쥘 수 있는 먹이란 먹이는 죄다 먹어치우게 된다. 그 결과 그 대식가 새는 절제하는 주변 새들에 비해 더 많은 자손을 낳고, 그 자손들 또한 보다 절제하는 주변 새들보다 더 많은 자손을 낳는다. 그리하여 머잖아 대식가 새들이 절제하는 모든 새의 자리를 꿰차게 되며, 닥치는 대로 먹이를 먹어치워 살기 좋았던 서식지를 완전히 망가뜨리게 된다. 결국 집단 내에 단 한 마리의 대식가 새만 있어도, 그 집단은 멸종될 수밖에 없게 되는 것이다.

이 부분에서 여러분은 이런 생각을 할지도 모른다. '그런 문제라면 집단 구성원이 이기적인 침입자들의 침입을 막는 적응을 진화시키면 해결되지 않나? 예를 들어 대식가 새들을 추방한다거나 대식가 새들을 처벌한다거나 아니면 아예 대식가 새들이 단위 공간 안에 들어오지 못하게 장애물을 구축하는 본능을 진화시킨다면 되지 않을

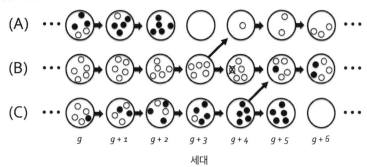

● 이기적인 대립유전자
○ 절제하는 대립유전자
➡ 번식
↗ 이주
X 죽음

(A) ···
(B) ···
(C) ···

g $g+1$ $g+2$ $g+3$ $g+4$ $g+5$ $g+6$

세대

[표 5.2] 윈-에드워즈의 집단 선택을 현실적으로 설명한 도식

까?' 윈-에드워즈식 집단 선택을 구하기 위해 이런 종류의 이론적 도
피 수단을 언급하는 건 분명 구미가 당기는 일이다. 그러나 추방이나
처벌 또는 장애물 구축을 위한 적응을 대체 어떻게 진화시킨단 말인
가? 그러자면 윈-에드워즈식 집단 선택 이론을 언급하지 않을 수 없
게 되는데, 그 이론 역시 절제하는 대립유전자의 진화를 설명하는 데
어려움을 겪고 있는 건 마찬가지다. 그러니까 윈-에드워즈식 집단
선택 이론으로는, 즉 윈-에드워즈식 집단 선택에 의해 진화되는 다
른 특징들에 의존해서는 이런 문제를 해결할 수 없다.

　1970년대 말 무렵 윈-에드워즈는 이런 한계를 인정하면서 다음과
같은 말을 했다.

　　지난 15년간 많은 이론가가 이 문제를 가지고, 특히 이타주의라는 문제를 가지

타인의 친절

고 씨름을 해왔다. 현재 이론 생물학자들은 진행 속도가 느린 집단 선택이 개별 적응에서 이익을 얻는 이기적인 유전자들의 빠른 확산 속도를 따라잡을 수 있는, 신뢰할 만한 모델이 만들어지지 못하고 있다는 견해를 내놓는다. 나 역시 이에 동의한다.[31]

그러나 윈-에드워즈는 끝내 자기주장을 굽히진 않았다. 그의 마지막 논문 〈집단 선택의 근거A Rational for Group Selection〉는 그 분량이 1만 1,000자가 넘는데, 그 논문에서 그는 데이비드 랙과 조지 윌리엄스의 비판은 물론 1970년대에 나온 결정적인 수학적 연구 결과에 대해서도 전혀 언급하지 않았다.[32] 그러나 1970년대에 들어오면서 생물학 분야를 잘 아는 사실상 모든 사람이 집단 선택에 대한 윈-에드워즈의 접근 방식이 완전히 죽진 않았는지는 몰라도 더 이상 고려해야 할 가치는 없다고 결론 내렸다.

다수준 선택론

윈-에드워즈 버전의 집단 선택 이론이 수면 아래로 가라앉자, 새로운 버전의 집단 선택 이론이 떠올랐다. 그 이론의 최초 지지자들 중 한 사람은 윌리엄 해밀턴이란 이름의 생물학자였다. 맞다, '해밀턴의 법칙' 또는 '포괄 적응도'를 주창한 바로 그 윌리엄 해밀턴이다. 해밀턴은 집단 선택에 대한 윈-에드워즈의 '다수의 요구' 접근 방식은 별로 마음에 들지 않은 반면, 1930년대에 제시된 어떤 집단 선택 이론에 끌렸다. 그러다 그의 친구 조지 프라이스George Price가 한 가지 통계학적 접근 방식을 소개했는데, 그걸 보고 해밀턴은 집단 선택이 정말 통할 수 있겠다는 확신을 갖게 된다.[33]

프라이스가 '프라이스의 정리Price's theorem'란 이름으로 소개하기 몇 년 전부터 이미 나와 있던 이 이론의 기본 형태는 다음과 비슷하다.

$$\bar{w}\Delta\bar{z} = \text{Cov}\,(w_i, z_i)$$

그리스어 이탤릭체로 되어 있는 이 프라이스의 정리에는 아주 단순하면서도 심오한 그 무언가가 담겨 있는데, 어떤 평균 수준의 특징(등식에서 왼쪽에 있는 $\Delta\bar{z}$를 말한다. $\Delta\bar{z}$ 앞에 있는 $\bar{w}$는 여기서는 관계없는 한정 상수이다.)의 세대별 변화는 각 개체가 낳은 자손의 수 w_i(각 개체는 자기 나름대로의 자손 수가 있다는 걸 보여주기 위해 아래첨자 i를 붙인다)와 그 특징에 대한 각 개체의 가치 z_i 간의 통계학적 관계* 때문에 생겨난다는 내용이다. 그러니까 보다 높은 수준의 특징 z가 보다 많은 자손과 관련이 된다면, 즉 만일 공분산(w_i, z_i)이 플러스(+)라면, 다음 세대 구성원들 사이의 평균 수준의 특징은 현재 세대보다 높아진다. 예를 들어 키가 큰 개체들이 작은 개체들보다 더 많은 자손을 낳는다면, 그 개체군 내 평균 키는 여러 세대에 걸쳐 꾸준히 커지게 되는 것이다. 키가 더 커져도 번식에 더 이상 도움이 되지 않을 때까지, 즉 키와 번식 적응도 간의 공분산이 0이 될 때까지 말이다. 프라이스의 정리는 14개의 아스키 문자들ASCII characters 안에서 이런 아이디어를 주고받는다.[34]

---

* 전문 용어로 공분산covariance이라 한다. 공분산이란 두 확률 변수의 상관 정도를 나타내는 값이다. - 역자 주

프라이스의 정리의 진정한 가치는 중간 수준의 사회 조직(벌집, 개미 구릉, 가족, 부족 등)에서의 특징과 번식 적응도 간의 공분산은 물론, 개체들(벌, 개미, 이모, 고모, 전사 등) 수준에서의 특징과 번식 적응도 간의 공분산도 존재하는 세상에서 자연 선택이 어떤 식으로 작동되는지를 잘 보여준다는 데 있다. 예를 들어 개별 세균 집단들이 서로 다른 몸 안에 살고 있을 경우 그 세균 개체군은 중간 수준의 사회 조직을 갖고 있고, 개별 애벌레 집단이 서로 다른 식물 안에 살고 있을 경우 그 애벌레 개체군은 중간 수준의 사회 조직을 갖고 있으며, 사람들이 서로 다른 무리나 민족 언어 집단으로 나뉠 수 있을 경우 그 사람들의 개체군은 중간 수준의 사회 조직을 갖고 있다.[35] 프라이스의 정리를 어떻게 다수준의 생물학적 조직으로 확대할 수 있는지 보기 위해, 이제 우리는 아래첨자 i를 k로 바꿔 집단들을 따라가고 j로 바꿔 각 집단 내의 개체들을 따라갈 것이다. 그렇게 함으로써 우리는 다음과 같이 확대된 프라이스의 정리를 만들어낼 수 있다.

$$\bar{w}\Delta\bar{z} = \text{Cov}\,(W_k, Z_k) + \text{E}_k(\text{Cov}_k(w_{jk}, z_{jk}))$$

여기서 등식 오른쪽의 공분수 항 $\text{Cov}(W_k, Z_k)$은 개체들의 특징 수준과 개체들의 번식 적응도 간의 관계를 나타내는 게 아니라, k라는 집단(각 집단은 1부터 k까지의 아래첨자 값을 갖고 있으며, 그중 일부 집단의 구성원들은 다른 집단들의 구성원들에 비해 평균적으로 키가 더 크다) 하나하나의 평균 수준의 특징과 그 집단들(일부 집단의 구성원들은 다른 집단들의 구성원들에 비해 평균 번식 적응도가 더 높다) 하나하나의 평균 번식 적응도 간의 관계를 나타낸다.

등식 오른쪽의 두 번째 항 $E_k(Cov_k(w_{jk}, z_{jk}))$는 일종의 평균과 같은 '기대치Expectation' 항이다. 무엇의 평균이냐고? 기대치는 개체들의 특징 수준과 개체들의 번식 적응도 간의 평균적인 집단들 내 공분수를 반영한다. 그리고 확대된 버전의 프라이스의 정리에서, 기대치는 대표 집단 내 개체들의 특징 수준과 개체들의 번식 적응도 간의 관계를 반영한다. 즉, 가장 단순한 버전의 자연 선택(개체들의 특징 수준이 여러 세대에 걸쳐 번식 적응도와의 관계를 보여주는 쪽으로 진화)이 여러 벌집과 개미 구릉과 가정 그리고 부족들 내에서 평균적으로 어떻게 작동되는지를 보여주는 것이다.

이 확대된 버전의 프라이스의 정리는 개체들이 집단 내에 거주하는 세계에서 자연 선택과 관련된 사고에 가치 있는 관점을 더해준다. 그리고 그 가치는 어떤 유전자가 원칙적으로 집단 내 다른 구성원에 비해 그 유전자 소유자의 번식 적응도는 떨어뜨리지만(즉, 등식에서 기대치 항이 0 이하가 될 수 있지만) 동시에 다른 집단에 비해 소속 집단의 평균 번식 적응도는 올린다는(즉, 등식에서 공분수 항이 0보다 커진다는) 사실에서 나온다. 자연 선택은 다수준의 생물학 조직에서 일어날 수 있는데, 확대된 버전의 프라이스의 정리는 이런 종류의 '다수준 선택multilevel selection'[36]을 이해하는 데 더없이 유용하다. 또한 확대된 버전의 프라이스의 정리는 집단 구조를 가진 개체군 내에서 협력이 진화되는(설사 협력으로 인해 개체들의 직접 번식 성공률은 떨어지더라도) 한 방식을 보여주는 데도 유용하다. 생물학자 데이비드 슬론 윌슨David Sloan Wilson과 에드워드 O. 윌슨은 협력의 진화에 필요한 다수준 선택을 다음과 같이 요약했다. "집단들 내에서는 이기주의가 이타주의를 이긴다. 그러나 이타적인 집단이 이기적인 집단을 이긴다. 더 이상 말하면 잔소리다."[37]

다수준 선택이 어떻게 협력의 특징으로 진화되는지를 좀 더 잘 이해하기 위해, 간단한 예 하나를 들어보자. 구체성을 위해(이를 위해 우리는 생물학적 리얼리즘은 희생할 것이다. 그 어떤 영장류도 내가 설명하려는 방식의 라이프 사이클은 갖고 있지 않다), 1만 마리의 개별 원숭이 개체군이 100개의 서로 다른 집단으로 나뉘어 산다고 가정해보자. 이 특별한 원숭이 종이 살아가는 과정은 눈에 띄는 두 단계로 이루어진다. 1단계에서 이들은 집단 속에서 산다. 그러니까 자신들의 생존에 영향을 미칠 온갖 위험과 보상에 노출되면서 성장하고 발달하는 것이다. 1단계에서 살아남으면, 2단계로 넘어가게 되는데, 2단계에서 번식을 하게 된다. 그런 다음 이들의 자손이 다시 1단계의 고립된 집단으로 돌아가, 처음부터 다시 2단계 과정을 밟는다.

이 예에서 1만 마리의 이 원숭이들이 유전자가 달라, 두 가지 변형 유전자(대립유전자), 즉 우성 유전자(A)와 열성 유전자(a) 중 하나를 갖고 있다고 가정해보자. 우성 유전자 A를 가진 원숭이들이 다른 원숭이들을 돕는 행동을 해, 소속 집단 내에서 자신의 번식 성공률은 떨어지지만 다른 원숭이들의 번식 성공률은 훨씬 높은 수준으로 끌어올린다. 데이비드 슬론 윌슨이 그랬듯, 이런 상상을 해보라. 포식동물이나 적이 다가올 때, 우성 유전자 A를 가진 원숭이들은 경고음을 발한다. 그러나 열성 유전자 a를 가진 원숭이들은 그러지 않는다.[38] 경고는 받아들이는 원숭이 입장에서는 아주 큰 도움이 된다. 다가오는 위협으로부터 숨거나 도망갈 시간 여유를 가질 수 있으니 말이다. 그러나 경고음에는 비싼 대가가 따른다. 포식 동물들에게도 귀가 있어, 경고음을 발한 원숭이의 위치를 알아낼 수 있기 때문이다.

자, 이제 앞서 말한 1만 개의 원숭이 집단이 우성 유전자 A를 가진 원숭이와 열성 유전자 a를 가진 원숭이의 비율이 제각각이라고 추정해보자. 그러니까 어떤 집단은 거의 다 우성 유전자 A를 가진 원숭이들, 즉 기꺼이 경고음을 발할 원숭이들로 이루어져 있고, 또 어떤 집단은 거의 다 열성 유전자 a를 가진 원숭이들, 즉 경고음을 발하지 않을 원숭이들로 이루어져 있다. 적어도 처음에는 모든 집단이 두 종류의 유전자를 가진 원숭이들이 보다 균형 있게 섞여 있을 것이다.

확대된 프라이스 등식을 이용할 경우, 1만 원숭이 개체 전체의 번식 적응도 변화를 통해 두 가지 수준의 사회 조직에서 작동되는 자연 선택의 독립적인 행동 두 가지를 추적할 수 있다. 첫째, 자연 선택은 윌리엄 해밀턴이 말한 이른바 '집단 내intra-group' 수준에서 작동된다. 경고음을 발하는 원숭이들은 경고음을 발하지 않는 집단의 구성원들에 비해 생존 가능성이 줄어들게 된다. 자신을 희생해 다른 원숭이들을 살리는 우성 유전자 A를 가진 원숭이들의 경우, 우성 유전자가 내부 집단 수준에서의 번식 적응도에 미치는 영향은 마이너스(-)이다. 따라서 집단 안에서의 경고음은 자연 선택에서 선호되지 않는다. 즉, 대부분의 원숭이는 다른 원숭이가 발하는 경고음 덕에 잘 지내지만, 자신이 직접 경고음을 발하려고는 하지 않는 것이다.

그런데 자연 선택은 두 번째 수준, 즉 '집단 간inter-group' 수준에서도 작동된다. 우성 유전자 A를 가진 원숭이가 많은 집단은 포식 동물들이 다가올 때마다 경고음을 듣기 때문에, 100개의 집단들 가운데 경고음을 발하는 원숭이가 별로 없거나 아예 없는 집단보다는 경고음을 발하는 원숭이가 많은 집단이(심지어 경고를 발하는 원숭이들도) 생존율이 더 높은 경향이 있다. 따라서 경고음은 그걸 발하지 않는 집단의 다른 원숭이보다는 경고음을 발하는 각 원숭이의 생존에 더 안 좋지만, 적어도 기꺼이 경고음을 발하는 원숭이들이 있는 집단의 평균 생존에는 좋다.

라이프 사이클의 1단계가 끝나갈 무렵, 그러니까 모든 성장과 발달이 이루어질 무렵, 살아남은 원숭이들은 1단계 집단을 떠나 2단계 집단에 들어가 짝짓기를 하고 번식을 한다. 만일 어떤 원숭이가 1단계에서 살아남는다 해도, 이 단계에서는 우성 유전자 A를 가지고 있을 가능성이 낮지만, 그 원숭이가 우성 유전자 A를 가진 원숭이가 많은 집단에서 온 경우라면 우성 유전자 A를 가지고 있을 가능성이 더 높으며, 그런 상태로 2단계에서 번식을 하게 된다. 그리고 그 원숭이가 2단계 이후 죽으면, 그 자손들이 라이프 사이클 1단계로 들어가 자기 자신들의 집단을 형성하게 된다.

프라이스의 정리 덕에 해밀턴과 윌슨은 다음과 같은 진화 시나리오와 관련해 중요하면서도 극히 반₅ 직관적인 사실을 입증할 수 있게 되었다. 즉, 번식 적응도 측면에서, 경고음을 발하는 원숭이가 많은 집단에 사는 이점이 경고음을 발하는 원숭이들이 자기 집단 내에 끼치는 불이익보다 크다면, 무사히 2단계로 들어가는 우월한 유전자 A를 가진 원숭이들의 절대수가 여러 세대에 걸쳐 계속 늘어나게 되는데, 이는 100개 집단 가운데 각 집단 내에서 경고음을 발하는 빈도가 세대를 거듭하면서 계속 줄어든다 해도 그렇다. 그 결과 서로 다른 두 수준의 사회 조직에서 일어나는 자연 선택으로 인해, 1만 원숭이 개체군 안에서 우성 유전자를 가진 원숭이들의 총수는 안정적인 비율에 도달할 때까지 계속 늘어나게 된다. 데이비드 슬론 윌슨과 에드워드 O. 윌슨이 한 말을 상기해보라. "집단들 내에서는 이기주의가 이타주의를 이긴다. 그러나 이타적인 집단이 이기적인 집단을 이긴다. 더 이상 말하면 잔소리다."

하지만 여기선 잔소리 좀 해보겠다.

원칙적으로, 다수준 선택은 정말 협력 특징의 진화로 이어질 수 있다. 그러나 그러려면 처음에 적절한 여건이 조성돼야 한다. 집단 내 경고음을 거부하는 선택과 집단 간 경고음을 선호하는 선택이라는 상반된 두 힘이 결국 경고음 진화로 이어지는가 하는 것은 원숭이들에게 경고음이 안겨주는 이익의 크기는 물론 경고음을 발하는 원숭이들이 치러야 하는 불이익 내지 대가의 크기에 달려 있다. 협력을 향한 진화를 위해서는 '해밀턴 법칙'에서 어떤 유전자가 다른 개체들에게 주는 '평생 번식 혜택'(b)과 그 유전자 소유자가 치르게 되는 '평생 번식 대가'(c)가 중요한 것이다.

또 다른 중요한 요소는 집단들 내에서 우성 유전자 A를 가진 개체의 비율이다. 극단적인 예를 하나 들어보자. 만일 어찌어찌 하다가 어떤 한 집단 내에서 경고음을 울리는 개체의 비율이 100%가 되어 계속 그 상태를 유지한다면, 그 집단 내에서는 경고음을 거부하는 집단 내 선택은 없을 것이다. 그 집단 내의 각 개체는 다른 개체의 경고음을 들어 이익을 취하면서 동시에 스스로도 경고음을 발해 불이익도 감수해야 할 테니 말이다. 경고음의 진화를 거부하는 선택이 사라짐으로써, 100% 경고음을 발하는 개체로 이루어진 이 집단은 라이프 사이클 2단계에서 과다 번식을 해 다른 집단을 쉽게 압도할 수 있게 된다.

그러나 경고음을 발하는 개체가 많은 집단이 경고음을 발하는 개체가 적은 집단에 비해 우위에 서는 경향에도 한 가지 문제가 있다. 경고음을 발하는 개체가 많은 집단이 전체 개체군을 가득 채우기 시작하면, 집단 전부가 경고음을 발하는 개체의 비율이 비슷해지게 된다. 이는 문제가 되는데, 그건 다수준 선택의 경우 여러 세대에 걸쳐 집단 간 변화가 있어야 하기 때문이다. 그런데 이 문제를 아주 명쾌히 정리해 주는 게 바로 프라이스의 정리이다. 그러니까 집단 내 수준에서 작동되든 집단 간 수준에서 작동되든 간에, 문제의 수준에서 자연 선택은 유전자들과 번식 적응도 간의 공분산에 의해 좌지우지되는 것이다. 실제로 이는 통계학의 기본 원칙이기도 하다. 남성은 확실히 여성보다 키가 크다. 그러나 남성 99명에 여성 1명인 집단을 놓고 본다면, 성별과 키 간의 공분산은 0에 가깝게 된다. 한 여성이 실제 키가 아주 작다 해도, 또 모든 사람이 평균적으로 여성이 남성보다 키가 작다는 걸 알고 있다 해도, 성별 측면에서 변화가 너무 없기 때문이다. 그러나 성별 간에 변화를 주면(그러니까 49명의 남성을 빼고 49명의 여성을 추가해 성별을 50대 50으로 맞추면), 남성과 여성의 평균 키를 변화시키기 위해 아무 일도 하지 않더라도, 성별과 키 간의 공분산은 증가하게 된다. 마찬가지로 우성 유전자 A의 빈도 측면에서 집단 간 변화가 없다면, 우성 유전자와 번식 적응도 간의 집단 간 공분산은 생겨날 수 없다.

또 다른 극단적인 예 하나를 들어보자. 집단 간 선택이 모든 원숭이 개체군에서 열성 유전자를 모조리 제거해버려 1만 원숭이가 전부 우성 유전자 A를 갖게 됐다고 상상해보라. 얼핏 보기에는 경고음을 울리는 유전자에게는 희소식 같지만, 친절함의 승리를 주장하기엔 아직 이르다. 집단 간 선택이 사라져 이제 남은 건 집단 내 선택뿐인데, 그 결과 유전자 소유자로 하여금 경고음을 발하지 못하게 하는 이기적인 돌연변이 유전자가 진화해 다시 개체들 사이에 퍼지기 시작하기 때문이다.

윌리엄 해밀턴과 데이비드 슬론 윌슨 모두 이런 문제를 해결하는 방법을 찾아냈다. 우리는 경고음을 발하는 개체는 경고음을 발하는 비슷한 개체와 어울리고 싶어 하고, 경고음을 발하지 않는 개체는 또 그런 개체와 어울리는 걸 좋아한다고 추정한다. 이 같은 선호의 결과로, 특정 유전자형을 가진 개체는 자신과 같은 유전자형을 가진 개체와 어울린다. '분류assortation'라 알려진 이 과정은 다양한 이유로 생겨날 수 있다. 어쩌면 경고음을 발하게 하는 유전자가 그런 경고음의 감각적 특성을 즐기게 만드는지도 모른다. 아니면 우성 유전자 A를 가진 개체는 해변에서 사는 걸 좋아하지만, 열성 유전자 a를 가진 개체는 산에서 사는 걸 좋아하는지도 모른다. 개체들이 왜 분류를 하는지는 중요하지 않다. 수학이 그렇게 하게끔 요구하는 것뿐이니까 말이다.[39]

어떤 식의 분류든, 라이프 사이클 1단계로 되돌아가는 동안 분류 현상이 생긴다는 것은 그 결과로 생겨나는 집단이 우연히 생겨나는 경우보다 훨씬 더 서로 비슷해지게 된다는 걸 의미한다. 그 결과 우

타인의 친절

성 유전자 A와 번식 적응도 간의 집단 내 공분산은 최소화되며, 그에 따라 그 유전자를 거부하는 집단 내 선택 또한 최소화된다. 동시에 분류로 집단 간 우성 유전자의 공분산이 극대화되며, 그에 따라 우성 유전자 A와 번식 적응도 간의 집단 간 공분산이 늘어나게 되고, 그 결과 그 유전자에 대한 집단 간 선택도 늘어나게 된다. 결국 경고음을 발하는 집단 내 개체가 치러야 하는 대가는 줄어들고, 많은 개체가 경고음을 발하는 집단과 관련된 개체는 더 많은 이익을 얻게 된다.

지금까지 우리는 소속 집단 내 개체들에게는 대가를 지불하게 하지만 다른 집단에 비해 소속 집단에는 이익을 안겨주는 행동들, 그리고 특정 집단 내 개체가 다른 집단의 개체에 비해 유전학적으로 서로 더 비슷해지게 만드는 통계학적 과정 등에 대해 살펴보았다. 그 결과 이제 우리는 두 가지 생물학적 조직 수준에서 자연 선택으로 어떻게 서로 협력하는 행동이 진화되는지에 대한 근거를 갖게 됐다. 집단들 내에서는 이기주의가 이타주의를 이기지만, 결국 이타적인 집단이 이기적인 집단을 이긴다. 그리고 다수의 요구가 소수의 요구에 우선한다.

그러나 이걸 잊지 말자. 사실 이런 견해는 '직접 적응도'니 '간접 적응도'니 하는 윌리엄 해밀턴의 언어로도 표현될 수 있다. 개체들이 일단 스스로 우성 유전자 A와 열성 유전자 a로 분류되면, 경고음을 발하는 개체의 행동은 대체로 유전학적 혈육, 즉 우성 유전자 A를 가진 다른 개체에게(때론 열성 유전자 a를 가진 일부 비혈육 개체도 경고음을 발하는 집단 안에 존재할 수도 있지만) 이익을 안겨주게 된다. 분산과 공분산이 나오는 프라이스 등식을 사용하든 대가와 이익 그리고 근연도가 나오는 해밀턴의 법칙을 이용하든 간에, 우리는 결국 같은 결과를 예측할 수 있다. 어떤 유전자가 집단 내 다른 개체에 비해 특정 개체의 번식 적응도를 떨어뜨리더라도 같은 유전자를 가진 다른 개체의 번식 적응도를 높인다면, 그 유전자는 자연 선택될 수 있다고 말이다. 다수준 선택과 포괄 적응도는 늘 아주 똑같은 답을 내놓는다. 프라이스의 정리 $\bar{w}\Delta\bar{z} = \text{Cov}\,(w_i, z_i)$도 해밀턴의 법칙 $rb-c > 0$이 아무것도 보여 주지 못한다고 똑 부러지게 말하진 못하는 것이다. 또한 다수준 선택 개념에 대한 사회과학 분야의 지난 몇 십 년간의 홍보에도 불구하고, 다수준 선택 개념은 아직 낯선 이들에 대한 관심의 기원과 관련해 새로운 통찰력을 제시하지 못하고 있다.[40]

친절로 죽이기

지난 20여 년간 집단 선택 이론 지지자들은 낯선 이들의 행복에 대한 인간의 관심이 무엇보다 집단 간 전쟁에서 생겨났을 가능성에 대해 많은 관심을 보였다. 그들이 생각하는 시나리오에는 몇 가지 흥미로운 부분이 있다. 우선, 우리 조상은 자기 동지들을 대신해 기꺼이 자신을 희생하려 했고, 그 덕에 그들의 부족은 더 능률적인 전쟁 기계로 변해갔다. 그러니까 구성원들의 희생 덕에 부족의 전투 능력이 올라갔고, 그 결과 구성원들이 그런 희생을 주저하는 라이벌 부족을 쉽게 전멸시킬 수 있게 된 것이다. 그리고 희생하는 구성원들이 없는 부족이 번번이 비참히 살육되자, 부족을 대신해 자신을 희생하는 본

능은 인간의 보편적인 특징이 되었다.[41]

21세기에 들어, 이처럼 인간의 너그러움이 적에 대한 증오심과 동지에 대한 사랑의 '공진화적coeveolutionary' 결합에서 나왔으리라는 추정을 '자기 집단 중심적 이타주의parochial altruism'라 부르게 되었다.[42] 그러나 1871년에 이미 그런 추정을 한 사람이 있다. 그게 누구이겠는가?

> 같은 나라 안에서 살아가는 두 원시 부족이 라이벌 관계라고 가정해보자. 다른 여건은 다 동일한 상황에서, 한 부족에는 용감하고 동정심이 많으며 신의를 중시하는 구성원들이 많은데, 그들은 늘 서로에게 위험을 경고해주며 서로를 돕고 지켜주려 한다. 결국 이 부족이 더 번성해 다른 한 부족을 정복한다……. 앞서 말한 자질을 가진 구성원이 많은 이 부족은 계속 번성해 다른 부족들까지 정복한다. 그러나 역사를 돌이켜보면 늘 그렇듯, 이 부족도 머잖아 앞서 말한 자질을 가진 구성원이 훨씬 더 많은 또 다른 부족에 의해 정복당한다. 따라서 사회적 자질과 도덕적 자질은 서서히 더 발전하며, 결국에는 전 세계에 널리 퍼져나가는 경향이 있다.[43]

찰스 다윈은 '유전자의 눈 관점gene's eye view'에서 뭔가를 보진 못했기 때문에, 부족 간의 전쟁이 너그러움의 진화에 영향을 미치는 과정에서 유전자가 어떤 역할을 했는지에 대해선 알지 못했다. 그러나 우리는 그걸 알 수 있다. 유전자의 눈 관점에서 볼 때, 전쟁에서 집단의 성공을 위해 개체의 적응도를 희생시키는 '자기 집단 중심적 이타주의'는 해밀턴의 포괄 적응도 경우에서처럼 '한 개체의 직접 적응도를

희생해 간접 적응도를 높이고 그걸 통해 포괄 적응도를 높이는 행위'
이기도 하다. 자기 집단 중심적 이타주의에 관한 한, 포괄 적응도 이
론의 r(특정 유전자의 소유자와 혜택을 받는 모든 개체 간의 평균 근연도)과 b(그
유전자가 다른 개체에게 주는 평생 번식 혜택)와 c(그 유전자 소유자가 치르게 되는
평생 번식 대가)를 가지고 설명하지 못할 것은 아무것도 없다.

당신이 스스로를 희생해가며 동지들에게 이익을 주게 하는 자기
집단 중심적 이타주의 유전자를 갖고 있다고 가정해보자. 당신의 희
생 덕에 당신의 부족은 이전보다 능률적인 전쟁 기계가 되고, 그 결
과 적들을 정복할 가능성이 높아진다. 그리고 당신의 부족은 일단 적
을 정복하고 나면, 패한 부족의 영토와 자원을 취해 세력을 확장하거
나 아니면 멸망한 부족의 영토를 식민지화할 새로운 집단을 분리해
내보낸다. 어떤 경우든, 당신의 자기 집단 중심적 이타주의 유전자는
부족 전체에 퍼져나가게 된다. 비록 그 유전자는 번식 적응도 면에서
같은 유전자가 없는 다른 부족민에 비해 당신에게 불이익을 안겨주
었지만 말이다. 당신은 부족을 위해 당신 자신을 희생했지만, 그들은
그러지 않았으니까.[44] 그러나 상관없다. 집단들 내에서는 이기주의
가 이타주의를 이기지만, 결국 이타적인 집단이 이기적인 집단을 이
긴다. 이것이 최선의 다수준 선택이다.

그런데 그것은 또한 최선의 포괄 적응도 극대화이기도 하다. 만
일 나의 자기 집단 중심적 이타주의 덕분에 내 부족이 경쟁 우위를
갖는다면, 그런 자기 집단 중심적 이타주의를 뒷받침해주는 유전자
는 자기 집단 중심적 이타주의가 없는 피정복 부족민의 유전자에 비
해 '생존 우위'를 갖는다. 어쨌든 그들은 우리에게 죽임을 당해 번식

을 할 수 없게 됐으니 말이다. 게다가 전쟁 중인 부족이 유전학적으로 고립될 경우, 근친결혼을 (그리고 자기 집단 중심적 이타주의가 없는 유전자를 이미 자기 집단 중심적 이타주의 유전자가 많은 부족에게 퍼뜨리는 것도) 피하면, 자기 집단 중심적 이타주의자를 가진 부족은 세대가 거듭될수록 자기 집단 중심적 이타주의 유전자가 훨씬 더 많아지게 된다. 그 결과 자기 집단 중심적 이타주의 희생은 점점 더 같은 유전자를 가진 다른 부족민에게 도움을 주게 된다. 따라서 혈육들의 직접적인 번식 성공률을 높임으로써 간접 적응도를 갖는 것이 자기 집단 중심적 이타주의 유전자에는 이롭다.

전쟁에서 승리하게 해줄 자기희생적 특징이 자연 선택으로 선호된다는 개념은 얼토당토않은 것이 아니며, 적어도 수학적 관점에서 나온 개념도 아니다. 무엇보다 자기 집단 중심적 이타주의 개념의 큰 문제는 수학과 관련된 문제가 아니다. 행동과 관련된 문제인 것이다. 자기 집단 중심적 이타주의 모델과 관련해 과학자들이 마음속에 갖고 있는 '집단의 이익을 위한 희생'이라는 개념은 개체의 희생으로 집단의 승리 가능성을 높이는 행동을 나타내는 수학적 개념에 지나지 않는다. 그렇다면 그 행동이란 정확히 무엇인가? 자기 집단 중심적 이타주의 모델로는 이를 설명할 수 없다. 그건 먹을 걸 나눈다거나 전투에서 부상당한 동지들을 돕는다거나 하는 따뜻하고 포근한 특성일 수도 있다. 아니면 보다 전투와 직접 관련된 특성, 그러니까 담대함이라든가 피를 봐도 아무렇지도 않은 강한 비위 또는 살의에 찬 욕망 또는 빗발치는 적의 화살 속으로 뛰어드는 비이성적일 정도의 무모함일 수도 있다. 수학적인 모델이 해줄 수 있는 얘기는 단 하나,

자기 집단 중심적 이타주의 행동은 번식 적응도 측면에서 부족들 안에서 대가를 지불하게 하지만 부족들 간에는 훨씬 더 큰 이익을 안겨준다는 것뿐이다. 이타주의는 멋진 것일 수도 있지만, '고약한 것'일 수도 있는 것이다.[45]

나는 방금 '고약한 것'일 수도 있다고 했다. 분명 먹을 걸 나누고 부상당한 동지들을 돕는 건 당신의 부족이 적을 물리치는 데 도움이 되는데(그러면서 당신은 죽을 수도 있고), 용맹성이나 잔인함 또는 위험을 무릅쓰는 경향도 똑같은 효과를 발휘한다. 그러나 위협적인 특성을 가진 자기 집단 중심적 이타주의와 동정적인 특성을 가진 자기 집단 중심적 이타주의 간에는 중요한 차이가 하나 있다. 위협적인 특성을 가진 자기 집단 중심적 이타주의의 경우 일단 적을 섬멸하고 나면 전리품들을 거둬들일 수 있지만, 동정적인 특성을 가진 자기 집단 중심적 이타주의는 그렇지 않다. 자연 선택이 워낙 인색하게 이뤄지는 걸 감안하면, 사람들을 죽이게 하기 위해 동정적인 특성이, 약탈을 하게 하기 위해 위협적인 특성이 만들어진 게 아니라, 그 두 가지 일에 같은 특성이 사용되었다고 볼 수 있지 않을까? 사실 우리 조상들의 경우 번식 성공률을 높이는 데 직접 도움이 된 전리품은 단 두 가지로, 둘 다 우리 조상들로 하여금 관심을 갖게끔 자연 선택으로 설계된 자원들이다. 즉, 그 두 가지 전리품은 적들의 영토와 적들의 여성들이다.[46]

전사들이 적들의 여성을 강탈한 것은, 오늘날의 관점에서 보면 아주 끔찍한 강간과 성 노예화나 다름없다. 그건 실제로 강간이고 성 노예화였다. 수렵채취 시대에 사람들이 다른 집단을 공격할 때는 적진의 여성을 강간하고 자기 '아내'로 취하는 걸 공공연한 목표로 삼았다. 소규모 사회에서의 강간과 성폭력은, 특히 집단 간 전쟁 상태에서의 강간과 성폭력은 워낙 흔한 악행이어서, 인류학자 도널드 브라운Donald Brown은 그런 악행을 이른바 '인간의 보편적인 일' 중 하나로 볼 수밖에 없었다. 그러니까 인간 사회에서는 강간과 성폭력이 너무 흔해 인간이라는 종 특유의 일로 볼 수 있을 정도라는 얘기이다.[47]

전쟁과 강간이 얼마나 밀접한 관련이 있는지, 1870년 두 인류학자가 호주 토착 부족인 쿠르나이족의 한 남성과 가졌던 인터뷰를 한 예로 들어보자. 그 원주민 남성은 야음을 틈타 적 진영을 기습하던 일을 이렇게 회상했다.

먼저 염탐꾼 둘이 떠났다. 다시 두 염탐꾼이 떠나 앞서 떠난 두 염탐꾼을 만났다. "놈들은 어디 있어?" 그러자 앞서 간 두 염탐꾼이 말했다. "바로 요 앞에." 동이 트고 있었다. 그러자 모두 잽싸게 몸에 점토를 발랐다. (붉은색 황토는 아무 소용없다. 적에게 공포감을 주지 못한다.) 그러곤 인원을 나눠 적 진영을 포위했다. 염탐꾼들이 새처럼 휘파람을 불어 공격을 시작해도 좋다는 걸 알렸다. 모두 적진으로 뛰어들어 닥치는 대로 창으로 찌르고 또 찔러댔다. 남성들만 찔렀고 가끔 아이들도 찔렀다. 그리고 여자는 잡아서 자기 여자로 삼았다.[48]

세계 각지의 젊은 미혼 남성은 잠시도 가만있지 못하고 호전적이며 모험을 즐긴다. 그런 특이한 특성으로 인해 그들은 스스로 전투에 뛰어드는 경향이 있으며, 그 결과 전투에서 죽을 가능성도 높다. 왜 젊은 남성들은 창에 찔려 죽을 가능성이 높은 특성을 갖게 되는 걸까? 이스라엘 군사 전문가 아자르 가트Azar Gat는 그런 특성 때문에 일어날 수 있는 위험은 전투에서 이겼을 때 받게 될 큰 보상에 가려 잘 보이지 않는다고 주장한다. 전투가 끝나고 살아남은 젊은 남성은 몰살된 부족의 땅과 가축 또는 여성을 강탈함으로써 위험을 무릅쓴 대가를 충분히 받게 된다. 아자르 가트는 이렇게 말했다.

다른 모든 동물의 경우와 마찬가지로, 인간의 경우에도 자원과 번식을 놓고 벌이는 경쟁이 갈등과 싸움의 근본 원인이다. 그에 비하면 다른 원인과 싸움 명분, 동기, 감정적 메커니즘 등은 다 부차적인 것이다. 우리 인간 역시 이런 식으로 진화되었다.[49]

전쟁 중에 벌어지는 강간과 성 노예화는 단순히 까마득히 먼 우리 조상들의 시대에서나 들려오는 희미한 메아리가 아니다. 기록으로 남은 초창기 전쟁사에서도 얼마든지 접할 수 있는 일들이다. 전시 중의 강간 역사를 살펴본 문헌학자 조너선 갓샬Jonathan Gottschall은 이런 말을 했다.

나는 언제 어디서든 인간이 전쟁을 벌일 때, 많은 인간이 《일리어드Iliad》에 나오는 노장군 네스토르Nestor처럼 추론한다는 인상을 받았다. 그는 전쟁에서 승리할 경우 받을 수 있는 전리품 얘기로 전쟁에 지친 그리스 군인들을 격려한다. "그러니 서둘러 집에 돌아갈 생각은 잊고, 트로이에서 아내 될 여자와 잠자리를 갖는 생각을 해보라."[50]

타인의 친절

인류 역사를 통틀어 강간이 당신이 생각하는 만큼 드물었든 아니면 흔했든, 심지어 오늘날에도 전쟁 기간 중에는 강간 건수가 치솟는다는 사실만큼은 논란의 여지가 없다.[51] 20세기에만 40개 이상의 국가에서 군사 집단 내지 준군사 집단이 수백만 건의 강간을 저질렀다.[52]

우리는 자기 집단 중심적 이타주의와 관련한 진화 과정에서 어떤 종류의 행동 특성이 만들어지는지 알지 못하며, 아마 앞으로도 영영 알 수 없을 것이다. 이 문제에 관한 한, 우리는 심지어 자기 집단 중심적 이타주의가 자연 선택의 도구인지조차 알지 못한다. 자기 집단 중심적 이타주의는 수학적 모델 안에서나 존재하는 개념이라는 걸 잊지 말라. 그러나 설사 자기 집단 중심적 이타주의가 우리 인간의 진화 역사에서 실제 한 부분을 차지했다고 가정한다 해도, 그 집단 중심적 이타주의가 우리 인간에게 친절한 게 아닌 잔인한 행동 특성을 안겨주었을 것 같지는 않다.

또 다른 막다른 길

자연 선택이 인간을 진사회성을 가진 종으로 변화시켰다는 에드워드 O. 윌슨의 주장을 우리는 어떻게 받아들여야 할까? 그리 신뢰할 만하진 않다. 1960년대와 1970년대에 베로 윈-에드워즈가 열렬히 지지했던 집단 선택 모델은 대부분의 생물학적 시나리오에서 맞지 않았다. 그리고 어쩌다 맞을 때에도, 자연의 어떤 힘이 집단 내에서의 번식 경쟁을 아예 없애버린 경우들뿐이었다. 한 세균 종에서 나온 세균들은 서로 유전학적 복제물이라 경쟁을 할 수 없다. 번식에 대한 관심이 완전히 조절되고 있는 것이다. 그리고 진사회성을 가진 곤충들은 집단 내 번식 임무를 하나 또는 그 이상의 여왕 벌레에게 일임함으로써 아예 번식 경쟁 자체를 없애버렸다. 말할 필요도 없는 일이지만, 인간은 서로 유전학적 복제물이 아니며, 번식 임무를 소수에게 일임하지도 않는다. 인간 사회는 그런 식으로 돌아가지 않는다.

　중간 수준의 사회 조직을 가진 생명체들, 그러니까 많은 몸 가운데 서로 다른 몸 안에서 사는 세균들, 많은 잡목 가운데 서로 다른 잡목에서 사는 애벌레들, 또는 많은 집단 가운데 서로 다른 집단 속에 사는 원숭이들 사이에서 일어날 수 있는 집단 선택 유형은 어떨까? 이런 공동체 안에서 일어나는 자연 선택은 다수준 선택의 관점에서 시각화될 수 있지만, 그런 다수준 관점으로 인간이 낯선 이들에게 보이는 너그러움의 진화론적 토대를 이해하게 해줄 새로운 자원들을 찾아낼 수는 없다. 어째서 그럴까? "집단들 내에서는 이기주의가 이타주의를 이긴다. 그러나 이타적인 집단이 이기적인 집단을 이긴다." 간결하면서도 함축적인 말이지만, 이 말 뒤에 해밀턴 법칙 지지자들이 말하는 이른바 '포괄 적응도'와 '혈연 선택'을 가지고 설명되어질 수 없는 건 아무것도 없다. 어떤 유전자가 우리로 하여금 자신을 희생하면서까지 집단 내 다른 구성원을 돕게 할 때, 그것이 진정 의도하는 바는 유전학적 혈연의 번식 가능성을 높이는 것이다. 최고 상태에서의 다수준 선택은 해밀턴 법칙 지지자들의 최고 상태에서의 혈연 선택이기도 하다. 앞서 4장에서 살펴봤듯, 혈연 선택은 오늘날 낮선 이들에 대한 우리의 관심을 설명하는 데도 별 도움이 안 된다.

집단들 간의 치열한 경쟁에 토대를 둔 집단 선택 모델들 역시 도움이 안 되기는 마찬가지다. 찰스 다윈의 추측에도 불구하고, 강간과 약탈을 보다 효율적으로 하기 위해 자기희생을 무릅쓰는 경향이 자연 선택되었는지도 분명치 않다. 그럴 수도 있고 아닐 수도 있다. 그리고 설사 그렇다 해도, 그런 자기희생 경향이 동지들에 대한 연민이나 동지들 대신 희생되려는 의지에서 나오는 건지도 분명치 않다.

만일 이 다양한 집단 선택 모델이 아무것도 입증하지 못한다면, 결론은 이거다. 집단 선택론자들이 주장해온 그 모든 가설적인 일에 관여한다고 믿어지는 가설상의 집단 선택 유전자는 그저 자신의 번식에 유리한 일을 하고 있는 것뿐이라는 것. 그 유전자들은 자신이 머물고 있는 몸을 통해 아니면 자신과 똑같은 유전자를 가진 다른 사람들의 몸을 도와줌으로써 자신의 번식에 유리한 일을 한다. 더도 말고 덜도 말고 딱 그것이다. 자신의 번식을 늘리는 게 유전자들이 하는 일이니까. 잠언 6장 6절을 살짝 바꿔보겠다. "게으른 자여, 아직도 왜 인간들이 낯선 이들에게 관심을 주는지 모르겠는가? 개미에게로 가서 하는 것을 보고 지혜를 얻으라!"

The Kindness of Strangers

6장.

큰 보상

눈에는 눈, 이에는 이. 내 등을 긁어달라, 그러면 나도 네 등을 긁어주겠다. 선행은 선행으로 보답받는다. 뿌린 대로 거둔다. 보복은 지옥이다. 당신에게 신세를 졌다. 당신은 이 일에 대해 대가를 지불하게 될 거다. 똑같이 되갚아 주겠다. 심판에는 심판으로. 자기 꾀에 자기가 넘어가다. 한 손은 다른 손을 씻어줘야 한다(아니면 두 손 다 더러워진다). 보상. 되받다. 감정은 피차 마찬가지다. 그렇게 말하는 당신도 똑같다. 보답. 복수. 보상. 앙갚음. 주는 대로 받을 것이다. 되로 주고 말로 받다.

무슨 말인지 다 알겠는가? 아마 그럴 것이다. 모든 사람은 호혜주의의 언어로 말한다. 그 언어는 워낙 널리 쓰여서, 인류학자 도널드 브라운이 호혜주의를 '인간의 보편적인 일' 중 하나라고 선언했을 정도다.[1] 호혜주의는 너무도 유용하고 마스터하기 쉬우며 우리가 이 세상에서 살아남고 번성하는 데 너무도 중요해, 아이들은 물론 심지어 침팬지들까지도 잘 알고 있을 정도이다.[2] 또한 낯선 이들의 행복에 대한 우리 인간의 관심이 어디서 온 건지를 탐구하는 데 필요한 통찰력(어떤 면에선 혈연 선택과 집단 선택의 진화론적 힘들보다 더 큰 통찰력)을 주어, 이를 더 깊이 이해하기 위해 시간을 투자하면 충분한 보상이 있을 것이다.

찰스 다윈은 많은 동물이 자신과 아무 관련도 없는 다른 동물을 도와주는 경향을 갖고 있는 데 깊은 감명을 받았고, 그래서 이런 말을 했다. "동물들은 사회적 본능 때문에 동료들과 함께하는 공동체 안에서 즐거움을 찾고, 동료들에게 어느 정도 연민의 정을 느끼며, 또 동료들을 위해 여러 가지 봉사를 한다." 그런데 우선 동료들을 위해 여러 가지 봉사를 하게 만드는 사회적 본능은 대체 어떻게 진화된 걸까? 다윈은 호혜주의가 어떤 역할을 했을 거라고 생각했다. 그는 자신의 저서 《인간의 유래》에서 무심코 인류는 집단생활에 더 익숙해졌다면서 이런 말을 했다. "인간은 결국 동료를 도와주면 보통 나중에 다시 그로부터 도움을 받게 된다는 걸 알게 된다."[3] 그러면서 짧은 각주 형태로 자신의 생각을 좀 더 분명히 밝히며 이 문제에 대한 스코틀랜드 철학자 알렉산더 베인Alexander Bain의 말을 인용했다.

알렉산더 베인은 "연민은 연민을 느끼는 사람에게 간접적인 기쁨의 원천"이라면서, 이를 이런 식의 호혜주의로 설명했다. "도움을 받은 사람이 직접 또는 다른 사람들이 대신 보상함으로써 상대의 희생에 보답한다."[4]

하지만 그게 다였다. 호혜주의와 관련해 다윈은 이 짧은 각주 외에는 따로 더 쓴 게 없다. 호혜주의와 그것이 우리에게 부여하는 심리학적 특성에 대한 적절한 진화론적 설명이 나오기까지 세상은 1세기를 더 기다려야 했다. 그 설명을 해준 사람은 로버트 트리버스 Robert Trivers라는 진화생물학자였다. 1969년, 아직 박사 과정 학생이었던 트리버스는 인간이 비혈육들에게 도움을 줌으로써 직접 적응도 상의 이익을(해밀턴이 발견한 간접 적응도 이익들이 아니라) 얻을 수 있는지를 규명하는 작업에 착수했다. 특히 트리버스는 다음과 같은 의문에 답을 얻고 싶었다. '다른 사람을 도와주면 바로 그 대가를 치르게 되는데, 그럼에도 불구하고 그런 행동을 하게 만드는 심리가 자연 선택될 수 있을까?' 트리버스는 이 의문에 대한 긍정적인 답이 가능하며, 그 답은 바로 호혜주의 개념에 있다고 생각했다. 그는 1971년에 호혜주의라는 개념을 공식 발표했다. 찰스 다윈이 이 주제와 관련해 간단한 각주를 쓴 지 꼭 100년 후의 일이었다.[5]

트리버스의 생각을 제대로 이해하려면, 사고 실험으로 시작하는 게 도움이 된다. 내게 이웃들에게 무비판적으로 막, 그러니까 그들이 어떻게 화답할 것인지에 대한 생각은 전혀 없이, 도움을 주려 하는 돌연변이 유전자가 있다고 가정해보자. 이 유전자는 분명 진화 과정에서 막다른 길에 부딪힐 것이다. 그 유전자는 나로 하여금 내 도움에 보답할 성향도 전혀 없는 사람들에게 도움을 주게 만들 것이기 때문이다. 이 경우, 결국 보다 인색한 유전자가 이기며, 따라서 비혈육에게 도움을 주려는 성향은 진화되지 못한다. 이번에는 집단 내 모든 개체가 이웃들에게 도움을 주는 유전자를 갖고 있다고 가정해보자. 그러다 돌연변이 유전자가 나타나 그 유전자 소유자로 하여금 이웃들로부터 도움은 받되 도움은 주지 않게 만든다. 이런 시나리오에서는, 도움을 주지 않게 만드는 인색한 돌연변이 유전자가 집단 내 모든 개체를 점령한다. 이 같은 유전자 눈 관점에서 볼 때, 혈연과 관계없이 모든 이웃에게 도움을 주려 하는 일반적인 성향은 재고할 가치도 없는 성향으로 여겨지는 듯하다.

이 암울한 결론을 놓고 트리버스는 '죄수의 딜레마prisoner's dilemma'를 떠올렸다. 죄수의 딜레마란 또 다른 사고 실험 결과로 생겨난 게임 이론이다. 경찰이 톰과 제리라는 두 폭력배를 절도 혐의로 체포했다고 상상해보라. 그런데 경찰은 두 사람을 기소할 증거는 갖고 있지 않아, 둘 중 한 사람이 다른 한 사람의 혐의를 불지도 모른다는 희망을 갖고 따로 심문을 한다. 만일 톰이 제리를 배신한다면, 톰은 풀려날 것이고 제리는 3년 형을 받게 될 것이다. 또한 만일 두 용의자 중 어느 쪽도 상대를 배신하지 않는다면, 둘 다 보다 가벼운 혐의인 무단침입죄로 기소될 것이고, 그러면 둘 다 1년 형을 받게 될 것이다. 또한 서로가 상대의 절도 행위를 분다면, 둘 다 2년 형을 받게 될 것이다(표 6.1 참조).

	제리가 톰의 연루 사실을 부인할 경우	제리가 톰의 연루 사실을 불 경우
톰이 제리의 연루 사실을 부인할 경우	톰은 1년 형을 받고 제리도 1년 형을 받는다.	톰은 3년 형을 받고 제리는 풀려난다.
톰이 제리의 연루 사실을 불 경우	톰은 풀려나고 제리는 3년 형을 받는다.	톰은 2년 형을 받고 제리도 2년 형을 받는다.

[표 6.1] 두 절도 피의자와 관련된 '죄수의 딜레마' 결과

톰과 제리가 둘 다 침묵할 경우, 대체로 한쪽이 다른 한쪽을 배신하거나(둘 다 1년 형을 받는다) 둘 다 서로를 배신하는 것(한쪽은 풀려나고 다른 한쪽은 3년 형을 받는다)보다는 더 낫다. 그렇다면 두 사람은 어떻게 해야 할까? 서로 뭉쳐야 할까 아니면 각기 따로 움직여야 할까? 그런데 이는 아주 힘든 선택이며, 그래서 '죄수의 쉬운 결정'이 아니라 '죄수의 딜레마'라 불린다.

1950년대에 나온 이 죄수의 딜레마는 게임 이론가들의 분석 결과 불안정한 결론에 도달했다. 만일 당신이 합리적인 사람이고, 당신의 주 관심사가 당신 자신의 행복을 극대화하는 것이라면, 당신은 늘 배신해야 한다. 공범이 어떤 선택을 하든, 당신 입장에선 그렇게 해야 후회하지 않을 수 있는 결정이 된다. 표 6.1에서 왼쪽 칸을 보면, 제리가 톰의 연루 사실을 부인하는 상황에서, 제리의 연루 사실을 불 경우 톰은 1년 형을 받는 게 아니라 풀려난다. 그리고 오른쪽 칸을 보면, 제리가 톰의 연루 사실을 불어버린 상황에서 톰 역시 제리의 연루 사실을 불 경우, 톰은 3년 형에서 1년을 감면 받아 2년 형을 받게 된다. 어느 쪽이든 톰은 제리와 뭉치지 않고 경찰에 협력함으로써 1년 형을 감면 받는다. 그리고 톰 못지않게 합리적이고 이기적인 제리 역시 물론 같은 결정을 내린다. 그 결과 두 사람은 2년 형을 받는다. 결국 최상의 시나리오, 그러니까 둘이 서로 뭉치는 시나리오에 비해 안 좋은 타협을 한 것이다. 얼마든지 더 나은 선택을 할 수도 있었는데, 실망스런 결론일 것이다. 수학은 거짓말을 하지 않는다.[6]

그러나 이후에 이어진 죄수의 딜레마에 대한 연구에서 보다 희망적인 통찰력을 얻게 된다. 피와 살을 가진 인간들이 어떤 파트너와 함께 게임을 할 때, 그들은 비합리적일 정도로 잘한다. 거의 내내 서로 협력을 하는 것이다. 실제로, 게임 이론가 메릴 플러드Merrill Flood 와 멜빈 드레서Melvin Dresher가 죄수의 딜레마라는 이론을 만들어낸 1950년 그날 오후에, 그들은 두 사람으로 하여금 100회의 게임('수감 시간'을 줄이는 게임이 아니라 실제로 돈을 버는 게임)을 하게 했다. 게임 참가자 두 사람은 그 100회의 게임 가운데 약 70회의 게임에서 다른 참가자와 협력을 했다.[7]

다른 사람과 협력하는 인간의 비합리적인 성향은 게임 이론가들의 입장에서 보면 호기심을 자아내는 흥미로운 것이지만, 과학의 관점에서 보면 주목할 가치도 거의 없는 것이다. 만일 사람들이 합리적이지 않다면? 그러나 생물학 박사 과정을 밟고 있던 로버트 트리버스는 자신이 죄수의 딜레마 게임에서 진화와 관련된 뭔가 중요하고 심오한 걸 봤다고 생각했다. 즉, 자연 선택에서 중시되는 건 생명체들의 삶 중간 어디쯤이 아니라 삶이 다 끝날 때 얻은 것과 잃은 것의 총집계라고 생각한 것이다. 따라서 현실의 삶에서 어떤 죄수의 딜레마 안에서 한 생명체가 얻은 '점수'는, 그러니까 예를 들어 그 생명체가 사회적 관계 속에서 비혈육들과 나눈 음식의 양 등을 측정해 얻은 점수는 진화론적 관점에서 최종 결과, 즉 평생 포괄 적응도 전체를 예측해주는 정도까지만 의미가 있다.

다시 말해, 트리버스는 당신이 한 번 내지 두 번 아니면 스무 번 또는 2만 번 어떤 비혈육과 협력을 하든 말든, 그건 자연 선택에서 중요하지 않다는 걸 깨달은 것이다. 결국 자연 선택에서 중시되는 건 단 하나, 어떤 유전자가 그 소유자들에게 떠안기는 평생 비용과 그 유전자가 그 소유자들에게 안겨주는 평생 이익뿐이라는 것이다. 죄수의 딜레마에서 배신을 촉진하는 유전자는 관련된 파트너들이 협력을 촉진하는 유전자를 갖고 있을 때조차 너그러움을 촉진하는 유전자를 상대로 승자가 될 수도 있지만, 미래에 추가 도움을 주려는 이웃들의 의지를 떨어뜨린다면 진화론적 관점에서 패자가 될 수도 있다. 어쩌면 사람들은 죄수의 딜레마나 죄수의 딜레마 비슷한 현실 상황에서 너무도 비합리적인 협조를 하는지도 모르는데, 그건 장기적으로 볼 때 비합리적인 수준의 협력으로 다른 사람들에게서 이익을 취할 수 있기 때문이다.

트리버스는 너그러움을 촉진하는 유전자는 다음과 같은 전략을 취하는 걸로 보인다고 주장했다. 즉, 싸게 먹힐 때 당신의 이웃을 돕는다. 그리고 그 이웃에게 필요할 때 도움을 청한다. 보답을 하는 이웃들에게는 계속 도움을 주고, 그렇지 않은 이웃들에게는 당신의 너그러운 충동을 억제한다. 그러면서 트리버스는 그런 전략을 구사하는 유전자들은 이미 비非호혜주의자, 즉 보답하지 않는 개체들에 의해 지배되는 집단 내에서도 진화한다고 생각했다. 왜냐하면 호혜주의자들은 다른 호혜주의자들이 주는 도움은 받을 것이고, 필요할 때 보답하지 않는 비호혜주의자들에 대해서는 인색하게 반응함으로써 자신의 비용, 즉 희생을 줄일 것이기 때문이다. 게임 이론가들은 트리버스 이전에 이미 이런 전략을 발견했으며, 이를 팃 포 탯tit for tat* 전략이라 불렀다.[8] 트리버스의 경우, 그건 자연 선택에 의해 진화될

---

* 상대가 가볍게 치면 나도 가볍게 친다는 뜻. '이에는 이, 눈에는 눈' 식으로 상대가 자신에게 한 그대로 갚는 맞대응 전략. - 역자 주

수 있는 '이익-전달benefit-delivery' 시스템처럼 보였다. 그리고 어쨌든 수학이 옳은 듯했다. 그러나 공식적인 진화 과정에서 이런 직관이 옳다는 게 입증될 수 있을까? 트리버스는 그런 진화 과정이 가능한지 조차 확신할 수 없었다.

디지털 진화

로버트 트리버스가 죄수의 딜레마와 그 딜레마와 너그러움의 진화 간의 관련성을 알아내려고 머리를 쥐어짜는 동안, 또 다른 로버트가 '반복적인' 죄수의 딜레마, 즉 동일한 파트너와의 반복적인 일련의 게임에 대처하기 위한 최적의 전략을 알아내느라 머리를 쥐어짜고 있었다. 이런 게임을 가장 잘할 수 있는 전략은 무엇일까? 무한대의 전략이 가능하다. 당신은 모든 경우에 협력할 수도 있고, 모든 경우에 배신할 수도 있고, 100번째 경우마다 배신할 수도 있고, 배신과 협력을 번갈아가며 할 수도 있고, 상대가 어떤 일을 할 경우에는 협력하고 또 어떤 일을 할 때는 배신할 수도 있다. 어떤 전략이 이 모든 전략보다 나을까? 정치학자 로버트 액슬로드Robert Axelrod가 그걸 알아내기로 했다. 그는 죄수의 딜레마 토너먼트를 개최해, 게임 이론 분야의 다른 전문가들에게 각자가 좋아하는 전략을 써먹는 컴퓨터 대본을 제출해달라고 요청했다. (로버트 트리버스도 전략을 제출해달라는 요청을 받았으나, 컴맹이라는 이유로 거절했다.) 결국 총 14편의 컴퓨터 대본이 제출됐고, 200가지 죄수의 딜레마로 이루어진 반복적인 게임에서 각 전략이 다른 전략과 맞붙었다. 각 전략의 성과는 모든 게임에서 올린 점수들의 평균을 토대로 측정됐다.

최종적으로 '팃 포 탯' 전략이 우승을 차지했다. 트리버스의 이상적인 호혜주의 경우와 마찬가지로, 팃 포 탯 전략은 1라운드부터 협력을 했고, 이후 라운드들에서도 상대가 이전 라운드에서 협력을 했을 경우 마찬가지로 협력을 했다. 만일 상대가 배신을 했을 경우 팃 포 탯 전략 역시 다음 라운드에서 배신을 했다. 또한 배신했다가 다시 협력을 했을 경우, 팃 포탯 전략 역시 다시 협력으로 돌아왔다.[9] 결국 당시 팃 포 탯 전략이 우승한 비결은 선하게 시작해, 배신자들에 대해서는 앙갚음을 하고, 중간에 노선을 바꾼 배신자들과는 다시 협력을 한 것이었다. 액슬로드는 토너먼트 결과를 발표했고, 그런 다음 두 번째 토너먼트를 위해 참가자들을 모집했다. 이번에는 62명의 출전자들이 전략을 제출했다. 그러나 역시 이번에도 팃 포 탯 전략이 우승을 했다.[10]

액슬로드는 트리버스 같은 진화생물학자들이 죄수의 딜레마와 그것이 진화에 미치는 영향에 대해 많은 연구를 해왔다는 걸 알게 됐고, 그래서 두 번째 토너먼트 결과가 나온 이후, 팃 포 탯 전략이 번식 성공으로 직접 이어질 자원을 얻기 위해 쓰일 경우 다른 전략보다 나을 수 있는지를 알아보기로 했다. 액슬로드는 포괄 적응도를 발견한 윌리엄 해밀턴과 손을 잡고, 죄수의 딜레마 토너먼트를 자연 선택 모델이 아닌 집단 내 유전자 빈도 변화 시뮬레이션으로 바꿨다. 그게 돌연변이 과정에 통합되진 못했지만, 그런 방향으로의 걸음마였기 때문이다. 이번에도 역시 팃 포 탯 전략이 우승을 했다.[11] 마치 선한 개체들이 가장 먼저 골인 지점을 통과할 수 있는 것 같았다.

덜 동그란 젖소들

그러나 오래지 않아, 게임 이론을 사회적 진화에 적용하는 일에 관심이 많았던 과학자들은 현실 세계에서의 협력에는 죄수의 딜레마 모델에서 간과된 중요한 특징이 있다는 걸 깨달았다. 과학자들은 자신의 모델들에서 현실적인 복잡한 문제들을 제거하려는 경향이 워낙 강해, 엔지니어들이 다음과 같은 우스갯소리를 할 정도이다. 한 농부가 한 이론 물리학자를 찾아가 어떻게 하면 자기 젖소들의 우유 생산량을 늘릴 수 있는지에 대한 조언을 구했다. 몇 주 동안 그 문제를 놓고 씨름한 끝에, 그 이론 물리학자는 농부에게 전화를 해 자신이 답을 찾았다고 말했다. 그러면서 농부에게 물었다. "다음 주 수요일에 우리 대학에 찾아와, 학과 세미나 시간에 제가 발견한 사실을 프레젠테이션 하는 걸 들어보실래요?" 농부는 영광이라고 했다. 다음 주 수요일, 농부는 대학 세미나실에 갔다. 세미나실은 사람들로 꽉 차 있었고, 자신의 물리학자 친구는 칠판 앞에 서 있었다. 농부가 자리에 앉고 청중들도 자리를 잡자, 물리학자는 칠판을 향해 몸을 돌린 뒤 굵은 선으로 원을 그렸다. 그러면서 이렇게 말했다. "먼저 공처럼 동그란 젖소 한 마리를 가정해보겠습니다."[12]

어떤 가정이 정말 중요하고 어떤 가정이 중요하지 않을까? 모델 젖소가 젖소 모양이 아니고 공 모양이라는 게 문제가 될까? 늘 쉽게 알 수 있는 건 아닐 것이다. 그러나 우리는 액슬로드와 해밀턴이 중요한 호혜주의 협력에 대해 아주 단순화된 가정을 했다는 걸 알고 있다. 두 사람은 게임 이론가들이 말하는 이른바 '잡음$_{noise}$'[13]을 간과했다. 생명체들이 자신의 전략을 완벽하게 수행하고 상호작용하는 상대의 의도를 완벽하게 인식한다고 추정하는 건 비현실적이다. 그보다는 그 생명체의 행동과 인식에 일종의 잡음이 있다고 추정해야 한다. 생명체들은 어떤 행동을 할 때 스스로는 협력한다고 생각하면서 배신을 하는 경우가 많다. 또한 상대의 협력적인 접근을 배신으로 잘못 인식하는 경우도 많다. 우리가 호혜주의 협력 모델을 만들려고 죄수의 딜레마를 활용하면서 이런 잡음의 가능성을 간과할 경우, 잘못된 결론에 도달하게 된다. 심지어 어떤 행위 및 인식 상의 실수가 드물다 해도, 팃 포 탯 전략을 구사하는 두 게임자는 결국 자신의 의사와는 다른 게임을 하게 된다. 그러니까 예를 들어 톰은 스스로 협력한다고 생각하면서 제리를 배신하거나 아니면 톰의 순수한 협력 행위를 제리가 배신으로 잘못 인식하는 것이다. 이런 실수가 일어날 경우, 제리 역시 팃 포 탯 전략을 구사해 톰을 배신하게 된다. 그리고 톰은 팃 포 탯 전략을 구사하고 있기 때문에, 제리의 배신에 대해 호혜주의에 따라 같이 배신하게 된다. 물론 그 결과는 제리의 또 다른 배신이다. 그리고 그 결과는 톰의 또 다른 배신이고. 이런 악순환이 무한정 이어지는 것이다. 이처럼 당혹스런 광기로의 추락을 '에코 효과$_{echo\ effect}$'[14]라 한다. 이것이 그 어떤 합리적인 모델로도 간과될 수 없는 호혜주의 협력의 본질에 대한 추정이다.

과학자들은 죄수의 딜레마와 관련된 자신들의 모델에 에코 효과

타인의 친절

를 통합시킬 필요성을 느꼈고, 곧이어 잡음 문제를 처리하는 데 더 나은 죄수의 딜레마 해결 전략을 찾아 나서기 시작했다. 그리고 두 수학 생물학자가 상대의 배신을 용서하는 전략으로 이 문제를 해결할 수 있다는 증거를 찾아냈다. 그러나 그들은 이전 라운드에서의 상대방 대응에 따라 협력과 배신 사이를 오가는 훨씬 더 나은 전략을 발견하면서 생각을 바꿔야 했다.[15] 액슬로드는 이후 프로젝트에서 이 두 수학 생물학자의 연구 결과 검증에 나섰으며, 그 결과 이따금씩 용서하는 협력 전략이 정말 최고라는 결론에 도달했다.[16] 그러나 이런 여러 시뮬레이션은 다 나름대로 말도 안 되는 동그란 젖소 추정을 갖고 있어서 그 시뮬레이션들을 대체 어찌 활용할지 알기가 어렵다.

이후 수십 년간, 이런 시뮬레이션 실험을 거치면서 동그란 젖소 모델은 훨씬 더 기이한 모양을 띠었다. 정육면체 모양의 젖소들을 추정해보라. 그러면 '확고하지만 공정한' 전략으로 불리는 묘한 호혜주의 전략을 얻게 될 것이다.[17] 몇몇 친한 친구들과 천천히 배회하는 걸 좋아하는 피라미드 모양의 젖소들을 추정해보라. 그러면 지나칠 정도로 너그러운 협력을 하는 성향을 갖게 될 것이다.[18] 동그란 공 모양의 젖소에서 자기 이웃들과 1회성 상호작용만 하는 기타 모양의 염소와 오크라 모양의 양으로 변화해 보라. 그러면 여러 가축을 갖게 될 것이며, 그 속에선 순수한 협력과 순수한 배신이 나란히 공존하게 될 것이다.[19] 젖소와 양과 염소 같은 반추동물들의 모양이 이상해질수록, 그 결론들 또한 더 이상해졌다.[20]

그러나 상관없다. 이런 모델들은 우리로 하여금 명쾌한 사고를 할 수 있게 도와주는 수단이지 우리의 자연사를 재건하는 수단은 아니다. 사실 이 모델들이 가장 지속적으로 기여하는 바는 호혜주의적 이타주의에 대해 해밀턴의 법칙 같은 걸로 작동되는 단순한 수학적 부등식이다. (나는 이 법칙의 발견자를 기리는 뜻에서, 이를 '액슬로드의 법칙'이라 부르고 싶을 정도이다.) 호혜주의 덕에, 그러니까 이웃들까지 너그럽게 만드는 너그러운 행동이 갖고 있는 힘 덕분에 진화되는 너그러움의 메커니즘에 대해 액슬로드의 법칙은 너그러움을 베푸는 사람이 치르는 대가는 너그러움을 받는 사람의 이익보다 작을 수밖에 없는데, 그 차이는 둘이 미래에 다시 만날 가능성(이를 액슬로드는 '미래의 그림자 shadow of the future'라 불렀다. 다시 만날 가능성이 높을수록 이 미래의 그림자는 더 길어진다.)으로 인해 줄어든다고 설명한다.[21] 액슬로드의 법칙을 대수적으로 나타내려면, 일단 해밀턴의 법칙의 $rb > c$라는 부등식에서 해밀턴의 근연도 계수 r을 미래의 그림자를 나타내는 계수(액슬로드는 이를 w라 했음)로 대체하면 된다. 그러면 이런 법칙이 나온다.

$$wb > c$$

너그러움의 수혜자가 얻는 이익은 미래의 그림자 길이에 의해 배가되는데, 그 이익이 너그러움의 제공자가 치러야 하는 대가보다 클 경우, 즉 $wb > c$일 경우, 직접적인 호혜주의의 진화가 시작된다. 우리가 만일 호혜주의에 의해 진화된 너그러움의 예를 현실 세계에서 찾아보려 한다면, 액슬로드의 법칙의 부등식을 통해 그걸 어디에서 찾아야 하는지 알 수 있다. 즉, 수혜자 입장에서는 아주 소중할 너그러움을 제공자 입장에서 싸게 제공할 수 있는 종에게서, 그리고 관련된 개체들이 살아가면서 서로를 도울 기회가 많은 상황에서 찾아

보면 된다. 트리버스는, 호혜주의에 토대를 둔 도움의 예를 찾아보고 싶다면 살아가면서 서로 다시 만날 기회가 많은 장수하는 종한테서 찾아보라고 권한다. 예를 들면 안정된 그룹 속에서 사는 종, 높은 수준의 자손 보살핌에 의존하는 종, 자신들이 태어난 장소 가까운 데 머무는 경향이 있는 종 등 말이다.[22] 그런 여건들 속에서는 미래의 그림자가 길 수 있다.

트리버스와 액슬로드 등의 초기 연구를 토대로, 동식물 연구가들은 호혜주의 덕에 진화된 것으로 믿어지는 각종 도움 행동을 주는 동물들의 예를 진화 생물학 관련 저널에 올리기 시작했다. 포식 동물을 경계하기 위해 짝을 지어 움직이는 물고기들, 포식 동물들이 다가오면 서로 경고음을 발하는 새들, 서로의 새끼들을 보살피는 암사자들 그리고 번갈아가며 털 손질을 해주는 원숭이들의 행동이 그 좋은 예다.[23] 그러나 적절한 과학적 조사가 진행되면서, 그 같은 동물들의 행동 중 일부는 혈육이나 잠재적인 짝에게 이익을 주기 위한 적응 과정으로 밝혀졌다. 또 어떤 경우는 단순한 상호부조로 밝혀졌다. 즉 각 개체가 자신의 이익을 추구하는 과정에서 본의 아니게 그 부산물로 다른 동물들에게 이익을 주게 되는 경우였다. 반면에 어떤 동물의 경우는 강압적인 도움으로 보였다. 즉 각 개체가 다른 개체를 괴롭히거나 위협해 억지로 도움을 주게 했다.[24] 결국 신나는 파티로 시작해서, 머리 지끈거리는 숙취만 남은 꼴이었다. 호혜주의가 자연 속에서 실제 목격되는 경우는 초기 이론가들이 기대한 것보다 훨씬 드물었다.

네가 최근에 내게 해준 게 뭐야?

그럼에도 보다 면밀한 관찰 결과, 인간을 제외한 나머지 동물의 경우 호혜주의 행동으로 인정할 만한 예들이 더러 있었다. 흡혈박쥐는 호혜주의 행동을 하는 전형적인 동물이다. 흡혈박쥐들은 매일 밤 먹이를 찾아 서식지를 떠난다. 이 흡혈박쥐들은 졸고 있는 가축들(또는 잠이 든 인간들)에게 몰래 다가가, 물어서 몸에 구멍을 내고 혈액 응고를 방지하는 침을 집어넣은 뒤 흐르는 피를 빨아들인다. 그런데 비교적 경험이 없는 어린 흡혈박쥐들은 밤의 사냥에 실패하는 경우가 드물지 않은데, 이는 큰 문제가 된다. 흡혈박쥐는 신진대사율이 높은 데다, 털로 덮인 작은 몸 안에 지방 형태의 에너지가 거의 비축되어 있지 않다. 그래서 3일 밤만 피를 먹지 못해도 죽음에 이르게 된다.

1970년대 말 생물학자 제럴드 윌킨슨Gerald Wilkinson은 코스타리카에서 자신이 연구하던 흡혈박쥐들이 피로 위를 가득 채운 채 서식지로 되돌아온 뒤, 가끔 부분적으로 소화된 피의 일부를 게워내 피를 찾지 못한 동료 흡혈박쥐들의 입안에 넣어준다는 걸 알게 됐다. 대부분의 흡혈박쥐들은 자신의 피를 자기 자손들에게 나눠 주었는데, 한 흡혈박쥐가 가끔 자신이 밤에 먹은 피 중 소량을 게워내 혈육도 아닌 다른 동료 흡혈박쥐의 입안에 넣어준 것이다. 윌킨슨은 자신이 우연히 호혜주의의 예를 발견한 게 아닌가 생각했다. 이 같은 피 공유의 경제학에서 피는 분명 호혜적 공유의 이상적인 자원으로 보였다. 피를 충분히 먹은 흡혈박쥐는 자기 몸무게의 5% 정도 되는 피를 게워내 굶주린 동료 흡혈박쥐의 입에 넣어주는데, 이는 사실 자신의 죽음을 몇 시간 앞당길 수도 있는 행위이지만(이후 먹을 피를 구하지 못한다고 가정할 경우), 그 흡혈박쥐는 그렇게 함으로써 굶주려 죽음의 문턱에 가 있는 동료 흡혈박쥐의 목숨을 18시간 정도 더 연장해준 것이다. 대가와 이익의 비율이 1을 넘는다. 매우 괜찮은 시작 아닌가.

윌킨슨은 실험을 통해 호혜적 공유를 유도할 수 있다는 사실도 알게 됐다. 예를 들어 그가 화요일에(그래서 화요일 밤에는 피를 먹지 못하게) 한 흡혈박쥐를 잠시 제 서식지에서 빼내자, 그날 나갔다가 수요일에 서식지로 되돌아온 동료 흡혈박쥐 몇 마리가 굶주린 그 흡혈박쥐에게 피를 나눠주었다. 게다가 수요일에 피를 나눠준 흡혈박쥐를 24시간 동안 서식지에서 빼낸 뒤 목요일에 다시 서식지로 되돌려놓자, 수요일에 피를 받았던 흡혈박쥐가 그 보답을 하려 했다. 그래서 윌킨슨은 흡혈박쥐들이 굶주린 동료들에게 피를 나눠주는 것은 진화 과정에서 그렇게 피를 나눠준 흡혈박쥐들이 처지가 바뀔 때 피를 돌려받을 수 있었기 때문일 거라고 추정했다.[25]

물론 윌킨슨의 이런 결론에 대해 반발이 없었던 건 아니다. 어떤 과학자들은 윌킨슨의 이런 가설 대신 이른바 '오인된 혈육 인식 가설 miscalibrated kin-recognition hypothesis'이라는 가설을 내놓았다. 그러니까 흡혈박쥐들의 유전학적 근연도가 자연 집단 상태에서는 아주 높은데 윌킨슨이 연구한 실험 집단에서 아주 낮다면, 그건 그 흡혈박쥐들이 어린 시절에 제대로 된 혈육 인식 모델들 만들어내지 못해 훗날 혈육과 비혈육을 구분하는 능력이 저하됐기 때문이라는 내용이다. 또 어떤 과학자들은 '집단 수준 이타주의 가설group-level altruism hypothesis'이라는 가설을 내놓기도 했다. 그러니까 흡혈박쥐들은 자연 집단 상태에서 워낙 밀접하게 서로 관련되어 있어서 애초에 이 흡혈박쥐들의 피 공유 본능은 혈육 인식 시스템에 연결되지도 않았다는 것이다. 어쨌든 모든 흡혈박쥐가 다른 모든 흡혈박쥐와 피를 공유한다면, 모든 흡혈박쥐가 서로 도움을 주고받음으로써 번식 적응도 측면에서 이익이지 않겠는가. 그러니 그걸 호혜주의로 보는 건 잘못 짚은 거라는 주장이다. 이 외에 굶주린 흡혈박쥐들이 강요 또는 구걸 전략으로 피를 충분히 먹은 흡혈박쥐들을 괴롭혀 그야말로 시끄러운 게 싫어 피의 일부를 내주게 만드는 거라는 가설을 내놓은 과학자들도 있다. 이런 가설은 '괴롭힘 가설harassment hypothesis'이라 불렀다.

이 세 가지 라이벌 가설들은 20년 이상 별 관심도 받지 못한 채 과학 연대기에 간신히 그 이름만 올린 상태였다. 그러다 2010년, 제럴드라는 이름을 가진 또 다른 과학자 제럴드 카터Gerald Carter가 제럴드 윌킨슨의 주장을 지지하고 나섰다. 두 제럴드는 이 모든 가설을 그야말로 '만인의 만인에 대한 전쟁' 상태로 몰아넣는 한 가지 실험을 했다. 카터와 윌킨슨은 거의 서로 관련이 없는 흡혈박쥐 25마리(이중 어미와 새끼 쌍도 더러 있었다)가 사는 한 인공 서식지를 관찰할 기회를 가졌는데, 그 흡혈박쥐들은 두 사람의 실험이 시작되기 꼭 2년 전부터 함께 살고 있었다. 그래서 그 흡혈박쥐들은 모습과 소리와 냄새로 서로를 알아보는 법을 배울 시간이 충분했다. 그러니까 이 흡혈박쥐들이 서로 피를 나눈다면, 그건 혈육을 인식하지 못해서 그러는 건 아닐 것이었다. 실험 과정에서 카터와 윌킨슨은 1980년대에 윌킨슨이 그렇게 했듯, 몇몇 흡혈박쥐를 집단에서 떼어내 24시간 동안 아무것도 먹지 못하게 했다. 이후 그 굶주린 흡혈박쥐들을 원래 집단에 되돌려 놓은 뒤, 누가 누구에게 피를 나누어 주는지 관찰했다.

두 사람은 흡혈박쥐들이 비혈육 흡혈박쥐들보다는 혈육 흡혈박쥐들에게 더 많은 걸 나누어주는 경향이 있다는 걸 알게 됐다. 이는 해밀턴의 법칙과 일맥상통하는 결과였다. 그러나 두 사람의 실험 결과는 '오인된 혈육 인식 가설'에 불리했다. 다시 보금자리에 되돌려진 각 박쥐는 다른 네 마리의 흡혈박쥐로부터 피를 제공받았는데, 사실상 그 네 마리 모두 비혈육 흡혈박쥐였다. 이는 서로 잘 알고 있지만 오직 혈육을 토대로 도움을 주려 하는 흡혈박쥐들 집단에게서 예상할 수 있는 결과는 아니다. 실제로 흡혈박쥐들이 호혜주의에 따라 피를 나누는 경향은 비혈육 흡혈박쥐보다는 혈육 흡혈박쥐 사이에서 훨씬 더 강했다. 혈육 흡혈박쥐들은 비혈육 흡혈박쥐들보다 훨씬 더 끈질기게 "네가 최근에 내게 해준 게 뭐야?" 하고 물었다.

카터와 윌킨슨의 실험 결과는 '집단 수준 이타주의 가설'에도 불리했다. 만일 흡혈박쥐들이 서식지에 사는 모든 흡혈박쥐와 피를 나눈다면, 한 번의 만남에서 한 흡혈박쥐가 주는 도움과 그 흡혈박쥐가 자신의 모든 동료 흡혈박쥐로부터 받는 도움 전체의 양 간에는 어떤 연관성이 있을 것이다. 그런데 카터와 윌킨슨의 실험 결과에 따르면 그런 연관성은 전혀 없었다. 대신 흡혈박쥐들은 특히 이전에 자신에게 피를 나눠준 흡혈박쥐들과 피를 나누었다.

이 같은 실험 결과에 따라, 이제 유일하게 살아남을 만한 가설은 '괴롭힘 가설'뿐이었다. 흡혈박쥐들이 피를 나눠준 건 순전히 멋진 만찬을 즐긴 밤에 빨리 괴롭힘에서 벗어나 기분 좋게 잠들기 위해서였을까? 그 반대였다. 62%의 경우, 피를 나눌 때 먼저 상호작용을 시작하는 쪽은 피를 받는 흡혈박쥐가 아니라 피를 주는 흡혈박쥐였다. 피를 주는 흡혈박쥐들은 그야말로 서로 먼저 주려고 경쟁을 하는 듯했다. 결국 아직은 이보다 더 나은 가설이 없는 상황이어서 지금 대부분의 생물학자는 흡혈박쥐들이 서로 피를 나누는 것은 호혜주의 때문이라고 믿고 있다.

현재 흡혈박쥐는 현실 세계에서 직접 볼 수 있는 호혜주의 협력의 교과서 같은 예인데, 물론 그 외에 다른 예들도 있다. 딱새라 불리는 유럽의 새는 이웃 딱새의 둥지로 포식동물(이를테면 올빼미 같은)이 다가오면 이웃 딱새와 힘을 합쳐 함께 그 포식동물을 공격한다. 그러나 그 이웃 딱새가 이전에 자신에게 도움을 준 일이 있을 때에만 그렇게 한다.[26] 그리고 원숭이와 침팬지 그리고 보노보를 비롯한 많은 영장류가 호혜주의에 입각해 아무 혈연관계도 없는 동료들과 먹을 것도 나누고 돌아가며 털 손질도 해준다.[27] 실제 제럴드 카터를 비롯한 일부 과학자들은 호혜주의에 입각해 진화된 도움 시스템의 예는 자연 속에서 얼마든지 볼 수 있다고 주장하기도 한다. 제럴드 카터 등에 따르면, 우리가 모르는 건 순전히 우리가 그런 예를 찾아내지 못하기 때문이다. '공 모양의 젖소'에 대한 편견으로 인해 실제 젖소들에게서 호혜주의 협력의 예를 찾아내기 쉽지 않기 때문이라는 것이다.[28]

고정되지 않은 축제일

인간 본성에 초점을 맞출 경우, 자연 속에서 호혜주의 협력의 예를 찾기가 훨씬 쉬워진다. 아프리카 탄자니아의 하드자족은 거의 1년 내내 수렵과 채집을 해 먹고사는 지구상의 마지막 인간 집단 중 하나이다. 그건 그들이 거의 5만 년간 이어오고 있는 생활방식이다. 그런 이유로, 하드자족은 농업과 문자, 돈, 자동차, 집, 인터넷 그리고 기타 모든 현대 문명의 이기들이 생겨나기 전에 우리 인류가 어떻게 살았는지를 가장 잘 보여주는 부족이다. 우리 인류의 과거를 생생히 보여주는 초상화 같은 부족인 것이다.

하드자족 남성들은 수시로 사냥에 나서 새와 자칼, 흑멧돼지, 개코원숭이는 물론 화살로 죽일 수 있는 다른 많은 동물을 죽인다. 그러나 사실 정말 그들의 관심을 끄는 건 기린, 얼룩말, 임팔라, 물소같이 보다 덩치가 큰 동물들이다. 그런 동물을 죽일 경우, 결정적인 화살을 날린 사냥꾼이 자기 자신과 자기 가족을 위해 그 동물의 가장 좋은 부위를 가져간다. 그리고 그 나머지는 현장에서 도축하거나 캠프로 끌고 가 다른 사람들에게 나눠준다. 하드자족 사냥꾼들의 경우, 작은 동물을 죽였을 땐 혼자 다 가져도 아무도 반대하지 않지만, 큰 동물을 죽이고 혼자 다 가지면 인색한 사람으로 비난받는다. 큰 동물을 잡으면 으레 그걸 나누는 걸로 되어 있는 것이다. 세상 이치가 원래 그렇지 않은가. 그런데 대체 왜 기린을 죽인 사냥꾼이 그 고기를 혼자 차지하는 게 옳지 않은 걸까? '가장 좋은 건 갖고 그 나머지는 나누기' 원칙은 통하는데, 왜 '발견한 사람이 임자' 원칙은 통하지 않는 걸까? 이는 수십 년간 인류학자들의 관심을 끌어온 의문이다.

이 의문에 대해 흔히 이런 생각을 하기 쉽다. 하드자족이 큰 동물의 고기를 서로 나눠 갖는 건, 그 고기 전체를 독차지해봐야 이득이 없기 때문 아닐까? 그 사냥꾼과 가족들이 다 먹기도 전에 대부분의 고기가 상해버릴 테니 말이다. 사릴 이런 설명이 여러 해 동안 그럴싸한 설명으로 받아들여졌지만, 그건 절대 옳은 설명이 아니다. 하드자족은 죽은 지 1주일 된 동물의 고기도 얼마든지 먹는다. 게다가 그들은 탄자니아의 뜨거운 태양 아래에서 고기를 말려 보관하는 방법도 알고 있다. 아니면 남은 고기를 가지고 하드자족 이외의 부족 사람들을 만나 필요한 다른 물건으로 물물교환을 할 수도 있고, 다른 부족 시장에 가져가 팔 수도 있다.[29] 다시 말해, 사냥꾼은 무게 350킬로그램이 넘는 기린 고기를 독차지할 수는 없다 해도, 다른 사람과 나누는 것보다 더 많은 이익을 볼 방법은 얼마든지 있는 것이다.

하드자족의 고기 공유에 대한 보다 현실적인 설명은 인간의 진화 및 행동과 관련된 두 가지 사실에 그 기반을 둔다. 첫 번째 사실은 인간은 고기에 의존하게끔 진화됐다는 것이다. 두 번째 사실은 그 어떤 사냥꾼도 혼자만의 머리로는 충분한 양의 고기를 확보하기 힘들다는 것이다. 먼저, 고기는 수렵·채집인들의 '먹이 피라미드food pyramid'* 에서 맨 아랫부분에 위치한다. 규모가 작은 사회에서는, 사람들의 1일 칼로리 섭취의 약 60%(침팬지들의 경우 약 2%)가 고기에서 나온다.[30] 인간의 식습관이 진화 과정에서 어떻게 고기 중심으로 바뀌었는지

---

*   먹이 사슬을 구성하는 생물의 개체 수를 피라미드 형태로 나타낸 것. - 역자 주

상세하게 밝혀진 바는 없으나(일부 인류학자들은 고기 중심의 식습관으로 바뀌면서 호미닌hominin*이 채식주의자 뷔페 같은 아프리카 열대림 지역의 초지 환경을 식민지화할 수 있었다고 믿고 있다), 어쨌든 고기의 영양학적 이점들로 인한 '선택 압력' 때문에 우리 조상들은 고기를 획득하는 일에 더 능해지게 된다. 첫 번째 위대한 도약은 죽은 고기를 먹는 법과 관련된 새로운 기술의 형태로 나타났다. 우리의 초기 호미닌 조상들 중 하나인 '호모 하빌리스Homo habilis'는 동물의 사체에서 고기 덩어리들을 잘라내는 데 더없이 좋은 양면 손도끼를 사용했다. 그러나 진화 과정에서 점점 더 고기에 의존하게 되자, 선택 압력에 의해 인간은 고기 공급을 보다 원활히 할 방법들을 찾아내게 된다. 우리의 호모 사피엔스 이전의 조상들이 먹던 죽은 고기와 호모 사피엔스가 사냥하는 고기의 중요한 차이점은 죽은 고기(누군가에 의해 또는 다른 무언가에 의해 이미 죽임을 당한 동물의 몸에서 나온 고기)는 우리가 자신을 먹든 말든 전혀 신경 쓰지 않는다는 것이다. 반면 죽은 동물들과 달리 살아 있는 동물들은 인간한테 잡아먹히지 않으려 기를 쓰며 인간의 노력을 좌절시키려 최선을 다한다. 그래서 고기 때문에 인간한테 공격당하는 산 동물들은 눈에 안 띄는 곳에 숨거나 인간보다 더 빨리 달리거나 뿔이나 어금니 또는 발굽으로 인간을 불구가 되게 만들거나 죽게 한다. 그래서 사냥은 힘들며, 하드자족 사냥꾼이 사냥에 나서서 큰 동물을 죽이는 데 평균 29일이 걸린다.[31] 전반적으로 수렵·채집인의 1일 사냥 실패율은 40%에서 96%에 이른다.[32] 결국 한 달에 한 번밖에 고기를 손

---

*   분류학상 인간의 조상으로 분류되는 종족. - 역자 주

에 넣을 수 없다는 얘기인데, 그러니 인간은 혼자 사냥을 하는 쪽으로 진화될 수는 없다.

그러나 사냥 성공률을 높이지 않고도 고기 획득 가능성을 높일 수 있는 방법이 하나 있다. 사냥꾼들이 혼자 다 먹을 수 없는 고기를 서로 나눠 갖는다면, 그 보답으로 다시 미래에 다른 사냥꾼으로부터 고기를 얻어 각자 고기 획득 가능성을 높일 수 있는 것이다. 이는 일종의 간단한 위험 분산 전략으로, 오늘날의 건강보험 제도와 다르지 않다. 그러니까 흡혈박쥐의 경우와 마찬가지로, 하드자족 사냥꾼 역시 오늘 큰 동물을 잡으면 혼자 다 갖지 않고 궂은 날을 대비해 이웃들에게 저축해놓는 것이다. 필요할 때 언제든 보답해줄 의사가 있는 이웃들의 뱃속에 말이다.[33] 그리고 애덤 스미스의 말에 따르면, 진화 과정에서 일단 이처럼 호혜주의 협력 형태로 고기를 나눠 갖는 본능을 갖게 되자, 모든 걸 서로 물물교환 하던 우리 조상들의 성향은 눈 깜짝할 사이에 사라져버리게 된다.[34]

이미지에 민감한

살아 있는 큰 동물들로부터 얻은 피를 놓고 형성되는 흡혈박쥐들의 시장, 큰 죽은 동물들로부터 얻은 고기를 놓고 형성되는 하드자족의 시장 등 생물학적 시장이 생겨나는데, 이는 우리가 획득할 수 있는 다음 자원의 가치는 우리가 이미 얼마나 많은 자원을 갖고 있는가에 달려 있다는 '한계효용 체감의 법칙law of diminishing marginal utility'이라는 경제적 현실 때문이다. 몇 밀리리터의 피는 배불리 먹은 박쥐보다는 굶주린 박쥐에게 훨씬 더 가치가 있다. 마찬가지로, 몇 킬로그램 정도의 기린 고기는 이미 가장 좋은 부위를 상당량 확보한 사냥꾼 자신보다는 1주일 동안 기린 고기를 구경도 못 한 사냥꾼에게 더 가치가 있다.[35] 한계효용 체감의 법칙은 호혜주의 협력의 진화에 가장 중요한 요건 중 하나를 충족시키는 데 도움이 된다. 즉, 내가 당신한테 무언가를 주는 건 그로 인해 내가 치러야 하는 대가보다 당신이 얻는 이익이 더 클 때에 한한다는 것이다. 이런 이유로, 우리는 잠재적인 수혜자가 얼마나 절실히 우리 도움을 필요로 하는지를 적극 고려한다. 도움이 절실할수록 그 도움의 가치는 더 커진다. 그리고 도움의 가치가 더 크면, $b > c^*$ 현상도 더 커진다. 다른 모든 조건이 동일할 경우, 기왕이면 도움이 더 절실한 사람에게 도움을 주어야 한다는 얘기인데, 실제 우리는 그러고 있다.[36] 결국 너그러운 자비로 보이는 행위가 실은 싼 값에 친구들을 사는 행위일 수도 있는 것이다.

$b > c$ 조건만으로는 충분치 않다. 액슬로드의 법칙을 보면, 우리가 간과해선 안 되는 세 번째 항인 w^{**}도 있기 때문이다. 도움 제공자가 자신의 투자를 회수하는 경우는 단 하나, 미래의 어느 시점에선가 수혜자와 다시 만날 기회가 있는 경우뿐이다. 따라서 호혜주의 협력 본능과 그 본능으로 인해 생겨나는 감정은 도움 수혜자와 다시 만날 가능성이 있는지, 그리고 또 막상 그런 때가 올 때 그 수혜자가

---

*   여기서 b는 어떤 유전자가 다른 개체에게 주는 평생 번식 혜택, c는 그 유전자 소유자가 치르게 되는 평생 번식 대가를 뜻한다. - 역자 주

**   액슬로드는 해밀턴의 법칙 $rb > c$에서 근연도 계수 r을 미래의 그림자를 나타내는 계수 w로 대체해 $wb > c$라는 액슬로드의 법칙을 만들었다. - 역자 주

보답할 수 있는 위치에 있을지와 밀접한 관련이 있다고 추정해볼 수 있다.

그렇다면 우리는 대체 미래에 도움 수혜자를 다시 만나게 될 가능성이 있는지 없는지를 어떻게 짐작할 수 있을까? 이때 고려해야 할 한 가지 사항은 누군가에게 도움을 주기 전에 서로 알고 지냈느냐 하는 것이다. 만일 이미 알고 지낸 사이라면, 앞으로도 알고 지낼 가능성이 높다.[37] 또 하나, 상대가 당신이 속한 문화 집단의 구성원인지를 고려하는 것도 도움이 될 것이다. 나는 이런 통찰력은 찰스 다윈이 한 다음과 같은 말과 별반 다를 바가 없다고 생각한다. "모든 동물의 경우, 동정심 또는 연민은 순전히 같은 공동체에 속한 구성원들, 그래서 이미 서로 잘 알고 있고 어느 정도 사랑하는 구성원들에게로만 향하지, 같은 종에 속한 모든 개체에게 향하는 건 아니다." 그리고 몇 페이지 뒤에서 다윈은 이런 말도 덧붙였다. "야만인조차도 아마 같은 공동체에 속한 구성원의 목숨을 위해 자신의 목숨을 걸기도 하지만, 낯선 이에 대해서는 전혀 관심을 보이지 않을 것이다."[38]

물론 다시 만날 가능성이 낮은 경우 미래에 보답할 기회가 없을 수도 있는데, 그런 경우가 바로 죽게 될 경우이다. 예를 들어 죽음에 가까이 가 있을수록, 보답할 수 있을 만큼 오래 살 가능성은 더 낮아진다. 이런 이유 때문에, 우리는 건강하고 젊은 사람에게는 열심히 도움을 주려 하지만, 병들고 약하고 늙은 사람에게는 도움을 주지 않으려 할 거라고 추정해볼 수 있다. 그리고 실제 사람들은 그렇게 한다.[39]

그런데 호혜주의 협력을 할 가능성이 도와줄 수 있느냐 없느냐

하는 문제가 아니라, 도와줄 것이냐 아니냐 하는 문제라면 어떻겠는 가? 어떤 사람들은 너무도 멀쩡한 몸을 갖고서도 운이 나빠서가 아니라 게으르거나 태만해서 당신 도움을 필요로 할 수도 있다. 만일 후자의 경우라면, 당신은 그 사람이 과연 앞으로는 열심히 일해 당신에게 진 빚을 갚으려고나 할까 하고 회의적인 생각을 하게 된다. 또 어떤 사람들은 부주의하거나 배은망덕하거나 반사회적이어서 당신에게 진 빚을 갚을 생각조차 하지 않을 것이다. 이런 고려 사항들을 감안하지 않고 무작정 도와주려는 성향은 진화론적 측면에서 불리하다. 자연 선택의 관점에서 볼 때, 스스로 자립하려 하거나 빚을 갚으려 하지 않는 사람들을 돕는 행위는 자신의 자원을 그냥 불 속에 던져버리는 행위나 다름없다. 그래서 우리는 도움을 청해 오는 사람이 있을 경우, 정치사회학자 마이클 뱅 피터슨Michael Bang Petersen 같은 사람들이 말하는 이른바 '자격 유무에 대한 휴리스틱deservingness heuristic'*을 토대로 판단해야 한다. 이 경험 법칙을 적용할 경우, 우리는 사람들의 과거 행동을 토대로 그들이 우리에게 진 빚을 갚기 위해 어느 정도의 노력을 기울일 건지 바로 예측해볼 수 있다.[40] 그래서 만일 상대가 열심히 노력해 빚을 갚을 거라고 생각되면, 도와줄 가치가 있는 사람이라고 판단하는 것이다.

그런데 만일 도움을 필요로 하는 사람을 직접 상대해본 경험이 없다면 어떨까? 예전에 상대해본 경험이 없는 사람에 대해선 내체 어떻게 '자격 유무에 대한 휴리스틱'을 적용해야 할까? 쉽다. 그저 다

---

*   여기서 휴리스틱은 직관적인 판단 내지 언뜻 떠오르는 생각을 뜻한다. - 역자 주

른 사람들에게 문제의 인물을 상대해본 경험을 물어보면 된다. 그래서 우리는 잠재적 도움 수혜자 자신의 다른 사람들에 대한 너그러움의 역사에 신경을 써야 하는 것이며, 실제로도 그렇게 한다. 우리가 다른 사람들의 평판에 신경을 쓰기 때문에, 잠재적 도움 수혜자들 역시 자신의 평판에 신경을 쓸 수밖에 없으며, 실제로도 그렇게 한다.[41]

뼈 속까지 자신이 살았던 빅토리아 시대의 사람이었던 찰스 다윈은 우리가 어떻게 지난날의 친절과 너그러움을 토대로 다른 사람의 품성을 판단하는지를 파악하는 데 전혀 어려움이 없었다.

> 따라서 우리는 아주 먼 옛날 원시 시대 인간도 자기 동료들의 칭찬과 비난에 큰 영향을 받았을 거라고 결론내릴 수 있다. 분명 같은 부족의 구성원들은 부족 전체에 이익이 된다고 여겨지는 행동에 대해서는 칭찬을 해주었을 것이고, 해가 된다고 믿기는 행동에 대해서는 비난을 퍼부었을 것이다. 결국 다른 사람들에게 선을 베푸는 것('남들에게 대접을 받고자 하는 대로 남들을 대접하라'는 마태복음 7장 12절의 황금률처럼)이 도덕의 초석이다. 따라서 원시 시대 인간들 역시 분명 칭찬은 좋아하고 비난은 두려워했을 것이다.[42]

실제로 찰스 다윈은 우리 인간은 워낙 칭찬을 좋아하고 비난을 두려워해, 다른 사람의 행복에 별 관심이 없는 상태에서조차 다른 사람들에게 관심을 갖게 된다고 믿었다.

> 만일 어떤 사람이 깊은 마음속 본능으로는 다른 사람을 위해 자신의 목숨까지 걸 의사가 전혀 없으면서도 명예 때문에 그런 행동을 한다면, 그게 선례가 되어

다른 사람들 역시 명예를 위해 자신의 목숨까지 걸게 되며, 또 그로 인해 사람

들 사이에서 존경심을 유발하게 된다.[43]

찰스 다윈이 이렇게 인간은 칭찬을 좋아하고 비난을 두려워하는 존재라는 말을 한 지 1세기도 더 지났을 때, 미국 진화생물학자 리처드 알렉산더Richard Alexander가 새로운 유형의 호혜주의를 들고 나왔다. 그리고 평판의 힘에 크게 의존하는 자신의 그 호혜주의를 그는 '간접 호혜주의indirect reciprocity'라 불렀다. 간접 호혜주의는 한 가지 중요한 점에서 종래의 트리버스식 호혜주의와 다르다. 트리버스식 호혜주의에 필요한 사람은 둘, 그러니까 도움을 필요로 하는 사람과 도움을 주는 사람뿐이다. 그러나 간접 호혜주의의 경우 적어도 세 사람이 필요하다. 도움을 필요로 하는 사람과 도움을 주는 사람 외에 도움을 주는 사람을 도와주는 구경꾼이 필요한 것이다. 간접 보답자는 도움을 주는 사람을 돕는 사람이다. 그리고 제4의 사람들이 도움을 주는 사람을 돕는 사람의 도움에 대해 알게 될 경우, 그 사람들은 도움을 준 사람이 도움을 준 것에 대해 보답을 해, 도움을 준 사람을 도운 사람을 돕는 사람들이 되는 등, 그렇게 계속 끝없이 이어진다. 한 사람이 도움을 필요로 하는 상황에서 다른 사람이 도움을 주고 그게 다시 제3자의 도덕적 판단으로 이어지면서, 너그러움은 전염병같아 사회 전체로 퍼져나가며, 선순환 속에 점점 더 강화된다. 리처드 알렉산더의 간접 호혜주의에 따르자면, 친절은 전염성이 아주 강하다.

알렉산더는 도움을 주어 너그럽다는 평판이 어떻게 번식 적응도 측면에서 이익이 될 수 있는지에 대해 세 가지 시나리오를 그려보았

다.[44] 첫 번째 시나리오는 도움을 주는 사람이 너그러움에 대해 알게 되는 제3의 사람들에 의해 직접 보상을 받는 것이다. 누군가를 도와주면, 그걸 목격한 많은 사람이 다가와 보답을 해주기 때문이다. 그 결과 도움을 준 사람은 미래에 다시 도움을 줄 의욕이 생기게 되며, 그에게 보답을 하는 사람들은 자신들의 공동체 안에 도움을 주는 사람이 있다는 데서 이익을 얻게 된다. 알렉산더의 두 번째 시나리오는 도움 제공자가 다른 사람들을 도움으로써 해밀턴식의 간접적인 번식 적응도 이익을 보게 된다는 것이다. 도움 제공자는 도움을 줌으로써 자신의 목숨을 잃을 수도 있는데, 그럴 경우 도움 수혜자는 도움 제공자의 자식들과 다른 혈육들의 번식 적응도를 높여주는 행동들을 한다.

알렉산더의 세 번째 시나리오는 세 가지 시나리오 가운데 가장 약다. 즉, 도움 제공자는 누군가를 도움으로써, 직접적인 호혜주의 상호작용(그의 '평판'이나 '지위'가 올라가는 아주 큰 이익을 보게 되는)[45] 안에서 그걸 목격해 그 도움 제공자를 잠재적 보답 상호작용자로 판단하는 개인들에 의한 호혜주의 상호작용에 참여하게 된다는 것이다. 알렉산더가 여기서 그리는 이 시나리오에서, 나는 다른 사람들에 대한 당신의 너그러움에 관심이 가는데, 그것이 '일반적인 사람들'에 대한 당신의 너그러운 성향에 대한 정보를 주기 때문이다. 물론 여기서 말하는 일반적인 사람들 속에는 나도 포함된다. 이 시나리오에서, 나는 당신이 다른 사람들을 어떻게 대하는가 하는 것에 관심이 있는데, 그건 내가 당신에게 보답을 할 수 있어서가 아니라 당신이 과연 친구로 삼을 만한 사람인지를 알 수 있기 때문이다.[46] 여기서 간접적인 호혜주의와 직접적인 호혜주의가 하나로 합쳐진다는 데 주목해야 한다. 당신이 다른 누군가를 돕고 난 뒤 내가 간접적인 보답자로서 당신을 도울 경우, 내가 당신에게 보답을 하는 것처럼 보일 수도 있지만, 사실 나는 당신에게 구애를 하고 있는 것이다.

이타주의는 근연도 계수(r)가 포함되는 해밀턴의 법칙을 갖고 있고, 직접적인 호혜주의는 미래의 그림자 계수(w)가 포함되는 액슬로드의 법칙을 갖고 있다. 그리고 간접적인 호혜주의는 나름대로의 법칙을 갖고 있다. 그 법칙을 알렉산더의 법칙으로 부르고 싶은 충동을 느낄 수도 있겠지만, 사실 그 법칙을 발견한 건 마틴 노왁Martin Nowak과 칼 지그문트Karl Sigmund라는 두 수학자였다. 그러니 그 법칙을 '노왁과 지그문트의 법칙'이라 부르기로 하자. 그 법칙은 다음과 같은 부등식으로 나타낸다.

$$qb > c$$

노왁과 지그문트의 법칙에 따르면, 간접적인 호혜주의는 계수 q에 의해 줄어드는 도움 제공자의 이익이 도움 제공자가 치러야 하는 대가보다 클 때 진화된다. 여기서 계수 q는 도움 제공자와 수혜자가 도움을 촉진시키는 유전자를 공유하고 있을 가능성(해밀턴의 법칙에서 r)을 나타내지도 않고, 도움 수혜자가 미래에 보답을 할 가능성(액슬로드의 법칙에서 w)을 나타내지도 않는다. q는 도움 제공자의 행동이 훗날 도움 제공자를 도와주게 될 간접적인 보답자에 의해 목격될 가능성을 나타낸다. q가 1이라는 값에 가까워지면, 우리의 너그러운 행동이 다른 사람들에게 알려지게 될 가능성이 100%에 가까워지게 되며, 그럴 경우 우리는 누군가를 도와준 처음 행동에 대해 보답을 받는 게 된다. q가 우리가 보답을 받게 될 가능성을 결정하기 때문에, 우리는 q를 최대한 살리는 쪽으로 진화한다. 알렉산더 덕에, 그리고 또 노왁과 지그문트 덕에, 우리는 마침내 찰스 다윈이 《인간의 유래》에서 말한 '칭찬과 명예에 대한 인간의 사랑과 비난과 불명예에 대한 훨씬 더 큰 두려움'을 진화론적으로 설명할 수 있게 되었다.[47] 우리는 우리 자신의 평판을 중시하기 때문에 다른 사람들을 사랑하며, 다른 사람들이 우리를 사랑하게끔 해주기 때문에 평판을 중시한다.

그러나 인간이 자신의 평판에 대해 그렇게 신경을 쓰는 존재라면, 어째서 종종 도움이 필요한 개인과 자선 단체들을 상대로 익명으로 기부도 하는 걸까? 통 큰 제스처와 무작위 친절도 결국은 좋은 평판을 얻고자 하는 행동 아닐까? 아니면 우리가 가끔 우리 자신의 너그러운 행동을 감추려 하는 건(그러니까 예수가 한 말처럼 오른손이 하는 일을 왼손이 모르게 하려는 건), 우리가 칭찬을 사랑해서라기보다는 진정 다른 사람들을 사랑하기 때문이라는 걸 증명하는 게 아닐까? 너무 앞서 가지 말라. 감히 확신하건대, 이 세상에는 당신이 너그러운 행동으로 감동을 안겨주고 싶은 사람들도 있지만, 그렇지 않은 사람들도 분명 있다. 어쨌든 당신은 온 세상 사람들이 다 당신 집으로 몰려와 도와달라고 아우성치는 건 원치 않을 게 아닌가.[48]

게다가 감동을 안겨줄 생각도 없는 사람들한테 당신의 너그러움을 감춘다고 해서, 정작 감동을 안겨줬으면 하는 사람들에게 당신의 너그러움을 알리지 못하게 되는 건 아니다. 사실 당신이 내심 당신의 너그러움으로 감동을 안겨주고 싶은 사람들은 당신과 동일한 너그러움 아니면 당신보다 더 큰 너그러움을 보여줄 수 있는 사람들뿐이다. 결국 그들은 당신 자신은 쉽게 손에 넣을 수 없는 것을 당신에게 줄 수 있는 위치에 있는 사람들일 것이다. 또 당신이 설사 모교에 1,000만 달러를 기부하면서 새로 짓는 건물에 절대 당신 이름을 넣지 말라고 신신당부를 한다 해도, 결국 그 소식은 그 사람들 귀에 들어가게 된다.[49] 더군다나 당신이 만일 당신의 너그러움을 감춘다면 (당신이 얼마나 좋은 사람인지를 알리는 것보다는 다른 사람들을 돕는 게 진정한 당신의 목표인 양), 그 너그러움이 밝혀지는 순간 십중팔구 훨씬 더 큰 칭찬을 받게 된다.[50]

평판을 중시하는 개인들이 각자 너그러움을 통해 자신의 가치를 알리기 시작하면, 사람들이 최대한 나은 친구를 찾으려 애쓰면서 공동체는 최대한 나은 연인을 찾으려는 짝짓기 시장과 비슷해져가기 시작한다.[51] 이 같은 사회 시장에서는 모든 사람이 구매자이면서 동시에 판매자이다. 가능한 한 가장 나은 파트너를 사려 애쓰면서, 동시에 자신의 사회적 가치는 최대한 올려 시장에서 잘 팔리게 한다. 그 결과 각 개인의 우정은 상한가로 올라가게 된다. 가장 사귀고 싶은 친구라는 걸 모두가 인정하는 밥Bob은 사라Sarah와 친구가 되려 하는데, 그건 그녀가 두 번째로 사귀고 싶은 친구이기 때문이다. 세 번째로 사귀고 싶은 친구인 테레사Theresa는 정말 사라와 친구가 되고 싶어 하지만 사라는 이미 밥과 연결되어 있고, 그래서 사라는 네 번째로 사귀고 싶은 친구인 프레드Fred와 친구가 되고…… 계속 이런 식이다.[52]

이렇게 비슷한 사람끼리 모이려는 경향을 '동종 선호homophily'라

하는데, 이는 사람들이 자신의 사회적 가치가 허용하는 한 가장 가치 있는 사람들과 가까이 지내려 애쓰는 데서 오는 필연적인 결과이다.[53] 수렵·채집인들 사이에서 동종 선호는 체력, 키, 몸무게 등이 비슷한 사람들 간의 우정 형태로 나타내는데, 그런 것들은 모두 사냥과 채집이 중요한 세계에서 한 사람의 경제적 가치를 보여주는 대표적인 기준이다.[54] 현대 사회에서 동종 선호는 수입, 학력, 사회적 지위 등이 비슷한 사람들 간의 우정 형태로 나타나는데, 그런 것들은 모두 아침 9시부터 오후 5시까지 일하는 급여 및 헤지 펀드의 세계에서 한 사람의 경제적 가치를 보여주는 대표적인 가치들이다.[55] 우리가 사회의 도덕적 체계를 어떻게 설계하는지부터 우리가 우리의 주소록에 어떤 친구와 지인들을 채워 넣는지에 이르기까지, 평판이 중요한 역할을 하는 것이다.

석기 시대의 사마리아인들?

이 지구에서 살아온 전체 기간 중 약 95%의 기간 동안, 우리 인간은 수십 내지 수백 명씩 집단을 이루어 이곳저곳을 돌아다니며 수렵·채집 생활을 했다. 그리고 이런 소규모 유목민 집단 수십 개가 모여 하나의 문화 집단을 이루었고, 그 속에서 같은 언어를 쓰고 같은 문화적 관습을 공유하며 서로 근친결혼을 했다.[56] 그리고 영토와 자원과 여성을 차지하기 위해 또는 해묵은 원한 때문에 전쟁을 하지 않을 경우, 수렵·채집을 하며 산 우리 조상들은 종종 자기 문화 집단 내 다른 사람은 물론 한 번도 만나본 적 없는 사람들에게도 기꺼이 친절을 베풀었다. 빅토르 레브젤터Viktor Lebzelter라는 독일 인류학자는 1920년대에 남아프리카공화국의 산족 사람들과 많은 시간을 보냈는데, 그는 도움이 필요한 낯선 이들에 대한 그들의 전형적인 대응을 이렇게 설명했다. "낯선 사람에게 음식을 제공하고 귀한 물을 주는 것이 그들에겐 너무도 당연한 일이다."[57]

레브젤터의 가까운 지인 중 한 사람인 인류학자 마르틴 구신데Martin Gusinde는 티에라 델 푸에고(남아프리카공화국 남단에 위치한 군도)의 야간족이 저녁식사 무렵에 부락을 지나가게 된 배고픈 낯선 이를 어떻게 대하는지에 대해 이렇게 적었다.

> 방문객은 모두 환영을 받는데, 친구와 낯선 사람을 대하는 데 거의 차이가 없다. 낯선 사람도 친구처럼 푸짐한 음식을 대접 받는다. 집주인들은 자연스럽게 그리고 거의 늘 자신들이 갖고 있는 음식 중 최고의 음식을 내놓는다. 무엇 하나 내놓길 망설이지 않는다. 손님을 기쁘게 해주려 애쓰기 때문에, 설사 자신이 가진 모든 게 동이 난다 해도 후회하지 않는다. 심지어 작정하고 실컷 얻어먹으러 온 게 뻔해 보이는(아마 집주인이 사냥이나 채집에 나가 먹을 걸 많이 가지고 온 걸 알고) 사람도 내치지 않고 마음껏 먹게 해준다. 그러나 방문객이 뭔가를 요청하는 건 관례가 아니다. 집주인이 이미 상대의 의중을 알고 가지고 있는 모든 걸 내주기 때문이다.[58]

이처럼 푸짐한 방문객 접대는 얼핏 보면 보편적인 인간 관심의 고대 버전 같지만, 그렇지 않다. 고대인들은 낯선 이들을 오늘날의 우리처럼 생각하지 않았기 때문이다. 오늘날에는 사업차 다른 대륙으로 여행을 가기도 하고, 꿈에도 만날 생각을 하지 못한 낯선 사람 수십 명과 함께 한 카페 안에서 점심을 먹기도 한다. 오늘날의 '낯선이'란 그런 것이다. 그러나 우리의 마음이 진화되기 시작한 구석기 시대의 낯선 이는 그런 게 아니었다. 그 세계에서 낯선 이란 대개 당신과 같은 언어를 쓰고 당신과 비슷한 옷을 입은 사람이다. 그 낯선 이와 잠시 얘기를 나누다보면(당신이 상대를 너무 두려워하거나 아니면 죽이려고 마음먹은 게 아니라면), 결국 서로 아는 사람에 대한 얘기가 나오게 된다. 예를 들어 당신의 처남이나 매부가 상대 아들의 친구일 수도 있고, 당신의 이복누이의 딸이 상대 조카의 아내일 수도 있다. 당신이 속한 문화 집단 내 사람들 사이에서 낯섦은 그야말로 일시적인 상태로, 어색함을 풀기 위한 농담이나 아는 사람 얘기를 잠시만 나누다보면 곧 극복된다.

이처럼 수렵·채집 사회에서 의미하던 낯선 이에 대한 의미를 알고 나면, 그들이 왜 낯선 이들에게 그렇게 푸짐한 접대를 했는지 그 이유를 쉽게 알 수 있다. 남아프리카공화국의 산족은 왜 그렇게 낯선 이들을 돕는 일에 열심이었을까? 이 의문에 빅토르 레브젤터는 이렇게 답했다. "그것은 아마 낯선 이에게 친절을 베푸는 사람은 상대가 자기희생을 해서라도 반드시 그 빚을 갚을 거라는 걸 확신했기 때문일 것이다."[59] 그리고 또 왜 티에라 델 푸에고의 야간족은 예고도 없이 찾아오는 낯선 이를 그렇게 푸짐하게 접대한 걸까? 이 또한 답은 간단하다. 레브젤터는 이렇게 말했다. "그건 아마 오늘 손님이었던 사람이 내일은 주인이 될 수도 있기 때문일 것이다. 따라서 한 사람이 한 집에서 얻어먹고 그다음 또 다른 집에서도 얻어먹는다면, 결국 나중에는 자신도 너그러운 주인일 수 있다는 걸 보여줘야 할 것이고…… 그러니까 그 누구도 인색한 사람이라는 말은 듣고 싶어 하지 않기 때문에, 너그러움을 발휘해 자신이 가진 모든 걸 손님에게 내놓는 것이다."[60]

그래서 수렵·채집 사회의 원칙은 뿌린 대로 거둔다는 것이었다. 낯선 이를 도와줄 경우, 당신은 따뜻하고 세심한 집주인이라는 평판을 쌓음으로써 자신의 행복을 위해 투자를 하는 것이다. 그렇게 당신 손님을 감동시킬 경우, 그 사람이 이후 자기 부락에 살고 있는 당신 혈육한테 더 잘할 것이며, 아니면 나중에 당신이 그 사람의 부락을 방문할 때 따뜻한 대접을 해줄 것이니 말이다.

호혜주의, 평판 그리고 이성

호혜주의자들은 어떤 사람들일까? 그들은 다른 사람들의 삶에서 일정 지분을 매입해 높은 수익률을 올리는 똑똑한 투자자들이다. 그들은 사기꾼들을 경계한다. 그들은 건강과 힘과 능력 그리고 성공을 토대로 사람을 판단한다. 그들은 가장 잠재력이 높은 친구 및 협력자들을 끌기 위해 선행을 보여주는 방식으로 자신을 알린다. 그들은 소문을 즐긴다. 칭찬을 좋아하고 비난을 두려워하며, 따뜻한 행동을 찬미하고 냉혹한 행동을 경멸한다. 그들은 믿을 수 없는 친구들을 경계하고 참된 친구들을 귀히 여긴다. 간단히 말해, 호혜주의자가 어떤 사람인지 보고 싶다면 거울에 비친 당신 자신을 보면 된다.

고대의 조상들이 갖고 있던 이런 호혜주의 본능이 낯선 이들에 대한 우리 현대인들의 관심을 뒷받침해줄까? 아마 어느 정도는 그럴 것이다. 낯선 이들에 대한 우리 현대인들의 태도를 이해하는 데, 호혜주의는 분명 해밀턴식 이타주의나 집단 선택보다 더 많은 도움을 준다. 앞서 살펴보았듯, 트리버스식 호혜 관계를 구축하려는 우리의 성향은 비용-이익 비율에 민감하다. 도움이 절실히 필요한 사람의 입장에서는, 우리에겐 별것도 아닌 거 같은 도움이 엄청난 가치를 지닐 수 있다. 한계효용 체감의 법칙 때문에, 예를 들어 한 덩어리의 빵은 냉장고 안에 빵 세 덩어리가 더 있는 사람보다는 굶주린 사람에게 훨씬 더 가치가 높다. 이 같은 비용-이익 비율하에서는 도움을 주는 게 뛰어난 투자처럼 보일 수 있다. 그리고 상대가 빚을 갚을 가능성이 없을 경우, 누군가의 행복에 투자하는 것은 왈가불가할 가치도 없는 듯하다. 그 결과 트리버스식 호혜주의 쪽으로 진보된 우리의 본능으로 인해, 우리는 약한 사람, 병든 사람, 늙은 사람 그리고 소외된 사람, 그러니까 아이러니하게도 가장 도움을 필요로 하는 사람들을 돕지 않으려 한다. 투자 회수율이 가장 떨어지기 때문이다. 또한 우리의 호혜주의 본능으로 인해, 우리는 다시 만날 가능성이 별로 없는 사람도 돕지 않으려 한다. 그러니 아예 만난 적도 없는 사람을 얼마나 열심히 도우려 하겠는가? 게다가 '자격 유무에 대한 휴리스틱'도 있다. 도움이 필요한 낯선 이가 있을 경우, 이제까지의 경험을 토대로 그 사람을 도와줄지 말지를 예측한다는 것이다. 그러니 도움이 필요한 낯선 이에 대한 정보가 없는 경우, 자기 문제는 자기가 알아서 해결해야 한다고 생각하기 쉽다. 게다가 무책임하게 자기 문제를 스스로 해결하려 하지 않는 사람이 과연 자신이 진 빚을 갚으려고나 하겠는가?

낯선 이들에 대한 우리 현대인의 너그러움을 진화론적 측면에서 설명하는 데는, 트리버스식 직접적인 호혜주의보다는 알렉산더-노왁-지그문트식 간접적인 호혜주의가 훨씬 더 유망해 보인다. 우리는 우리 친구들과 짝, 사업 파트너 그리고 우리 리더들의 너그러움을 높이 평가한다. 그리고 우리는 그들이 우리에게도 그런 너그러움을 보여주길 바란다. 이와 관련해 구약성경 〈잠언〉의 저자는 이렇게 말한다. "많은 재물보다 명예를 택할 것이요, 은이나 금보다 은총을 더욱 택할 것이니라."[61]

다음 7개 장에서 우리는 지난 1만 년간 진화되어온 인간의 너그러움을 보다 잘 이해하기 위해 과학자들이 지난 20만 년간 진화된 인간의 너그러움에 대해 알게 된 사실들을 정리해볼 것이다. 그러면서 가난하고 고통받는 사람들의 필요를 충족시켜주기 위한 현대 사회의 노력에 영구적인 영향을 준 '인류를 괴롭힌 7가지 대규모 고통'에 대해서도 살펴볼 것이다. 그 과정에서 우리는 도움이 필요한 낯선 이들에게 도움을 주는 방식에 일어난 커다란 혁명들이 실은 놀랄 만큼 적은 수의(정확히 말하자면 3가지의) 진화된 인간의 정신적 능력에 의해 뒷받침되고 있다는 사실을 알게 될 것이다. 첫 번째 심리학적 능력은 뛰어난 호혜주의식 투자를 알아보는 우리의 예리한 후각이며, 두 번째 능력은 좋은 평판에 대한 우리의 사랑이다. 이 장에서 살펴보았듯, 호혜주의와 평판은 중요하다. 그러나 너그러움의 계보에서 우리가 간과해선 안 될 세 번째 r('호혜주의reciprocity'와 '평판reputation'처럼 r로 시작하는)은 reason 즉, '이성'이다. 찰스 다윈은 이성을 결코 가볍게 여기지 않았고, 우리에게도 그러라고 했다.

> 인류 문명이 발전하고 작은 부족이 합쳐져 보다 큰 공동체가 생겨나자, 이성은 각 개인에게 이렇게 말했다. "사회적 본능과 연민을 개인적으로 알지도 못하는 공동체의 모든 구성원에게까지 확대해야 한다."고. 공동체가 이런 수준에 이르면, 각 개인의 연민이 모든 국가, 모든 인종의 사람에게까지 확대되는 걸 막는 건 인위적인 장애물뿐이다.[62]

내가 지금 여기서 얘기하는 인간의 이성 능력은 진리표truth table* 나 역설과 관련이 없으며 소크라테스가 죽었는지를 알아내는 일**과 도 관련이 없다. 앞서 언급한 것들보다 다분히 일상적인 것이다. 첫째, 어떤 딜레마에서 우리가 원하는 것(또는 우리가 피하려 하는 것)을 알아낸다. 둘째, 우리가 원하는 걸 손에 넣는 데 가장 도움이 되는 행동 방침에 대한 믿음을 형성한다. 셋째, 추론에 토대를 둔 그 믿음에 대해 변호한다. 넷째, 그 추론을 활용해 다른 사람에게 우리 믿음이 옳다는 걸 설파하고, 그런 다음 다른 사람들이 추론에 근거해 자신의 믿음에 대해 하는 정당화를 비판적인 눈으로 본다.

따라서 실용적인 추론의 목표는 숲속에 듣는 사람이 아무도 없을

---

*   논리 연산에 대한 연산표. - 역자 주
**   '모든 사람은 죽는다. 소크라테스는 사람이다. 따라서 소크라테스도 죽는다'는 삼단논법에서 온 말. - 역자 주

경우 쓰러지는 나무는 과연 소리를 내는 것이냐 아니냐를 결정하는 게 아니다. 실용적인 추론의 목표는 우리의 문제들에 대해 바람직한 해결책들을 찾아내는 것이다. 앞으로 좀 더 자세히 살펴보겠지만, 지난 1만 년간 인간 공동체와 우리의 의식 안에는 계속 도움이 필요한 사람들이 존재했고, 그 존재는 계속 이런저런 큰 문제를 야기했다.

7장.

고아들의 시대

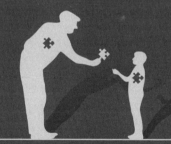

인류의 진화 과정에서 처음 800만 년간 우리의 연민 능력은 그야말로 달팽이처럼 느린 속도로 발전했다. 유전자가 하나하나 변화하면서, 우리의 몸과 마음이 아주 느린 속도로 사회적 본능과 감정을 만들어냈기 때문이다. 그에 비해, 낯선 이들의 행복에 대한 우리의 관심은 지난 1만 년간 그야말로 빛처럼 빠른 속도로 진화했다. 다음 7개 장에서 우리는 그 1만 년을 7개의 역사적 시대로 나누어 살펴볼 것인데, 각 시대마다 대규모의 고통스런 일이 있어, 우리 조상들은 인간의 고통에 대한 자신들의 믿음을 수정해야 했고 또 문제 해결을 위해 새로운 해결책을 만들어야 했다. 또한 우리는 조상들이 그 모든 일을 겪는 동안, 인간의 세 가지 본능, 즉 호혜주의 성향과 평판에 대한 사랑 그리고 추론 능력이 어떻게 그들의 상황 대처에 영향을 주었는지도 살펴볼 것이다.

이 장에서 살펴볼 역사적 시대를 나는 '고아들의 시대the Age of Orphans'라 부르는데, 이 시대는 인류가 수렵과 채집을 하며 돌아다니던 유목민 생활방식에서 벗어나 한곳에 정착해 농업을 하며 살아가는 생활방식으로 변화된 시기와 일치한다. 이 시대에 부의 불평등이 역사상 유례가 없을 정도로 심각해지면서, 인류는 일찍이 경험해본 적 없는 큰 역경에 처하게 된다. 많은 사람이 일부 채권자들에게 너무 큰 빚을 져, 그걸 갚으려면 자신이 소유한 모든 걸 팔거나 평생 그 채권자의 노예처럼 살아야 했다. 그 엄청난 불평등과 억압 속에서, 고대 세계의 왕들은 한 가지 새로운 아이디어를 생각해냈다. 즉, 사회의 가장 취약한 백성들을 채권자들의 억압으로부터 보호해줌으로써, 충성이라는 이름으로 보답하게 하고 왕 자신은 선하고 지혜로운 사람이라는 평판을 공고히 할 수 있게 된 것이다.

농사꾼들

가난은 기본적으로 식량과 관련된다. 그러니 인간의 너그러움의 역사를 7개의 시기로 나눌 때 그 첫 번째 시기에 먹는 것과 관련해 큰 변화가 있었다는 건 너무도 당연한 일일 것이다. 그 같은 변화는 약 1만 2,500년 전 중동 지역에 살던 수렵·채집인 집단에서 일어났는데, 오늘날 우리는 그들을 나투피언Natufian이라 부른다. 나투피언은 식량을 보충하기 위해 야생 곡물을 이용하기 시작했다. 기후 변화로 인해 중동 지역이 점점 더 따뜻하고 습해지면서, 야생 곡물 또한 점점 더 늘어났기 때문이다. 나무 손잡이가 달린 돌낫 하나로 농사를 지은 나투피언의 식습관은 서서히 곡물 중심으로 변화되어갔다.[1]

변화의 세세한 부분까지는 알 수 없지만, 고고학적 자료를 통해 우리가 알 수 있는 사실은 이 정도이다. 2,000년이 채 안 되는 기간에 나투피언은 이곳저곳 돌아다니며 수렵·채집을 하는 유목민에서 면적 약 2,000제곱미터의 땅에서 60명 정도가 모여 농사를 짓는 농사꾼으로 변했다. 그들은 커다란 공동 절구를 이용해 곡물을 갈아 가루를 냈고, 당장 먹지 않는 곡물 여분은 공동 곡물 저장고 안에 저장했다.[2] 또한 식습관은 바뀌었지만, 수렵·채집을 하던 시절과 마찬가지로 노동과 노동 과정들은 서로 공유했다.

그러나 이 같은 나투피언의 실험은 기원전 8000년경에 이르러 끝이 났는데, 아마 오랜 가뭄으로 인해 다른 데로 이주를 해야 했기 때문으로 추정된다. 그리고 머지않아 진취적인 선사 시대의 또 다른 농사꾼 집단이 과거 나투피언의 땅에 정착했다. 나투피언의 후계자인 이 '전前신석기 시대Pre-Pottery Neolithic era' 거주인들은 농업 분야에서 몇 가지 중요한 발전을 이뤘는데, 그중 가장 중요한 발전은 선택 번식 프로그램의 도입으로, 그 덕에 그들은 워낙 많은 사랑과 관심을 필요로 해 사람의 손길이 직접 닿지 않으면 자라지 못하는 열량 높은 밀을 재배했다. 그리고 그렇게 곡물류가 인간에게 의존하게 되면서, 인간도 곡물에 의존하게 됐다.[3]

또 다른 혁신도 있었다. 전신석기 시대인은 나투피언과 달리 추수할 때 마을 전체의 노동력을 공동 관리하지 않고 가정 내에서 개별 관리하기 시작했다. 한때 마을 사람들을 먹여 살리는 건 마을 전체의

타인의 친절

책임이었지만, 이제는 각 가정의 책임이 된 것이다. 전신석기 시대인은 나투피언의 공동 절구와 공동 곡물 저장소들을 더 이상 사용하지 않았고, 절구와 곡물 저장소를 각자의 집 안에 만들기 시작했다.[4] 집단 작업과 집단 공유 또한 사라졌고, 사유재산 방식의 소규모 가정 경제가 시작됐다.[5]

과거 수렵·채집인의 단결력은 대체 어디로 사라진 걸까? 땅에 구멍을 내 씨앗을 뿌리고 그 구멍들에서 자라난 식물들을 먹고 산 건 불과 몇 천 년밖에 안 되는데, 어찌 그것이 20만 년 동안 이어져온 인간의 생활방식을 바꿔놓을 수 있단 말인가? 그러나 분명 농업을 통해 인간의 생활방식은 획기적으로 바뀌었다. 그것도 단 세 가지 변화를 통해서 말이다.[6] 농업은 인류의 집단 공유 문화에 큰 변화를 주었는데, 그 첫 번째 결정적인 변화는 굶주림을 피하기 위한 새로운 접근 방식에서 비롯되었다. 수렵과 채집으로 먹고 산 우리 조상들은 흔히 두 가지 F, 즉 fat(지방)과 friends(친구들)를 활용해 굶어 죽는 걸 피했다. 몸에 필요한 에너지로 즉각 변환시킬 수 없는 여분의 식량을 획득할 경우, 당신은 그걸 지방(음식을 못 먹을 때 당신의 몸은 그 지방을 에너지로 변환할 수 있다) 형태로 몸 안에 비축하거나 친구(미래에 보답해줄 가능성이 높다)에게 줄 수 있다. 그러나 농사를 통해 곡물을 얻게 되자, 굶주려 죽는 일을 피하기 위한 세 번째 F, 즉 fast food(패스트푸드)가 등장했다.

시간이 지나면 부패해 그 가치를 잃게 되는 대부분의 다른 음식과 달리, 곡물은 오래가고 안정되고 쉽게 부패하지 않는다는 점에서 패스트푸드인 셈이다. 곡물의 경우 그저 서늘하고 건조한 곳에 저장해

놓고 해충들만 막아주면 된다. 적절히 관리만 한다면, 곡물은 오늘날과 마찬가지로 믿을 만한 친구이다. 그건 농업의 선구자인 전신석기 시대인의 경우도 마찬가지였다. 남는 곡물을 개인 곡물 저장소에 저장해둠으로써, 그들은 미래에도 굶주림의 위협으로부터 자신들을 지킬 수 있었다. 남는 곡물을 한번에 다 게걸스레 먹어야 할 필요도 없었고, 훗날 보답받을 걸 전제로 궁핍한 친구들에게 나눠줄 필요도 없었다. 위험에 대비할 수 있는 이 새로운 기회를 최대한 활용하기 위해, 레반트Levant(오늘날의 이스라엘, 요르단, 레바논, 시리아) 지역의 전신석기 시대 농사꾼들은 자신들의 곡물을 사람들의 눈에 잘 띄지 않는 집안 깊숙한 곳 조그만 저장실 안에 숨겨놓기 시작했다.[7]

곡물의 경우 공유하는 걸 어렵게 만드는 또 다른 특징이 있는데, 그건 곡물의 크기이다. 수렵·채집인은 주로 크기가 큰 식량(영양, 얼룩말, 아기 기린 등을 생각해보라)을 나누어 가졌다. 그러나 크기가 작은 식량들(과일이나 뿌리채소 등)은 잘 나누어 갖지 않았다. 아마 사지가 멀쩡한 사람이라면 누구든 밖에 나가 잘 익은 과일을 따거나 흙 속에서 얌 같은 걸 캐낼 수 있다고 느끼기 때문이었으리라.[8] 이처럼 누구나 쉽게 손에 넣을 수 있는 작은 크기의 식량은 공유하지 않으려는 경향이 있어 아직 수렵·채집인의 생각을 갖고 있던 레반트 지역의 전신석기 시대 농사꾼들도 곡물을 나눠 갖는다는 건 다소 이상하다고 생각했는지도 모른다.

농업이 집단 공유 문화에 미친 두 번째 결정적인 변화는 농지의 개인 소유화에서 비롯되었으며, 그 결과 노력과 보상 간의 관계에 대한 사람들의 사고방식에도 변화가 일어났다.[9] 동물을 사냥해 식탁에

타인의 친절

올리는 건 늘 위험이 따르는 일인데, 그건 사냥을 잘하는 것만으로는 충분치 않으며 운도 좋아야 하기 때문이다.[10] 제아무리 뛰어난 사냥꾼도 대부분의 사냥은 실패한다. 그래서 사냥꾼들은 자신이 잡은 사냥감을 공동체의 다른 구성원들과 나눠 가짐으로써 빈손으로 집에 돌아와야 하는 위험을 분산했다.

농사일이라고 크게 다를 바 없었다. 사냥의 경우, 당신이나 당신 친구들 중 하나가 식량으로 쓸 동물을 잡는 즉시 바로 투자 회수를 하게 된다. 그러나 농사일의 경우, 몇 주 내지 몇 달이 지나야 노동에 대한 대가를 받을 수 있다. 농사꾼들은 운이 좋아야 할 필요도 없다. 그저 부지런하면 된다. 땅을 구하고 개간하고 돌들을 들어내고 토양을 비옥하게 만들고 잡초들을 뽑고 식물들을 심고 물을 주고 씨앗들을 보관했다가 다시 심고, 이 모든 일에 많은 시간과 노력을 쏟을수록, 더 많이 수확하게 된다. 제일 게으른 농사꾼들과 비교해, 제일 부지런한 농사꾼들은 밭에서 일하는 시간이 더 길고 사람들과 어울리는 시간은 짧다.[11]

세상에는 이 모든 일에 다른 사람들보다 더 의욕적으로 임하는 사람들이 있는 법인데, 그런 세상에서 농사일은 점점 더 가정 중심으로 조직화되었다. 전통적인 수렵·채집인은 대단한 평등주의자들이다. 그 누구도 주변 사람들 위에 군림할 권리는 갖고 있지 않다. 그래서 공동 밭에서 부지런히 열심히 일하는 농사꾼이 게으른 동료에게 더 열심히 일하라고 강권할 경우 무시당하거나 조롱받기 십상이다.[12] 이런 이유로 집단 농사는 제대로 되지 않는 법이다. 이런 상황에서 가족 중심의 농사 시스템은 농사 인력을 구해야 하는 문제를 쉽게 해결해주었다. '경영진(부모들)'이 '노동자들(아이들)'로 하여금 열악한 환경 속에서 오랜 시간 일할 수 있게 할 수 있었기 때문이다.

영국 정치사상가 존 로크John Locke는《통치론 IISecond Treatise of Government》에서 땅은 개인이 노동력을 쏟을 때 비로소 사유재산이 된다면서 이렇게 말했다. "한 개인이 씨를 뿌리고 경작하는 땅이 많아질수록 그의 재산 또한 많아진다. 말하자면 자신의 노동력을 통해 땅을 만인의 것에서 자신의 것으로 바꿔가는 것이다."[13] 어디서나 인간은 노동이 물질적인 것을 사유재산으로 변화시킨다는 존 로크의 직관에 동의하는 듯하다. 이처럼 기본적인 인간의 직관을 토대로 추측해보건대, 레반트 지역의 전신석기 시대 농사꾼들 역시 토지 소유에 대해 다음과 같은 생각을 하게 된 것 같다. '당신이 일구는 그 땅은 당신과 당신 가족의 것이고, 내가 일구는 이 땅은 나와 내 가족의 것이다.' 오늘날까지도, 미국과 유럽의 농지들 가운데 95%는 단일 가족들에 의해 좌지우지되고 있다.[14]

마지막으로, 농업이 집단 공유 문화에 미친 세 번째 결정적인 변화는 농업이 만들어낸 새로운 형태의 부에서 비롯됐다. 농업이 생기기 전까지만 해도, 삶에서의 성공이란 이른바 '체화 자본(체력, 기술, 지능 등)'과 '사회 자본(다른 사람들과의 깊은 관계)' 그리고 '물질 자본(당신이 소유하고 있는 것)'이라는 대략 평등한 기준으로 평가됐다. 그러나 수렵·채집 문화에서 농업 문화로 변화되면서, 성공은 당신이 얼마나 많은 체화 자본과 물질 자본을 갖고 있는지보다는 당신이 얼마나 많은 땅과 동물을 소유하고 있는지로 평가됐다. 그리고 땅과 가축은 체력이나 기술, 지능 그리고 사회적 관계보다 훨씬 더 쉽게 상속됐다.[15] 옛

말 그대로 재물은 당신이 죽을 때 가지고 갈 수 없지만, 그 재물이 농지와 염소들인 경우 당신 아이들에게 물려줄 수는 있다.

전신석기 시대에 이처럼 부의 물질성과 상속 가능성이 커지면서 인류의 사회생활에 일대 변화가 일게 된다. 수렵·채집인 집단 안에 존재하던 평등주의 및 집단 공유 문화는 그 가치가 떨어지게 됐다. 반면 가족과 혈통은 점점 더 중요해졌다. 민족학적 기록들에 따르면, 도덕 교육을 통해 자식들에게 무조건적이고 진보적인 너그러움을 가르치던 부모들도 더 이상 그러지 않았다.[16] 점점 가족 규모가 커져갔고 집도 커져갔고 사회생활도 공동체 모닥불이 아니라 집안 난로를 중심으로 돌아가게 되었다.[17]

혈통을 보존하는 것이 토지에 대한 권리를 지키는 길이었기에 레반트 지역의 전신석기 시대인은 자신들의 토지를 두 가지 방법으로 지켰다. 첫째, 이는 소규모 농사를 짓는 세계 각지의 사회들에서 흔히 볼 수 있는 현상인데, 전신석기 시대인은 자기 자식들을 사촌들의 자식들과 결혼시켰다.[18] 사촌 간의 결혼은 부를 집안 내에 보전시켜주는 더없이 좋은 방법이다.

또한 전신석기 시대인은 늘 조상과 가까이했다. 문자 그대로 가까이했다. 조상들의 시신을 부엌 마루 아래 묻을 정도로 말이다. 전신석기 시대의 농사꾼들은 죽은 가족을 자기 집 마루 바로 밑에 묻었는데, 시신을 매장할 때 회반죽에 선홍색 원을 아로새겨 두개골 위치를 금방 알 수 있게 했다. 2년 정도가 지나면 회반죽이 깨지고 살점이 떨어져나간 두개골이 움직이게 되는데, 그러면 숙련된 장인을 고용해 다시 회반죽을 하고 거기에 얼굴을 그렸다. 이렇게 발굴된 두개골들 중 상당수는 훗날 두개골을 보존하는 공공장소들로 보내져 다시 묻히게 된다.[19] 이런 관행에는 많은 의미가 담겨 있겠지만, 철학자 킴 스티렐니Kim Sterelny는 이는 사람들이 조상의 유해를 재산권을 입증하기 위한 수단으로 사용한 증거라면서 이렇게 말했다. "시신 바로 위에서 먹고 자고 또 공개적으로 옮기고 매장하는 의식을 통해 두개골을 혈통과 연줄의 증거로 삼은 것이다. 죽은 사람의 상속인이라는 걸 이보다 더 확실하게 보여줄 수 있는 방법도 없었을 것이다."[20]

이처럼 패스트푸드, 농지의 사유화, 새로운 형태의 부라는 세 가지 변화를 통해, 가족 중심의 농업은 이제 집단 공유 문화 대신 세계의 중요한 경제 모델로 자리 잡게 된다. 그렇다고 해서 레반트 지역의 전신석기 시대 농사꾼들이 갑자기 자기 가족과 혈육 외의 모든 사람에 대한 관심을 뚝 끊었다는 얘기는 아니다. 그들은 분명 일상적인 일을 할 때 그리고 또 모두에게 가치 있는 자산(울타리, 벽, 관개 시설 등)을 만들 때 여전히 친구나 이웃에게 도움을 주었다. 오늘날에도 그렇지만, 그 당시에도 농사를 망치거나 양파 같은 걸 빌려야 할 때는 친구나 이웃에게 도움을 청해야 했다.[21] 그러나 협력이 필요한 일들이 주로 집안에서 해결되고 대가족의 행복이 가장 우선시되면서 이웃의 행복에 대한 관심은 뒷전으로 밀려났다.

사람들이 대가족 내에서 자신들의 노동력과 부에 관심을 집중하게 되면서, 또 다른 엄청난 문화적 변화가 일어나게 된다. 즉, 가족과 혈육이 부유한 부류와 가난한 부류로 나뉘기 시작한 것이다. 농업과 관련된 부(집, 토지, 가축)는 한 집안 내에서 유지될 수 있어서 장기적으로는 행운(농산물 및 가축 생산에 특히 좋은 날씨)이나 이런저런 심각한 변

타인의 친절

수(아버지의 때 이른 죽음), 현명한 투자(이웃집 가난한 과부의 집과 농지 구입 또는 젖소들을 돌봐줄 여분의 노동력 고용) 등이 집안의 재산에 영향을 미치기 시작했다. 시간이 지나면서 부유한 사람들은 더 부유해지게 되고 가난한 사람들은 더 가난해지게 되었다. 결국 높은 수준의 수입 불평등이 한층 더 심화됐다.

나투피언의 농사 실험 이후 5,000년도 채 안 돼, 그 뒤를 이은 전신석기 시대인은 거대한 공동체 안에서 살게 되었다. 예를 들어 요르단강 서안의 전신석기 시대 도시 예리코에는 3,000명이나 되는 사람들이 모여 살았다. 이 지역에서(어쩌면 전 세계에서) 최초로 사람들이 그 어떤 의무감도 애정도 공유하지 않는 타인과 어울려 살게 되면서, 그들의 세계는 낯선 이들의 세계가 되어버렸다.

무관심에서 불평등까지

기원전 6200년경에 레반트 지역의 전신석기 시대 농사꾼들이 갑자기 전부 남쪽으로 이동했다. 갑작스런 기후 변화 때문인 걸로 추정된다. 그리고 그 무렵 그들의 농사 실험은 레반트 지역에서 동쪽으로 메소포타미아 지역까지 전파됐다. (머지않아 이집트와 남아시아, 중국 그리고 신세계 지역에서도 비슷한 농사 폭발이 일어난다.[22]) 레반트 지역에 살던 전신석기 시대 마을들의 경우와 마찬가지로, 하수나, 사마라, 할라프 같은 상上 메소포타미아 지역 사회들 역시 집단 공유 문화가 있는 전통적인 수렵·채집 패턴에서 벗어나 농업 사회로 변신했다. 이 사회들에서 나온 유물들을 보면, 그 시대에 불평등이 심화되었음을 알 수 있다. 어떤 가족들은 아주 큰 집에서 살았고, 어떤 가족들은 작은 집에서 살았다. 이런 흔적들을 통해 우리는 메소포타미아 지역에서 농업이 급격히 발전하면서 레반트 지역에서 그랬던 것처럼 집단 공유 문화가 사라졌으며, 그 결과 불평등과 낯선 이들에 대한 무관심이 심화됐다는 걸 알 수 있다.[23]

그렇다면 메소포타미아 지역에선 대체 불평등이 얼마나 심화됐을까? 정확한 건 아무도 모르지만, 현재 세계 각지의 소규모 사회에서의 부의 불평등 상황으로 미루어 짐작은 해볼 수 있다. 주로 수렵과 채집으로 먹고사는 사람들의 경우, 복지가 잘되어 있는 오늘날의 스칸디나비아 반도 국가들의 경우보다 불평등 수준이 조금 더 높은 편이다. 반면 소규모 농사를 짓는 사회의 경우, 불평등 수준이 정말 높은 오늘날의 베네수엘라나 콩고민주공화국과 비슷하다.[24]

불평등에서 억압까지

기원전 4000년경 우루크 같은 초기 수메르 도시들이 보다 계층화되고 복잡해지면서, 사회 기반 시설들이 한층 더 중요해졌다. 그래서 여기저기 운하나 도랑들을 파야 했고, 토목공사들이 진행되어야 했다. 용수 사용권을 둘러싼 타협과 법 집행도 필요했다. 영토 수호 및 확장을 위한 전쟁이 계획되고 실제 벌어지기도 했다. 그러나 이 모든 일은 저절로 이루어지지 않았고 그만한 대가를 지불해야 했다. 그래

서 세계 최초의 과세 제도가 탄생했다.[24]

그러나 아직 돈이 없던 세상에서, 세금은 고기, 농작물, 각종 물품, 부역corvee labor(corvee는 라틴어 corrogare에서 온 말로, '요구하다, 징발하다'의 뜻이다) 등의 형태로 거둬들여졌다. 한 달에 주말 한 번 또는 1년에 2주 복무하는 미국 주방위군과 마찬가지로, 고대 도시국가들의 가난한 농부와 중산층 농부는 매달 며칠씩 자신의 밭을 떠나 왕과 성직자, 기타 다른 엘리트 계층을 위해 농부나 군인으로 노동력을 제공해야 했다.[25] 왕족과 성직자들과 귀족들의 농장들 역시 다른 모든 사람의 농장이 바쁜 시기에(예를 들어 파종기나 추수기에) 바삐 돌아가야 했기 때문에, 부역은 정말 괴로운 역경이었다.

과세 제도 얘기가 나와서 하는 말인데, 어쩌면 고대 근동 지역의 왕들이 곤궁한 시기에 사회에서 가장 취약한 계층의 사람들을 먹여 살릴 식량 분배 제도 같은 걸 만들었을 거라 생각하는 사람들도 있을 것이다. 어쨌든 그런 게 오늘날 정부들이 세금을 가지고 하는 일들 중 일부이니까. 그러나 고대의 근동 지역 왕들이 그런 일을 했다는 걸 보여주는 증거는 없다. 사실 고대 세계의 지배자들은 많은 곡물을 비축해두었다. 그러나 그 곡물 저장소들은 국가의 부를 관리하기 위한 수단에 지나지 않았을 가능성이 높다. 학자들이 발견한 증거들에 따르면, 그 막대한 식량이 먹을 게 부족한 시기에 가난한 사람들을 위해 쓰인 경우는 거의 없었다.[26] 이와 관련해 아시리아에 대해 많은 연구를 한 벤저민 포스터Benjamin Foster는 이렇게 적었다. "고대 근동 지역의 역사를 마르크스주의자들의 관점에서 본다 해도, 사회적 불만이나 민중 운동 또는 사회 개혁의 다른 익숙한 전조 등으로 보이는 직접적인 증거는 거의 찾아볼 수 없다."[27]

다음 수메르인들의 격언에서도 볼 수 있듯, 세계 최초의 도시국가들에 산 사람들은 가난과 굶주림을 피할 수 없는 현실로 본 운명론자들이었다.

가난한 자는 굳이 살리지 말고 죽게 내버려두라. 가난한 자는 빵을 찾아내면 소금을 찾아내지 못한다. 소금을 찾아내면 빵을 찾아내지 못한다. 고기를 찾아내면 양념을 찾아내지 못한다. 양념을 찾아내면 고기를 찾아내지 못한다. 기름을 찾아내면 항아리를 찾아내지 못한다. 항아리를 찾아내면 기름을 찾아내지 못한다.[28]

고대의 가난한 사람들은 살아가면서 자신의 고달픈 운이 덜 고달픈 운으로 바뀌길 기대하지 않았고, 자신들의 정부가 자신을 위해 뭔가를 해줄 것도 기대하지 않았다. 그럼에도 불구하고, 어떤 왕들은 결국 사회에서 가장 취약한 사람들을 고통과 억압으로부터 보호해주기 위해 팔을 걷어붙이고 나섰다. 그 결과 우루이님기나 개혁(기원전 2300년경)과 우르남무 법전(기원전 2050년경) 그리고 더 잘 알려진 함무라비 법전(기원전 1750년경) 같은 고대 문헌들에 따르면, 인류 최초의 왕들이 고아와 과부 그리고 가난한 남자 등 사회에서 가장 취약한 사람들을 너무도 명백한 형태의 억압으로부터 보호하는 일에 우선순위를 두기 시작했다.[29]

그 개혁 문헌들에서는 다소 급진적인 조항도 발견된다. 개혁적인 왕들은 빚을 진 사람이 빚 대신 해야 하는 노예 생활의 햇수를 줄여

타인의 친절

주었고, 이자율을 제한했으며, 개인 부채에 대한 악질적인 상환 조건들을 완화시켜주었고, 사람들로 하여금 빚을 갚거나 식량을 사기 위해 팔았던 땅이나 재산을 되살 수 있게 해주었다. 함무라비 왕은 군장교들이 자기 부하들의 재산을 강탈하는 걸 금지했다. 우루이님기나 왕은 가난한 사람들을 억압해 호가에 훨씬 못 미치는 가격에 재산을 팔게 만드는 착취 행위나 다른 마피아식 방법들을 불법화했다. 자신이 부역 기간을 한 달에 단 4일로 줄여주었다며 자랑한 왕도 있었다.[30]

또한 개혁적인 왕들은 여성들에게서 죽은 남편이나 아버지로부터 재산을 상속받을 자격을 박탈한 과거의 법을 철폐했으며, 고아와 과부에 대한 착취 또한 금지했다. 고대 수메르 도시국가들 중 하나인 라가시의 우루이님기나 왕은 도시의 수호신 앞에서 힘 있는 자들이 고아와 과부를 상대로 부당한 짓을 하지 못하게 하겠다고 약속함으로써 자신이 만든 새로운 약자 보호 조치를 더 굳건히 했다.[31] 함무라비 왕도 자신의 법전 시작 부분과 끝 부분에 비슷한 관심사를 표명했으며, 그의 법전 177항에서는 과부들이 죽은 남편의 집에 그대로 머무는 것을 허락했다. 함무라비 법전에서는 채권자들이 빚 청산을 위해 과부의 살림 도구들을 처분하는 것도 금지했다. 이집트의 지배자와 고위직 관료들은 자신이 '고아들의 수호자', '과부의 남편', '두려움에 떠난 자들의 구원자', '고통받는 자들의 구세주'와 같은 식으로 불리는 걸 좋아했다.[32]

연민 놀이

고대 근동 지역의 왕들이 시작한 이런 개혁들을 보면서, 그 모든 게 그들이 자기 백성의 행복에 대해 큰 관심이 있었다는 증거라고 생각할 수도 있을 거고, 아니면 그들이 자신의 부를 활용해 강력한 재분배 정책을 펴려 했다는 식으로 생각할 수도 있을 것이다. 그러나 성급한 결론을 내리기에 앞서, 우루이님기나 왕을 비롯한 여러 왕이 고아와 과부 그리고 가난한 남자를 보호함으로써 얻는 이익이 무엇이었는지를 생각해보는 게 도움이 될 것이다. 나는 두 가지 가능성을 본다.

첫째, 그 왕들은 고아, 과부, 가난한 남자로부터 사랑을 받음으로써 이익을 봤다. 고대의 왕들은 '지상에서 신을 대신하는 자' 또는 '스스로가 신인 자'로 행세함으로써 자신의 정통성을 지켰다. 그러니 자기 백성을 파멸로부터 지켜주지 못하는 신의 대리인이나 신은 대민 관계에 큰 문제를 가질 수밖에 없었다. 그리고 신들 자신은 종종 양치기로 묘사됐고, 그 백성들은 그 자신이 돌봐야 할 가축으로 묘사됐다. 이집트에서 백성들은 '신의 소들'이었다. 바빌로니아인과 히브리인들 사이에서 백성들은 양떼였고 왕은 양치기였다. 만일 양치기가 자기 양들이 굶어 죽거나 늑대의 밥이 되게 내버려둔다면, 그리고 또 만일 신의 소들을 건강하게 키우지 못한다면, 곧 고기와 우유가 떨어지게 될 것이다. 가난한 사람들에 대한 연민은 이 모든 걸 지키는 데 도움이 됐다.[33]

연민은 신과 동격인 왕들에게 두 번째 방식으로도 이익을 가져다

주었다. 즉, 제한된 억압에 대한 개혁 조치를 취함으로써(예를 들어 이자율을 제한하고 부채를 탕감해주어), 라이벌 귀족들의 힘을 억제할 수 있었다. 채무자들은 종종 자신의 땅을 팔거나 정해진 노예 노동자가 되는 조건으로 빚을 청산하는데, 그 결과 가장 야심찬 귀족들은 거대한 농지를 자기 것으로 만들 수 있었다. 남아메리카 식민지의 스페인인들의 대농장이나 시실리 섬의 고대 로마인들의 대농장들처럼 거대한 그 농지는 수백 내지 수천 명의 노동자들을 필요로 했다. 그렇게 엄청난 토지 약탈로 인해 보통 사람들은 큰 고통을 받았고, 토지 소유자들의 힘과 명성은 눈에 띄게 커져갔다.[34]

특히 엘리트 귀족들이 독립적인 권력의 중심으로 움직이는 사회에서, 고대의 왕들이 가장 싫어한 것은 경쟁이었다.[35] 그런 상황에서 개혁이야말로 그 경쟁자들을 억누를 수 있는 아주 손쉬운 방법이었다. 부채를 탕감해주고 노예 노동의 조건들을 완화해주고 재산을 원래 소유주들에게 되돌려줌으로써, 고대의 왕은 일석이조의 효과를 올릴 수 있었던 것이다. 양들의 존경을 한 몸에 받고 라이벌들의 힘을 억제할 수 있었으니 말이다.[35] 예를 들어 기원전 1875년경 앗수르의 도시 가네시에서 무역으로 큰돈을 번 몇몇 가문이 지나칠 정도로 부를 불리기 시작하자, 왕은 그들의 수익에 세금을 매기기 시작했다. 또한 공익을 위해서라는 명분하에 그 가문을 압박해 종교 재단에 상당 부분의 재산을 기부하게 만들기도 했다.[36] 그 결과는? 부유한 사람들은 계속 부유해졌고(속도는 떨어졌지만), 가난한 사람들은 형편이 더 나아졌으며, 왕은 백성들로부터 계속 사랑을 받으면서 경쟁자들을 적절히 견제할 수 있었다.

잘하셨습니다, 폐하. 정말 잘하셨습니다.

그러나 이 같은 고아들의 시대는 기원전 12세기 말에 이르러 전쟁과 자연 재해 속에 막을 내린다. 그리고 이후 몇 세기에 걸쳐 고대 근동 지역의 정치·문화 지도는 완전히 다시 그려지게 된다. 그러나 혼돈 속에서 새로 나타난 많은 사회는 다시 또 가난하고 힘없는 사람들을 억압으로부터 지켜주어야 한다는 확신을 갖게 된다. 그리고 그런 확신은 이른바 '축의 시대Axial Age'가 다가오면서 보다 더 강해지고 보다 더 광범위해지고 보다 큰 관심을 끌게 된다. 또한 가난한 사람들을 돌보는 데 필요한 새로운 혁신이 저 멀리 수평선 위에 그 모습을 드러내기 시작한다.

The Kindness of Strangers

8장.

연민의 시대

THE KINDNESS

OF

STRANGERS

—

기원전 1200년경 지중해 일대에서는 이집트와 미케네 문명의 그리스 그리고 기타 다른 위대한 왕국들이 종말을 고한다. 내부적인 정치 투쟁, 자연 재해, 대규모 이주, 여전히 베일에 가려진 해적들의 습격 등 각기 다른 요인으로 고통받다 역사의 뒤안길로 사라진 것이다. 역사학자들은 이 같은 격변을 '청동기 시대의 붕괴Bronze Age collapse'라 부른다. 대략 같은 시기에 중국과 인도에서도 비슷한 정치적 격변이 진행 중이었다.[1]

이로부터 400년도 채 안 돼 새로운 사회가 낡은 사회를 대체하기 시작했다. 새로운 사회들은 달랐다. 우선 지배자와 피지배자 간의 관계가 보다 평등해졌다. 신을 대신하는 양치기니 신의 소들이니 하는 개념은 없었다. 또한 많은 종교와 철학 체계를 만들어내, 지금까지도 계속 우리의 지적 관심사와 윤리적 관심사에 많은 영향을 미치고 있

다. '제2 성전 유대교Second Temple Judaism' 시대이자 고전적인 아테네의
시대였다. 석가모니의 시대, 공자와 노자와 맹자의 시대, 소크라테스
와 플라톤과 아리스토텔레스의 시대였다. 불교와 힌두교, 유대교, 기
독교, 이슬람교 등, 이 시기에(또는 이 시기 직후에) 생겨나 성장한 종교
들은 오늘날 전 세계에서 7명 중 5명이 집단적으로 믿고 있다.

기원전 800년부터 기원후 200년까지 600년은 근본적인 문화적
변화의 시기였다. 일부 학자들은 이 시기를 중심축, 즉 결정적인 전
환점으로 보기도 한다. 그러니까 이 시기에 사람들의 사고방식이 변
하고 믿음이 달라지고 새로운 우주관이 생겨나기 시작했다는 것이
다. 특히 심리학자에서 철학자로 변신한 칼 야스퍼스Karl Jaspers는 이
역사적 시기를 인간의 의식 측면에서 아주 중요한 전환점으로 보아,
'축의 시대'라 불렀다. 야스퍼스는 자신의 저서《역사의 기원과 목표
The Origin and Goal of History》에서 이렇게 적었다.

> 이 역사의 축은 기원전 800년부터 200년 사이에 일어난 영적 과정 중 기원전
> 500년경에 발견할 수 있는 것 같다. 이때에 우리는 역사상 가장 깊이 파인 경
> 계선을 만나게 된다. 오늘날 우리가 알고 있는 '인간'이 나타난 것이다.[2]

그러나 야스퍼스의 주장에도 불구하고, 인간의 의식을 뚜렷하게
두 시기로 나누는 시점에 대한 그의 생각을 뒷받침해줄 만한 역사적
증거는 없다. 전문가들은 심지어 '축의 시대'(그런 시대가 실제 존재했다 하
더라도)가 시작하고 끝난 시점에 대해서도 동의하지 않는다. 어떤 사
람들은 기원전 1400년을 그 시작으로 보고, 또 어떤 사람들은 기원

전 400년을 그 시작으로 본다. 또한 어떤 학자들은 그 시기가 200년 간 지속됐다고 하고, 또 어떤 학자들은 2,000년간 지속됐다고 한다. 그리고 축의 시대에 나온 많은 사상이 실은 고전적인 축의 시대 사회가 시작되기도 전에 이미 전파되고 있었다. 조로아스터교도들은 인도-이란인들 사이에서 이미 1,000년 전부터 있었던 사상을 빌려왔고, 그리스인들은 아카드인들로부터 자신들의 사상을 빌려왔으며, 유대인들은 바벨론 유수*로부터 자신들을 해방시켜준 페르시아인들로부터 이런저런 사상을 빌려왔다. 게다가 축의 시대의 많은 특징을 갖고 있는 종교인 기독교와 이슬람교는 축의 시대의 공식적인 종료 이후 몇 세기 동안 발전했다.[3]

그렇지만 야스퍼스가 말한 '역사상 가장 깊이 파인 경계선'에 걸쳐 있는 몇 세기 동안 실제로 몇 가지 중요한 개념 변화가 일어났다. 예를 들어 법은 더없이 중요한 정의의 비전을 갖게 되었고, 신들은 인간과 인간의 도덕 문제에 대해 더 큰 소리를 냈다. 축의 시대에 활동한 그리스 작가들은 '신'을 뜻하는 'theos'라는 단어를 그 어느 때보다 많이 사용했고, 그러면서 'theos'는 힘과 도덕성을 뜻하는 단어들과 점점 더 밀접한 관련을 맺게 되었다.[4]

어떤 사회에서는 사회 계층 간의 불평등을 완화시키려는 노력도 있었고, 다른 사람들에 대한 사회적 관심이 새삼 강조되기도 했다.[5] 이 책의 목적에 비추어 보면 어쩌면 이게 가장 중요한 일인지 모르는데, 이런 영적 관심은 점차 다른 사람의 행복에 대한 관심과 밀접한

---

* 유대인들이 바벨론에 포로로 끌려간 사건. - 역자 주

관련을 맺게 되었다. 작가 카렌 암스트롱Karen Armstrong은 축의 시대의
이 같은 특징을 이렇게 묘사했다.

> 당신이 사람들이 말하는 이른바 '신', '열반', '브라만'* 또는 '도'를 접할 수 있는
> 유일한 길은 연민 어린 삶을 사는 것뿐이다. 사실 종교는 연민이다…… 게다
> 가 거의 모든 축의 시대의 현자들은 연민을 자신의 국민들에만 한정시켜선 안
> 된다는 걸 깨달았다. 당신의 관심은 어떻게든 전 세계로 확대되어야 하는 것이
> 다.[6]

관심을 전 세계로? 대체 정확히 어떻게 그렇게 한단 말인가? 축의
시대에 각 사회는 각자 나름의 접근 방식을 만들어냈다. 예를 들어
제2 성전 유대교의 히브리 경전은 부유한 사람들에게 자신의 곡식
중 일부를 가난한 사람을 위해 따로 떼어놓으라고 명했다. 또한 부담
이 큰 부채들을 탕감해주고 희년Jubilee year**에는 원래의 소유주에게
땅을 돌려주라고 명하기도 했다.[7] 2차 성전 시기의 경전인 토빗과 집
회서는 자선 제도가 서구 사회에 들어오는 데 한몫했다.[8] 몇 세기 후
기독교인들은 이 유대교 사상과 제도를 자신들의 공동체에 도입했
다. 축의 시대 유대교에서 뻗어 나온 또 다른 종교인 이슬람교 역시
이슬람교의 다섯 기둥 가운데 하나로 꼽을 만큼 '자카트(자선)'를 중시
했다.[9]
　축의 시대에 생겨난 불교 역시 연민과 너그러움을 중시했다. 그

---

*　　힌두교의 카스트 제도에서 최고위 계급인 사제 계급. - 역자 주
**　　50년마다 돌아오는 안식의 해. - 역자 주

와 관련해 한 불교 경전은 이렇게 말하고 있다.

모든 종류의 주는 행위에는 세 가지 기본 원칙이 있다. (1) 측은한 마음을 담아 가난한 사람에게 주기, (2) 보답을 바라지 않고 적에게 주기, (3) 기쁨과 존경을 담아 고결한 사람에게 주기…… 만일 어떤 사람이 다른 사람에게 물질적인 것을 주기 전에 가르침을 줄 수 있다면, 그 사람은 위대한 주는 사람이라 부르며…… 만일 현명한 사람이 부유하다면, 그는 그렇게 주어야 한다. 만일 부유하지 않다면, 다른 부유한 사람을 상대로 주는 일을 하게 가르쳐야 하고…… 만일 가난해 줄 게 아무것도 없다면, 치유를 비는 만트라*를 읊어주어야 하며, 궁핍한 사람에게 비싸지 않은 약을 주어야 하고, 병든 사람이 회복할 수 있게 극진히 보살펴주어야 하며, 부유한 사람을 설득해 약을 주게 해야 한다. 또한 만일 치료법을 알고 있다면…… 진단 결과에 따라 적절한 치료를 해주어야 한다.[10]

다른 사람들과는 달리, 그리스인들은 가난한 사람에 대한 연민 내지 너그러움을 단순한 도덕적 품성의 문제로 보지 않았다. 그보다는 자선 활동을 장려하는 형태로 시민들의 너그러움을 이끌어냈다. 그러니까 '예배식liturgy'(이후 로마 시대에는 지방 자치)을 통해, 부유한 아테네인들로 하여금 국가 경영에 필요한 기관에 돈과 각종 상품과 서비스를 제공하게 한 것이다. 도시의 부로부터 '폴레오스 아르구리온poleos argurion(시의 공금)' 형태로 하루에 1~2오볼obol**이 나왔으며, 그 돈으로 장애인들이 일용할 양식을 구입할 수 있었다. 아테네 전쟁 참전

---

* 　기도나 명상을 하며 외는 주문. - 역자 주
** 　고대 그리스의 은화. - 역자 주

군인들에게는 공적 연금이 지급됐다. 직업이 없는 사람들의 경우 대규모 공공사업에 참여하거나 도시국가 함대에 속한 배에서 일자리를 찾을 수 있었고, 새로 정복한 영토에 정착할 기회도 있었다. 모든 아테네인이 풍요로운 시기에는 시민의 특전으로 소액의 돈을 지급받았으며, 결핍의 시기에는 곡물을 지급받았다. 이처럼 아테네인들은 가난한 사람들에 대한 관심을 개인의 미덕으로 치부하지 않고 사회복지 프로그램을 통해 장려했는데, 그 프로그램은 당대 최고의 광범위한 사회복지 프로그램이었다.[11]

축의 시대에 너그러움이 중시된 원인

축의 시대에 생겨난 이데올로기가 왜 낯선 이들이 필요로 하는 것에 관심을 돌리게 됐는지를 아는 것은 가치 있는 일이겠지만, 아주 최근까지만 해도 학자들은 그저 추정만 할 수 있을 뿐이었다. 칼 야스퍼스는 축의 시대 이데올로기가 생겨난 모든 지역에서 국가 간 충돌과 무역을 통한 부의 증가가 있었던 사실에 큰 흥미를 느꼈다. 그는 이렇게 적었다. "소규모의 많은 국가와 도시가 있었고, '만인에 의한 만인의 투쟁'이 있었다. 그 결과 놀라운 번영의 시대가 도래했고, 힘과 부가 축적되기 시작됐다."[12] 이탈리아 역사학자 아르날도 모미글리아노Arnaldo Momigliano는 이런 말을 했다. "축의 시대에 생겨난 문명들에서는 문맹률이 낮아졌고, 중앙 정부와 지방 당국을 하나로 묶는 복잡한 정치 구조가 만들어졌으며, 정교한 도시 계획이 시행됐고, 금속 기술이 발전했으며, 국제적인 외교 관행이 만들어졌다."[13] 사회학자 로버트 벨라Robert Bellah는 문맹률이 낮아진 게 가장 중요하다고 생각했다. 사람들이 글을 읽을 줄 알게 되면서, 세상사를 신화와 우화를 토대로 이해하던 데서 벗어나 분석과 기호 논리학과 증거를 토대로 설명할 수 있게 됐기 때문이다.[14] 그럼 누가 옳은 걸까? 그건 알기 어렵다.

축의 시대에 너그러움이 중시된 원인에 대해 수십 년간 변변한 자료도 없이 추측만 난무하는 상황에 좌절감을 느낀 프랑스 심리학자 니콜라 보마르Nicolas Baumard와 그의 동료들은 8개 고대 사회가 각 세기별로 어떤 물질적 풍요와 정치적 성공을 거두었는지에 대한 자료를 수집해 연구했다. 그 결과 그 8개 고대 사회(이집트, 메소포타미아, 그리스, 중국, 인도, 메소아메리카, 안데스, 아나톨리아) 가운데 축의 시대 사회로 발전한 고대 사회는 3개(그리스, 중국, 인도)뿐이었다. 이런 자료를 토대로, 보마르와 그 동료들은 그 고대 사회를 비교하는 통계학적 테스트를 실시해, 나머지 5개 고대 사회와 달리 3개 고대 사회가 축의 시대 사회로 발전할 수 있었던 건 정치적 성공(국가의 크기로 측정한) 덕이 아니라 물질적 풍요(예를 들면 일반적인 성인이 하루 동안 열심히 일해 환경으로부터 끌어낼 수 있는 칼로리 양으로 측정한) 덕이라고 결론 내렸다. 간단히 말해, 축의 시대 사회들은 그만큼 더 부유했던 것이다.

훨씬 더 인상적인 사실이 있는데, 그것은 보마르와 그 동료들이 축의 시대 사회들이 기원전 500년부터 기원후 300년 사이인 축의 전환기 무렵에 비약적으로 풍요로워졌다는 사실을 발견했다는 것이다.[15] 축의 시대를 앞두고 약 500년간 3개 축의 시대 사회에서는 활발한 무역과 기술 발전 덕에 일반적인 성인의 1일 생산량이 5,000칼로리나 되었는데, 5,000칼로리라면 성인 두 명을 먹여 살리고도 남을 양이었다. 집들 역시 더 커졌다. 기원전 800년경에는 평균적인 그리스 집의 면적이 약 56제곱미터였다. 그런데 그리스 축의 시대 절정기에는 그 면적이 다섯 배나 늘어났다.[16] 그러나 늘어난 안락함과 풍요로움은 모든 시민에게 균등하게 배분되지 않았다. 오늘날의 기준에서 보자면, 경제적 불평등이 더 심화된 것이다. 그러나 적어도 사회 엘리트 계층은 당대 최고 수준의 안락과 풍요를 누린 것으로 보인다.[17]

사람들이 더 부유해지면서 '축의 사회정신'이 더 강해졌다는(그리고 확대 해석해, 낯선 이들의 행복에 대해 더 큰 관심을 갖게 됐다는) 보마르의 주장은 전혀 다른 방법으로 비슷한 결론에 도달한 다른 연구에 의해서도 뒷받침되고 있다. 경제학자 존 바키자Jon Bakija와 브래들리 하임Bradley Heim은 6만 명이 넘는 익명의 개인과 부부의 연방 소득세 신고 자료를 분석해 소득과 자선 기부금 간의 관계를 조사했다. 그 결과 지속성 있는 소득(예를 들어 영구적으로 들어올 걸로 기대되는 급여 인상에 의한 소득)이 1% 증가할 때마다 자선 기부금이 0.5% 증가한다는 사실을 발견했다.[18] 그러니까 이 연구 결과에 따르면, 사람들은 더 부유해질수록 더 너그러워진 것이다. 다른 연구 결과 역시 미국인들의 매해 자선 기부금이 물질적 번영을 보여주는 다른 지표들(미국 500대 기업의 주가, 국내 총생산, 취업률 등)의 변화에 따라 달라진다는 걸 보여준다.[19] 마지막으로 경제학자 차우 도Chau Do와 이리나 팔레이Irina Paley는 자선 기부금이 주택 자산 가치를 따라간다는 걸 발견했다. 즉, 주택 자산이 늘어날수록 사람들의 자선 기부금도 늘어난다는 것이다.[20] 이 모든 사실을 감안할 때, 보마르와 그 동료들이 추정한 것처럼, 축의 시대 조상들의 경우 삶이 더 풍요로워졌기 때문에 '전 세계에 대한 관심' 또한 더 커졌으리라고 추정해도 무리는 아닐 것이다.[21]

그런데 모든 사람이 이런 결론에 동의하는 건 아니다. 사회학자 스티븐 샌더슨Stephen Sanderson은 자신의 연구를 토대로 축의 시대에 영향을 준 것은 부가 아니라 다른 두 가지 요소라고 주장했다. 첫 번째 요소는 도시화다. 즉, 도시들이 점점 커졌기 때문이라는 것이다. 두 번째 요소는 새로운 철기 시대 무기들 때문에 가능해진 국가 간의 치열한 전쟁이다. 보마르와 그 동료들은 축의 시대에 연민이 중시된 건 당시의 번영 덕분이라고 봤지만, 샌더슨은 당시의 불안 탓으로 본 것이다. 다음은 샌더슨의 말이다.

기원전 첫 1,000년 중 후반부에는 빠른 속도로 대규모 도시화가 진행됐고 전쟁이 치열해졌으며, 그로 인한 극도로 부정적인 영향 때문에 인류는 존재론적 안정감을 높이고 불안감을 덜며 고통으로부터 해방되어야 할 필요성을 느끼게 되었다. 사람들이 사회적으로 애착을 느끼던 것은 변화된 환경들로 인해 죄다 무너져 내리고 있었다. 그리고 고대 세계의 낡은 이교도 종교로는 새로운 도전에 제대로 대처할 수 없었다. 그 결과 사람들은 새로운 종류의 종교를 만들어내기 시작했다.[22]

축의 시대와 황금률

학자들은 축의 시대에 너그러움이 중시된 원인에 대해 여전히 날카롭게 의견 대립을 하고 있지만, 축의 시대에 이루어진 가장 중요한 윤리적 혁신에 대해서는 이견이 없다. '남에게 대접을 받고자 하는 대로 남을 대접하라'는 황금률은 1961년 미국 화가 노먼 록웰Norman Rockwell이 모자이크 그림 [황금률The Golden Rule]을 발표하면서 알려지기 시작한 건 아니다. 축의 시대에 나온 가장 영향력 있는 여러 문헌에 이미 나와 있다.[23] 예를 들어 유교 경전 〈논어〉에서 공자는 이렇게 말한다. "내가 원하지 않는 바를 남에게 행하지 말라."[24] 또한 축의 시대에 나온 힌두교의 대서사시 〈마하바라다〉에도 비슷한 말이 나온다. "어떤 일이 얼마나 고통스러운지 안다면, 다른 사람이 자신에게 그렇게 한다고 해서 자신이 싫어하는 다른 사람에게 그렇게 해선 안 된다."[25] 구약성서 〈레위기〉에서 축의 시대의 야훼는 자신의 추종자들에게 이렇게 명한다. "네 이웃을 네 몸 같이 사랑하라." 그로부터 몇 세기 후에 예수는 선한 사마리아인의 우화를 통해 '네 이웃을 사랑하라'는 사상에서 한 걸음 더 나아간다. 아리스토텔레스는 남들에게 어떤 행동을 하라는 함축적인 말을 남기진 않았지만, 친구들은 자신에게 해주길 바라는 걸 서로에게 해주길 바란다는 개념을 토대로 우정에 대한 이론을 펼쳤다.[26]

오늘날 황금률이 진부한 사상으로 보일 수도 있지만, 2,500년 전에는 상식을 뛰어넘는 사상, 아니 어쩌면 아마 혁명적인 사상으로까지 여겨졌을 것이다. 어쨌든 축의 시대 이전까지 사람들이 의존했던 윤리적 이상에 따르면, 진정 도덕적으로 고려해볼 가치가 있는 사람은 그저 자기 집, 혈통 또는 고향 사람들뿐이었으니까. 황금률은 이 모든 경계를 무너뜨렸다. 222년부터 235년까지 로마 제국을 통치했던 알렉산데르 세베루스Alexander Severus 황제의 반응에서, 우리는 황금률이라는 이 새로운 사상이 사람들에게 얼마나 큰 충격으로 다가왔는지 미루어 짐작할 수 있다. 다음은 로마 황제들의 열전《히스토리아 아우구스타Historia Augusta》를 쓴 저자의 말이다.

> 누구든 길을 벗어나 다른 사람의 사유지에 무단 침입할 경우 세베루스 황제의 면전에서 계급에 따라 몽둥이나 회초리로 맞았고 심한 경우 사형 선고를 받았으며, 계급이 높아 이 모든 처벌이 합당치 않을 경우 황제로부터 다음과 같이 준엄한 비난을 받아야 했다. "그대가 다른 사람의 땅에 무단 침입한 것처럼 다른 사람도 당신 땅에 그리 하길 바라는가?" 황제는 어떤 유대인인지 기독교인에게서 들은 다음과 같은 말을 잊지 않고 기억하고 있다가, 누군가를 훈계할 일이 있을 때마다 써먹곤 했다. "누군가가 그대에게 하는 걸 원치 않는 일은 그 사람에게도 하지 말라." 그리고 그 말을 워낙 높이 평가해, 궁 안은 물론 공공건물 안에도 써 붙였다.[27]

공자와 모세와 예수 그리고 알렉산데르 세베루스 황제가 사람들에게 황금률을 가르치려 한 것은 황금률 자체가 좋다고 생각해서라기보다는 사람들을 더 낫게 만들어준다고 믿었기 때문이다. 그러나 예나 지금이나 모든 사람이 그렇게 생각하는 건 아니다. 오늘날 일부 철학자들은 황금률은 우리 자신의 바람이나 욕구만 고려해 다른 사람을 대하면 된다는 식의 착각을 하게 만든다는 점에서 치명적인 결함을 갖고 있다고 주장한다. 어떤 철학자들은 예를 들어 피학대 성애자가 다른 사람을 상대로 가학성 변태 행위를 해도 좋다는 식으로 해석될 수도 있는 이 원칙에 대해 우려를 표명한다. 어쨌든 그런 게 피학대 성애자가 남에게 바라는 일이니 말이다. 또 어떤 철학자들은 옳은 걸 발견하기 위해 안으로 움츠러드는 사고가 타민족 배타주의를 낳고 도덕적 현상을 영구화시킨다는 견해에 반대한다.[28] 황금률에 따라 유죄 판결을 받은 대량 살해범을 석방시켜주기로 한 자신의 결정을 정당화시키려는 판사를 상상해보라고 말하는 철학자도 있다. 상대 입장에서 생각해보자면 판사 역시 감옥살이는 하고 싶지 않을 텐데, 그런 논리를 살인자에게까지 확대하지 못할 이유가 어디 있단 말인가? 윤리학자 콰메 앤서니 아피아Kwame Anthony Appiah는 황금률이 이런 문제들을 야기한다며 황금률을 '바보의 황금'이라 불렀다.[29]

그러나 황금률대로 살려고 노력하는 사람의 도덕적 판단력이 신경학적으로 온전한 초등학교 5학년 학생의 판단력에도 미치지 못한다고 가정하는 게 아닌 한, 이는 모두 아주 어리석은 우려다. 비록 남에게 가학 행위를 당하는 것에서 성적 흥분을 느끼지만 황금률대로 살려고 애쓰는 피학대 성애자의 경우, 황금률을 문자 그대로 해석해 자신이 다른 사람에게 가학 행위를 가해도 좋다고 생각하진 않을 것이다. 그보다는 다른 사람은 대개 자신과 취향도 다르고 호불호도 다르다는 걸 잘 알아 그에 맞춰 사람들을 대할 것이다. 마찬가지로, 황금률대로 살려고 애쓰지만 올바른 판결을 내려야 하는 판사의 경우 대량 살인자를 풀어주는 일은 하지 않을 것이다. 그보다는 법을 준수하는 사람이 유죄 판결을 받은 살인자들이 거리를 활보하는 걸 원치 않는다는 걸 감안해 판사로서의 자기 의무를 다할 것이다.

해리 겐슬러Harry Gensler는 황금률을 제대로 해석해 지킬 경우 이런저런 도덕적 문제를 다 극복할 수 있다고 주장하는 대표적인 철학자들 중 한 사람이다. 그가 자신의 저서 《윤리학과 황금률Ethics and the Golden Rule》에서 설명했듯, 황금률에 대한 많은 철학적 반대는 우리가 황금률을 지혜롭게 따르는 방법을 알아내는 순간 다 사라진다. 겐슬러는 우리에게 KITAKnow-Imagine-Test-Act라는 머리글자로 대변되는 네 단계 알고리즘을 활용할 것을 권한다. 먼저 Know(알아라) 단계에서는 시간을 내어 특정 사람에게 무엇이 도움이 되고 무엇이 해가 되는지를 알아낸다. 성실한 황금률 추종자라면 철저히 알아본다. 특정한 사람의 기본적인 욕구와 바람에 대해 알아본 뒤, Imagine(상상하라) 단계로 넘어가 자신의 이런저런 행동 방침이 다른 사람에게 어떤 영향을 줄지를 그려본다. 이 대목에서 겐슬러는 아무 노력 없이 순간적인 직관력에 의존하라고 말하는 게 아니다. 우리의 행동에 영향을 받을 수 있는 모든 사람의 입장에 서서 가능한 모든 결과를 생각해보라는 것이다. 예를 들어 판사는 자신의 판결이 유죄 선고를 받은 범죄자에게 미치는 영향뿐 아니라 지역 사회에 미치는 영향까지 고려해야 하는 것이다.

그 다음 KITA의 세 번째 단계인 Test for consistency(일관성을 테스트하라)로 나아간다. 자신이 생각하고 있는 행동이 정확히 같은 상황에서 다른 사람에게 바랄 행동과 일치하는지를 따져 보는 것이다. 이제 마지막 네 번째 단계 Act(행동하라)로 나아갈 차례이다.[30] 겐슬러에

타인의 친절

따르면, KITA 알고리즘을 성실히 따를 때 황금률은 비로소 인간의 행동과 관련해 진정 도움이 되는 원칙이 될 수 있다. 그러니까 황금률이 '똑같은 상황에서 우리가 남에게 대접받고자 하는 대로 남을 대접하는' 방법을 알려주는 것이다.[31]

그러나 황금률은 한 가지 약점을 갖고 있는데, 그건 우리가 왜 이러저러한 일을 하는지를 설명해주는 도덕적 원칙에 기초한 인간 행동에 대한 모든 설명이 안고 있는 약점이기도 하다. '특정한 상황에서 대체 어떤 도덕적 원칙이 당신의 행동을 좌지우지하는가?' 곤경에 처한 낯선 이를 만날 경우 우리 마음속에는 황금률 이외에도 다른 여러 그럴싸한 격언이 떠오른다. '낯선 사람을 조심하라', '하늘은 스스로 돕는 자를 돕는다', '당신이 계획에 실패했다고 내가 다급히 나서야 하는 건 아니다' 등이 그 좋은 예이다.

주어진 상황에서 적용할 수 있는 원칙들(우리의 연민을 자극할 원칙을 포함해서)이 워낙 많기 때문에, 우리가 알고 있는 황금률이라는 간단한 원칙만으로 축의 시대 조상들이 어떻게 그렇게 낯선 이들의 행복에 많은 관심을 갖게 됐는지를 제대로 설명할 수 있다는 데 동의하기란 쉽지 않다. 이와 관련해 사회심리학자 빕 라타네Bibb Latane와 존 달리John Darley는 이런 말을 했다.

영국 왕과 마찬가지로 규범은 군림하되 통치하지는 않는다. 즉, 규범은 존재는 하지만, 복잡한 현실 상황에 잘 적용되지는 않는다. 도움을 주는 행위의 변화를 설명하는 데 도덕적 고려 사항이 별 도움이 되지 않는 복잡한 현실 상황에는 규범이 잘 적용되지 않는 것이다.[32]

조금 과한지는 몰라도 일리 있는 주장이다. 그렇다 해도, 황금률 추론은 좀 더 돌아가는 길을 통해서나마 연민을 만들어낼 수 있다. 다시 말해 황금률은 우리로 하여금 낯선 이들을 만날 때마다 도울지 말지를 결정하는 방법을 추론해보라고 요구하는 게 아니라(이 경우 황 금률이 완전히 합리적인 다른 규범과 상충될 수도 있어), 새로운 습관을 기를 수 있게 우리를 돕는 역할을 하는 것이다. 따라서 황금률을 이용해 특정한 사람, 이를테면 고속도로 한복판에서 자동차가 고장 난 사람을 만나면 어떻게 행동할지를 결정할 경우, 다음에 다시 도로에서 자동차가 고장 난 사람을 만날 때 취해야 할 정책이 보다 단순해진다. 전에는 어떻게 했는지만 생각해보면 되니까. 그리고 이 같이 새로운 정책을(처음에는 해리 젠슬러와 KITA 알고리즘 추종자들이 좋아할 만한 황금률 추 론을 통해 취하게 된 정책이지만) 반복해서 취하다 보면, 결국 한 가지 황 금률 습관을 들이게 된다.

찰스 다윈은 가족과 친구들을 돕게끔 진화된 인간의 사회적 본능과 감정은 자연스레 황금률로 이어진다고 추정할 만큼 철저한 진화론자였지만, 지적 능력과 습관의 도움 없이는 사회적 본능과 감정이 황금률로 이어질 수 없다는 걸 알아챌 만큼 뛰어난 심리학자이기도 했다.[33] 발달 심리학자 윌리엄 데이먼William Damon과 앤 콜비Anne Colby 는 자신들의 공저 《이상의 힘The Power of Ideals》에서 도덕적 추론이 어떻게 도덕적 행동을 뒷받침하는 뿌리 깊은 습관으로 바뀔 수 있는지를 보여주는 중요한 사실과 관련해 이런 말을 했다.

일상생활을 제대로 해나갈 수 있게 길잡이 역할을 해주는 일상적인 습관은 거의 다 어린 시절에 형성된 것들이며, 일단 그 습관이 확고히 자리 잡게 되면 우리는 깊게 생각할 필요가 없게 된다. 성인들은 보는 사람이 아무도 없을 경우 매장 선반에 놓인 좋아하는 캔디를 슬쩍 집어 들지 말지에 대해 굳이 의식적인 결정을 해야 할 필요가 없다. 그런 생각은 두 번 다시 하지 않고 그냥 캔디값을 지불한다. 그러나 이런 기본적인 행동 원칙이 네 살 난 아이에게는 덜 분명할 수 있다. 어린아이의 입장에선 돈을 내지 않고 캔디를 집어 드는 게 매력적인 선택일 수도 있다. 결국 어린아이들은 캔디값을 지불하는 선택을 배워야 하는데, 아마 주로 근처에 있는 어른에게서 배우게 될 것이다. 제대로 배우게 될 경우, 그 선택은 결국 습관적이며 무의식적인 게 된다. 훗날 습관적이며 무의식적인 행동으로 굳어지는 선택은 대개 배움과 반성이 필요한 결정 형태로 시작된다. 발달 과정의 기본 원칙은 이렇다. 일단 어떤 능력을 익히면, 우리는 그 능력을 신속히 발휘할 수 있게 된다. 그러나 배움의 과정은 즉흥적인 것과는 거리가 멀어, 많은 노력과 반성이 필요할 수 있다.[34]

추론에서 수사학으로

지금까지 우리는 황금률 추론가들이 만족할 만한 도덕적 결정에 도달하는 데 심사숙고와 습관의 힘이 어떤 역할을 하는지를 집중적으로 살펴봤다. 그런데 황금률이 낯선 이들에 대한 인간의 관심에 미치는 영향은 고립된 개인에 미치는 영향을 통해서만 나오는 게 아니다. 그 영향의 상당 부분은(거의 다는 아니더라도) 황금률이 갖고 있는 수사학적 힘에서 나온다. 공동체 내의 가난한 사람(그리고 또 지나쳐가는 가난한 여행자)을 도와줄 수 있는 최선의 방법을 찾아내려 애쓴 축의 시대의 엘리트층, 즉 교사들과 정치인들과 원로들 그리고 지도적인 시민 집단을 상상해보라. 아마 이런 부류의 문제에 대한 논쟁에서 황금률은 설득력 있는 사상으로 보였을 것이다. 황금률 원칙은 서민적 감성이 묻어나는 데다 축의 시대의 다른 관심사와도 연결되며 거침없는 논리를 갖고 있었다. 그래서 황금률 추론에 반대하려면 몰인정하고 위선적인 인간으로 내몰릴 위험을 감수해야 했을 것이다.

심지어 오늘날에도 정치 지도자들은 도움이 된다고 생각될 때면 연설 도중 황금률을 언급한다. 예를 들어 1963년 6월 1일, 앨라배마주 방위군은 앨라배마 북부 미 연방지방법원의 명령에 따라 앨라배마대학교 교정으로 급파됐다. 주 방위군의 임무는 대학 입학이 허용된 두 아프리카계 미국인 학생이 미국 남부 각지에서 쏟아져 들어오는 온갖 욕설과 혐오 발언에도 불구하고 안전하게 강의를 들을 수 있게 해주는 것이었다. 그날 저녁 늦게 존 F. 케네디John F. Kennedy 대통령은 텔레비전 연설에 나섰으며, 두 학생을 안전하게 지켜주기 위한 연방정부의 결정을 설명하면서 황금률을 인용해 이런 말을 했다. "모든 미국인은 자신이 대접받길 바라는 대로, 그리고 내 아이들이 대접받길 바라는 대로 대접받을 권리를 가져야 합니다."[35]

마찬가지로, 2016년 공립학교들을 상대로 트랜스젠더 아이들이 남녀 화장실 중 자신이 원하는 화장실을 사용할 수 있게 해주라고 한 연방정부의 명령에 대해 한마디 해달라는 요청을 받았을 때, 버락 오바마Barack Obama 대통령은 다음과 같이 법률이 요구하는 바에 대한 지식은 물론 황금률이 요구하는 바에 대한 지식도 피력했다.

제 답은, 우리는 그 애들이 우리 애들일 때 우리가 바라게 될 방식대로 이 문제를 다뤄야 한다는 것입니다. 그리고 그건 바로 이 애들에게 존엄성과 친절을 보장해줄 환경을 조성해주기 위해 노력하는 것이지요……. 보세요……. 이 문제에 관한 한 저는 모든 사람의 종교를 깊이 존중합니다. 하지만 공립학교에서 중요한 건 어떻게 모든 아이를 따뜻하게 대해줄 건가 하는 것입니다. 그게 전부입니다. 그리고 여러분도 아시겠지만, 성경을 읽어보니, 그리고 내 기독교 신앙에 비추어보니, 황금률은 아주 높은 저곳에 있는 것 같네요.[36]

따라서 나는 황금률의 긍정적인 특성 리스트에 다음과 같은 말을 추가하고 싶다. '확신을 갖고 큰 소리로 황금률을 되뇌어보라. 아주 좋다.'

그리고 사람들이 간과하고 있지만, 황금률이 가져다준 또 다른 변화가 있다. 교사와 성직자와 기타 다른 사회 엘리트 계층이 황금률을 앞세워 각종 사회 시설을 세움으로써, 크게는 공동체의 행복을 지키면서 다른 한편으로는 가난한 사람과 취약 계층이 필요로 하는 것을 가장 잘 충족시켜줄 방법을 찾아내려 한 것이다.[37] 그리고 그런 시설이 세워지고 운영되면서, 황금률을 적극적으로 따르려 하거나 습관의 힘을 비는 등 황금률을 준수하려는 개인의 노력보다 오히려 그런 시설의 활동이 더 중요해졌다. 한 사회가 제대로 기능하는 사회 시설을 갖게 되자, 황금률 추론은 물론 심지어 황금률 습관보다 책임 있는 행정 기관과 대규모 모금 활동이 더 중요해진 것이다.[38]

황금률 시대의 유대인 자선 단체들

강력한 사회 시설과 함께 너그러움에 대한 공동체의 접근 방식에 변화를 준 황금률의 힘에 대한 한 사례 연구에서, 우리는 축의 시대와 이후 몇 세기 동안의 유대인 공동체의 실태를 살펴볼 수 있다. 기원전 첫 1,000년간 유대인의 법은 가난한 사람을 돕는 방법과 관련해 별다른 지침이 되어주지 못했다. 고작해야 이삭줍기 관행에 대한 법, 지나친 이자율에 대한 법, 다른 근동 지역 사회에서 수세기 동안 각종 문헌에 적시됐던 고아 및 과부 보호에 대한 법 정도가 있을 뿐이었다. 한마디로 참고할 만한 게 별로 없었다. 그리고 강제력을 가진 명확한 규칙 및 계획 하에 움직이는 강력한 사회 시설이 없는 상황에서, 사람들은 그저 자신의 양심에 따라, 또 동료들의 눈을 의식하면서, 그리고 신의 축복을 받을 만한 행동인지를 생각하며 낯선 이들에게 도움의 손을 내밀었다.

그러다가 서기 1세기에 이르러 이런 접근 방식에 변화가 생기게 된다. 그 무렵에 비로소 농부들에게 자기 밭의 일부는 가난한 사람의 몫으로 돌릴 걸 명하는 유대법이 나온 것이다. 이 새로운 법에 따라, 가난한 사람은 밭주인을 법정으로 데려가 손해배상 소송을 걸 수도 있었다. 그리고 유죄 판결을 받을 경우, 밭주인은 절도 혐의로 공개 태형에 처해질 수도 있었다.

이후 유대인들은 가난한 사람을 위해 '탐후이'라는 무료 급식소와 '쿠파'라는 가난 구제 모금 제도를 만들었으며, 결혼할 때의 지참금을 고아들을 돕는 데 쓰는 '키스'(또는 자선 지갑을 뜻하는 '아낙 셸 체다카')라는 자선기금도 만들었다. 그리고 이 모든 일에 필요한 돈을 마련하기 위해, 자선 단체장들은 모든 가정으로부터 세금을 징수했고, 안식일에는 유대교 회당 안에서 추가로 모금 활동을 벌였다. 이런 모금 활동에 참여하지 않는 사람들은 공개적으로 창피를 당하거나 태형에 처해지거나 추방됐으며, 심한 경우 법원 명령으로 재산 압류까지 당했다. 시간이 지나면서, 가난한 사람이 필요로 하는 것을 충족시켜줄 책임은 그 무게중심이 개인의 자발적인 기부에서 지역 단체의 자선 활동으로 거의 완전히 옮겨갔다.

가난한 사람을 위한 제도적 지원에 대한 유대인들의 실험은 여기에서 끝나지 않았다. 그들은 노동자 착취 금지법도 만들었다. 그러니까 고용주로 하여금 노동자에 대한 인건비 등을 즉시 지불하게 했고, 근무 일수를 제한했으며, 노동자와 고용주 간의 분쟁을 해결하는 방법을 만들어냈고, 노예에 대한 평생 고용 계약을 금지하는 규칙도 마련한 것이다. 또 서기 1세기 때 고대 유대* 전역의 유대교 회당에 쉼터를 만들어 가난한 여행자의 숙식 문제를 해결해 주었다. 그리스의 쉼터들은 숙식을 취하면서 그 대가를 지불할 능력이 있는 방문자에게만 '제니아xenia'(접대)를 제공해 가난한 여행자는 광장에서 잠을 자는 데 만족해야 했지만,[39] 고대 유대의 쉼터들은 달랐다. 탈무드 시대에 이르러서는, 유대법에 따라 유대의 모든 도시에서는 아이들을 위한 학교에 의사(의사가 하는 진료라 해봐야 주로 환자의 환경을 청결하고 건조하게 유지하고 먹을 것과 담요를 갖다 주고 가끔 피를 뽑는 것 정도에 불과했지만)를

---

*   팔레스타인 남부에 있었던 고대 로마령. - 역자 주

한 명씩 두어야 했다. 2세기에 이르러 유대인 공동체들은 이런 자선 시설을 모든 주민(유대인 외의 사람들 포함)에게 개방했다.[40] 그리고 이런 발전은 단 몇 백 년 만에 새로운 윤리 기준이 되었다.[41]

심호흡

칼 야스퍼스는 이런 말을 했다. "축의 시대는 위대한 제국의 두 시대 사이에 낀 과도기, 자유의 휴지기, 가장 뚜렷한 의식을 가져다준 심호흡의 시기로 부를 만하다."[42] 바야흐로 세계의 시민이 되는 게 멋져 보이는 세계주의자들의 시대였다. 또한 이전에는 숫자 세기 수단 정도에 불과했던 글쓰기가 이제는 추상적인 사고와 지식의 발전을 뒷받침해주는 강력한 대용량 자료 저장 수단으로 발전했다. 그리고 늘어나는 부와 도시화 현상 외에 세계주의 경향과 문맹률 저하 현상이 일어나면서, 학자들은 어떻게 보다 나은 삶을 살 것인지 하는 의문, 즉 어떻게 도덕적인 삶을 살 건지를 알지 못하고서는 대답하기 힘든 보다 심오한 의문을 제기하기 시작했다.

자, 이제 그 많은 철학자가 논쟁의 대상으로 삼았던 황금률 얘기로 들어가보자. 황금률은 인도와 중국, 이집트, 페르시아, 그리스, 이스라엘 등 세계 여러 곳에서 도덕 분야의 위대한 발전 중 하나로 가르쳐졌으며, 축의 시대를 산 우리 조상들이 어떻게 하면 어려움에 처한 가난한 사람을 가장 잘 도울 수 있는지의 문제를 놓고 갑론을박하는 가운데 아주 중요한 문제로 떠올랐다. 무엇보다 중요한 것은, 축의 시대 사람들이 곤경에 처한 가난한 사람이 필요로 하는 걸 충족시켜주기 위해 황금률 추론을 토대로 다양한 사회 제도를 만들었다는 것이다. 다양한 자선 제도 덕분에 황금률대로 살아가길 원하는 사람들은 낯선 이를 만날 때마다 이런저런 추론을 하며 심적 갈등을 겪어야 하는 부담에서 해방될 수 있었다. 그러니까 자신들 대신 황금률을 이행하는 일을 하기 위해 만들어진 사회 제도를 지원하기만 하면 됐던 것이다.

그렇다고 해서 '명료한 의식'이 있었던 축의 시대를 통해 황폐한 고대 사막이 윤리적 에덴동산으로 탈바꿈된 건 아니다. 예나 지금이나 늘 그렇듯 대부분의 사람에게 삶은 여전히 궁핍했고 불안정했다. 그래서 축의 시대의 선지자들은 전례 없이 명료한 의식을 갖고 있었음에도, 가난을 대규모로 근절시킬 수 있다는 건 상상할 수도 없었다. 구약성서 〈신명기〉의 작가들은 유대인들에게 이 땅 위에서 가난은 절대 사라지지 않을 거라는 사실을 상기시켰다. 그리고 몇 세기 후 예수 역시 자기 제자들에게 그 냉엄한 현실을 상기시켜야 했다. 힌두교에서는 중년기를 그 앞뒤에 극빈의 두 단계가 있는 만족과 풍요의 시기로 보는 등, 가난을 피할 수 없는 삶의 일부로 여겼다. 극빈의 두 단계 중 첫 번째 단계는 스승 밑에서 가난한 젊은 제자로 보내는 단계이고, 두 번째 단계는 충만한 삶 속에서 지혜를 얻어 세상의 모든 즐거움과 보물을 뒤로한 채 길거리의 거지로 삶을 마무리하는 단계이다.

혈연 이타주의나 직접 호혜주의 또는 간접 호혜주의와 관련해 얻게 되는 이기적인 이익도 여전히 매력적인 선택으로 남아 있었다는 사실 또한 잊지 말아야 한다. 예를 들어 병원과 여행자용 쉼터, 무료 급식소 등에 기부하는 사람들은 특별한 이익을 염두에 두고 기증하는 경우가 많았다. 무엇보다 가문과 혈통이 우선이었던 것이다. 일반 대중은 남은 것을 취했다.[43] 또한 어려운 사람을 돕는 일은 돈으로 우정과 충성심을 사는 믿을 만한 방법이기도 했다. 그것도 종종 투자 대비 수익성이 아주 높은 방법 말이다.[44] 쥐와 사자에 대한 우화가 축의 시대의 그리스와 인도 문학에서 비롯됐다는 건 결코 우연이 아닐 것이다.[45] 쥐와 사자 우화에서는 나약한 쥐가 위기에 처한 훨씬 더 강한 사자를 도와줌으로써 평생 은인의 자격을 얻게 된다. 끝으로, 낯선 이들에 대한 사람들의 너그러운 행위를 보면 그 사람의 성격이나 부를 알 수 있기 때문에, 눈에 띄는 기부 행위는 분명 시청 안에서 새로운 사업 기회를 찾고 친구들을 사귀는 데 도움이 됐을 것이며, 자기 자식들의 보다 나은 짝을 찾는 데도 도움이 됐을 것이다. 그리스인들은 가난한 외지 사람에게도 환대를 베풀었는데, 그건 그들을 가엾이 여겼기 때문이기도 하지만, 그렇게 함으로써 자신들이 덕망 있는 사람들이라는 걸 과시할 수 있다는 걸 알았기 때문이기도 하다.[46] 그러니까 가난한 사람들을 도와주면서 실은 자신도 모르는 새에 스스로를 돕고 있었던 것이다.

이 모든 걸 미루어 보건대, 축의 시대의 너그러움은 순전히 황금률 추정에만 영향을 받은 게 아니라는 걸 알 수 있다. 그 시대의 너그러움은 운명론, 너그러움으로 인해 얻게 될 물질적 이익에 대한 진화된 욕구, 영적인 측면에서 얻게 될 이익(마음의 평화, 거지의 형상을 한 신과의 만남, 각종 죄악에 대한 용서, 열반의 세계로 오르는 또 다른 사다리 등)의 보장

타인의 친절

에 의해서도 영향을 받은 것이다.[47]

마지막으로, 우리는 축의 시대에 중시된 너그러움이 오늘날 뿌리 깊게 박혀 있는 효율성에 대한 관심에 의해 영향을 받은 건 아니라는 걸 잊지 말아야 한다. 이와 관련해 게리 앤더슨Gary Anderson은 자신의 저서 《자선: 성경의 전통 속에서 가난한 사람들의 위치Charity: The Place of the Poor in the Biblical Tradition》에서 이런 말을 했다.

> 우리는 워낙 이런 요소에 우리의 관심을 집중하려 하기 때문에, 서기 1500년 까지의 기독교 역사에 큰 영향을 준 결정적인 변수, 즉 가난한 사람 안에서 신을 만날 수 있다는 성경 속 약속을 놓치는 경우가 많다. 간단히 말해, 자선은 신과 연결된 신성한 행위였다. 신자들과 신 사이에 다리를 놓아주는 행위였던 것이다. 그리고 근대 이전 사람들의 사고방식에 비추어볼 때, 가난을 해결 가능한 사회적 문제로 본다는 건 실로 상상 불가능한 일이었다.[48]

가난을 해결 가능한 사회 문제 또는 적어도 치유 가능한 사회 문제로 생각하기 위해, 세상은 새로운 사상, 새로운 제도, 모든 필요한 자금을 조달하기 위한 새로운 접근 방식이 필요했을 것이다. 가난한 사람들은 이 모든 혁신이 결실을 맺는 걸 보기 위해 다시 또 1,500년을 기다려야 했다.

9장

예방의 시대

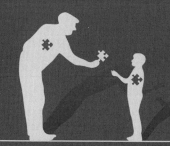

역사적으로 거의 내내 우리 인간은 오늘날 우리가 죽음과 세금 또는 머리숱이 빠지는 것에 대해 생각하는 것처럼 가난을 생각했다. 그러니까 살면서 필연적으로 부딪히게 되는 불유쾌한 일 중 하나 정도로 생각한 것이다. 축의 시대에 유대인 스승들은 다음과 같이 반反직관적인 사고방식으로, 즉 신은 자신의 모든 자녀 가운데 겉모습과는 관계없이 가난한 자녀를 가장 사랑한다는 사고방식으로, 가난에 대한 고대인들의 관점을 한층 더 복잡하게 만들었다. "심령이 가난한 자는 복이 있나니 천국이 저희 것이라."(마태복음 5장 3절)라는 예수의 말은 가난한 사람에 대한 축의 시대 사람들의 태도를 한마디로 잘 요약해주고 있다. 성경에 입각한 이 관점은 중세 시대까지 이어져온다.[1]

그러나 우리는 사람들이 가난한 삶을 살기 위해 길게 늘어선 모습은 보지 못한다. 대부분은 오히려 가난이라는 이 특별한 축복이 그냥 자신을 지나치는 걸 더 기뻐한다. 기독교의 전통과 각종 문헌 그리고 기독교의 많은 스승이 부는 제대로 다루지 못할 경우 위험할 수 있으며 영원히 그럴 거라고 경고했음에도 그렇다. 대부분이 글을 읽을 줄 몰랐던 중세 시대에도, 모든 유럽인은 예수가 들려준 부자와 거지 나사로에 대한 다음과 같은 우화를 알고 있었다.

> 한 부자가 있어 자색 옷과 고운 베옷을 입고 날마다 호화롭게 즐기더라. 그런데 나사로라 하는 한 거지가 헌데투성이로 그의 대문 앞에 버려진 채 그 부자의 상에서 떨어지는 것으로 배불리려 하매 심지어 개들이 와서 그 헌데를 핥더라. 이에 그 거지가 죽어 천사들에게 받들려 아브라함의 품에 들어가고, 부자도 죽어 장사되매 그가 음부에서 고통 중에 눈을 들어 멀리 아브라함과 그의 품에 있는 나사로를 보고 불러 이르되 "아버지 아브라함이여, 나를 긍휼히 여기사 나사로를 보내어 그 손가락 끝에 물을 찍어 내 혀를 서늘하게 하소서. 내가 이 불꽃 가운데서 괴로워하나이다." 아브라함이 이르되 "아들아, 너는 살았을 때에 좋은 것을 받았고 나사로는 고난을 받았으니 이것을 기억하라. 이제 그는 여기서 위로를 받고 너는 괴로움을 받느니라."(누가복음 16장)[2]

불과 유황이 타는 못 안에서 영원히 고통받는 것은 대부분의 유럽인이 극구 피하고자 한 사후의 운명이었다. 그래서 그들은 나사로와 부자 이야기를 나무 조각 등에 새겨 넣었고, 양피지에 적어 넣었으며, 성당 벽을 장식하는 프레스코화와 스테인드글라스 창에도 그려 넣었다. 그리고 부자의 입장에서 가난한 사람을 직접 만나는 것은 부의 위험을 피할 수 있는 절호의 기회였다. 가난한 사람에게 봉사하는 걸 부의 위험을 피할 수 있는 기회로 본 부자들은 수시로 연회를 열었고 구호 활동을 했으며 유서를 통해 자기 재산의 일부를 가난한 사람 앞으로 남겼다. 시 당국과 수도회 등에서는 과부와 장애인을 위한 구호소는 물론 고아와 버림받은 아이를 위한 병원도 운영했다.[3] 공식적인 구제 기금이 국내총소득의 1~2%를 넘긴 적은 없지만, 교회와 수도원은 수입의 무려 7~8%까지 구제에 썼다.[4] 소작농들은 '조합'이나 '길드'라는 이름의 협동조합을 결성했는데, 이 기관은 평소 기부금을 거둬들였다가 힘든 시기에 회원들을 지원했다. 협동조합의 회원이 될 경우 하늘나라에 보물을 쌓아둘 기회를 갖는 추가 혜택을 누릴 수 있었다.[5]

1500년에 이르자 가난한 사람이 급증하기 시작해, 기존의 사회 제도로는 더 이상 가난한 사람을 돌볼 수 없게 되었다. 또한 농업 경제는 쇠퇴하고, 국제 무역에 기반을 둔 경제가 대세가 되었다. 부유한 지주들은 최대한 많은 땅을 사들여 양들을 길러 양털을 얻고 작물을 재배했으며, 그 양털과 작물들을 가지고 고가의 상품들을 만들어 국제 시장에 내다팔았다.[6] 그 결과 많은 소작인이 직업을 바꿔 건축 및 제조업 분야의 노동자가 되었으나, 인구 증가로 인해 임금 인상은 계속 억제됐다. 노동자는 너무 많고 일자리는 너무 적었기 때문이다. 유럽에서 일어난 많은 전쟁에서 돌아온 퇴역 군인들은 생계를 유지할 일자리를 얻기 힘들었고, 그 바람에 구걸로 먹고사는 가난한 사람의 수는 더 늘어났다. 게다가 내수용 식품 생산에 필요한 땅의 생산성이 떨어지면서 식품 가격은 계속 올랐다. 낮은 임금과 높은 식품 가격이 일종의 쬠틀 역할을 하면서, 15세기 유럽인들의 수입은 소가족이 필요로 하는 것을 충족시켜주기에는 턱없이 모자랐다.[7] 결국 식품을 만들어낼 땅도 없고 땅을 살 돈도 없는 영국과 유럽의 가난한 노동자 계층은 극빈 상태로 내몰리게 된다.[8] 만연한 가난과 굶주림으로 인해 유럽 도시들은 생지옥이 되었다. 1528년 이탈리아 북부 빈첸자(베니스에서 서쪽으로 약 80킬로미터 떨어진 곳)를 방문했던 한 외지인은 자신의 일기에 이렇게 적었다.

> 200명의 극빈자에게 적선을 하면, 곧 또 다른 극빈자 200명이 당신을 에워싼다. 거리를 걸어가거나 광장을 가로질러 가거나 교회 안에 들어가면, 거지 떼가 몰려온다. 그들의 얼굴에는 굶주림이 새겨져 있고, 그들의 두 눈은 휑한 구멍 같고, 그들의 몸은 더 이상 뼈에 살이 붙어 있는 것 같지 않다.[9]

부지런한 사람들이 일자리를 찾아 끝없이 유럽의 대도시들로 몰려들고, 그 바람에 대량 빈곤으로 인한 영양실조와 질병이 만연하면서 상황은 그야말로 악화일로로 치달았다. 다음은 한 일기 작가가 1522년 여름 파리에서 발생한 전염병에 대해 쓴 글이다. 그런 전염병이 발생할 경우 얼마나 참혹한 상황에 이를 수 있는지를 잘 보여준다.

> 파리는 전염병이 지배하고 있었는데, 그 전염병은 놀랄 만큼 낯설고 위험하고 워낙 치명적이어서 채 3일도 안 돼 파리의 오텔-드외 자선 병원에서만 120명이 죽었다. 홀리 이노선츠 교회 묘지의 경우 하루에 40명 이상이 매장됐고 매일 28명 내지 30명이 공동 매장됐으며, 다른 교회 묘지들에 매장된 사람들의

수를 제외하고도 두 달 후에는 정말 많은 사람이 매장됐다. 죽음은 주로 가난한 사람들을 덮쳤다. 이전에는 700명에서 800명 가까이 됐던 파리의 저임금 노동자인 짐꾼들이 전염병이 덮친 이후 몇 명밖에 안 남을 정도로 그 수가 확 줄었다고 한다. 프티 샹 구역의 경우 한때 제법 많았던 극빈자가 거의 다 사라져 버렸을 정도다.[10]

이 같은 유럽의 가난 위기 속에 정치인들은 앞다퉈 해결책을 찾으려 했다. 설사 가난이 피할 수 없는 것이라 할지라도, 적절한 개입을 통해 최악의 결과로부터 사회를 보호할 수 있지 않나 하고 생각한 것이다. 유럽에서 가장 뛰어난 몇몇 석학이 가난의 원인과 그 결과에 대해, 그리고 그런 결과로부터 사회를 지켜줄 가장 적절한 정책에 대해 놀랄 만큼 현대적인 의문을 제기하기 시작했으며, 그렇게 해서 마침내 '예방의 시대Age of Prevention'가 시작된다.

영국 인문주의자 토머스 모어 경Sir Thomas More이 1515년에 발표한 자신의 저서 《유토피아Utopia》에서 그린 상상의 나라 유토피아에서 일할 의무는 보편적이고 절대적이었다. "유토피아에서는 실은 건장하면서도 구걸을 하기 위해 병이 난 것처럼 하고 돌아다니는 거지는 찾아볼 수 없었다."[11] 마찬가지로 네덜란드 인문주의자 에라스뮈스Erasmus는 《대화집Colloquia》 1524년판에서 시 공무원들은 가난한 사람들에게 구호물자를 제공하기보다는 일자리를 찾아주는 등, 공공장소에서의 구걸 행위를 줄이기 위해 더 많은 걸 할 수 있다고 주장했다.[12]

《유토피아》를 비롯한 여러 인문주의 작품들에 고무된 유럽 여러 도시의 공무원들은 가난에 대한 새로운 철학적 관점을 가지고 업무에 임했다. 이 새로운 관점에 따르면, 가난은 피할 수 없는 삶의 보편적인 현실이(우리 신석기 시대 조상들이 생각했듯) 아니었고, 과부와 고아들이 감내해야 하는 슬픈 운명도(청동기 시대의 운명론자들이 생각했듯) 아니었으며, 부자들이 돈으로 사후에 불구덩이에 빠지는 걸 피할 수 있는 기회도(중세 유럽의 기독교인들이 생각했듯) 아니었고, 주로 영적인 상태도(사제나 승려들이 생각했듯) 아니었다. 가난은 가난한 사람들뿐 아니라 국가와 그 시민에게까지 해를 끼치는 사회악으로 여겨졌다. 가난에 대한 인간의 사고방식에 근본적인 변화가 일기 시작한 것이다.[13]

비베스 만세

'예방의 시대'의 토대를 쌓는 데 스페인 인문주의자 후안 루이스 비베스Juan Luis Vives만큼 많은 일을 한 사람도 없다.[14] 1525년 벨기에의 플랑드르 지역 내 브뤼셀 북서쪽에 위치한 브뤼헤 시의 평의회는 비베스에게 브뤼헤 시의 가난 문제를 해결해줄 프로그램을 만들어달라고 요청했다. 그 결과로 나온 보고서가 바로 〈빈민 원조에 대하여De Subventione Pauperum〉인데, 이 보고서에는 시가 도와주어야 할 사람을 추려내는 데 필요한 광범위한 계획, 그 도움을 할당하는 합리적 접근 방식, 그 모든 것에 필요한 경비를 마련하기 위한 방법 등이 담겨 있다.

그래서 비베스는 '자선의 개혁가'로 불리기도 하지만, 사실 그의 사상은 완전히 새로운 건 아니었다. 토머스 모어와 에라스뮈스가 적어도 10년 전에 비슷한 사상을 선보였으니 말이다. 그러나 토머스 모어와 에라스뮈스가 정책 전쟁에서 이기려는 노력을 하지 않은 반면, 비베스는 그런 노력을 했다. 권력 앞에서 진실을 말하길 주저하지 않은 비베스는 가난과 그 결과를 가난한 사람들 탓으로 돌리지 않고 그들을 지배하는 사람들 탓으로 돌렸다. 다음은 비베스의 말이다.

> 정부는 돈을 둘러싼 논란의 해소나 범죄자들의 처벌에만 관심이 있는데, 그건 그들이 정부가 해야 할 일에 대해 개념이 없기 때문이다. 근데 사실 치안 판사들 입장에서는 악인을 처벌하고 규제하는 일보다는 선량한 시민을 만들어내는 일에 전력투구하는 게 훨씬 더 중요하다. 이 모든 문제를 미리 잘 조치한다면, 처벌해야 할 사람의 수가 얼마나 많이 줄어들겠는가![15]

비베스는 이렇게 주장하면서 다음과 같이 일반적인 상식에 호소했다.

> 벽과 배수로, 성벽, 개천은 물론이고 각종 제도와 관습, 법처럼 세월이 흐르면서 손상되는 국가의 모든 것을 복원하듯, 다양한 방식으로 손상되어가는 가난한 이들에 대한 지원을 되살리지 못할 이유가 무언가?[16]

에라스뮈스가 그랬던 것처럼, 비베스 또한 자기 독자들의 기독교도 의무감에 호소했다. ("우리에게 자선보다 더 분명한 의무 사항이 없는 상황에서, 가는 도시마다 가난한 사람과 거지가 그렇게 도처에 널려 있다는 건 정말 우리

기독교도 모두의 수치이자 불명예이다.")[17] 그렇다 해도 비베스가 쓴 것은 신학서가 아니었다. 그의 주장이 강한 설득력을 가질 수 있었던 건, 자선 분야의 광범위한 개혁을 통해 많은 사회악을 예방할 수 있었기 때문이다. 가난은 당장 이 세계에서 고통과 무질서를 일으키고 있었고, 그래서 구제 사업은 개혁을 해야 했다. 비베스에 따르면 가난은 질병을 일으키는 위험한 요소여서 대량 빈곤은 도시를 각종 전염병의 온상으로 전락시킨다. 일부 특권층만 안락하게 살고 대중은 불행하게 살 경우, 그런 도시는 시민 소요가 일어날 가능성이 높다. 정직하게 일하고도 기본적인 욕구조차 충족하지 못한다면, 가난한 사람은 범죄자로 변하게 된다. 비베스는 가난은 어떻게든 줄여야 한다고 믿었는데, 그것은 신이 가난한 사람이 위로받기를 원하기 때문이 아니라 가난이 공중위생에 안 좋고 사회질서에도 안 좋고 사업에도 안 좋기 때문이었다.

비베스의 계획은 정곡을 찔렀다. 마치 "측정하지 못하는 건 관리할 수도 없다."라는 오늘날의 사업 컨설턴트 모토를 예측이라도 한 듯, 비베스는 시 당국을 향해 도시의 가난 정도를 광범위하게 측정하고 그 많은 가난 징후를 자세히 분류할 것을 요구했다. 또 시의 치안 판사에게 자선 현황을 정확히 파악해 자선 관련 활동을 통합 조정하라는 조언도 해주었다. 그러면서 비베스는 이렇게 적었다. "국가의 위정자들은 이 모든 것이 자신들의 책임 중 일부라는 걸 깨달아야 한다."[18] 또 모든 가난한 사람에 대한 건강 검진과 16세기 버전의 사회 사업 평가를 실시할 것도 요구했다. 비베스에 따르면, 가족의 생계를 책임진 사람의 죽음, 아동 학대, 알코올 또는 약물 중독, 업무 능력의 부족, 정신질환, 무지, 나태 등 가난에는 여러 원인이 있는데, 그는 각 원인에 대한 해결책도 제시했다.

가난한 사람에 대한 비베스의 지원 방식은 일정 자격을 가진 가난한 사람 전부에게 의식주를 비롯해 살아가는 데 필요한 기본적인 것을 제공하되, 계속 나태한 삶을 살아도 좋을 만큼 너무 많은 걸 제공하는 게 아니라 먹고사는 데 필요한 만큼만 제공하는 방식이었다. 비베스는 교육과 일이 가난을 물리치는 가장 중요한 수단이라며 광범위한 교육 및 직업 훈련 프로그램의 도입을 권했다. 또 직업 훈련 기회를 제공할 때 수혜 예정자의 재능과 능력을 고려할 것도 권했다. 더 치밀한 측정을 요구한 것이다.[19]

비베스는 그 누구도 아무 목표 없이 어슬렁대는 걸 용납해선 안 된다면서 이렇게 말했다. "가난한 사람 중에 그 누구도 게으름을 피우게 내버려둬선 안 된다. 물론 이는 그 사람이 나이로 보나 건강 상태로 보나 주어진 일에 적합하다는 전제하에서의 얘기이다."[20] 심지어 맹인도 작업장에서 훈련을 받아야 했다.

나는 맹인들도 앉아서 빈둥댄다거나 하는 일 없이 어슬렁거리는 걸 허용하지 않을 것이다. 그들도 할 수 있는 일이 얼마든지 있다. 어떤 맹인은 학문에 적합할 것이다. 그런 사람들은 공부하게 해주어라. 그들에게서 절대 무시할 수 없는 배움에 대한 열의를 볼 수 있을 것이다. 또 어떤 맹인은 음악에 적합할 것이다. 그런 사람들은 노래를 하고 류트를 연주하고 플루트를 불게 해주어라. 또 어떤 맹인은 손이나 발로 바퀴를 돌리게 하고, 포도주 짜는 기구를 밟게 하고, 대장간에서 풀무질을 하게 하라. 우리는 맹인들도 작은 상자와 궤, 과일 바구니, 새장 등을 만들 수 있다는 걸 안다. 맹인 여성의 경우 실을 잣게 하라. 그들이 이런 저런 핑계로 일을 하지 않고 앉아서 빈둥대지 못하게 하라. 그들에게 맞는 일을 찾아주는 건 얼마든지 가능하다. 그들이 아무것도 할 수 없다고 죽는 소리를 하는 건 신체적 나약함 때문이 아니라 게으르고 편한 걸 좋아하기 때문이다.[21]

비베스의 계획을 단순히 자선 활동을 개선하기 위한 청사진 정도로 본다면 잘못이다. 사실 그의 계획은 사람들을 가난하게 만드는 요인을 알아내고, 그들을 가난에서 벗어나게 해줄 방법을 찾아내며, 무엇보다 그들이 가난에 빠지는 걸 예방할 수 있는 기술을 가르쳐주는 종합적인 계획이었다. 비베스는 이 모든 걸 보상하기 위한 계획도 갖고 있었다. 비베스는 술을 마시거나 도박하는 걸 좋아하는 게 밝혀진 사람에게는 가장 하기 싫은 일을 하게 해야 한다면서 이렇게 말했다. "그들에게는 사람들이 다 기피하는 일을 할당하고 지원도 더 적게 해주어야 한다. 그래야 다른 사람들에게 본보기가 되고, 자신들도 예전의 삶을 후회하게 될 것이며, 쉽사리 같은 사회악을 되풀이하지 않을 것이다."[22] 외국인 거지들에게는 여행 경비와 자기 나라로 돌아갈 편도 교통비를 지급하도록 했다. 장애인인 척하는 거지들은 처벌 대상이었으며, 도박꾼과 매춘부와 술고래 역시 다시 생산적인 사회의 일원으로 되돌리기 위해 필요할 경우 처벌 대상이었다. 또 이런 제도를 교묘히 속이려다 걸리는 관료의 경우 중한 처벌을 받게 했다.[23]

그런데 규모가 큰 도시 계획을 시행하려면 많은 돈이 들어간다. 그 많은 돈은 다 어떻게 충당한단 말인가? 비베스는 대부분의 비용은 기존 자원을 보다 효율적으로 활용해 얼마든지 충당할 수 있으며, 그 외의 비용은 시민들을 상대로 한 보다 활발한 기부 및 유산 기증 요청과 새로운 일을 통해 벌어들이는 가난한 사람들의 수입으로 메울 수 있다고 봤다. 그러면서 그는 분명 자신의 자금 조달 계획을 회의적으로 생각하는 사람들이 있을 거라고 예상했다. 비베스는 그런 사람들을 향해 믿음을 가지라며 이런 말을 했다. "이렇게 신성한 일을 하면서 얼마나 잘할 수 있을지 걱정한다면 그건 불경이다. 그보다는 모든 걸 가능하게 만들어주시는 하나님을 얼마나 깊이 믿을 수 있는지를 걱정하라."[24]

브뤼헤 시 당국은 처음에는 비베스의 계획에 강력히 호응했다. 그래서 계획서를 인쇄해 시의 정책 결정자들과 이해 당사자들에게 배포해 계획의 중요성에 걸맞은 관심을 갖게 했다. 하지만 계획은 유야무야되었다.[25] 브뤼헤 시는 아직 예방의 시대로 들어갈 준비가 제대로 되지 않았던 것이다.

교회 관계자들 역시 아직 준비가 되어 있지 않았다. 가톨릭교회의 일부 지도자들의 입장에서, 가난을 부도덕한 걸로 여기고 구걸 행위를 규제하는 것은 가난에 대한 일종의 폭력으로 받아들여졌다. 또 어떤 지도자들은 수세기 동안 빈민 구제 활동에 전념해온 영향력 있는 유럽 수도회(프란치스코 수도회, 도미니카 수도회, 아우구스티노 수도회 등)의 지위를 위협한다는 이유로 비베스식 계획에 반대했다. 또한 많은 교회 지도자는 빈민 구제 활동을 시 당국에 맡길 경우 루터파가 득세하게 될 걸 우려했다. 벨기에와 프랑스, 스페인 등지에서 활동한 비베스와 개혁적 성향을 가진 그의 추종자들은 신성모독과 이단이란

이름 아래 공개비판 당하는 걸 피하기 위해 아주 조심스레 움직여야 했다.[26]

그러나 교회와 정부 내의 진보주의자들은 비베스식 개혁에서 지혜를 보았다. 또한 도시들은 자선 관련 활동을 중앙집권화하기 시작했으며, 일부 독일 도시는 비베스의 계획이 나오기 한참 전인 1520년대부터 마르틴 루터Martin Luther의 영향 아래 각종 개혁 조치를 취하고 있었다. 파리는 1525년에 자체적으로 대대적인 개혁을 시작했고, 1530년대에는 브뤼헤를 비롯한 플랑드르 지역의 여러 도시가 그 뒤를 이었다.[27] 1531년에 나온 샤를 5세Charles V의 칙령으로 신성 로마 제국 전역에서는 비베스식 개혁 조치가 행해졌다. 대부분의 도시에서 구걸 행위는 완전히 금지되거나 심하게 제한되었다. 예를 들어 스페인의 일부 지역에서는 무허가 구걸 행위가 불법화되었고, 일부 도시에서는 이런 법령을 어길 경우 중노동이나 태형 또는 몇 년간의 노예 생활 같은 처벌을 받았으며, 심한 경우 공개 교수형에 처해졌다. 그리고 대략 60개가 넘는 유럽 도시가 단 몇 십 년 사이에 자신들의 빈곤 구제 시스템을 수정했다.[28]

많은 지식인이 비베스식 개혁 방향을 지지하자 결국 교회도 태도를 바꿨다. 이와 관련해 폴란드 역사학자 브로니슬라프 게레멕Bronisttaw Geremek은 이런 말을 했다.

16세기 말에 이르자, 자선과 관련된 논란과 갈등이 수그러들었다. 물론 그렇다고 해서 그 모든 논란과 갈등이 완전히 끝난 건 아니어서, 17세기로 넘어가서도 현실적인 측면과 이론적인 측면에서의 논란과 갈등은 계속됐으며, 빈민 구제라는 주제는 여전히 종교 및 도덕 관련 분야에서 중요한 주제로 남았다. 그러나 자선 제도의 개혁은 더 이상 '도시들의 이단 행위', 즉 교회의 이익에 대한 위협으로 여겨지진 않았다. 자선 제도는 현대 국가의 새로운 이데올로기가 되었고, 현대 국가의 특혜로 받아들여졌다.[29]

영국의 개혁

16세기 영국에서 이루어진 빈민 구제 제도의 개혁을 보면, 일부 국가가 비베스를 비롯한 기독교 인문주의자들의 사상을 어떤 식으로 실험에 옮겼는지 알 수 있다. 영국 국회의원은 가난이 확산되는 걸 억제하기 위해 비베스식 법률을 제정했다. 또 구걸 행위의 신고제 및 허가제를 실험에 옮겼으며, 가난한 사람들에 대한 지원을 어떻게 보다 합리적으로 배분할지를 알아내려 애썼다. 그러나 실망스럽게도 그렇게 해서 나온 조치는 가난한 사람의 운명을 개선하는 데 별 도움이 되질 못했다. 국회의원들의 초창기 노력은 거의 다 '잘못된 출발'에서 '의회 내에서의 타협'으로 이어져 '어정쩡한 조치'로 끝났다.[30] 다른 유럽 국가들과 마찬가지로, 영국에서는 인구가 계속 늘고 식품 가격은 계속 올랐으며 실질 임금은 계속 떨어졌다.[31] 심지어 완전 고용 상태의 사람들조차 '빈곤선poverty line'*을 넘는 생활을 유지하기 힘들었다. 실업 상태의 사람들은 삶이 정말 비참해질 수밖에 없었다.

---

* 최저한도의 생활을 유지하는 데 필요한 수입 수준. - 역자 주

대부분의 개혁 조치가 상황을 더 악화시키기만 하는 가운데 이렇게 비참한 삶이 계속 이어지자, 여러 유럽 도시의 가난한 사람들은 저항과 폭력을 통해 불만을 표출했다.

영국 왕 헨리 8세Henry Ⅷ가 가톨릭교회의 영향력을 줄이려 애쓰는 바람에 상황은 점점 더 악화됐다. 자신의 첫 번째 왕비 '아라곤의 캐서린'과의 자식 없는 결혼을 무효화해줄 것을 거부한 교황에 대한 반감이 있는 데다 워낙 열렬한 신교도이기도 했던 헨리 8세는 결국 1534년 스스로 '영국 국교회Church of England'라고도 불리는 성공회의 수장이 되었다. 그는 정해진 수순에 따라 영국 내 가톨릭 수도원들을 폐쇄했으며, 그 수도원들이 가난한 사람을 위해 운영하던 병원 또한 폐쇄했다.[32] 그 결과는 참혹했다. 1500년 당시 가난한 사람을 돌보는 일의 20% 이상은 영국 수도원의 몫이었는데,[33] 수도원이 해체되면서 빈민 구제 활동 역시 해체되었다. 결국 16세기 말에 이르러서는 병자와 노인을 돌보던 영국 기관 가운데 거의 절반이 사라졌다. 수천에 달하던 농부의 협동조합 역시 같은 운명을 맞았다. 헨리 8세가 협동조합의 재산을 몰수하면서 사실상의 협동조합 와해가 일어난 것이다.[34]

헨리 8세 치하에서 영국 내에 있던 기존의 빈민 구제 기관은 가까스로 그 명맥을 유지했지만 새로 생겨난 빈민 구제 기관(대규모 국립 병원이 몇 개 생겨났고, 병원에 딸린 작업장들에서는 가난한 사람이 비숙련 노동을 제공해 숙식 문제를 해결할 수 있었다)은 몇 되지 않았다. 또한 새로 생긴 빈민 구제 기관은 거의 다 기존에 있던 기관보다 규모도 더 작았다. 한편 당시 영국은 인구 붐을 겪고 있었다. 이처럼 빈민 구제 제도는 축소되고 인구는 늘어나, 16세기 말에 이르면 가난한 사람이 이용할 수 있는 1인당 침상 수가 반 토막 나게 된다.[35] 물론 개인들의 자선 활동은 이 모든 손실을 보존하기에는 너무 미미했다.[36] 결국 모든 개혁 노력에도 불구하고, 16세기는 영국과 가난한 사람 모두에게 좋은 시간은 아니었다. 물론 영국 외의 다른 지역에 살던 가난한 사람에게도 그리 좋은 시간은 아니었다.

비베스의 영향하에 행해진 16세기 영국의 개혁은 많은 사람의 기대만큼 효과를 내진 못했지만, 그 이후에 이어질 보다 개선된 정책을 위한 디딤돌 역할은 했다. 흉작과 식량 부족 사태가 벌어지면서, 1598년 영국 의회는 마침내 영국의 가난 문제를 해결할 새로운 법을 연이어 통과시켰다. 그 법들은 다 합쳐 '엘리자베스 구빈법Elizabethan Poor Laws'으로 불리게 되었으며, 이후 2세기 동안 그 효력을 발휘했다.

엘리자베스 구빈법 중 일부는 '불량배와 방랑자 그리고 건장한 거지'의 처벌과 관련된 정부 정책을 구체화했다. 구걸 또는 불량배 짓을 하다 걸리면 초범일 경우 채찍질을 당한 뒤 풀려나 자기 집 또는 고향으로 돌려보내졌다. 재범일 경우에는 추방 또는 유배형을 받았다(후에 이는 낙인찍히는 벌로 경감됐지만). 그러나 세 번째 적발될 경우에는 사형이었다. 빈민 구제를 받으려는 사람들은 자신이 태어난 교구 안에서만 그렇게 해야 했다. 그리고 몇 년 후인 1601년에 제정된 '자선 활용법'에서 구체화된 법 조항들로 개인 자선가들이 병원이나 빈민 구제소 또는 이른바 교정 시설들(가난한 사람들에게 기본적인 일거리를 주어 의식주 문제를 해결하게 해주는 시설들)을 건립하기 위해 거쳐야 했던 불필요한 관료적 형식주의들은 대폭 줄어들었다.

비효율적이었던 16세기의 여러 법과 엘리자베스 구빈법의 가장 중요한 차이는 새로운 법은 빈민 구제 기금을 어떻게 배분할 것인지를 구체적으로 명시했다는 것이다. 새로운 법에 따라, 1만여 개에 달하는 영국의 행정 교구(자치주 바로 아래 수준의 정치 조직)는 각기 나름의 자선 제도와 모금 노력을 통해 가난 문제를 통제해야 했다. 또 일하기엔 너무 어리거나 늙은 사람, 병든 사람에게 식량을 제공해야 했다. 또한 새로운 법에 따라, 각 교구는 일할 수 있는 건강한 사람에게 일거리를 제공하고, 가난한 집안 아이에게 견습생으로 일할 기회를 주며, 매년 거둬들이는 재산세를 이용해 세금, 즉 구빈세를 올려야 했다.[37]

각 지역의 가난 문제는 해당 지역의 자선 모금으로 해결한다는 이 기본적인 빈민 구제 계획은 영국과 웨일스 지역에서 1700년대 내내 유지됐으나, 그 과정에서 의회와 교구에 의해 계속 수정 보완됐다. 1723년에는 영국 의회에서 발의자 에드워드 내치불 경Sir Edward Knatchbull의 이름을 따 '내치불 법Knatchbull's Act'으로도 불린 '1772/1773년 작업장 조사법Workhouse Test Act of 1722/1723'이 통과됐다. 내치불 법은 각 교구에 빈민 구제를 작업장으로 제한할 수 있는 권리를 주었다. 그러니까 가난하지만 신체 건장하고 도움을 받고자 하는 사람을 의무적으로 작업장 안에서 살게 해, 의식주 문제를 해결하는 대신 노동력을 제공하게 한 것이다. 자체 작업장이 없는 교구의 경우, 지방 관리들이 나서서 극빈자를 상대로 '농부'로 일하겠다는 계약을 맺을 수 있었는데, 이 경우 역시 기본적인 의식주 문제를 해결하는 대신 노동력을 제공한다는 데 동의해야 했다(이때 이들은 노동의 대가로 받은 이익을 사유화할 수 있었다). 따라서 내치불 법 덕에 지방 관리들은 빈민 구제 신청자가 얼마나 도움을 절실히 필요로 하는지를 조사해볼 수 있었다. 만일 신청자가 요구 조건을 다 받아들인다면(즉, 노동 조건은 물론 작업장 내 거주 의무도 받아들여, 자신의 자유를 희생하고 열악한 생활환경을 감수할 의지를 보인다면), 그 사람이 도움을 절실히 필요로 한다는 합리적인 결론을 내릴 수 있었던 것이다. 반면 작업장 안에서 사는 걸 내켜하지 않는다면, 그런 신청자의 경우 개인적 자유를 누리면서 혼자 살아가는 게 더 낫다는 결론을 내릴 수 있었다.[38]

엘리자베스 구빈법과 관련된 다른 혁신적인 조치는 워낙 진보적이어서, 그 시대보다 몇 세기 더 앞선 조치로 보일 정도다. 예를 들어 1750년대에 이미 일부 시골 교구들은 나중에 '스핀햄랜드 제도 Speenhamland system'로 알려지는 빈민 구제 계획을 실험에 옮기기 시작했다. 이 제도는 1795년 버크셔 지방의 한 조그만 도시 스핀햄랜드에서 당국자들이 머리를 맞대고 앉아 세부 계획까지 다 짰다고 해서 스핀햄랜드 제도로 불리는데, 일자리가 있는 가난한 사람에게까지 구호 기금을 제공하는 실험적인 제도로, 구호 기금 지원 규모를 신청자의 가족 규모로 늘렸으며 문서상의 형식적 필요보다는 현실적 빵값에 맞췄다.[39]

18세기의 기준에서 볼 때 이 같은 빈민 구제 실험은 막대한 예산이 소요되는 것이었다. 1800년에 이르러 영국의 빈민 구제 관련 총지출은 국내총생산GDP의 약 2%까지 올랐다. 오늘날의 기준에서 보면 별거 아닌 것 같을 수도 있겠지만, 1800년에 국내총생산의 2%는 군대 유지에 들어가는 정부 예산의 거의 절반, 그리고 평화로운 시기의 국가 총지출의 20%에 달했다. 또한 국내총생산의 2%는 영국 인구 7~8%의 최저 생활을 완전히 보장해줄 수 있고, 인구 절반에 해당하는 소득 하위 계층에게 9~10%의 소득 보조금을 제공할 수 있으며, 소득 최하위 계층 30%에게 32%의 국가 보조금을 제공할 수 있는 규모였다.[40]

영국의 교구들은 각기 나름의 구빈세를 정해놓았다. 구빈세는 일자리와 식량이 풍부할 때는 내리고, 그러다 힘든 시기가 오면 다시 올릴 수 있었다. 역사학자들은 이 모든 게 매년 어떻게 변화됐는지를 보여주는 자료들을 수집했다. 그리고 그 자료들을 토대로 가난구제법이 전반적인 사회 복지에 어떤 영향을 주었는지 통계를 내볼 수 있었다. 서로 다른 두 연구 결과에 따르면, 엘리자베스 구빈법에 의한 빈민 구제 활동 결과, 실제로 사망자(주로 기근과 전염병에 의한) 수가 줄었고, 식량 폭동이 억제됐으며, 심지어 인구 증가율까지 둔화됐다(18세기 말까지).[41] 결국 가난을 완화하려는 적극적인 노력으로 굶주림뿐 아니라 질병과 무질서까지 예방할 수 있다는 후안 루이스 비베스의 주장이 옳았음이 입증된 것이다(비록 사후에였지만).

네덜란드인 방식으로 하기

영국인들은 한때 Dutch, 즉 네덜란드인을 '둔감하고 인색하고 비겁하고 성깔 있는 술주정뱅이'로 비하했다. 역사학자 피터 더글러스 Peter Douglas는 셰익스피어 같은 문장가 때부터 이미 형용사 Dutch(네덜란드인의)는 영어 형용사 normal(평범한, 정상적인, 보통의)과 반대되는 '열등한, 반대의, 불규칙한, 부적절한, 비겁한, 기만적인, 이상한, 가짜의, 어색한, 천한, 틀린' 등의 의미로 사용됐다고 했다.[42] 더글러스에 따르면, 네덜란드인에 대한 영국인의 경멸은 17세기부터 18세기에 걸쳐 벌어진 영국과 네덜란드 간의 전쟁Anglo-Dutch Wars[*] 이후 절정에 달해 그때 고결하고 가치 있는 것을 천하게 표현하는 Dutch 관련 영어 표현이 많이 나타났다. 예를 들어 술김에 내는 용기는 'Dutch courage'로 알려졌으며, 'Dutch wife'는 매춘부와 동의어로 쓰였다. 또 애인과 영화를 보러 가면서 자기 표값만 내는 것을 go Dutch, 즉 '네덜란드인들 식으로 하다'라 표현했다. 네덜란드인의 인색함을 조롱하는 또 다른 수동적 공격 성향의 표현이었던 것이다.

그러나 17세기에서 18세기에 걸쳐 네덜란드에서 시행된 빈민 구제 제도는 이런 고정 관념이 완전히 잘못된 것이라는 걸 보여준다. 이 당시 네덜란드 공화국은 빈민 구제를 위해 영국과 웨일스보다 더 많은 부를 썼다. 빈민 구제 활동이 정점에 달했던 18세기에 네덜란드는 공식적인 빈민 구제에 국내총생산의 약 3%를 썼는데, 이는 영국 경우보다 50%나 더 큰 규모였다.[43] 더욱이 네덜란드는 그 모든 걸 빈민 구제를 위한 특별 세금도 걷지 않고 해냈다.

네덜란드는 복지 프로그램에 필요한 자금을 개인적인 기부, 가가호호 방문 호소, 교회 및 다른 대중 집회에서의 모금 등을 통해 마련했다. 이런 점에서 네덜란드의 접근법은 자발적인 것에 가까웠는데,

---

[*] 영국과 네덜란드가 동방의 향신료 무역 주도권을 두고 벌인 3차례의 해상 전쟁. - 역자 주

물론 이때의 '자발적인'이란 '강제성이 전혀 없는'의 뜻은 아니다. 시 당국은 주민들에게 미리 정한 방문 모금 시간에 집에 있을 걸 요구했다. 시민으로서의 의무를 피하는 걸 막기 위해서였다. 교회 예배나 다른 공공 집회에서는 뚜껑도 없는 쟁반 같은 걸로 헌금을 걷어, 헌금을 제대로 하지 못하는 사람들은 그야말로 공개 망신을 당하는 기분을 맛봐야 했다. 또 교회 내에서 가난한 사람을 위한 헌금을 거둘 때, 목사들은 교구민들에게 가난한 사람에게 온정을 베풀지 않는 건 도덕적인 절도나 살인과 마찬가지라는 내용의 설교를 하는 경우가 많았다. 결국 '자발적인' 기부 시간이 도덕적인 시련기로 변한 것이다.[44]

19세기가 다가오면서 가난이 점점 더 확산되자 자발적인 기부는 더 이상 유지하기 어렵게 됐다. 그래서 네덜란드인들은 빈민 구제에 필요한 자금을 조달할 다른 방법을 찾아냈다. 즉, 정부 채권과 다른 자산에서 나오는 이자로 복지 프로그램을 뒷받침하기 시작함으로써, 자신들이 재정적인 측면에서 얼마나 독창적인 민족인지를 입증해 보인 것이다. 그리고 경제 상황이 아주 안 좋은 시기에는 각 도시에서 임시방편적인 조치들을 취했다. 이처럼 자발적인 기부, 현명한 투자 계획, 도시 세수로부터의 지원 등 다양한 정책을 통해, 네덜란드는 유럽 대륙에서 가장 자선 활동이 활발한 국가라는 명성을 얻게 된다.[45]

그렇다면 영국과 네덜란드는 왜 자신들의 가난 문제를 그렇게 공격적으로 해결하려 한 것일까? 가장 중요한 요인 중 하나는 후안 루이스 비베스 같은 개혁가의 지속적인 지적 영향력이었다. 비베스는 많은 사람을 상대로 가난은 도시를 철저히 썩게 하는 질병이라고 설파했다. 경제학자 피터 린더트Peter Lindert는 이런 말을 했다. "영국의 엘리트 계층은 사회적 불안을 예방하는 일에 특히 관심이 많았는데, 그건 아마 영국 해협 너머에서 들려오는 단두대 작동 소리와 국내에서 봐온 식량 폭동에 지레 겁을 먹었기 때문인지도 모른다."[46] 또한 영국의 엘리트 계층은 아메리카 식민지에서 들려오는 전쟁 소식을 자국 내 노동자의 욕구에 보다 잘 대처해야 한다는 징조로 받아들였다. 그러나 1700년대에 이르면 대부분의 서유럽 국가가 이미 예방적인 사고방식을 갖고 있었기 때문에, 우리는 유독 높았던 영국과 네덜란드의 '너그러움' 수준을 다음과 같은 두 가지 요소로 설명할 수밖에 없을 것 같다.

첫 번째로 꼽을 수 있는 요소는 눈에 띌 정도로 높았던 경제 성장률이다. 경제학자 로저 푸케Roger Fouquet와 스티븐 브로드베리Stephen Broadberry에 따르면, 1700년부터 1800년 사이에 영국의 1인당 상품 및 서비스의 총 가치는 약 30% 가까이 뛰었다. 네덜란드의 경우 영국에는 못 미치는 15%였지만, 그것도 상당히 높은 수준이었다. 적절한 자료를 통해 살펴본 유럽 내 다른 모든 나라(스페인, 포르투갈, 이탈리아, 스웨덴 등)의 1인당 국내총생산은 18세기 내내 정체 상태였거나 아니면 감소했다.[47]

영국과 네덜란드가 유독 빈민 구제에 열정을 쏟은 이유를 설명해줄 두 번째 요소는, 엘리트 계층이 빈민 구제가 인력 공급의 변동성을 예방하는 데 유용한 지렛대 역할을 해줄 수 있다는 사실을 알게 됐다는 점이다. 네덜란드 도시의 지도자들은 도시 노동자가 계절별로 도시의 일자리가 부족해질 때 시골 농장 일자리를 찾아 떠나는 걸 막기 위해 빈민 구제 계획을 수시로 수정했다. 영국의 경우 도시의 빈민 구제 정책과 시골의 빈민 구제 정책 간에 역전 현상이 일어나, 가난한 노동자는 도시보다 오히려 시골 지역에서 더 많은 지원을 받았다.[48] 피터 린더트는 영국 빈민 구제 체제가 시골 지역에 더 유리하게 된 것은 농장 노동자가 산업 분야의 일자리를 찾아 도시로 떠나는 걸 막기 위해 시골 지역 지주가들이 구빈세를 활용했다는 증거라고 말한다. 영국 교구들에서는 구빈세가 투표로 결정되는데, 투표권은 지주들에게만 있었다. 그래서 18세기의 영국 신사들은 자신들의 이익에 부합하는 쪽으로 구빈세를 관리할 수 있는 정치권력을 가졌다. 그리고 그들의 주요 관심사는 자신들의 농장이 제대로 경작되고 파종되고 추수되는 것이었다. 또한 '예방의 시대'에 그들이 한사코 막으려 했던 건 농장이 멈추는 일이었다.

18세기 말에 이르러 이처럼 예방적인 사고방식은 빈민 구제에 대한 영국인의 사고를 지배하다시피 했다. 그러나 예방적인 사고방식의 가장 놀라운 결과는 이후에 생겨난다. 영국의 정치이론가들이 비베스의 추론을 뒤집으면서, 거의 300년간 지배해온 빈민 구제와 관련된 영국의 법과 일반적인 통념 역시 뒤집힌 것이다.[49]

도움을 주기 위해 잔인해져야 하는

1800년대 초에 이르면, 영국을 이끄는 많은 사회 사상가가 1776년에 발표된 애덤 스미스의 《국부론》에서 절대적인 영향을 받은 자유방임주의식 자본주의를 100% 받아들이게 된다. 이 새로운 경제 철학(오늘날 많은 사람에 의해 '고전주의 경제학'으로 불린다)에 따르면, 노동자에 대한 보상에 정부가 개입하는 건 좋은 아이디어가 아니다. 정부의 개입은 임금을 왜곡해 수요와 공급의 법칙('보이지 않는 손'에 의한)에 의해 자연스레 결정되는 이른바 '자연 가격natural price'과는 거리가 먼 가격이 형성되게 된다. 새로운 자유방임주의식 사고에 따르면, 과도한 보상을 받는 노동자는 배부른 노동자가 되며, 배가 불러 더 이상 배고픔이 일할 동기가 되지 않는 노동자는 좋은 노동자가 아니다. 그리고 당시 영국이 필요로 한 건 좋은 노동자들이었다.

애덤 스미스의 영향을 받은 많은 사회 이론가는 빈민 구제 활동이 너무 너그러울 경우 과도한 보상만큼이나 일할 동기 자체를 무력화시킨다고 확신했다. 그래서 여러 작가가 오랜 세월 유지되어온 엘리자베스 구빈법에 대한 개혁을 요구하기 시작했다. 조셉 타운센드Joseph Townsend라는 박식한 사람은 1786년에 발표한 자신의 논문 〈구빈법에 대한 논문Dissertation on the Poor Laws〉에서 다음과 같은 말로 이 점을 분명히 했다.

> 희망과 두려움은 산업의 양대 기둥이다. 이 기둥을 강화하는 게 훌륭한 정치인이 할 일이다. 그러나 우리의 법은 희망은 약화시키고 두려움은 말살하고 있다. 빈곤한 사람으로 하여금 열심히 일하고 검소하게 살게 하려면 무얼 북돋워주어야 할까? 또 그들은 언제쯤이나 알게 될까? 자신은 나태하거나 사치스러워 또는 술과 이런저런 잘못된 악습에 찌들어 필요로 하는 걸 줄여야 하며, 그러지

않을 경우 다른 사람의 희생으로 음식과 옷은 물론 평소에 익숙한 사치스런 물품까지 충분히 제공받게 된다는 것을. 빈곤한 사람은 상위 계층 사람을 움직이게 하는 동기, 즉 자긍심과 명예와 야망에 대해선 잘 모른다. 일반적으로 가난한 사람으로 하여금 노동을 하게 하는 건 배고픔뿐이다.[50]

토머스 맬서스Thomas Malthus와 데이비드 리카도David Ricardo 같은 정치 경제학자들은 엘리자베스 구빈법이 가난한 사람으로 하여금 그 법이 없는 경우에 비해 더 일찍 결혼하고 더 많은 아이를 낳게 만든다며 우려를 표명했다. 그들은 세대를 거듭할수록 가난한 사람의 수가 계속 증가하며 빈민 구제에 쏟는 국고 수입 역시 증가하는 게 아닌지 추론했다. 리카도는 다음과 같이 최악의 상황을 상상했다. "현재의 법이 시행되는 한 가난한 사람을 먹여 살리기 위한 자금은 계속 늘어나, 결국 국가의 모든 수입이 말라버릴 것이다."[51]

정치 경제학자들은 이런 우려를 뒷받침할 만한 증거를 갖고 있는 건 아니었으나, 그들의 관점은 많은 호응을 이끌어냈다. 그건 그들의 관점이 당대를 지배하던 경제 이론과 일맥상통한 데다가, 가난한 사람은 게으르고 무절제한 술주정뱅이라는 오랜 고정관념과도 맞아떨어졌기 때문이다. 이와 관련해 맬서스는 자신의 저서 《인구론Essay on the Principle of Population》에서 이렇게 적었다.

영국의 교구 관련 법들은 식량 가격은 높이고 실질 임금은 낮추는 데 일조해온 것으로 보인다. 결국 그 법들은 가진 거라곤 노동력밖에 없는 계층을 더 빈곤하게 만드는 데 일조해온 것이다. 또한 일부 소상인과 소농장주 사이에 오가는 얘기와는 반대로, 가난한 사람에서 흔히 볼 수 있는 무절제하고 흥청망청한 삶을 만들어내는 데 중요한 역할을 하지 않았다고 생각하기도 어렵다. 막말로 가난한 노동자는 늘 그날 벌어 그날 사는 듯하다. 그들의 관심은 온통 현재 필요한 것에 있으며, 미래는 거의 생각지 않는다. 저축할 수 있는 기회가 온다 해도, 실제로 저축하는 경우는 거의 없다. 대체로 그들은 현재 필요한 걸 사고 남을 정도의 돈을 벌 경우, 그걸 술집에서 다 써버린다.[52]

타운센드, 맬서스, 리카도 같은 경제학자의 주장이 많은 호응을 얻고 있는 데다, 각종 인쇄물을 통해 의회 내에서 가난한 노동자에 대한 비방이 쏟아져 나오면서, 낡은 구빈법을 개혁해야 한다는 목소리가 점점 높아져갔다. 그 와중에 영국 내에선 투표권을 행사할 수 있는 새로운 남성 집단이 나타났다. 1832년까지 영국 투표권을 독식해온 토지를 소유한 신사들과는 달리, 1차적으로 나타난 이 새로운 중산층 유권자 중에는 도시 기업가도 포함되어 있었는데, 이들은 영국의 시골 지역에 계속 값싼 농장 노동자를 공급하는 일에는 전혀 관심이 없었다. 그들의 관심사는 오직 하나, 런던과 맨체스터, 리버풀 등지에 있는 자신의 공장에 값싼 노동자를 안정적으로 공급하는 일 뿐이었다. 그런데 새로운 노동자는 주로 시골 지역에서 오기 때문에, 그들은 노동자들을 시골에 묶어두는 데 큰 역할을 해온 시골 교구들의 구빈세를 삭감하는 일에 매력을 느꼈다. 시골 교구들의 구빈세가 삭감되면 가난한 노동자에 대한 각종 지원이 끊길 테고, 그렇게 되면 노동자들이 결국 보다 나은 일자리를 찾아 도시로 몰려들 테니까 말이다.[53]

1834년 고전주의 경제학자들과 새로 등장한 영국의 중산층 유권자들은 마침내 자신들이 원하던 걸 손에 넣었다. 그해에 구빈법 개정안 내지 구빈법 개혁이 통과되면서 빈민 구제 활동은 쇠퇴하게 되며, 1840년에 이르면 구빈법 개정안 통과 전에 비해 겨우 절반 수준으로 떨어지게 된다.[54] 그러자 신체 건장한 가난한 사람이 특히 큰 타격을 받았다. 일을 할 수 없거나 하지 않는 사람들에게는 국가의 많은 작업장 중 한곳에서 숙식을 제공받았지만, 그 작업장들은 이제 과거 200년과는 비교도 할 수 없을 만큼 열악한 곳이 되어 있었다.[55] 게다가 당국자들은 에드워드 내치불 경의 '1772/1773년 작업장 조사법'을 그대로 흉내 내, 가난한 사람이 작업장 내에서 받는 혜택이 절대 노동의 대가로 받게 되는 임금 수준을 상회하지 못하게 하려 애썼다.[56] 이런 정책은 '처우 제한의 원칙principle of less eligibility'(여기서 eligibility는 desirability, 즉 기대감, 만족도 정도의 뜻이다)으로 불렸다. 1834년 영국 의회에서 통과된 이 법은 빈민 구제에 대한 새로운 관점을 신체 건장한 노동자의 관점에서 이렇게 묘사했다. "대체적으로 빈민 구제를 받는 가난한 사람의 상황은 이제 가장 낮은 계층의 독립된 노동자의 상황만큼도 기대하기 어려울 것이다."[57] 처우 제한의 원칙은 국가에 의존하려는 사람을 가능한 한 비참하게 만들자는 데 그 목적이 있었다. 결국 가난한 사람을 상대로 더 이상 애지중지하는 일도 거저 나눠주는 일도 없게 하자는 것이었다.

이렇게 해서 처우 제한의 원칙은 19세기 영국의 공공생활에 가장 큰 영향력을 미치는 원칙 중 하나가 된다. 이와 관련해 1850년에 역사학자 브라이언 로저스Brian Rodgers는 이런 말을 했다.

처우 제한의 원칙은 예전의 가설적인 측면은 사라지고 확고한 믿음으로 변해 가고 있다. 이젠 틀림없이 옳다는 확신도 있다. 처우 제한의 원칙은 세계에서 가장 부유한 국가에서 사람들은 계속 가난해지고 있다는 너무 명백한 사실을 설명할 수 있는 유일한 길이기도 하다. 만일 구빈법을 그렇게 엄격히 관리할 수 만 있다면, 가난은 분명 사라질 것이다.[58]

'처우 제한'이라는 개념은 워낙 전염성이 강해, 실제로 그 논리는 신체 건강한 가난한 사람에 대한 정책뿐 아니라, 형벌 제도에 대한 정책에도 적용됐다(감옥이 너무 편안해지면, 사람들이 차라리 감옥에 가는 게 낫다는 생각에 고의로 죄를 짓고 싶은 충동에 빠질 수도 있다는 논리에서). 또 노인과 장애인에 대한 정책에도 적용됐고(노인과 장애인들을 너무 잘 대우해주면, 신체 건강한 젊은이가 굳이 미래를 위한 저축을 하지 않을 거라는 논리에서), 심지어 고아에 대한 정책에도 적용됐다(이 세대의 고아를 너무 잘 대우해주면, 이 세대의 부모가 자기 아이의 미래를 위해 제대로 대비를 하지 않을 거라는 논리에서). 새로운 구빈법하에서 도움을 받은 적이 있는 영국 시민에게는 투표권조차 주어지지 않았다. 이 모든 게 신체 건강한 영국의 가난한 사람으로 하여금 일을 하게 하기 위한 조치들이었다.[59]

구빈법 개혁 조치들 탓에 취약한 영국 가정 수십만 가구가 수십 년간 가난에 헐떡이게 된다. 네덜란드의 구빈 정책 역시 1800년 이후 유야무야됐다. 그 많은 네덜란드 자선 단체의 주 수입원이 공채에서 나왔는데, 1793년 네덜란드가 프랑스 혁명군에 점령되면서 공채 부채 채무 불이행 상태에 빠졌기 때문이다.[60] 엎친 데 덮친 격으로 구빈법 개혁 조치들은 제안자들이 바랐던 긍정적인 효과를 전혀 보지 못해, 임금도 오르지 않았고 시골 노동자가 대거 도시로 몰려들지도 않았으며 출산율이 줄지도 않았고 수입이 늘지도 않았다.[61] 구빈법 개혁으로 덕을 본 사람이 있다면, 세금 부담이 줄어든 부자뿐이었던 걸로 보인다.

우리가 얻게 된 교훈

이처럼 암울한 결말에도 불구하고, 예방의 시대를 거치면서 가난 문제를 다루는 법에 대한 우리의 이해 측면에는 몇 가지 중요한 진전이 있었다. 첫째, 무엇보다 먼저 후안 루이스 비베스와 그 추종자들 덕분에 우리는 가난 문제에 대해 신경 써야 할 새로운 이유를 갖게 되었다. 그러니까 비베스 등은 사회 건강에 미치는 부정적인 효과 때문에라도 가난이 필히 해결되어야 한다는 확고한 믿음의 씨앗(그 당시에는 논란을 불러일으켰지만 오늘날에는 거의 보편적으로 받아들여지는)을 뿌렸다. 둘째, 예방의 시대는 우리에게 한 가지 통찰력을 남겨주었다. 가난에는 이해될 만한 여러 가지 원인이 있으며, 그 원인은 각기 나름대로의 방법으로 해결해야 한다는 통찰력 말이다. 셋째, 결과적으로는 이게 가장 중요한 것인데, 예방의 시대는 우리에게 가난을 예방하는 것은(아니면 적어도 가난의 보다 넓은 사회적 영향을 예방하는 것은) 교회의 책임이나 부자의 영적 의무가 아니라 국가의 책임이라는 사상을 남겨주었다. 다음 2세기 동안 이어질 과학과 의학 그리고 도덕 분야의 혁신으로 인해, 그리고 또 국가의 역할에 대한 이처럼 확대된 관점으로 인해, 결국 가난 문제를 이해하고 해결하는 우리의 방식에는 또 많은 변화가 일어나게 된다. 사실 그 변화는 이미 시작되고 있었다.

1차 가난
계몽주의 시대

나는 1970년대에 어린 시절을 보냈는데, 내가 아는 한 당시 미국 정치에서 '복지'라는 단어가 가장 추악한 단어 중 하나가 아닌 때는 단한 번도 없었다. 우선 리처드 닉슨Richard Nixon 대통령은 1971년에 이렇게 열변을 토했다. "현재의 복지 제도는 너무도 소모적이고 흉폭한 괴물이 되어버렸습니다. 지역 사회를 망치는 괴물, 납세자들을 괴롭히는 괴물, 특히 도움의 대상인 아이들까지 괴롭히는 괴물 말입니다." 지미 카터Jimmy Carter 대통령은 한 발 더 나아가 복지를 '반反노동적이고 반反가정적이며 가난한 사람을 불평등하게 대하고 납세자들의 돈을 낭비하는' 행위로 규정했다.[1] 로널드 레이건Ronald Reagan 대통령은 선거 유세 중에 그리고 또 대통령이 된 뒤의 연설에서 식료품점에서 식품 구입권으로 티본스테이크를 구입한 뒤 계산대 앞에 줄 서 있는 '건장한 젊은이'나 사회보장 제도에서 사취한 돈으로 자신의 캐

딜락 승용차 할부금을 내는 '복지 여왕' 같이, 비양심적인 나머지 미국인을 등쳐먹는 이른바 '부기맨bogeyman' 얘기를 꺼내 사회안전망 남용에 대한 미국인의 분노에 불을 지폈다.[2] 10년 후 빌 클린턴Bill Clinton 대통령은 가난한 가정에 대한 연방 정부 차원의 현금 지원을 폐지하고 연방 정부 차원의 식품 구입권 프로그램을 대폭 축소하는 새로운 법에 서명함으로써, '현재 우리가 알고 있는 복지는 끝내겠다'던 자신의 1992년 선거 공약을 지켰다.

클린턴 대통령 시절에서 20년이 지난 뒤에도 미국 사회안전망은 낭비와 사기와 남용 등의 문제가 여전해, 정치인들의 입장에서 정치적으로 이용해먹을 여지가 많았다. 2011년 뉴트 깅리치Newt Gingrich가 공화당 대통령 후보 지명 유세전에서 한 다음과 같은 연설이 그 대표적인 예다. "잊지 마십시오. 이분(버락 오바마)이야말로 역사상 가장 뛰어난 식품 구입권 대통령으로…… 지금도 식품 구입 용도의 돈을 수령해 그걸로 하와이 여행을 가는 사람들이 있습니다. 어쨌든 그들은 지금 식품 구입권을 팔아먹고 있는데, 그런데도 우리는 그들을 동정해야 합니까?"[3] 마찬가지로 복지에 불만이 많은 영국 정치인의 경우 미국 정치인처럼 노골적으로 불만을 토로한 적은 없지만, 마거릿 대처Margaret Thatcher 수상의 유명한(약간의 오해가 있었지만) 다음과 같은 인터뷰에서 우리는 1980년대 영국 복지 회의론자들의 태도를 엿볼 수 있다.

우리는 지금 문제가 있을 경우 그걸 해결해주는 게 정부의 의무라고 알고 있는 시대를 살아가고 있습니다. "내겐 문제가 있어. 보조금을 받아야 해." "난 집이 없어. 정부가 숙소를 제공해줘야 해." 그들은 지금 자신의 문제를 사회에게 떠넘기고 있습니다. 그리고 아시다시피, 세상에 그런 사회는 없습니다. 남녀 개인이 있고, 가정이 있습니다. 어떤 정부도 사람들의 문제를 해결해줄 수 없습니다. 사람들의 문제는 먼저 사람들 스스로가 해결해야 합니다. 먼저 우리 자신을 돌보고 그런 다음 우리 이웃을 돌보는 게 우리의 의무입니다. 사람들은 마음속에 의무는 없고 너무 많은 권리만 갖고 있습니다. 그러나 먼저 자신의 의무를 다하지 않는 한, 세상에 그런 권리란 없습니다.[4]

사실 welfare, 즉 복지라는 말은 이제 정치적으로 워낙 애물단지 같은 말이 되어버려, 그 범위가 너무 광범위해 그럴싸한 정치적 메시지로 비난받을 여지가 별로 없는 support(지원), assistance(도움) 또는 그냥 program(프로그램) 같은 말로 바꿔 쓰는 경우가 많다. 그러나 미국과 영국에서 복지란 말은 원래 늘 경멸스런 말은 아니었으며, 그 외에 다른 많은 나라에서도 경멸스런 말로 쓰인 적이 없다. 사실 대부분의 나라에서, 독창적이며 현대적인 의미에서의 복지는, 그러니까 국가가 시민의 건강과 행복과 교육에 적극적으로 관여한다는 의미에서의 복지는 인류 문명의 가장 위대한 성취 가운데 하나로 인정받고 있다. 이 장에서 나는 그 복지가 어떻게 성취됐는지 또 어떤 사상과 제도가 그 복지를 발전시켰는지에 대해 설명할 것이다.

18세기와 19세기 초는 유럽의 노동자 계층에게 힘든 시기였다. 영국 런던과 벨기에의 앤트워프에서는 임금이 완전히 동결된 것처럼 느껴졌다. 그나마 영국과 네덜란드 국민은 운이 좋은 편이었다. 다른 유럽 도시는 비숙련 노동자의 임금이 '빈곤선' 밑으로 떨어졌다. 폴란드의 크라쿠프, 오스트리아의 빈, 스페인의 발렌시아 같은 도시의 비숙련 노동자들은 1주에 65시간까지 일하면서도 가족을 먹여 살릴 정도의 돈을 벌지 못했다.[5]

다행히 1850년부터 노동자의 임금이 경제 사정과 연동되었다.[6] 보다 효율적인 생산과 보다 빠른 수송 덕에 노동자 가족의 식탁에는 전례 없이 다양하면서도 많은 음식이 오르게 되었고, 노동자 계층의 영양 상태 또한 개선됐다.[7] 1880년에 이르러, 전형적인 노동자 계층의 성인은 역사상 그 어느 때보다 부유하면서도 오래 그리고 건강하게 살고 있었다. 유럽의 노동자가 마침내 산업 시대의 축복을 나눠 갖기 시작한 것이다.

바로 그 무렵, 뭔가 이상한 일이 일어나기 시작했다. 삶이 더 안전해지자, 유럽 정부가 질병과 장애와 노화라는 경제적 위험으로부터 자기 국민을 지키기 위해 광범위한 사회보장 프로그램을 구축하기 시작한 것이다. 또한 시간이 지나면서, 국민의 건강과 교육과 경제적 기회를 높이기 위한 새로운 프로그램도 출현했다. 곧이어 자국 국민의 복지에 대한 국가의 관여가 1세기 동안 확대됐다. 그 오랜 확대 기간을 거치면서, 인류는 개발 경제학자 마틴 라발리온Martin Ravallion 이 재미있게 표현한 이른바 '1차 가난 계몽주의'의 시대로 접어들게 된다.[8]

그런데 이 확대 계몽주의 시대는 어떻게 시작된 걸까? 이를 자세히 살펴보기에 앞서, 그 바로 전에 있었던 일을 살펴볼 필요가 있다. 산업 시대 이전까지만 해도 사람들은 주로 상인과 수공예인으로 이루어진 길드 같은 자발적인(그리고 또 공제조합 형태로 운영되는) 단체를 결성해 삶의 위험에 대비했다. 그래서 모두 경기가 좋을 때 돈을 내 공동 기금을 축적했다가 경기가 안 좋을 때 그 돈을 빼 쓸 수 있었다.[9] 1840년대에 이미 몇몇 유럽 국가는 특정 집단의 노동자에게 보험 혜택을 주기 위해 이와 똑같은 공제조합 개념을 활용했다. 예를 들어 벨기에와 오스트리아는 1844년에 이미 선원과 광부에게 질병 수당을 제공하는 계획을 도입했다. 그러다가 1883년 독일과 폴란드가 노동자가 질병(독일의 경우)과 부상(폴란드의 경우)으로 인해 소득이 없어질 때를 대비한 보험 프로그램을 도입하면서 최초의 포괄적인 사회보험이 나타나게 된다. 독일의 경우 고용주와 노동자가 노동자 대신 국가 기금에 의무적으로 보험금을 납입해, 질병에 걸려 회복될 때까지 13주 동안 노동자의 수입을 보장해주었다. 그로부터 1년 후 독일은 사고 보험을 추가했고, 그 뒤를 이어 폴란드가 질병 보험을 추가했다. 그런데 왜 질병과 사고에서 끝내야 하는가? 좋은 의문이다. 1889년 폴란드와 독일은 노인 연금을 지급하는 세계 최초의 보편적인 프로그램으로 그 의문에 답했다.[10]

다른 유럽 국가에서도 한동안 자국 노동자 계층에 대한 국가의 책임 문제를 놓고 갑론을박이 벌어졌으나, 아직 뚜렷한 결론은 내리지 못하고 있었다. 그러나 통일 이후의 독일은 온갖 포부로 가득 찬 대국이어서 1880년대에 그런 방향으로 과감히 걸음을 내딛었고, 다른 국가들은 그걸 안전하게 국가 주도의 사회보험의 바다에 발을 담가도 된다는 신호로 받아들였다.[11] 1890년과 1891년에 아이슬란드와 덴마크가 독일의 뒤를 이어 노인 연금 제도를 도입했는데, 그에 필요한 자금을 노동자의 급여에서 공제하는 게 아니라 정부의 총세

타인의 친절

입에서 충당하는 방식을 택했다. 몇 년 후에는 뉴질랜드와 호주 역시 노동자가 부담하지 않는 사회보험 제도를 도입했다.[12]

20세기 초에는 더 많은 혁신이 이루어졌다. 1907년에는 덴마크가 포괄적인 사회보험 제도를 입법화해 노인 연금 제도, 산재보상 제도, 질병과 실업에 대비한 임의 보험 등에 필요한 프로그램을 도입하면서 독일을 제치고 세계 최고의 복지 국가가 되었다. 1년 후에는 영국의 진보적인 정부가 필요한 자금을 정부의 세입에서 일부 충당하는 보편적인 노인 연금 프로그램을 입법화했다.

불과 몇 세대 전에 영국을 구빈법 개혁으로 몰고 간 자유방임주의적 사고의 연장선상에서, '자격 없는 가난한 사람'까지 포함되는 노인에 대한 보편적인 경제적 사회안전망 아이디어는 의회를 분노의 목소리로 시끄럽게 만들 거라고 예상한 사람이 많았다. 특히 영국의 가장 부유한 납세자들이 법안 통과의 칼자루를 쥐고 있는 상황에서는 더욱더 그랬다. 그러나 분노의 목소리는 전혀 없었다. 보편적인 노인 연금 제도 도입 발의안은 영국 하원에서 325표 중 315표의 찬성으로 통과됐다.[13] 사실 이 같은 찬성률은 너무도 압도적인 것이었으며, 주요 발의자였던 데이비드 로이드 조지David Lloyd George 하원의원(그는 후에 영국 수상이 된다)조차 자신도 필요한 자금을 어떻게 조달해야 할지 아직 잘 모른다고 말할 정도였다. 이와 관련해 당시 영국계 미국인 저널리스트이자 정치 사학자인 모리스 로우Maurice Low는 이렇게 적었다.

법안이 아직 하원 위원회에 계류 중인 상황에서 조지 의원에게 노인 연금이라는 오믈렛을 만들기 위해 둥지의 달걀 중 어떤 달걀을 깰 거냐는 질문이 주어졌는데, 그는 다음과 같은 말로 사람들을 다소 놀라게 했다. "지금 제 둥지엔 달걀이 전혀 없어서 내년에 누군가의 닭장을 털어야 할 것 같습니다. 지금 어떤 닭장이 가장 털기 쉬울지, 어떤 닭장을 털어야 욕을 가장 덜 먹을지, 대부분의 달걀을 어디서 가져와야 할지, 그리고 무엇보다 어떤 닭장이 달걀을 나누기 가장 쉬울지 살펴보고 있는 중입니다."[14]

혁신은 계속 이어졌다. 1911년 영국은 보편적인 건강 보험 프로그램과 세계 최초의 의무적인 실업 보험 프로그램을 도입해, 사회안전망을 농장 노동자, 사무직 노동자 그리고 새로운 산업 인프라 밖에서 일하는 사람에게까지 확대했다.[15] 1913년에는 스웨덴이 최초의 보편적인 노인 연금 프로그램을 도입했다.

19세기 말에 이르면, 각국 정부는 노동자로 하여금 스스로 자신의 관심사를 돌볼 수 있게 도와주는 사회보험 프로그램을 지원하는 일은 물론, 국민 모두의 건강과 행복을 증진하는 보다 큰일도 하게 된다. 그리고 19세기 말에 나온 이 모든 사회보험 프로그램을 토대로 사회보장을 목표로 삼는 20세기 프로그램도 나오게 된다. 처음에 사회보험에서 사회보장으로의 변화는 순전히 사회보험 혜택을 노동자의 가족에게까지 확대하는 정도에 지나지 않았다.[16] 그러나 머지않아 무상 급식, 취학 연령 아동에 대한 무료 검진, 도시 위생 및 주택에 대한 최소한의 품질 기준 수립, 엄마와 어린아이의 건강과 행복을 증진시키기 위한 새로운 프로그램 도입 같은 또 다른 혁신이 일어났다. 그 외에 정부 투자에 의한 진료소 건립, 대가족 보조금 지급을 위

한 소득세 공제, 출산 휴가 신설 등이 이 같은 가족 중심의 혁신에 포함됐다.[17]

복지 국가의 탄생에 따라, 국민 교육에 대한 국가의 관여라는 보다 큰 확대 조치도 뒤따랐다. 19세기 후반까지만 해도 많은 유럽 정부가 일반 국민의 교육 문제에는 별 관심이 없었다. 오히려 공교육을 역효과만 낳는 성가신 일 정도로 볼 정도였다. 1796년에 나온 다음과 같은 글이 그걸 잘 보여준다.

> 오늘날 많은 소작농은 읽고 쓸 줄만 알 뿐 아니라 산수에도 능해지기 시작했다. 심지어 일부 소작농은 책을 읽기 시작했다. 그래서 그들은 더 나은 사람들이 되고 있을까? 그들의 삶은 덜 무절제해지고 있을까? 보다 순종적인 국민이 되고 있을까 혹은 보다 나은 경작자가 되고 있을까? 오히려 그 반대로 그들의 태도는 눈에 띄게 나빠지고 있는 게 아닐까? 농노가 글을 몰랐던 시절에 비해, 지주가 그들을 상대로 권위를 유지하는 게 훨씬 더 힘들어지고 있는 건 아닐까?…… 예나 지금이나 가장 정직한 소작농은 늘 가장 어리석고 가장 무지한 소작농이란 것이 일반적인 규칙이다. 지금 훈련소의 교관 역시 지주가 자기 토지에서 겪는 것과 똑같은 일을 겪고 있다. 즉, 예나 지금이나 늘 가장 상스럽고 무식한 소작농이 가장 좋은 병사가 된다는 것이다. 그런 소작농은 기계처럼 다뤄도 되며, 그러면서 비로소 완전히 믿을 만한 병사가 된다.[18]

그래서 1807년 영국에서 세금을 재원으로 보편적인 초등학교 교육을 실시한다는 법안이 의회에 상정됐을 때, 토리당의 한 의원은 계급 제도의 전도, 도덕의 타락, 법과 질서의 붕괴 등을 우려하는 다음과 같은 연설을 했다. 대중에 대한 교육은 아무 도움도 되지 않을 거라는 얘기였다.

> 가난한 노동자 계층에게 교육을 시킨다는 프로젝트는 이론상으로는 그럴싸해 보이지만, 사실상 그들의 도덕성과 행복에 안 좋은 영향을 주게 될 것입니다. 교육은 그들로 하여금 자신에게 주어진 운명을 경멸하게 만들 것이며, 그래서 사회적 계급에 의해 이미 정해진 농업이나 다른 힘든 분야에서 좋은 일꾼이 되는 걸 거부하고 또 누군가에게 종속되는 걸 거부하게 할 것입니다. 그들을 당파적이고 다루기 힘든 사람들로 만들 것입니다. 선동적인 팸플릿과 사악한 책들, 그리고 기독교에 반하는 출판물들을 읽게 만들 것입니다. 윗사람들에게 무례한 사람들로 만들 것입니다. 그리하여 결국 몇 년 후면, 의회가 그들을 상대로 강력한 제재를 가하지 않을 수 없게 될 것입니다.[19]

물론 대중 교육에 대한 이런 유형의 적대감에 예외가 없었던 건 아니다. 예를 들어 미국과 프로이센, 노르웨이 등지에서는 1800년대 초반에 이미 취학 연령 아동 중 상당수가 초등학교를 다녔다. 그러나 1820년, 가장 진보적인 국가에서조차 취학 연령 아동 가운데 초등학교를 다니는 아이는 다섯 가운데 한 명밖에 안 됐다. 초등학교 6학년 이후까지 교육을 받는 경우란 극히 드물어, 대부분의 입장에서 고등교육이란 그야말로 그림의 떡이었다.[20] 대중 교육에 대한 경시 현상은 여성 교육에 특히 더 두드러졌다.[21] 1820년, 취학 대상 아동 중 초등학교에 다니는 남자아이가 100명이라면 여자아이는 60명밖에 안됐다. 중학교의 경우 성별 비율이 훨씬 더 편향되어 100대 44였으며,

타인의 친절

대학에서의 성차별은 거의 완벽에 가까워 입학 자격이 있는 젊은이들 가운데 대학을 다니는 남성이 100명이라면 여성은 단 두 명뿐이었다.[22]

그러나 정부 지도자들이 건강하면서도 금전적으로 안정된 노동 인구가 경제에 도움이 되듯 고등 교육을 받은 고급 인력 역시 경제에 도움이 된다는 걸 깨닫게 되면서, 일반 대중에 대한 교육 기회는 급속도로 확대되었다. 이후 10년에서 20년 사이에, 우리가 신뢰할 만한 관련 자료를 갖고 있는 거의 모든 국가에서 초등학교 등록률과 학생당 교육 투자가 모두 늘어났다. 1900년에 이르면, 복지 혁신에 앞장섰던 대부분의 국가에서 초등학교 등록률이 급격히 늘어났다. 교육 분야에서의 성차별도 줄어, 1차 세계대전이 발발할 무렵 선진국에서 취학 연령 아동 가운데 초등학교에 다니는 남녀 학생 비율은 똑같았다.[23]

20세기 전반에 전 세계적인 충격을 몇 차례 겪으면서 세계 각국의 사회복지 투자는 훨씬 더 늘어났다. 1차 세계대전(1914~1918년)으로 많은 사람이 죽고 난 뒤, 일부 유럽 국가에서는 결혼한 부부를 위한 출산 장려 프로그램이 도입됐다. 그와 동시에 전 세계적으로 노동 운동이 활발히 전개되면서, 새로 설립된 국제노동기구ILO를 중심으로 모든 국가의 모든 국민은 최소한의 사회복지를 받을 법적 자격이 있다는 사상이 널리 전파됐다.[24] 대공황(1929~1939년) 이후 미국 연방 정부는 '뉴딜' 법안을 제정해 노인과 장애인에게 보편적인 사회복지 혜택을 제공했고, 저소득 시민을 위해 영양 보충 지원 프로그램을 운영했으며, 일시적으로 실직된 사람에게 실업 급여를 제공했다. 그러다 2차 세계대전(1939~1945년)을 거치면서 더 많은 변화가 일게 된다. 먼저, 영국과 미국은 최대한 많은 사람에게 사회보장을 제공하고 각종 기회를 주는 일에 앞장섰다. 1941년 프랭클린 델라노 루스벨트Franklin Delano Roosevelt 미국 대통령과 윈스턴 처칠Winston Churchill 영국 수상은 대서양 헌장을 발표하는데, 모든 사람에게 안전을 제공하고 노동 기준을 개선하며 경제를 발전시키고 사회보장을 확대하기 위해 모든 국가가 경제 분야에서 서로 협력하길 바란다는 게 그 골자이다.[25] 1942년에는 26개 유엔 창립 멤버가 대서양 헌장을 자신들의 공동 목표를 담은 헌장으로 받아들인다.[26]

2차 세계대전 이후에 영국과 미국은 자신들의 복지 프로그램을 한층 더 확대했다. 경제학자 윌리엄 헨리 베버리지William Henry Beveridge 가 마련한 전후 복지 국가 청사진에 따라, 클레멘트 애틀리Clement Attlee 수상이 이끌던 영국은 앞장서서 사회보장과 실업 보험 그리고 주택 공급 지원책을 대거 확대했다.[27] 영국이 전후에 이룬 가장 큰 업적 중 하나는 1948년 국민건강보험NHS을 설립한 것이다. 그리고 이 새로운 국민건강보험법에 따라 이제 모든 영국 국민은 '요람에서 무덤까지' 의료 혜택을 받을 수 있게 됐다. (영국인들은 2016년 런던 올림픽 개막식 행사에서 이를 내세울 만큼 자랑스러워했다.) 이탈리아와 일본, 오스트리아, 독일 등 이른바 '추축국'과 마찬가지로 프랑스와 벨기에, 스웨덴, 스위스 등의 국가도 복지 제도를 확대했다.

미국 역시 비록 추진 속도는 좀 느렸지만 전후 복지 국가로 떠올랐다. 루스벨트 대통령은 포부가 컸지만, 복지 분야에서 이룩한 유일한 성과는 1946년에 통과된 고용법으로, 이 법에 따라 연방 정부는 인플레이션 및 실업 문제를 관리할 책임을 갖게 됐다. 1964년 린든 B. 존슨Lyndon B. Johnson 대통령은 '빈곤과의 전쟁War on Poverty'을 선포하면서 개혁에 속도를 내었다. 그리하여 대공황 이래 최대 규모의 미국 복지 국가 확대 작업이 이어졌다. 이 기간 중에 미국은 노인과 장애인에게 의료 혜택을 제공하는 프로그램(메디케어Medicare와 메디케이드Medicaid)을 추가했으며, 그 외에 영구적인 식품 교환권 프로그램, 저소득 노인들을 위한 식사 프로그램, 소비자 보호법, 연방 최소 주거 기준, 저소득 가정을 위한 집세 보조금, 공공 교육을 위한 연방 정부 차원의 지원, 학교 아침 식사 프로그램, 도시 주거 환경 혁신을 위한 투자, 최저 임금의 인상 등과 관련된 정책을 폈다. 10년 후 미국 의회는 앞을 못 보는 미국인 저소득층과 장애인 그리고 65세 이상의 노인에게 보충보장 소득SSI을 제공하는 프로그램을 만들었다.

이 같은 사회안전망 확대 작업은 막대한 자금과 막대한 노력이 필요한 일이었다. 대체로 사회보장 프로그램에 들어가는 미국과 영국의 정부 비용은 1900년 국내총생산GDP의 약 1%였으며, 교육 프로그램에 들어가는 비용도 국내총생산의 약 1%였다. 1차 세계대전 직전까지 이 비용은 조금씩 늘더니, 전쟁 이후 1세기 동안 건강과 복지 그리고 교육에 들어가는 정부 비용은 급격히 늘어났다. 그런데 이런 식의 사회보장 비용의 증가는 비단 미국과 영국에서만 일어난 게 아니다. 평균적으로 오늘날 전 세계 선진국은 국내총생산의 약 20%를 사회복지비로, 5%를 교육비로 쓰고 있다.[28] 표 10.1과 10.2를 보면, 19세기 말부터 20세기 말 이후까지 5개의 부유한 나라(일본, 노르웨이, 영국, 미국, 프랑스)에서 일어난 변화를 알 수 있다. 대체 우리는 어떻게

단 한 세기 만에 사회복지 및 교육비 지출을 국내총생산의 2%에서 거의 25%까지 늘릴 생각을 하게 된 걸까?

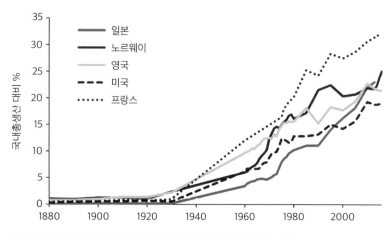

[표 10.1] 부유한 5개 국가의 국내총생산에서 사회복지비가 차지하는 비중(1880~2016년)
출처: Ortiz-Ospina and Roser 2019; OECD 2019c; OECD 1985; Lindert 2004b

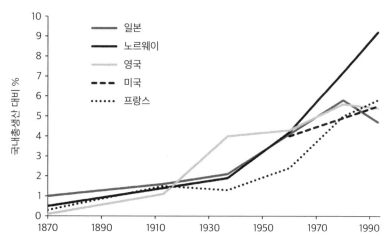

[표 10.2] 부유한 5개 국가의 국내총생산에서 교육비가 차지하는 비중(1870~1993년)
출처: Roser and Ortiz-Ospina 2019; Tanzi and Schuknecht 2000.

타인의 친절

빛이 있으라

20세기에 일어난 이 같은 국가 재정상의 우선순위 변화는 18세기 때 일어난 지적 우선순위 변화에서 비롯되었다. 1700년부터 1800년 사이에 우리는 가난에 대해 그리고 가난한 사람에 대해 더 많은 생각을 하기 시작했으며, 그러면서 그 문제에 대한 사고방식도 변하기 시작했다. 이것이 바로 마틴 라발리온이 말한 '1차 가난 계몽주의' 시대로, 오늘날 우리는 이를 18세기와 19세기 때 사람들이 '가난에 대해 쓴'(그리고 읽은) 책들에서 보이는 변화를 통해 알고 있다. (내가 '가난에 대해 쓴'이란 말을 '가난에 대해 생각한'이란 말과 같은 의미로 사용하는 건 분명 일종의 가정이지만, 이는 틀림없는 가정으로 보인다. 왜냐하면 우리가 어딘가에서 어떤 새로운 개념을 얻게 된다면, 그건 대개 책을 통해서니까.)

2010년에 구글Google은 앤그램 뷰어Ngram Viewer라는 제품을 출시했는데, 이 제품을 통해 우리는 구글 온라인 도서관에 있는 520만 권의 책에 나오는 어떤 한 단어(또는 일련의 단어들)까지 찾아낼 수 있다. 앤그램 뷰어를 이용하면 어떤 특정 단어(또는 일련의 단어들)가 520만 권의 책에 얼마나 자주 나오는지를 1년 단위로 알 수 있다. 그래서 앤그램 뷰어를 이용해 1700년 이후 발간된 영어로 된 책들에 poverty, 즉 '가난'이란 단어가 얼마나 자주 사용되었는지를 보면, 가난에 대한 사고방식이 어떻게 변화되었는지를 알 수 있다. 나는 연구 조수 브룩 도너Brooke Donner와 함께 앤그램 뷰어를 가지고 라발리온이 2011년에 발표한 분석을 재연해보기로 했다(그 결과는 표 10.3 참조).[29]

1700년 영어권 저자들은 '가난'이라는 단어를 비교적 드물게 사용해, 그 빈도가 약 27만 단어당 하나 꼴이었다. 그러나 그 빈도는 매년 계속 늘어나, 1795년에 이르면 약 3만 3,000 단어당 하나 꼴이 된다. 9년 사이에 700% 가까이 늘어난 것이다. 그리고 영어권 작가들이 일단 가난에 관심을 가지면서, 그 관심은 19세기 내내 계속 유지된다.

그렇다면 그 작가들은 그 많은 가난이란 단어를 가지고 대체 무얼 한 걸까? 대체로 그들은 유럽과 북미 지역에서 가난 문제와 관련해 서서히 형성된 두 가지 중요한 사상을 언급하는 데, 그리고 가난에 어떻게 대처해야 하는지에 대한 얘기를 하는 데 가난이란 단어를 사용했다. 가난 문제와 관련해 형성된 첫 번째 중요한 사상은 '분배적 정의distributive justice'에 대한 사상이었고, 두 번째 중요한 사상은 사회과학의 이상과 접근 방식을 활용해 가난과 가난 관련 증상을 이해할 수 있고 개선할 수 있으며 잘하면 근절시킬 수도 있다는 사상이었다.

[표 10.3] '가난'이란 단어가 영어권 책에 사용된 빈도로 알 수 있는 '1차 가난 계몽주의'(1700-1950년)
출처: 구글 북스 앤그램 뷰어 2019. Michel 외 2011, 라발리온 2011.

첫 번째 사상: 분배적 정의

분배적 정의란 모든 인간은 필요한 물질적 욕구를 충족시켜줄 자원을 가질 권리가 있다는 믿음에 근거를 둔 도덕적 이상이다. 일반적으로 분배적 정의와 관련된 문제는 서로 상충되는 두 가지 권리, 즉 사유재산을 소유할 권리와 삶을 유지할 권리 사이에서 어떻게 적절한 균형을 취할 것인가 하는 문제로 귀결된다. 또한 우리 사회는 재산을 소유한 사람으로부터 재산을 취해 그걸 갖지 못한 사람들에게 분배함으로써 분배적 정의를 추구하기 때문에, 분배적 정의라는 이 개념은 다시 국가의 권리와 시민들의 의무에 대한 문제를 야기한다.

정치 이론가들은 '1차 가난 계몽주의' 시대 한참 전에 이미 재분배 문제에 대한 관심을 표명했지만, 그들 중 그 누구도 공정성이 중요하다는 생각을 하지는 않았다. 예를 들어 영국 철학자 토머스 홉스Thomas Hobbes와 프랑스 철학자 몽테스키외Montesquieu도 국가가 약간의 세금을 부과해 가난한 사람에게 의식주를 제공하는 게 옳다는 비베스식 분배 방식에 동의는 했다. 만연한 가난이 공공보건 및 정부의 안정성에 미치는 악영향이 너무 커 계속 무시할 수만은 없었던 것이다.[30]

그러나 철학자 새뮤얼 플레이쉐커Samuel Fleischacker는 2004년에 발표한 자신의 유명한 저서 《분배적 정의의 소사A Short History of Distributive Justice》에서 19세기 초에 등장한 분배적 정의의 개념은 토머스 홉스나 몽테스키외의 개념과는 5가지 면에서 차이가 있다면서 다음과 같이 자세히 설명했다.[31] 첫째, 분배적 정의는 '개인적인individualistic' 것으로, 우리의 도덕적 관심을 필요로 하는 건 사회 전체의 행복보다는 개인들 행복이라는 신념에 뿌리를 두고 있다. 둘째, 분배적 정의는 '물질적인matreialistic' 것으로, 철저하게 사람들이 굶어 죽거나 얼어 죽는 걸 피하기 위해 필요한 자원에 관한 것이다. 셋째, 분배적 정의는 '합리적이고 세속적인rational and secular' 것으로, 십계명이 아니더라도 살인에 반대할 이유는 얼마든지 있듯 종교적으로 타당한 이유가 아니더라도 가난한 사람을 도와야 할 이유는 얼마든지 있다는 신념에 그 근거를 두고 있다. 넷째, 분배적 정의는 '실행 가능한practicable' 것으로, 분배의 정의를 실현할 공적인 행동을 찾아낼 수 있다는 확신을 토대로 한다. 다섯째, 분배적 정의는 '정치적인political' 것으로, 주축국 시대와 예방의 시대를 지배했던 관점과 달리, 1차 가난 계몽주의 시대의 분배적 정의에는 정부는 가난한 사람에게 도움이 되는 방향으로 사회를 운영해야 할 도덕적 의무가 있다는 주장과 연결되어 있다. 그 과정은 플레이쉐커도 자세히 설명했지만, 현대적인 분배적 정의의 개념이 만들어지는 지적 토대를 마련해준 이들은 18세기의 세 작가로, 그들은 프랑스인, 스코틀랜드인 그리고 독일인이었다.

프랑스인

프랑스 정치 이론가 장-자크 루소Jean-Jacques Rousseau는 민주적인 사회가 성공하려면 모든 시민을 대등하게 봐야 한다는 사상에 큰 영향을 주었다. 루소는 당대 유럽에서의 삶이 부와 권력을 가진 사람은 갈

수록 더 큰 부와 권력을 갖게 되고 가난하고 힘없는 사람은 갈수록 더 가난하고 힘없는 사람이 되어가는 것에 환멸을 느꼈다. 그는 무역과 정치, 법 그리고 기타 다른 중요한 분야와 관련된 당시의 제도가 인류에게 별 도움이 못 된다고 믿었다. 그러니까 당시의 모든 제도가 인류에게 도움이 되기는커녕 천성적 불평등(각 개인의 운과 능력과 힘의 작은 차이 등의)이 점차 도덕적 불평등 또는 정치적 불평등으로 발전되는 환경만 조성하고 있다고 본 것이다. 그러면서 그는 이렇게 말했다. "그런 불평등은 일종의 관습에 의한 것으로, 적어도 각종 특권을 가진 사람의 묵인하에 고착화되고 있다. 그러니까 일부 사람이 다른 많은 사람의 희생 위에 각종 특권을 누리고 있으며, 보다 큰 부와 명예와 권력을 쥔 사람이 그렇지 못한 사람에게 복종을 강요하고 있는 것이다."[32] 루소에 따르면, 정치적 불평등이 커지면서, 부와 권력을 가진 사람은 자신의 부와 영향력을 이용해 각종 사회 제도를 자신에게 유리한 쪽으로 만드는 일에 한층 더 능숙해지게 된다. 루소가 특히 혐오한 것은 부와 권력을 가진 사람이 모든 사람이 뻔히 지켜보는 데서 당당히 자기 이웃을 지배한다는 사실이었다. 그와 관련해 그는 이런 말을 했다.

> 우리 사회는 부자가 막대한 부를 소유하는 것에 대해 강력한 보호 장치를 제공해주어, 가난한 사람은 자기 손으로 지은 작은 집 하나 소유하기 힘들어진다. 우리 사회의 온갖 혜택은 전부 다 부와 권력을 가진 사람을 위한 것 아닌가? 돈이 되는 자리는 전부 다 그들의 손에 있지 않은가? 온갖 특권과 면책권은 전부 다 그들에게 주어지는 게 아닌가? 공권력은 늘 그들 편 아닌가?…… 반면에 가

난한 사람은 어떤가? 인류가 빚진 게 많아도 사회는 그들을 외면한다. 문을 열 권리가 있음에도, 모든 문이 그들 앞에서 닫힌다. 설사 어찌어찌 해서 정의를 얻는다 해도, 그게 다른 사람이 호의를 얻는 것보다 훨씬 더 힘들다.…… 나는 가난한 사람을 완전히 내팽개쳐진 사람으로 본다. 안타깝게도 그들은 정직하고 착한 딸이 있으나, 이웃이 부와 권력을 전부 다 쥐고 있다.[33]

루소는 이 모든 문제의 해결책은 정부가 부의 극단적인 불평등을 예방하는 것이라고 주장하면서 이렇게 말했다. "소유한 사람으로부터 부를 빼앗는 방식이 아니라 모든 사람에게 부를 축적할 수단을 빼앗는 방식으로, 또한 병원을 짓는 방식이 아니라 시민들이 가난해지는 걸 막는 방식으로 말이다."[34] 이런 목표를 달성하기 위한 루소의 정책 아이디어 가운데 상당수는, 그러니까 예술품과 산업 제품과 사치품에 대한 사회의 지출을 통제하는 등의 아이디어는 오늘날의 기준에서 보면 다소 방향이 잘못된 걸로 보인다. 그리고 다른 정책 아이디어(시민 사회를 중시하는 누진 과세와 보편적 교육 등)도 3세기 동안 거의 개선되지 못했다.[35]

스코틀랜드인

오늘날 애덤 스미스의 이름을 떠올리면, 우리는 바로 '보이지 않는 손', 즉 자본 시장 안에서 작동되는 보이지 않는 힘을 떠올린다. 그러나 정작 스미스는 약 100만 개의 단어 중에서 '보이지 않는 손'이란 용어는 딱 세 번 썼다. 한 번은 천문학에 대한 책에서, 또 한 번은 도덕에 대한 책에서, 그리고 또 한 번은 경제에 대한 책에서 말이다.[36] 지적 분야에서 스미스가 한 가장 독창적인 기여는 '다 마찬가지지만 누구도 가난해져선 안 된다'는 완전히 다른 아이디어를 낸 것이었다. 이와 관련해 역사학자 게르트루드 힘멜파브Gertrude Himmelfarb는 이렇게 적었다. "애덤 스미스의《국부론》은 돈과 무역 또는 가치에 대한 이론에 관한 한 그리 새로운 책은 못 되는지 몰라도, 가난에 대한 관점과 가난한 사람에 대한 태도에 관한 한 가히 혁명적인 책이었다."[37] 역사학자 제임스 뷰캔James Buchan 역시 다음과 같은 말로 동의했다. "건강 염려증과 고독의 시간을 보낸 이후 스미스가 보여준 가장 뚜렷한 특징은 아마 사회의 가장 가난한 계층에 대한 깊은 관심이었을 것이다."[38] 가난한 사람에 대한 그의 애정 내지 관심은《국부론》의 다음과 같은 구절에 가장 잘 나타난다. "절대 다수의 구성원이 가난하고 비참한 상황에서는 그 어떤 사회도 번영할 수도 행복할 수도 없다. 모든 사람의 의식주 문제를 해결해주는 사람이 자기 자신의 노동력으로 생산한 것을 공유해 자신의 의식주 문제도 해결하는 사회, 그런 사회가 공정한 사회이다."[39]

애덤 스미스는 4가지 신념을 통해 가난에 대한 사람의 태도를 변화시키려 애썼다. 첫째, 그는 식품 가격을 인위적으로 올리는 세금 부과나 무역 정책에 반대했다. 둘째, 그는 가난한 사람에게 더 많은 도움이 되는 누진 과세와 보편적 교육 그리고 공공사업 프로그램을 지지했다. 그리고 자유시장 자본주의의 열렬한 지지자로 명성을 떨쳤음에도 불구하고(그는 그럴 만한 자격이 충분했다), 정부가 노동과 토지

임대, 공공사업 등을 규제해야 한다고 생각했다. 그런 것들이 평범한 사람들의 생계유지 능력에 큰 영향을 준다고 믿었다.[40] 셋째, 그는 18세기 정치 작가 버나드 맨더빌Bernard de Mandeville의 중상주의 관점, 즉 무역 수지(국가의 수출에서 수입을 뺀 것)의 균형이 건강한 국가 경제의 핵심이라는 관점에 대해 아주 비판적이었다. 스미스는 정말 중요한 것은 국민들이 각종 상품을 손에 넣어 윤택한 삶을 살 수 있느냐 없느냐 하는 것이라고 했다. 그의 관점에서는 국민에게 식품과 집, 옷, 건강, 자유 시간 등을 줄 수 있는 국가가 경제적인 측면에서 성공한 국가였던 것이다. 이와 관련해 경제학자 마틴 라발리온은 이런 말을 했다. "이 같은 관점의 변화로 인해 가난에서 벗어나는 것을 발전에 대한 위협이 아니라 목표로 보는 새로운 길이 열렸다."[41]

넷째, 이게 그 무엇보다 중요한 것인데, 가난한 사람과 그의 고통을 묘사하는 애덤 스미스의 접근 방식은 남달랐다. 그에 따르면, 가난한 사람은 다른 모든 사람과 같다. 단지 어떻게 하다 보니 가난해졌을 뿐이다.

인지적 측면에서의 일반 대중과 '상류층 사교계 사람'의 차이에 대해 애덤 스미스는 자신의 저서 《국부론》에서 이렇게 말했다. "사람들 간의 타고난 재능 차이는 사실 우리가 생각하는 것보다 훨씬 작다." 그는 전형적인 철학자와 '평범한 거리 짐꾼'의 인지 능력에 차이가 생기는 건 타고난 천성보다는 양육, 즉 습관과 관습 그리고 교육의 결과라고 주장했다. 서로 다른 두 종의 개가 지능 면에서 별 차이가 없듯, 철학자들과 거리 짐꾼들 또한 지능 면에서 별 차이가 없다고 본 것이다. 실제로 스미스는 부유한 집 아이들과 가난한 집 아이들은 지능 면에서 6세에서 8세가 되기 전까지는 전혀 차이가 없다고 믿었다. 그러니까 어린 시절의 환경이 풍족하냐 그렇지 못하냐에 따라 재능과 능력에 차이가 생기기 시작한다는 것이다. 스미스는 여기서 한 발 더 나아가 가난한 사람의 편을 들었다. 즉, 배경이나 지적 능력과 관계없이, 모든 사람은 뭔가에 대해 나름의 '천재성'을 갖고 있다고 생각했다.[42]

그러니까 평범한 거리의 짐꾼도 천재성을 갖고 있다고? 일찍이 가난한 사람에 대해 이런 식으로 쓴 사람은 없었다.

애덤 스미스는 노동자와 수공예인 그리고 마을 농부의 독창성, 실용적인 지식 그리고 직업윤리에 대해 찬사를 아끼지 않았다. 또 상류층 사람이 가난한 사람의 힘겨운 일상생활에 무관심한 걸 정당화시켜주는 고정관념에 대해 다음과 같은 식으로 정면 반박했다. 천만에! 가난한 사람은 게으르지 않다. 오히려 직업윤리가 너무 강해 탈이다. 적절한 인센티브만 주어진다면, 그들은 오히려 병이 날 정도로 열심히 일한다. 그리고 또 천만에! 성적으로 방탕하고 알코올 남용 등에 빠지기 쉬운 건 가난한 사람이 아니다. 실은 그 반대다. 부유한 사람은 몇 년간 술에 절어 지내고 매춘부를 찾아다니다가도 금방 명예를 회복하지만, 가난한 사람은 단 일주일만 그런 생활을 해도 영영 명예를 회복 못 하고 망가진다. 그러니 평범한 사람으로 하여금 종교생활을 열심히 하게 하면 어떻겠는가? 신앙심이 깊은 지역사회가 온갖 유혹이 도사린 대도시에 막 도착한 젊은 노동자에게 어느 정도의 사회적 책임과 도덕적 지침을 주면, 그는 보다 나은 자신의 미래를 망쳐버릴 수도 있는 도덕적 함정에 빠지지 않게 될 것이다.[43]

291

10장. 1차 가난 계몽주의 시대

애덤 스미스는 가난한 사람의 극심한 궁핍 상태를 아주 생생히 공감이 가게, 그러면서도 감정에 치우치지 않고 공정하게 묘사하는 재능을 갖고 있었는데, 그의 그런 재능을 역사학자 토머스 라커Thomas Laqueur는 '인도주의적 묘사humanitarian narrative'라 불렀다.[44] 실제로 스미스는 한 시골 아이의 눈에 비친 대도시 사람들의 비열한 도덕관을 묘사할 때는 물론이요 자기 애들을 제대로 먹이고 입히지 못하는 엄마의 비통한 심정을 묘사할 때도 인도주의적 태도를 취했다. 이와 관련해 스미스는 이렇게 적었다.

> 이건 드문 일도 아니다. 그간 흔히 들어온 얘기지만, 스코틀랜드 하일랜드 지역에서 한 엄마는 아이를 스무 명이나 낳았는데 그중 둘밖에 못 살았다고 한다……. 그런데 이처럼 높은 사망률은 잘사는 사람들처럼 아이들을 잘 보살필 여유가 없는 서민의 자식들 사이에선 흔하다. 서민들은 대개 결혼 후에 상류층 사람들보다 더 많은 자식을 낳지만, 그중 성인이 될 때까지 살아남는 비율은 더 적다……. 모든 동물 종은 먹고살 수 있는 수준 정도로 개체 수가 늘어난다. 절대 그 수준 이상으로 늘어나지는 않는다. 그런데 문명화됐다는 인간 사회에서는 유독 하위 계층 사람만 기본적인 의식주 부족으로 자손이 늘어나지 않을 수도 있다. 그러니까 결혼 후 많은 자식을 낳는데도 불구하고 상당수의 자식이 살아남지 못하는 것이다.[45]

그러나 가난한 사람에 대한 이 같은 관심에도 불구하고, 애덤 스미스는 현대적인 분배적 정의의 개념에는 전혀 다가가지 못했다. 그는 국가가 모든 아이를 위해 읽기와 쓰기 그리고 산수 교육을 해야 한다고 제안했고, 이는 그 당시로서는 파격적인 아이디어였다. 그러나 어쩔 수 없는 계몽주의 시대 진보주의자여서 어떤 목적으로든 국민의 재산을 징발하는 건 법적으로 불가능하다고 생각했다. 게다가 그는 독약처럼 부작용이 많을 '큰 정부big government'* 접근 방식은 생각해본 적도 없었다. 시장은 늘 공정하면서도 자유롭게 움직인다고 가정할 때, 가난한 사람의 삶을 개선하는 건 시장에 맡기는 게 최선이라고 생각한 것이다.[46]

독일인

분배적 정의의 현대적 개념에 마무리 손질을 한 사람은 평생 독신으로 살았던 철학자이자 일 중독자인 임마누엘 칸트Immanuel Kant였다. 그의 사상 속에는 보편적인 원칙에 토대를 둔 계몽주의적 도덕 개념, 보편적인 인간 존엄의 계몽주의적 개념, 전통적인 자선 개념에 대한 계몽주의적 비판, 현대 정부가 어떻게 국민에 대한 의무를 제대로 수행할지와 관련된 계몽주의적 제안 등이 담겨 있었다.

사람들은 대체 어떻게 도덕적으로 행동하는 법을 알아내는 걸까? 칸트에 따르면, 도덕성은 종교적 가르침이나 전통에 의해 찾아지는 것도 아니며, 타고난 동정심을 따름으로써 찾아지는 것도 아니었다. 그보다는 특정 행동을 촉발하는 원칙이 도덕적으로 옳을 때 그 행동

---

*   사람들의 삶과 경제에 많은 통제력을 갖는 정부. - 역자 주

도 도덕적으로 옳았다. 좋다. 그렇다면 대체 어떤 원칙이 도덕적으로 옳은 걸까? 그 원칙은 '행위의 결과에 관계없이 그 자체가 선이기 때문에 무조건 해야 하는 도덕적 명령'[47]을 뜻하는 칸트의 이른바 '정언 명령categorical imperative'을 충족하는 원칙들이다.[48] 그러니까 당신의 행동이 보편적으로 행해지길 바라는 어떤 원칙에 의거한 행동이라면, 그 행동은 도덕적으로 옳은 행동이다.

칸트의 정언 명령은 개념적 분석만 가지고도 도덕성을 찾아낼 수 있는 접근 방식을 제공하기 때문에 아주 유용한 철학적 장치라 할 수 있다. 예를 들어 우리는 뭔가를 훔치는 게 정언 명령에 부합되는지를 확인함으로써, 훔치는 행위가 도덕적으로 잘못된 것이라는 걸 알 수 있다. 그러니까 당신과 나도 때론 뭔가를 훔치고 싶다는 유혹에 빠질 수도 있지만, 다른 사람들의 물건을 훔치는 게 허용되는 세상에서 살고 싶지는 않다. 따라서 훔치는 건 부도덕한 행위인 것이다. 또한 칸트는 훔치는 게 도덕적으로 허용된다면 사유재산이라는 개념이 무용지물이 되며, 따라서 절도라는 개념은 설 자리가 없다는 걸 입증함으로써, 절도 행위는 도덕적으로 잘못된 것이라는 걸 보여주었다.

칸트는 인간에게는 합리적으로 판단할 수 있는 능력이 있다고 믿었고, 그 믿음을 토대로 또 다른 대담한 주장을 했다. 즉, 모든 인간은 동등하면서도 절대적인 도덕 가치를 갖고 있다고 주장한 것이다. 그에 따르면, 우리 인간은 합리적인 추론을 할 수 있어 확실한 도덕적 진리(예를 들어 훔치는 게 도덕적으로 잘못된 일이라는 걸 알아낼 수 있다)를 알아낼 수 있으며, 그래서 그런 도덕적 진리를 지키며 살려 한다. 칸트의 견해에 따르면, 인간 외의 그 어떤 동물도 옳은 걸 알아내 그대로 할 수 있는 능력은 갖고 있지 않다. 그래서 우리 인간에게는 다른 동물에겐 없는 기본적인 존엄성이 있다. 칸트는 인간은 모두 똑같이 이처럼 보편적인 존엄성을 갖고 있기 때문에, 다른 사람의 도덕성에도 관심을 갖게 된다고 주장했다. 도덕성과 관련해 칸트는 이런 말을 했다. "당신 자신에 대해서든 다른 사람에 대해서든, 그리고 어떤 경우든 사람을 결코 수단으로 대하지 말고 목적으로 대하도록 하라."[49] 이 같은 칸트의 도덕성 때문에, 우리는 어떤 선택을 할 때 그 선택이 다른 사람의 존엄성과 행복에 어떤 영향을 줄지를 염두에 두어야 한다. 이런 출발점에서 보건대, 칸트가 다음과 같은 주장을 한 것도 무리가 아니다. "모든 사람은 자신의 보편적 존엄성과 다른 사람을 도와주어야 할 의무 덕분에 자연이 제공하는 좋은 것을 누릴 동등한 권리를 갖는다."[50]

칸트는 이처럼 모든 도덕적 행동은 정언 명령에 부합되는 행동이라는 확신, 그리고 인간은 도덕적 추론을 할 수 있어 동등하면서도 무한한 존엄성을 갖는다는 확신을 갖고 있었으며, 따라서 그것만으로도 이미 자선에 대한 전통적인 개념을 무너뜨리고 새로운 대안을 제시한 거나 다름없었다.[51] 그는 전통적인 자선 개념에 반감을 드러냈는데, 그건 주로 주는 사람과 받는 사람을 주종 관계로 설정해 그 사람들이 갖는 동등한 존엄성을 무시한다고 봤기 때문이다. 이와 관련해 그는 이런 말을 했다. "자선 행위는 주는 사람의 자긍심을 높여주는 행위로, 받는 사람이 그럴 가치가 있는가 없는가 하는 걸 굳이 따지지 않아야 한다." 그러면서 그는 또 이렇게 주장했다. "그러나 자칫 잘못하면 자선은 인간의 존엄성을 떨어뜨린다."[52] "이웃들에 대한 자선은 친절함이나 너그러움을 과시하는 차원에서가 아니라 도덕적인 빚을 갚는 차원에서 행해져야 한다."[53] 또 칸트는 전통적인 자선이 주는 사람의 기분이나 변덕에 좌우되는 건 싫어했다. 예를 들어 어떤 여성이 하루는 어려움에 처한 이에게 선뜻 도움을 준다. 그렇게 하는 게 기분이 좋거나 친구들에게 잘 보이기 위해서이다. 그러나 어떤 날은 분개하며 도움을 주지 않는다. 최근에 누군가가 자신의 호의를 악용했기 때문이다.[54] 근본적으로 이런 자선은 도덕적으로 옳지 못한데(그렇다고 나쁜 것도 아니지만), 그건 의무감, 즉 선행의 도덕적 원칙을 따르려는 욕구에 의한 게 아니기 때문이다.

> 선행을 베풀 수 있을 때 베푸는 건 의무이다. 그 외에도 동정심이 워낙 강한 사람들이 많은데 이들은 허영심이나 사리사욕 같은 다른 동기가 없이도 주변 사람들에게 기쁨을 전파하거나 다른 사람들이 만족해하는 것에서 즐거움을 찾는다. 그러나 나는 아무리 옳고 아무리 정감 넘친다 해도, 그런 종류의 행동은 진정 도덕적으로 가치 있는 행동은 아니며, 그보다는 인간의 다른 성향과 비슷한 것이라고 본다……. 즉, 그런 행동은 사람의 성향 때문이 아니라 의무감에서 행해져야 하는 것이다.[55]

자선과 선행의 차이, 다시 말해 성향 때문에 돕는 것과 의무감 때문에 돕는 것의 차이를 보여주기 위해 칸트는 두 사람을 생각해보라고 했다. 첫 번째 사람은 흔히 자선을 할 수 있는 사람으로, 개인적인 문제로 인해 다른 사람에게 동정심을 느끼는 자신의 성향이 억제될까 우려한다. 이 사람의 경우, 태어나서 처음 확고한 도덕적 토대 위에서 다른 사람에게 너그러움을 베풀 기회를 갖게 된다. 이와 관련해 칸트는 이렇게 적고 있다.

> 그는 여전히 어려움에 처한 다른 사람에게 도움을 줄 수 있는 힘은 갖고 있지만, 자신의 문제에 함몰되어 다른 사람의 어려움에 별 감흥을 느끼진 못한다. 그런 그가 무감한 상태에서 빠져나와 어떤 성향 때문이 아니라 순전히 의무감에서 자선 행위를 행한다면, 그의 행동은 처음으로 도덕적인 가치를 갖게 된다.[56]

또한 칸트는 기질적으로 다른 사람들의 고통에 무관심하고 냉담한 두 번째 사람에 대해 생각해보라며 이렇게 말한다.

> 그는 여전히 자기 자신 속에서 온화한 기질보다 훨씬 더 큰 가치를 지닌 자원을 찾지 못할까? 분명 그렇다. 그 무엇과도 비교할 수 없을 만큼 도덕적으로 가치 있는 특성이 나오게 되는 것은, 그가 어떤 성향 때문이 아니라 의무감에서 선행을 베풀 때뿐이다.[57]

칸트에 따르면, 이 두 사람 모두의 선행이 도덕적으로 칭찬받을 만한 건 그들이 보편화될 수 있는 원칙에 따라 행동했기 때문이다. 우리는 우리의 도덕적 의무가 다른 사람의 행복에 무관심해선 안 된다는 것이라는 사실을 알게 되는데, 그건 그 원칙이 정언 명령에 충실하기 때문이다. 자신의 행복을 크게 손상하지 않는 범위 내에서 도울 수 있을 때 다른 사람을 돕는 것은 모든 사람이 보편화하길 바랄 만한 원칙인데, 합리적인 사람이라면 누구나 자신의 삶이 다른 사람

으로부터의 비슷한 관심에 영향을 받는 시나리오를 얼마든지 상상해볼 수 있다.[58]

국가의 도덕적 의무에 대한 자신의 생각이 확고해지기 전에, 칸트는 이미 국가는 그야말로 개인처럼 행동해야 한다고 주장했다. 그러니까 개인이 인간의 존엄성을 떨어뜨리는(예를 들면 주는 쪽과 받는 쪽 간의 주종관계를 조장하는 식으로) 자선 행위를 해선 안 되듯, 정부 역시 인간의 존엄성을 떨어뜨리는 지원을 해선 안 된다는 것이다. 예를 들어 1770년대에 행한 강연들에서 칸트는 학생들에게 이런 말을 했다. "나는 인간적 존엄성을 실추시키지 않으면서 가난한 사람을 도울 수 있는 방법은 없는지 찾고 싶었습니다."[59] 그런데 사유재산 불가침성에 대한 강한 신념 때문에, 칸트 입장에서 양심상 권할 수 있는 정부의 개입 범위는 한정될 수밖에 없었다.

그러나 1785년에 발표한 저서 《윤리 형이상학The Metaphysics of Morals》에서, 국민에 대한 국가의 의무에 대한 칸트의 관점이 바뀌었다. 그의 결론에 따르면, 국가는 의무적으로 국민을 적극적으로 돕는 역할을 해야 하며, 그런 의무를 이행하기 위해 국민에게 세금을 부과할 수 있어야 한다. 이런 결론과 사유재산 불가침성에 대한 자신의 신념 간에 절충점을 찾기 위해, 칸트는 국가와 국민은 특별한 형태의 사회적 계약을 맺은 당사자라고 주장했다. 그 계약에서 국가의 가장 중요한 의무는 '자연이 제공하는 좋은 것을 누릴' 권리 등 많은 국민의 권리를 지켜주는 것이며,[60] 이런 의무를 이행하는 과정에서 국가는 세금을 부과할 수 있는 권리를 갖게 된다. 그리고 국민은 동료 국민을 돕는 일에 일조해야 하기 때문에, 국가가 그 의무를 이

행할 수 있게 도와줄 의무를 가진다. 그 결과 국가는 국민에게 그렇게 할 것을 요구할 권리를 갖는다.[61] 그리고 칸트에 따르면, 실제 그렇게 되었다.[62]

조각그림 짜 맞추기

불평등을 예방해야 한다는 장-자크 루소의 주장, 가난한 사람을 인도적으로 대하려는 애덤 스미스의 노력, 그리고 모든 사람은 동등하면서도 무한한 가치를 갖는다는 임마누엘 칸트의 신념을 한데 모으면 깔끔하면서도 지적인 뼈대가 만들어진다. 정치 이론가들은 그 뼈대를 바탕으로 국민의 권리와 국가의 재분배 의무와 관련된 훨씬 더 대담한 주장을 펼치기 시작했다. 예를 들어 미국 작가 토머스 페인 Thomas Paine은 1792년에 발표한 저서 《인간의 권리》에서 국가는 긴 노동 생활을 끝낸 국민에게 '호의가 아닌 권리 차원에서' 노령 연금을 제공해야 할 의무가 있다고 주장했다.[63] 마찬가지로 칸트의 동시대인이자 그의 열렬한 추종자 중 한 사람이었던 독일 철학자 요한 고틀리프 피히테 Johann Gottlieb Fichte는 생산적인 일을 할 수 있는 자연권을 주장해 칸트보다 한 발 더 나아갔다.[64] 그리고 프랑스 혁명이 끝나갈 무렵, 파리의 저널리스트 겸 혁명가인 그라쿠스 바뵈프 Gracchus Babeuf가 다시 루소와 스미스와 칸트를 언급하며 모든 사람에겐 동등한 경제적 지위를 누릴 권리가 있다는 사상을 널리 퍼뜨렸다. 이는 급진적이었던 전임자들조차 주장할 엄두를 내지 못한 과감한 사상이었다.

바뵈프의 관점은 잠시 그러나 널리 배포된 소책자를 통해 유명해졌는데, 그 소책자에는 다음과 같은 12가지 측면에서의 급진적인 분배적 정의 개념이 담겨 있다.

1. 자연은 모든 사람에게 모든 부를 즐길 수 있는 동등한 권리를 부여한다.

2. 사회의 목표는 힘 있고 사악한 사람이 종종 허물려고 하는 동등성을 지키고, 모든 이의 협력을 통해 온갖 부를 누릴 즐거움을 늘리는 데 있다.

3. 자연은 각 사람에게 일할 의무를 부여하며, 죄를 범하지 않는 한 그 누구도 그 의무와 무관할 수 없다.

4. 노동을 하고 즐기는 일은 일반적인 일이 되어야 한다.

5. 한 사람은 녹초가 될 정도로 일하고도 모든 게 부족한데 또 다른 사람은 아무것도 하지 않으며 풍요 속에 빈둥거린다면, 거기엔 억압이 존재하는 것이다.

6. 그 누구도 지구의 부와 산업계의 부를 독차지할 수 없다. 그건 범죄이다.

7. 제대로 된 사회에는 부유한 사람도 가난한 사람도 있어선 안 된다.

8. 차고 넘치는 부를 갖고 있으면서도 곤궁한 사람을 도우려 하지 않는 자는 공공의 적이다.

9. 그 누구도 재력을 독점함으로써 다른 사람이 행복해지는 데 필요한 교육받을 기회를 박탈해선 안 된다. 교육은 보편적인 것이 되어야 한다.

10. (프랑스) 혁명의 목표는 불평등을 타파하고 공동의 행복을 만드는 것이다.

11. 혁명은 끝나지 않았다. 왜냐하면 부유한 사람이 모든 재산과 규칙을 독식하고 있어, 가난한 사람은 그저 노예처럼 일하며 가난 속에 허덕이고 있는데, 국가에선 아무것도 해주지 않고 있기 때문이다.

12. 1793년의 헌법이야말로 진정한 프랑스의 국가법이다. 국민이 엄숙히 받아

타인의 친절

이는 가장 극단적인 형태로 표출된 18세기의 분배적 정의였다.

피비린내 나는 프랑스 혁명의 격변이 끝난 뒤, 바뵈프 버전의 분배적 정의를 그대로 다 받아들이려는 사회개혁가는 거의 없었다. 그런데 철학자 새뮤얼 플레이쉐커가 말했듯, 바뵈프식 공산주의 개념 가운데 모든 사람은 일정한 사회경제적 지위를 누릴 정치적 권리를 갖는다는(가난이 좋은 시민이 될 수 있는 사람의 능력을 가로막기 때문이 아니라, 가난은 인간에 대한 모욕이며 사라져야 할 상처이기 때문에) 개념은 끝까지 살아남았다.[66] 당신에게는 굶어 죽지 않을 '권리'가 있다는 것이었다.

물론 이는 당시에 널리 받아들여진 사상은 아니다. 영국 노동자와 그 지지자는 권리라는 언어로 자신들의 불만 사항을 토로하기 시작했는데, 그것이 정치적 영향력 확보를 위한 이런저런 노력을 조직화하는 데 도움이 됐다. 조셉 타운센드, 토머스 맬서스, 데이비드 리카도 같은 자유방임주의 정치경제학자들은 1834년에 이루어진 구빈법 개정을 통해 자신들이 원하는 것을 상당 부분 쟁취했으나, 가난한 노동자를 옹호하는 사람은 격앙되어 반발했고, 종종 인도주의적인 언어 스타일로 의사 표현을 하기도 했다. 찰스 디킨스Charles Dickens, 앤서니 트롤럽Anthony Trollope, 오노레 드 발자크Honoré de Balzac 같이 사회 비판적인 영국과 프랑스의 소설가들은 도시 빈민과 그들의 투쟁에 공감하는 작품을 발표했다. 디킨스의 경우 가난을 극적으로 묘사하고 가난한 사람을 인간적으로 다루는 사회성 짙은 소설을 40년간 대거 쏟아냈다. 그 소설 중 상당수는 연재물 형태로 발간되어, 책을 사볼 경제적 여유가 없는 사람조차 매달 조금씩 사서 볼 수 있었다.[67] 책을 빌려주는 도서관이 큰 인기를 끌었고, 출판사들은 값비싼 초판 소설을 바로 값싼 버전으로 바꾸었는데, 그 덕분에 사회성 짙은 소설은 부자는 물론 가난한 사람 중에서도 폭넓은 독자층을 갖게 됐다. 심지어 빅토리아 여왕Queen Victoria도 찰스 디킨스의《올리버 트위스트Oliver Twist》를 읽고 '대단히 흥미롭다'는 얘기를 했다고 한다.[68]

　가난한 사람에 대한 대중의 관심을 충족시켜주려는 이 같은 시도는 신문 판매에도 지대한 영향을 미쳤다. 1835년에 이르러, 런던의 〈가디언Guardian〉지(정식 제목은 The Poor Man's Guardian)는 일일 판매 부수가 1만 5,000부에 달했는데, 이는 부유층이 구독하는 〈런던 타임스London Times〉의 판매 부수를 훨씬 뛰어넘는 수치였다.[69] 1849년부터 1852년 사이에 저널리스트 헨리 메이휴Henry Mayhew는 런던의 〈모닝 크로니클Morning Chronicle〉지를 통해 런던에서 거리 생활을 하는 사람들의 생활상을 상세히 기록한 수십 편의 작품(후에는 2페니짜리 저가 소책자 수십 편도)을 발표했다. 그리고 그 작품들은 최종적으로《런던의 노동자와 가난한 사람London Labour and the London Poor》이라는 제목의 책 4권으로 발간됐다. 독자들은 메이휴의 작품을 통해 런던에 사는 가난한 사람의 삶을 엿볼 수 있었다, 즉 부랑자와 부두 노동자, 노점상, 템스강 제방을 뒤지는 사람, 런던의 하수구를 뒤지는 사람, 넝마주이, 책 제본에 필요한 가죽 제조에 쓰이는 개 배설물을 모으는 사람, 식물 비료로 쓰이는 뼈를 모으는 사람, 쥐를 잡는 사람이 하루하루 어떻게 살아가는지를 엿볼 수 있었던 것이다.[70] 메이휴의 작품들은 1870년대까지도 수요가 많았고, 런던 빈민층과 관련된 새로운 장르의 저널리즘을 탄생시켰다.

두 번째 사상: 과학적인 사고방식

아이러니하게도, 가난에 대한 문학과 저널리즘의 관심은 임금 인상과 개선된 사회복지 덕에 가난한 사람의 삶이 개선되기 시작한 시기에 정점에 달했다.[71] 그럼에도 불구하고, 과학과 기술에 대한 영국인의 자신감이 치솟는 상황에서 19세기 후반 몇 십 년간 영국의 자선가와 개혁가는 과학적 사고방식을 채택할 경우 가난한 사람의 삶이 훨씬 더 개선될 수 있다고 확신했다.[72]

1869년에 설립된 런던의 자선조직협회COS가 그 대표적인 예다. 자선조직협회의 설립자들은 옥타비아 힐Octavia Hill, 존 러스킨John Ruskin, 섀프츠베리 백작Lord Shaftesbury, 윌리엄 글래드스톤William Gladstone, 헨리 에드워드 매닝 추기경Cardinal Henry Edward Manning 같은 사회 개혁가인데, 이들은 세심한 통합 조정과 기록 관리를 통해 런던의 많은 사설 자선 단체의 효율성을 높이고 싶어 했다. 이 협회는 1882년부터 매년 모든 런던 자선 단체의 명부를 발행했다. 1890년에 이르자, 그들이 확인한 자선 단체는 1,700개가 넘었다.[73] 또한 사례별 사회복지 사업의 관행도 개선했다. 즉, 사람들의 집을 정기적으로 방문해, 증거를 토대로 가난을 벗어나게 도와줄 수 있는 가정과 이미 '실패한' 가정을 구분한 것이다.

한편 옥타비아 힐은 의식적이고 합리적이며 조직적인 원칙을 통해 빅토리아 시대 노동자 계층의 주거 문제를 개선하는 일에도 앞장섰다.[74] 1884년에는 새뮤얼 바넷Samuel Barnett이 런던의 빈민가인 이스트 엔드에 최초의 사회복지관인 토인비 홀Toynbee Hall을 건립함으로써, 본격적인 사회복지관 운동에 불을 지핀다. 사회복지관들은 사회 문제에 관심 있는 중산층 남녀가 공동체 생활을 하는 실험적인 공간이었다. 사회개혁가들은 사회복지관에 머물면서 주변의 도시 빈민가 주민과 몇 달 또는 몇 년씩 함께했다. 이 사회복지관들은 식품이나 주거지 또는 자선을 하기 위해 존재하는 게 아니었다. 이와 관련해 미국 역사학자 게르트루드 힘멜파브는 이런 말을 했다. "사회복지관은 지역 노동자와 주민이 한데 모여 각종 미팅과 토론, 수업, 강의, 전시회, 견학 등은 물론 교양을 쌓고 봉사활동을 할 수 있는 장소를 제공하기 위해 존재했다."[75] 토인비 홀은 거의 매년 과학 및 인문학 분야에서 소규모 2년제 대학 강좌 규모와 맞먹는 대학 수준의 강좌를 개설해 운영했다. 또 고전음악 연주회, 미술 전시회, 유명한 학자와 작가의 토요일 밤 강연 등도 제공했다.

토인비 홀의 교육 및 문화 강좌들이 재봉사와 부두 노동자의 거주 지역에서 인기가 아주 높았다는 사실은 지식이 사람에게 존엄성과 힘을 준다는 광범위한 사회적 합의의 증거이다. 이렇듯 사회복지관들은 노동자 계층에게 직접 유익한 영향을 주었는데, 사회봉사에 관심 있는 개혁가들이 경험적 연구나 대민 봉사 또는 법적 후원에 더 관심 있는 개혁가와 만나 서로 의견을 나누는 만남의 장 역할도 했다. 윌리엄 헨리 베버리지William Henry Beveridge(전후 영국 사회보장 제도의 토대를 만든 경제학자)와 클레멘트 애틀리Clement Attlee(베버리지의 비전을 현실로 만든 노동당 출신의 영국 수상)를 비롯해 많은 토인비 홀 출신이 훗날 영국의 공직 사회와 정부에서 요직을 차지하게 된다.[76] 그래서 영국의 사회복지관 운동은 사회 연구 및 정책을 다루는 대학원 역할을 하게 됐다고 얘기된다.[77] 이상주의자들의 입장에서는 고등학교 졸업 후 대학 입학 전 1년간 일을 하면서 사회 경험을 쌓을 수 있는 더없이 좋은 장소가 된 것이다.

개혁가들이 가난 문제를 해결하는 데 과학적 사고가 큰 도움이 된다는 확신을 갖고 있었다는 걸 감안하면 전혀 놀랄 일도 아니지만, 이 모든 일에 사회과학 또한 중요한 역할을 한다. 1890년에는 영국 경제학자 알프레드 마샬Alfred Marshall이 《경제학 원리Principles of Economics》라는 책을 출간하여, 가난의 완화가 경제학이라는 학문의 주목적 중 하나라는 애덤 스미스 이래의 신념을 되살림으로써 이른바 '침울한 학문dismal science'인 경제학에 일대 혁신을 불러일으킨다.[78] 한편 그 무렵 런던의 사업가이자 자선가이자 통계학자였던 찰스 부스Charles Booth는 아내 메리 부스Mary Booth와 함께 《런던 시민들의 삶과 노동Life and Labour of the People in London》이라는 제목 아래 일련의 책을 발표한다.[79]

1889년부터 1903년까지 14년간, 부스 부부는 '런던에서 누가 가난했는가?', '그 이유는 무엇인가?'라는 두 가지 의문에 답하는 과정에서 얻게 된 각종 지도와 자료, 통계 분석을 가지고 17권의 책을 썼다. 두 의문에 답하기 위해, 부스 부부는 먼저 한 가정이 남부럽잖게 독립된 삶을 살려면 얼마나 많은 돈이 필요한지를 알아내야 했다(1주일에 18실링에서 21실링이 필요하다고 추정했다).**80** 또한 얼마나 많은 가정이 그 정도의 돈을 버는지, 또 무얼 해서 그만한 돈을 버는지도 알아내야 했다. 이런 의문을 푸는 과정에서 부스 부부는 사람들을 8개의 사회 계급으로 나누는 시스템을 만들어냈다. 사람들을 가장 낮은 등급인 A(어쩌다 일하는 노동자, 부랑자, 반¥범죄자)부터 상위 중상층인 H까지로 나눈 것이다. 두 사람은 이 사회 계층 시스템을 통해 자세한 빈곤 지도를 만들어낼 수 있었는데, 그 지도들에는 색깔별 표시 시스템이 적용되어 도시 각 가정의 경제 상태를 한눈에 볼 수 있었다.

그렇다면 430만 런던 시민 가운데 얼마나 많은 시민이 가난했을까? 부스 부부에 따르면, 정확히 129만 2,737명이 가난했다. 두 사람은 어떻게 그런 수치를 뽑아냈을까? 부스 부부는 런던의 빈곤 가운데 50% 이상은 '일자리 부족과 낮은 임금'에서 기인하며, 약 20%는 '환경, 질병 또는 대가족'에서 기인하고, 그리고 많은 독자를 놀라게 한 사실인데, 겨우 약 15%만이 '습관, 게으름, 과음 또는 낭비'에서 기인한다고 봤다. 대체로 부스 부부는 가난한 사람은 게으르다거나 어리석다거나 무절제해서 가난한 게 아니라고 봤다. 가난한 사람은 먹고살 만한 돈이 나오는 일자리를 구하지 못해 가난하다는 게 두 사람의 결론이었다.

부스 부부가 시리즈물《런던 시민들의 삶과 노동》의 마지막 책을 끝낼 무렵, 사업가에서 사회과학자로 변신한 또 다른 영국인 시봄 라운트리Seebohm Rowntree가 가난에 대한 자신의 통계학적 연구를 끝내가고 있었다. 제목부터가《가난Poverty》인 자신의 1901년도 저서에서 라운트리는 '빈곤선'이라는 개념을 만들어냈는데, 이는 사람이 '육체적 능률physical efficiency'을 유지하는 데 필요한 식품 등을 구입하는 데 필요한 소득 수준을 뜻한다. (라운트리는 식품의 화학 성분에 관심이 많은 제 과업자 출신이다 보니, 노동자 계층의 식단 영양 문제에 특히 관심이 많을 수밖에 없었다.) 가난을 측정하는 접근 방식은 부스 부부와는 달랐지만, 라운트리 역시 부스 가족이 런던에서 내린 것과 똑같은 결론을 요크시 북부 지역에서 내리게 된다. 요크시 주민 열 명 중 세 명은 가난 속에 허덕이고 있는데, 그 이유가 대개 실업과 낮은 임금 때문이라는 결론에 도달한 것이다.[81]

라운트리는 가난은 런던만의 문제가 아니라 영국 전체의 문제라는 걸 보여주었다. 그가 일단 가난과 육체적 건강 문제를 연결 짓자, 독자들은 별 어려움 없이 영국인의 건강과 영국의 건강을 연결 지을 수 있게 됐다. 그러니까 영국인 열 명 중 세 명이 충분한 음식을 먹지 못하는 상황에서는 영국이 국제무대에서 제대로 경쟁할 수 없다는 사실을 사람들이 받아들이게 된 것이다. 실제로 라운트리가 조사한 바에 따르면, 제2차 보어 전쟁(1899~1902)에서 영국군이 굴욕적인 졸전을 벌인 건 놀랍게도 영양실조 탓이었다. 그 전쟁에서는 무려 45만 명의 영국 정규군이 비상 소집된 5만 명의 보어군을 아주 힘겹게 진압했다. 대규모의 가난 퇴치가 단순한 자선이나 의무의 문제가 아니라 '국가의 능률' 문제로 비치기 시작한 것이다.[82]

얼마 후에는 미국의 자선가와 개혁가가 영국에서 일어난 혁신을 거의 다 받아들였다. 1877년 여름을 런던의 자선조직협회cos에서 보낸 미국인 목사 스티븐 험프리스Stephen Humphreys가 뉴욕주 버펄로시로 이주해 미국 최초의 자선조직협회를 설립한 것이 그 시작이었다.

그 뒤를 이어 뉴욕, 보스턴, 필라델피아, 디트로이트, 신시내티, 볼티모어, 시카고, 클리블랜드, 인디애나폴리스, 뉴헤이븐, 워싱턴 D.C. 등 100개가 넘는 미국 도시에서 또 다른 자선조직협회가 설립됐다.[83] 파리와 제네바 같은 유럽 도시에서는 자매 협회Sister society도 생겨났는데, 자선조직협회 개념이 미국만큼 열렬히 받아들여진 곳은 어디에도 없었다.

미국인들은 영국의 사회복지관 제도도 그대로 받아들였다. 1886년에는 스탠턴 코이트Stanton Coit가 뉴욕 이스트사이드 지역에 최초의 사회복지관을 건립했다. 제인 애덤스Jane Addams(미국 사회사업의 어머니) 및 엘렌 게이츠 스타Ellen Gates Starr와 함께 영국 토인비 홀에서 잠시 살았던 그는 1889년 시카고에는 그 유명한 헐 하우스Hull House도 건립했다. 헐 하우스는 곧 미국 전 지역의 모델 사회복지관이 되었다. 그리하여 1913년에 이르러 미국에는 32개 주에 걸쳐 400개가 넘는 사회복지관이 존재하게 됐다.[84]

또한 부스 부부와 라운트리가 실시한 사회 조사의 선례에 따라, 미국에서도 그와 유사한 여러 조사가 실시됐다.[85] 부스가 《런던의 노동자와 가난한 사람들》 첫 권을 발표한 지 1년 만인 1890년, 〈뉴욕 트리뷴New York Tribune〉지 기자 제이콥 리스Jacob Riis는 뉴욕 이스트사이드 지역의 개탄스러운 빈민가 공동 주택 문제를 폭로하는 저서 《세상의 절반은 어떻게 사는가How the Other Half Lives》을 발표했다. 이 책은 즉각적인 반응을 불러일으켰고, 뉴욕시 의회는 1894년 결국 최소 주거 기준을 통과시키게 된다.[86] 1895년에는 대학 교육을 받은 미국 최초의 여성 사회과학자인 플로렌스 켈리Florence Kelley가 《헐 하우스 지도와 문서들Hull-House Maps and Papers》이라는 제목의 책에 헐 하우스 주변 지역 가정의 삶을 상세히 기록했다.[87] 이 책이 시카고의 니어 웨스트사이드 지역에 사는 가난한 사람의 삶을 파헤쳤다면, 켈리 로버트 우즈Kelley Robert Woods가 1899년에 발표한 책《도시 황무지The City Wilderness》는 보스턴의 사우스 엔드 지역에 사는 가난한 사람의 삶을 파헤쳤다.[88] 마찬가지로 W.E.B. 듀보이스W.E.B. Du Bois가 1899년에 책《필라델피아 니그로The Philadelphia Negro》에서 필라델피아 7번구에 사는 4,000명의 아프리카계 미국인 주민의 경제적·정치적 상황을 파헤쳤다.[89] 그리고 사회학자 로버트 헌터Robert Hunter(그는 당시 뉴욕시의 대학 사회복지관에서 살고 있었다)는 1904년에 내놓은 저서《가난Poverty》에서 라운트리의 '육체적 능률' 접근 방식을 활용해 미국 전체의 빈곤율을 계산해냈다. 그 결과 헌터는 미국의 빈곤율을 12%로 봤는데, 대부분은 공업 중심의 북부 주에 몰려 있었으며, 거기에서는 인구의 20%가 가난했다. 부스 부부와 라운트리의 경우와 마찬가지로, 헌터도 미국 빈곤의 대부분을 실업과 낮은 임금 탓으로 봤다. 헌터에 따르면, 미국의 1,000만 빈민 가운데 어떤 종류의 지원이든 받는 빈민은 400만밖에 안 됐다.[90]

이후 1909년 피츠버그에서 조사가 실시됐으며, 그 결과 피츠버그 산업 노동자의 고된 삶을 세세히 기록한 책 6권과 논문 수십 편이 나왔다.[91] 미국에 산업 빈민 개념이 본격적으로 도입된 건 이 피츠버그 조사 이후이다. 이와 관련해 역사학자 로버트 브렘너Robert Bremner는 이런 말을 했다.

거의 모든 사회봉사 단체의 지지자들이 이 조사에서 영감과 정보를 얻었다. 그렇다고 해서 이 조사가 선구적이거나 논란을 불러일으킨 건 아니었다. 아주 뛰어난 조사로, 유용한 정보도 많고 솔직하고 믿을 만했기 때문에 높은 평가를 받았다. 이 조사는 많은 사실을 밝혀냈고, 그것만으로도 많은 지지를 받았다. 특히 인적 자원의 낭비와 관련된 조사 결과 덕분에, 미국 정부는 과거에는 개발이 가장 중요했다면 미래에는 보존이 가장 중요해질 거라는 사실을 깨닫게 되었다.[92]

미국에서 일어난 마지막 중요한 혁신은 개인 자선 재단의 출현이다. 산업화로 인해 소수의 미국 기업인이 엄청나게 부유해졌는데, 그 기업인 중 일부는 자신의 부를 미국이 안고 있는 문제를 해결할 기회로 보았다. 예를 들어 석유 재벌 존 D. 록펠러John D. Rockefeller는 자신의 부를 이용해 특히 미국 남부 지역에서 십이지장충을 근절하고 교육을 개선하려 했다. 그리고 월가의 한 투자자 미망인이었던 마거릿 올리비아 세이지Margaret Olivia Sage는 러셀 세이지 재단을 설립했는데, 이 재단은 자원의 대부분을 두 가지 목표를 달성하는 데 쏟아부었다. 첫 번째 목표는 사회복지 분야를 전문화시키는 것이었고, 두 번째 목표는 인간의 번영을 가로막는 사회적 여건을 하나하나 찾아 없애는 데 도움이 될 연구를 지원하는 것이었다.[93]

과학의 힘에 대한 굳은 믿음과 분배적 정의의 개념에 기반을 두고 생겨난 1차 가난 계몽주의 덕분에, 가난은 도덕적 결함도 현대 경제의 필요악도 아니라는 새로운 관점이 생겨났다. 각종 질병과 사고, 부적절한 영양 공급, 부적절한 주거 환경, 복잡한 노동시장의 부침 등 고질적이면서도 새로운 여러 문제로 인한 예측 가능한 결과로 가난을 보게 된 것이다. 1차 가난 계몽주의 덕에 복지 국가에 대한 필요성은 정당화되었지만, 그렇다고 해서 재정난에 허덕이는 각국 정부가 필요 예산을 마련하기 위해 무작정 국민에게 무거운 세금을 부과할 수 있는 건 아니었다. 그 같은 정치적 의지는 대개 다음과 같은 두 가지 다른 원천에서 나왔다.

첫째, 민주주의의 확대에서 나왔다. 경제학자 피터 린더트Peter Lindert는 각종 사회적 변화가 1880년 이후에야 가속화된 주요 원인은 변화를 추진해야 할 집단이 아직 정치적으로 자신들의 목소리를 갖지 못했기 때문이라고 추정했는데, 역사적 기록이 그의 그런 추정이 옳다는 걸 뒷받침해준다.[94] 1800년대 초만 해도 영국인 가운데 극소수(약 3%)만 투표권이 있었다. 놀랄 일도 아니지만, 그래서 각종 공공정책에는 거의 늘 그 극소수의 관심사만 반영됐다. 그러다가 일부 의원이 상류층의 정치적 영향력을 억제하려면 유권자 수를 늘리는 게 도움이 된다는 걸 깨닫게 된다. 또한 일부 의원들은 유권자 수의 확대가 일종의 지렛대 역할을 해 정치인들로 하여금 국가가 직면한 큰 문제(이를테면 골치 아픈 도시 위생 문제 등)를 해결하지 않을 수 없게 만들거라 생각했다.[95] 1832년의 선거 개혁법Reform Act에 따라 투표권을 갖는 데 필요한 부의 정도가 완화됨으로써, 영국의 유권자 수는 남성인구의 20%로 늘어났다. 이후 투표권은 모든 남성으로, 그다음에 다시 모든 여성으로 확대되어, 보편적인 권리가 되었다.

투표권이 이렇게 대폭 확대됨에 따라, 의원들은 발 빠르게 새로운 유권자의 관심사에 부응하려 했는데, 새로운 유권자들은 무엇보다 약간의 도움을 받고 싶어 했다. 이에 부응해 정부가 다른 시민의 자유(언론의 자유와 출판의 자유 등)도 확대하고 영국의 식자율을 80%까지 높이는 법을 제정하자, 유권자들은 투표를 앞두고 자신들의 행동을 통합 조정하는 게 훨씬 더 쉬워졌다. 19세기 말에 이르자, 노동자 계층은 자기 자리를 보존하고 싶은 의원의 입장에선 결코 무시할 수 없는 투표 권력이 되었다.[96]

1800년대 말과 1900년대 초는 엄청난 사회적 불안의 시대였다. 유럽과 미국의 노동자 단체는 사회주의와 무정부주의 그리고 서구 지도자에게 달갑지 않은 이런저런 다른 주의에 매몰되었다. 암살과 노동자의 파업, 조업 중단, 폭동, 폭발물 투척 등이 노동자의 불만을 보여주는 지표가 되면서, 국가 권력이 급진주의자에 의해 좌지우지되는 걸 막고 폭력을 최소화하기 위해서는 일정 부분의 양보가 불가피해졌다.[97] 민주주의는 영국 외의 다른 국가에도 비슷한 영향을 주었다. 독일은 사회주의당의 입지를 약화시키고자 복지국가로의 첫발을 내디뎠다.[98] 이 모든 걸 미루어볼 때, 민주주의의 확대는 복지국가로 발돋움하는 데 도움을 준 호재로 보인다.

전쟁과 고통 공유 주장

두 차례의 세계대전을 치르면서 고통을 공유하게 된 것이 복지국가를 지향하는 정치적 의지의 두 번째 밑거름이 되었다. 정치학자 케네스 셰브Kenneth Scheve와 데이비드 스타새비지David Stasavage가 저서《부자들에 대한 과세Taxing the Rich》에서 주장한 바에 따르면, 전후 복지국가 건설에 쓰인 돈은 원래 1차 세계대전과 2차 세계대전 수행에 필요한 자금을 조달하기 위한 세금 정책의 결과로 조성됐다. 전시 세금은 대개 사회에서 가장 부유한 사람들에게 부과됐다. 그래서 우리는 전쟁을 치르면서 어떻게 부자들에 대한 세금을 올릴 수 있었는지를 이해해야 한다.

많은 자료를 토대로 제시된 셰브와 스타새비지의 가설에 따르면, 민주주의 국가에서, 특히 대규모 전쟁을 치러야 하는 민주주의 국가에서 대중에 대한 세금 부과는 공정함과 동등함이 법의 테두리 안에서 어떻게 구현되어야 하는지에 대한 새로운 원칙에 의해 뒷받침되었다. 그리고 이런저런 논란 속에 나온 국민적 합의는 모든 시민의 동등함을 존중하면서 동시에 모든 시민이 전쟁 부담을 나누어 질 방법을 찾아내지 못하고서는 대규모 전쟁을 치르는 게 불가능하다는 것이었다. 그러면서 셰브와 스타새비지는 이런 말을 했다. "전시 상황에서 각국 정부가 그 누구보다 부유한 사람에게 더 많은 세금을 부과하는 것은 전시 동원 체제에 의해 공정한 세금에 대한 개념이 달라졌기 때문이다. 부자에게 더 많은 세금을 부과해야 한다는 주장에 힘을 실어주는 새롭고 설득력 있는 보상 주장이 나올 환경이 조성된 것이다."[99]

최종적으로 인정받은 주장은 이런 것이었다. 전쟁은 동등하게 나눠 질 수 있는 부담이 아니다. 전쟁으로 인한 피해를 고스란히 받는 건 가난한 사람들이며, 부유한 사람들은 그 피해를 거의 다 피해간다. 예를 들어 부유한 사람들은 대개 나이가 많고, 그래서 군 복무가 면제된다. 또한 부유한 사람들은 돈과 개인적 연줄을 통해 자기 아들의 군 복무를 면제해줄 각종 기회나 법률상의 허점들을 찾아낸다. 게다가 훨씬 더 분통 터지는 일인데, 부유한 기업가들은 군수품을 제작하거나 돈 되는 정부 계약을 따내는 등 전쟁을 통해 돈을 버는 경우가 많다.

그래서 전쟁은 공정하지 않다. 이런 불공정 문제를 완화시켜줄 최소한의 해결책은 전쟁을 치르기 위해 가난한 사람의 아들들을 징집하듯 부유한 사람들의 부를 징집하는 것이었다. 당시 이 같은 보상 주장을 가장 설득력 있게 펼친 사람이 바로 영국 수상 데이비드 로이드 조지David Lloyd George다.

끔찍한 솜 전투에서 살아 돌아온 사람 또는 잊을 수 없을 만큼 혹독한 겨울 군사 작전에 참여했던 사람과 얘기를 나눠보십시오. 그 용감한 사람들이 조국을 위해 어떤 걸 견뎌내고 있는지 알게 될 겁니다. 그들은 많은 걸 견뎌내고 있고 모든 위험을 무릅쓰고 있는데, 우리는 집에서 안전하게 또 편히 지내고 있습니다. 여러분이 완전히 똑같은 희생을 할 수는 없습니다. 전시에는 그게 불가능합니다. 그러나 기꺼이 똑같은 희생을 감수할 마음을 먹을 수는 있습니다. 지금 수십만 명이 자기 목숨을 바치고 있으며, 수백만 명이 편안한 집을 포기하고 있고, 또 매일매일 모든 걸 죽음과 맞바꾸고 있습니다. 또한 많은 사람이 가장 사랑하는 사람을 포기하고 있습니다. 이 모든 사람의 희생을 기리는 국가적인 제단에 국민 전체가 안락함과 사치와 방종과 우아함을 바칩시다.[100]

이 같은 조지의 주장은 1차 세계대전 중에는 아주 흔해졌다. 실제로 셰브와 스타새비지가 조사한 바에 따르면, 전쟁 전에는 영국 의회에서 세율 관련 논쟁은 거의 '동등한 대우' 주장(부유한 사람과 가난한 사람에게 똑같은 비율의 세금을 부과하는 역진세 지지) 또는 '지불 능력' 주장(부자에게 더 높은 세율의 적용을 지지)을 중심으로 이루어졌다. 데이비드 로이드 조지식의 보상 주장 발언은 의원들의 전체 발언 가운데 6%밖에 안 됐다. 그러나 막상 전쟁이 터지자, 의원들의 발언 가운데 무려 62%가 보상 주장과 관련된 발언이었다. 오랜 논란 끝에 가난한 사람의 불공정한 희생을 보상하기 위해 부유한 사람이 더 많은 세금을 내야 한다는 개념이 우위를 점하게 된 것이다. 심지어 부자에 대한 증세를 지지하지 않던 권위 있는 주간지 〈이코노미스트Economist〉까지도 보상 주장에 수긍했다. 보상 주장은 프랑스와 캐나다, 미국 같은 다른 연합국 국가에도 큰 영향을 주었다.

영국과 미국의 정치인들은 2차 세계대전 중에는 어떻게 전쟁 비용을 마련할 것인지에 대해, 그리고 전쟁이 끝난 뒤에는 어떻게 복구 비용을 마련할 것인지에 대해 얘기할 때 흔히 보상 주장을 인용했다. 참전 군인들은 전쟁터에서 입은 부상, 잃어버린 수입 그리고 잃어버린 교육 및 취업 기회에 대한 보상을 받아야 했다. 그들은 아무 걱정 없이 좋은 의료 혜택을 받을 자격이 있었다. 미국에서는 이런 보상이 1944년에 제정된 제대군인원호법GI Bill과 제대군인관리국의 대규모 확대를 통해 구체화됐다. 그리고 이 모든 보상에 필요한 예산을 마련하기 위해, 수십 년간, 그러니까 꼭 필요한 기간보다 훨씬 더 오랜 기간 높은 세율이 유지되었는데, 가장 부유한 납세자들이 더 많은 세금을 내는 데 익숙해지자, 그렇게 조성된 추가 세수를 활용해 복지국가를 확대하는 게 가능해졌다. 그리고 실제로도 그렇게 됐다.[101]

현대적인 복지국가가 탄생하기 위해서는 많은 현금과 민주적인 원칙, 전시 고통 공유에 대한 설득력 있는 주장 등과 함께 가난 계몽주의도 필요했다. 그리고 그 모든 건 가난 계몽주의를 뒷받침하는 사상이 정치인과 일반 대중 모두의 머리에 깊이 각인된 뒤에야 결실을 봤다. 이런 사상이 왜 그렇게 깊이 각인되어야 했을까? 이 사상은 가난에 대한 아주 강력한 다른 사상과 직접적인 경쟁 관계에 있었던 데다가, 다른 사상들은 자연 선택에 의해 이미 사람들의 머리에 깊이 각인되어 있었기 때문이다. 예전의 사상들은 우리에게 불행한 사람들에게 도움의 손길을 내밀라고 권하면서, 동시에 게으른 사람들에겐 도움의 손길을 내밀어선 안 된다고 속삭였다. 그러나 1차 가난 계몽주의는 사람들에게 그런 속삭임은 무시하고 대신 다음과 같은 기본 원칙에 집중할 것을 요구했다. 불평등은 더 많은 불평등을 낳는다. 사람은 누구든 결코 수단으로 대하지 말고 목적으로 대해야 한다. 가난한 사람은 부유한 사람과 똑같은데, 단지 돈이 없을 뿐이다. 당신에겐 굶어 죽지 않을 권리가 있다. 과학은 개혁가의 친구이다.

그러나 언제 누구를 도와줄 것인지와 관련된 인간의 진화된 제도는 워낙 강력해, 1차 가난 계몽주의의 토대가 된 원칙은 쉽게 무시되거나 잊힌다. 이 때문에 '작은 정부' 지지자들이 여러 세대의 미국인을 상대로 정부 지원을 받는 대표적인 수령인은 가난한 아이나 만성 질환을 앓는 성인 또는 장애를 가진 참전 군인이 아니라 게으르고 기생충 같은 '복지 여왕'이라고 설득할 수 있었던 것이다. 복지는 정치 분야에서 여전히 가장 추잡한 단어 중 하나이지만, 동시에 너그러움의 역사상 가장 위대한 혁신 가운데 하나이기도 하다.

11장

인도주의 빅뱅 시대

1755년 11월 1일 만성절All Saints' Day* 동 틀 무렵의 포르투갈 수도 리스본. 이 당시 리스본은 유럽에서 네 번째로 큰 도시였으며 가장 중요한 상업 중심지 가운데 하나였는데, 오후에 세 가지 자연 재해가 일어나면서 도시 전체가 돌무더기와 재로 변했다. 첫 번째 재앙의 파도는 진도 8.5의 지진 형태로 들이닥쳤다. 유럽 주요 도시를 덮친 지진 가운데 최대 규모였다. 두 번째 재앙의 파도는 대화재 형태로 들이닥쳤다. 만성절을 지내기 위해 켜놓은 촛불들이 넘어지면서 발생한 불로 수천 채의 주택과 기타 건물이 타버린 것이다. 마지막으로, 시커멓게 그을린 도시를, 대양저에서 솟구쳐 오른 높이 18미터가 넘는 삼각 해일이 덮쳤다. 다 합해서 4만 명의 리스본 주민이 죽었고

---

*   기독교에서 모든 성인을 기리는 날. - 역자 주

80%가 넘는 시내 건물이 파손되거나 무너졌다. 해가 질 무렵 포르투갈은 궁핍해졌고, 국제 경제의 가장 중요한 중심지 중 하나인 리스본은 채석장처럼 변했다. 현재의 달러 가치로 환산한다면 아마 총손실이 카트리나 허리케인 100개로 인한 손실과 맞먹을 것이다.[1]

현대 들어와 유럽은 리스본을 덮친 자연 재해 규모의 재난을 겪어본 적이 단 한 번도 없었고, 그래서 그 여파는 단순히 많은 사망자 수와 즉각적인 경제적 충격 정도에서 끝나지 않았다. '리스본의 대재해'는 개념적으로도 깊은 후유증을 남겼다. 이와 관련해 철학자 수잔 니먼Susan Neiman은 이런 말을 했다. "18세기에는 리스본이란 말을 오늘날 우리가 아우슈비츠라는 말을 쓰듯 썼다."[2] 수십 년간 유럽과 아메리카 신대륙의 사람들은 다음과 같은 '리스본 난제Lisbon Question'를 입에 달고 다녔다. '리스본 대재앙 같이 공포스러운 일이 일어날 수 있다면, 우리는 대체 어떤 세상에 살고 있는 걸까? 그리고 그런 세상에서 우리는 어떻게 살아가야 할까?' 리스본은 인간과 자연의 관계에 대한, 그리고 자연의 횡포와 변덕에 어떻게 대처할 것인가에 대한 19세기 사람들의 생각을 근본적으로 바꿔놓았다.[3] 또한 먼 나라에서 고통받고 있는 사람에 대한 도덕적 의무에 대한 생각도 혁명적으로 바꿔놓았다. 우리는 역사학자 마이클 바넷Michael Barnett이 '인도주의 빅뱅Humanitarian Big Bang'[4]이라고 명명한 이 같은 개념상의 혁명을 이어받은 상속자들이다.

국제 원조의 모델

우리는 리스본의 공포는 기억해도 포르투갈의 이웃들로부터 쏟아져 들어온 관심은 잘 기억 못 하는데, 당시 포르투갈의 이웃들은 리스본의 재앙에 정말 많은 관심을 보였다. 스페인의 왕 페르디난드Ferdinand 와 여왕 마리아 바바라Maria Barbara(두 사람은 포르투갈 왕 호세 1세Jose I의 매제와 여동생이다)는 리스본의 재앙 소식을 듣자마자, 바로 각종 구호품을 보내라는 명령을 내렸고 약 3만 7,000파운드의 현금(오늘날의 달러 가치로 1,020만 달러)도 지원했다. 리스본 소식은 발생 후 3주 만에 프랑스에 도달했고(그 당시에는 말을 타고 달려가 소식을 전파한다 해도 그 속도가 시속 6.4킬로미터도 안 됐다), 루이 15세Louis XV는 바로 1만 6,600파운드(오늘날의 달러 가치로 약 460만 달러)를 지원했다(당시 포르투갈 왕은 이를 정중히 거절했는데, 그건 아마 영국 동맹을 자극할 걸 우려했기 때문인 걸로 보인다.)

영국의 경우 리스본 소식을 접한 조지 2세George II는 바로 영국 수상에게 구호품을 보낼 계획을 짜보라고 지시했다. 그리고 단 며칠 만에 5만 파운드어치의 금과 은, 5만 파운드 상당의 식량, 연장, 의류 등을 실은 영국 군함 한 척이 리스본으로 떠났고, 해적들로부터 리스본을 지키기 위한 군함 세 척도 함께 떠났다. 그로부터 10일 정도 후에는 10만 파운드가 새로 지원됐다. 그렇게 해서 영국의 총지원금은 오늘날의 달러 가치로 5,500만 달러에 달했다. 리스본 대재앙 소식은 발생 후 정확히 4주 만에 영국에 이어 두 번째로 중요한 포르투갈의 무역 파트너였던 함부르크에 도달했다. 그리고 채 2주도 안 돼 구호품들을 실은 보급선 한 척이 함부르크를 떠났다. 함부르크는 그 이

타인의 친절

후에도 보급선을 세 척 더 보냈다. 그렇게 해서 함부르크의 배 네 척은 돈과 식량, 각종 보급품 등 총 16만 파운드(오늘날의 달러 가치로 4,400만 달러)를 포르투갈에 전달했다.[5]

스페인과 프랑스, 영국, 함부르크 등지로부터 날아든 이 같은 지원은 포르투갈 입장에선 아주 놀라운 일이었다. 물론 그 배경에는 같은 집안에 대한 사랑, 외국 땅에 있는 자국 국민과 재산에 대한 우려, 돈으로 우정과 환심을 사려는 노력 등, 뻔히 알 수 있는 각국의 다양한 이해타산이 숨어 있었고, 포르투갈의 이웃들은 그 때문에 리스본 대재앙에 관심을 보였다. 역사학자 마크 몰레스키Mark Molesky는 자신의 저서《불의 만This Gulf of Fire》에서 이렇게 인정했다.

> 인도주의적인 관심도 분명 존재했지만, 정치적이고 경제적인 이해관계도 얽혀 있었다. 예를 들어 함부르크가 도움의 손을 내민 건 포르투갈인은 물론 자국 상인의 고통을 덜어주기 위한 목적도 있었지만, 두 번째로 중요한 리스본의 무역 파트너로서의 입지를 공고히 하려는 목적도 있었다. 스페인은…… 왕족 간의 긴밀한 혈육 관계 때문에 움직이기도 했지만, 포르투갈에 대한 정치적 영향력을 확보하려는 의도도 있었다. 프랑스의 지원에는 십중팔구 퐁파두르 부인*의 개인적 영향력이 작용했겠지만, 곧 있을 전쟁에서 포르투갈의 중립(영국 편에 서지 말고)을 촉구한 측면도 있었다(그 시도는 결국 실패로 끝났지만).[6]

그럼에도 당시 리스본 대재앙에 대한 국제적인 반응은 사상 유례

---

* 프랑스 왕 루이 15세의 정부. - 역자 주

가 없는 것이었다. 그 시대를 지배했던 국제 관계의 제로섬zero-sum 관점에서 보건대, 아마 대부분의 국가는 포르투갈의 손실을 자신들의 이득으로 봤을 것이다. 어찌 됐든 당시 대부분의 군주들은 외국 원조를 받아들임으로써 자주권에 손상을 입는 굴욕을 맛보고 싶진 않았기 때문이다. 이와 관련해 역사학자 니콜라스 시라디Nicholas Shrady는 자신의 저서《운명의 날The Last Day》에서 이렇게 적었다.

> 국가적 자긍심과 자주권에 대한 시샘 때문에, 예전 같으면 외국 원조를 받아들인다는 건 상상도 할 수 없는 일이었다. 그러나 1755년 무렵에 이르면, 군사 및 정치적 연합, 상업적인 상호 관심사, 여행 및 통신의 발달 등으로 인해 유럽 국가들은 상호의존적이 되었고, 그래서 리스본 지진은 유럽 국가들의 집단적인 동정심(보편적인 동정심까진 아니더라도)을 불러일으켰다.[7]

리스본 대재앙에 대한 이 같은 국제적 반응은 다른 국가의 행복에 관심을 가질 때 어떤 일이 일어날 수 있는지를 보여주는 사례 연구감으로, 이를 통해 일부 정치 이론가들은 국가가 서로 도덕적인 책임을 져야 할 수도 있다는 주장을 했다. 이런 개념은 리스본 대재앙 이후 몇 년 안 된 1758년에 발간된 에머리히 드 바텔Emmerich de Vattel의 역작《국가들의 법The Law of Nations》의 주요 테마였다. 바텔은 자연법이 개인에게 이런저런 권리와 의무를 부여하듯 국가에 대해서도 똑같은 권리와 의무를 부여한다고 주장했다. 그러니까 자연법은 모든 개인에게 동등한 존엄성을 부여하고 사회의 모든 개인에게 독립성을 부여해 번성할 수 있게 하며 모든 개인으로 하여금 의무적으로 다른 개인의 행복에 관심을 갖게 한다고 봤다. 그리고 마찬가지로 모든 국가에게 동등한 존엄성을 부여하고 모든 국가에게 독립성을 부여해 번성할 수 있게 하며 모든 국가로 하여금 의무적으로 다른 국가의 행복에 관심을 갖게 한다고 봤다. 바텔은 이런 의무를 '인도주의적인 의무'라 칭하며, 다음과 같은 말을 했다. "다른 국가가 절실히 도움을 필요로 할 때, 한 국가는 자국에 대한 의무를 다하듯 다른 나라에 대한 의무도 다해야 한다. 자국에 대한 의무를 게을리 하지 않으면서 다른 나라에 대한 의무도 다해야 하는 것이다."[8] 바텔은 그런 의무를 어떻게 다할 것인지를 보여주기 위해, 리스본 대재앙 이후 스페인과 영국이 보여준 지원을 높이 평가하는 글을 썼다.

그런데 바텔에 따르면 '인도주의의 의무'는 재난 구호를 훨씬 뛰어넘는 것이었다. 자연법하에서 각 국가는 자국의 정치적·경제적·인간적 능력을 끌어올리는 과정에서 서로를 도와야 할 의무가 있기 때문이다. 다음은 바텔의 말이다.

국가는 완벽하지 못하며, 시민 사회의 목표를 달성하기 위해 변화한다. 그리고 시민 사회는 각 시민이 필요로 하는 모든 것, 즉 필수품, 편의 시설, 삶의 즐거움 등을 제공하기 위해 애쓰며, 또한 시민 모두에게 행복을 주려 애쓴다. 그뿐 아니라 사유재산 제도를 마음 놓고 누릴 수 있게 해줘야 하며 안전하고 편한 법 집행을 해야 하고 마지막으로 외국의 침략으로부터 시민을 보호해야 한다. 국력에 따라 조금씩 다르겠지만, 모든 국가는 종종 다른 나라도 이런 이점을 누릴 수 있게 해야 하며, 동시에 스스로도 이런 이점을 제공할 수 있어야 한다. 따라서 야만 상태에서 벗어나고 싶어 하는 다른 나라가 각 학문 분야를 제대로 공부하고 싶어 할 경우, 배움이 앞선 나라는 그 요청을 거절해선 안 된다. 따라서 올바른 법 아래서 사는 걸 행복으로 여기는 나라라면 종종 교감을 나누는 걸 의무로 삼아야 한다.[9]

재난 복구의 모델

리스본 대재앙은 다른 두 가지 개념, 즉 국가는 재난 복구에 책임이 있다는 개념과 복구 노력은 과학적 원칙에 따라 조직화되어야 한다는 개념 면에서도 좋은 전례가 됐다. 리스본 복구 및 재건 사업과 관련된 세세한 부분은 제1대 폼발 후작 세바스티앙 주제 데 카르발호 이 멜루Sebastião José de Carvalho e Melo, 1st Marquis of Pombal라는 아주 비범한 포르투갈 수상에 의해 계획되고 통합 조정됐다. 폼발은 법원 허가하에 즉시 복구 및 청소 일을 감독하는 10여 명의 지역 지도자에 대한 비상 지휘권을 발동했다. 그는 복구 작업을 직접 일일이 챙겼고, 마차를 타고 쉼 없이 도시를 누비며 모든 걸 관리 감독했으며, 아랫사람들에게 조언을 주었고, 격려도 아끼지 않았다.

물이 빠지자마자 폼발은 이런저런 계획을 세워 시신과 돌무더기들을 끌어내고 식품과 각종 보급품을 확보하며 임시 병원을 지었고, 긴급 명령을 통해 약탈 행위를 막았으며, 상품 가격을 동결해 바가지 요금을 금지했고, 사람들을 도시에 재거주시키는 계획을 세웠으며, 지역 교회에서의 종교 행사도 재개했다.[10] 그는 군대를 동원해 시민을 재해 지역에서 벗어나게 했지만, 그렇다고 그들을 방치해 다른 지역에 재정착하게 하지는 않았다. 폼발의 목적은 리스본 재건이었다. 그게 다였다. 심지어 그는 리스본의 일간지들이 중단 없이 계속 운영되게 했다.

이후 위기가 지나간 뒤, 폼발은 리스본에 적용할 일관성 있는 건축 법규를 만들었다. 그리고 포르투갈 왕으로부터 전권을 부여받아 계몽주의 시대의 건축 및 건설 원칙을 토대로 새로운 설계 계획을 짰다. 이 목표를 달성하기 위해, 그는 아주 경험 많은 군사 건축가 및 공학자 집단과 2년 반 동안 열심히 일했다. 새로 태어나는 리스본은 예전의 리스본에 비해 더 안전하고 더 깨끗하고 지진에 강하고 더 효율적이고 더 생산성이 높은 도시가 될 것이었다. 그들은 새로운 건축물의 축적 모형을 만든 뒤, 그 주변을 군인들에게 행진하게 해 내진 성능을 테스트했다. 군홧발의 울림으로 축적 모형이 무너지는지 여부를 확인한 것이다.[11] 또 리스본의 종교 지도자로 하여금 새로운 건축 법규에 따라 교회를 보다 낮게 재건축하게 하는 데도 성공했다.[12] 포르투갈 정부가 대재앙 이후 300년간 체계적으로 대처할 수 있었던 것은 모두 야심만만했던 폼발의 리스본 재건 프로젝트 덕이다.[13]

유신론적 해석이 자연주의적 해석으로 바뀌다

리스본 대재앙은 자연 재해를 해석하는 방식에서도 일대 전환점이 되었다. 리스본 대재앙 이전까지만 해도 대규모 자연 재해는 으레 인간의 교만과 죄에 대한 신의 응징으로 받아들여졌다. 예를 들어 1666년 런던 구도시 대부분을 황폐화시켰던 런던 대화재 직후 교파를 가리지 않고 모든 목사는 런던 시민을 향해 회개할 것을 촉구했다. 온갖 사악한 행위로 하나님을 노하게 만들어 도시가 불바다가 됐으니 회개하라는 것이었다.[14] 그러나 리스본 대재앙 이후 사람들은 자연 재해를 물질과 에너지 간의 오랜 연쇄반응의 결과로 보게 된다. 그러니까 자연 재해를 인간의 도덕성과는 관계없고 인간의 행복과도 무관한, 순수한 물리학적 사건으로 보기 시작한 것이다. 초자연적 해석에서 자연주의적 해석으로 변화하는 일은 쉬운 게 아니었다. 사람들이 강력한 직관과 뿌리 깊은 종교적 신념에 등을 돌려야 가능했으니 말이다.

역사적으로 거의 늘 대부분의 입장에서 지진을 설득력 있게 해석할 수 있는 방법은 초자연적인 해석밖에 없었다.[15] 심지어 오늘날에도 자연 재해에서 어떤 의미와 대처 방법을 찾으며, 지진이나 쓰나미 같은 자연 재해를 종교적으로 해석하려 하는 경우가 있다.[16] 심리학자들에 따르면, 이렇듯 종교적인 해석에 매달리는 것은 인간의 인식이 갖고 있는 두 가지 특징 때문이다.

첫째, 인간은 자연 현상을 호불호, 목표, 갈망 등의 형태로, 즉 우리가 인간과 다른 동물의 행동을 설명할 때 사용하는 '원인이 되는 힘'의 형태로 설명하려 하는 경향이 있다. 적절한 실험실 환경에서 실험을 해보면, 아이들이나 대학생들 그리고 심지어 박사 학위를 가진 과학자들까지도 자연 현상을 목표 중심으로 해석하려는 경향을 드러낸다. 예를 들어 충분히 깊게 생각해볼 시간이 주어지지 않을 경우, 우리는 허리케인이 스스로 열에너지를 끌어모으기 위해 바닷물을 돌게 만든다거나, 아니면 지구는 자외선으로 인해 자신이 손상되는 걸 막기 위해 주변에 오존층을 갖고 있다는 식의 관점을 지지하기 쉽다. 이처럼 우리가 목표 중심의 설명에 익숙해, 심리학자 데보라 켈리멘Deborah Kelemen은 인간이 '직관적인 목적론 신봉자들intuitive teleologists'(teleologist는 '목표 또는 목적'이란 뜻을 가진 그리스어 telos에서 온 말이다)이라고 주장했다.[17] 당신이 만일 리스본이 왜 지진과 불 그리고 쓰나미에 의해 파괴됐냐고 묻는다면, 직관적인 목적론 신봉자들은 무언가가 또는 누군가가 리스본이 파괴되길 원했기 때문이라 답할 것이다.

둘째, 인간은 이른바 '공평한 세상 사고just-world thinking'의 특성을 갖고 있다. 그러니까 우리는 자신이 한 선한 일과 악한 일에 따라 일종의 업보 같은 힘에 의해 행복하게도 되고 불행하게도 된다는 직관적인 믿음이 있는 것이다. 그래서 다른 사람에게 안 좋은 일이 발생할 경우, 우리는 공평한 세상 사고에 따라 그들이 그런 일을 당할 만한 일을 했을 거라는 생각을 하게 된다.[18] 그래서 그들이 그런 역경을 겪는 것이 그들의 잘못 때문이 아니라는 결론을 내리면, 우리는 뭔가 불공평한 일이 벌어졌다고 느껴 그들을 도우려 한다. 하지만 그들에게 그 역경에 대한 책임이 있다고 생각하면 아마 그들이 불필요한 위험을 자초했거나 적절한 예방 조치를 취하지 않았거나 신을 노하게 했다고 생각할 것이며, 그래서 그들을 냉담하게 대하거나 분노를 표출할 것이고, 고통당하게 내버려두는 데서 오히려 만족감을 느낄 것이다.[19]

이처럼 우리 인간은 직관적인 목적론 신봉자들이고 공평한 세계 사고 경향을 갖고 있기 때문에, 유럽의 종교 지도자가 리스본 대재앙을 인간의 사악한 행위에 대해 하늘이 내리는 벌이라고 해석한 건 조금도 이상할 게 없다. 게다가 하필 지진이 기독교에서 가장 중요시 하는 축일 중 한 날에 발생했는데, 그건 그저 우연의 일치에 불과했다. 유럽의 비非가톨릭 국가 종교 작가들은 리스본 대재앙은 이단자로 의심되는 사람에 대한 가톨릭의 종교재판이라고 봤다.[20] 어이없는 사실이지만, 일부 가톨릭교도들은 이단자에게 너무 관대한 리스본의 종교 지도자를 벌하기 위해 신이 리스본 대재앙을 일으킨 거라는 결론을 내리기도 했다.[21] 그런데 신이 모든 자연 현상을 과학과 이성으로 설명하려는 교만한 유럽의 지식인을 벌하기 위해 리스본 대재앙을 일으킨 거라는 확신에 관한 한, 신교도와 가톨릭교도 간에 아무 이견이 없었다.[22] 예수회 목사인 가브리엘 말라그리다Gabriel Malagrida는 리스본 시민들로 하여금 정신을 차리게 하기 위해, 즉 대재앙을 초자연적인 현상으로 보게 하기 위해, 몇 주 동안 계속 다음과 같은 설교로 논점을 흐렸다. "지진을 단순한 자연 현상으로 취급하는 건 가증스런 일입니다. 그게 사실이라면, 회개할 필요도 없고 하나님의 노여움을 풀려 할 필요도 없을 것입니다. 사탄은 우리 모두를 돌이킬 수 없는 파멸로 몰아넣기 위해 굳이 또 다른 속임수를 쓸 필요도 없을 것입니다."[23]

더 이상의 파멸을 막아야 한다며 많은 지도자가 나서서 사람들로 하여금 회개하라고 촉구했다. 직관적인 목적론 신봉자였던 영국 왕 조지 2세King George II는 하루를 기도와 금식을 하는 국가 애도의 날로

정했다. 교황 베네딕투스 14세Pope Benedict XIV는 로마의 사제들과 일반인들에게 3일간의 기도 기간을 명했다.[24] 포르투갈에서는 신의 분노를 달래기 위해 9일간의 종교 행사를 지내자고 하는 교구 목사도 있었다.[25] 대부분 자연 재해를 종교적으로 해석했기 때문에, 당시로서는 이처럼 종교적인 반응이 가장 적절한 반응 같아 보였다.

그렇다고 해서 당시 모든 사람이 전통적인 직관적 목적론을 기꺼이 받아들인 건 아니다. 폼발은 과학적으로 생각하고 이성적으로 적용할 것을 촉구했으며, 또한 수동적이고 체념적인 사고방식에 젖지 말고 적극적으로 도시를 재건하고 미래의 불행을 예방하는 데 전력투구할 것을 촉구했다. 일부 학자가 '지진학'의 탄생이라고 말하는 한 연구 프로젝트에서, 폼발은 모든 교구 사제에게 자연 재해에 대한 한 설문지에 답해 달라고 요청했다. 폼발의 설문지는 단순한 피해 평가가 아니라, 지진의 징후와 그 근원, 힘, 확장 방향, 지속 시간, 뒤이어 발생한 해일과의 관계, 자연 환경에 미치는 영구적인 영향 등에 대해 과학적으로 의미 있는 데이터를 모으려는 노력의 일환이었다.[26] 그 설문에는 종교적 색채가 짙은 서문도 없었고 현지 주민들의 악한 행실에 대한 질문도 전혀 없었다. 이와 관련해 역사학자 니콜라스 시라디는 이런 말을 했다. "그림에서 신이 사라졌을 뿐 아니라, 계몽된 국가가 전면에 나타났다."[27]

리스본 대재앙 이후 초자연적 설명이 자취를 감추기 시작하자, 지진을 자연적인 현상으로 이해하고 싶어 하던 과학자들 입장에서는 천군만마를 얻은 격이었다. 리스본 대재앙 이후 몇 년 만에 유럽의 중요한 과학 협회의 공식 학술지에는 지진의 원인을 분석한 과학적 논문이 수십 편 실렸다. 심지어 젊은 임마누엘 칸트도 급성장하는 지진학 분야에 합류해 1756년 지진에 대한 과학적 논문 세 편을 집필했다.[28] 지진을 연구하는 많은 자연과학자는 여전히 입으로는 신의 개입을 운운했지만, 폼발과 마찬가지로 종교적인 관점에 냉담한 태도를 취했다. 무엇이 지진을 일으키는가? 칸트를 비롯한 당대의 과학자들은 자신들에게 정말 중요한 설명은 단 하나, '지진의 원인은 바로 우리 발밑에 있다.'[29]라는 걸 분명히 했다.

초자연적인 설명이 퇴조하면서 한 가지 다른 중요한 변화가 생겨났다. 그건 바로 낙관론이었다. 이 세계 속에서의 인간의 위치에 대한 낙관론, 세계를 이해하는 인간의 능력에 대한 낙관론, 그리고 스스로의 삶을 개선하는 인간의 능력에 대한 낙관론 말이다. 리스본 대재앙 이후에 나타난 이 같은 낙관론은 그보다 앞서 나온 독일 철학자 고트프리트 빌헬름 라이프니츠Gottfried Wilhelm Leibniz의 낙관론과는 달랐다. 라이프니츠는 우리가 사는 세계는 틀림없이 상상 가능한 모든 세계 가운데 최고일 거라 추론했다. 완벽하고 자애로운 신이 만든 것이니까. 또한 리스본 대재앙 이후의 낙관론은 그 이전에 나온 이신론deist* 시인으로 '세상에 존재하는 모든 것은 옳다(신의 뜻이므로).'[30]라는 내용의 장편 철학시 〈인간론An Essay on Man〉을 쓴 알렉산더 포프Alexander Pope의 낙관론과도 달랐다. 그러니까 리스본 대재앙 이후의 낙관론은 세상일이 선한지 또는 공평한지 또는 신의 거대한 계획 중 일부인지 등에 대한 관심과는 전혀 상관없었다. 리스본 대재앙 이후

---

* 성서를 비판적으로 연구하고 그리스도교의 신앙을 오로지 이성적 진리에 한정시킨 합리주의 신학의 종교관. - 역자 주

의 낙관론은 과학과 이성과 대규모 국제 공조를 통해 먼 나라의 불행 등 인류의 불행을 줄일 수 있다는 확신에 근거한 것이었다.

확대되는 인도주의 우주

이후 수십 년간 낙관적인 인도주의적 경향은 유럽 전역에 퍼져나가기 시작하는데, 물론 그걸 뒷받침한 것은 1차 가난 계몽주의의 토대가 된 계몽주의 사상과 리스본 대재앙이 남긴 교훈이었다. 국제적인 인도주의적 사업이 보다 흔해졌고, 그 사업을 주관하는 것은 대개 정부가 아니라 왕의 축복하에 운영되는 비정부 단체들이었다. (각국 정부는 아직 자유로운 협회를 설립할 개인의 권리를 인정하지 않았고, 그래서 어떤 공동의 목표 아래 뜻이 같은 사람을 모으고 싶을 경우 공식적인 허가를 받아야 했다.) 새로운 인도주의 단체들은 대개 세속적이고 고도로 전문화되어 있으며, 남의 눈을 의식하는 국제적인 단체였다.[31]

그 같은 새로운 단체 중 최초의 단체는 1767년에 설립된 '익수자 구조협회Society for the Recovery of the Drowned'로, 네덜란드 선원들이 중국에서 배워온 인명 구조 기법(중국에선 중세 이후부터 시행되었다)을 퍼뜨리는 일을 했다. 1790년대에 이르자, 런던, 리스본, 비엔나, 코펜하겐, 알제 그리고 대영제국과 아메리카 전역에서 새로운 협회가 속속 생겨났다. 이후 1775년에는 미국 필라델피아에 세계 최초의 노예 제도 반대 협회가 들어섰다. 곧 미국의 다른 지역과 프랑스에도 비슷한 협회가 생겨났고, 영국에서는 영국 퀘이커 교도들과 윌리엄 윌버포스

William Wilberforce 같은 복음주의교도들이 비슷한 협회 설립에 앞장섰다.[32]

이후 몇 십 년간 국제 협회들은 계속 생겨나, 금주와 여성 참정권 확대를 비롯해 교도소 개혁, 천연두 박멸, 노동자 복지, 세계 평화, 전쟁 폐지, 조난 사고 예방 등 다양한 운동을 벌였다. 바야흐로 정치적 경계를 초월하고 또 그런 경계를 뛰어넘는 공동 노력으로 더 잘 해결할 수 있는 인간 행복과 관련된 모든 문제가 본격적으로 국제화되기 시작한 것이다.[33]

인도주의 빅뱅으로 인해, 심지어 영국과 미국의 복음주의 기독교인들도 자신들이 개종시키려 하는 사람들이 물질적으로 필요로 하는 것과 정신적으로 필요로 하는 것 간의 보다 깊은 관계에 대해 생각하게 됐다. 선구자적인 전도사 윌리엄 캐리William Carey는 자신의 혁신적인 저서《이교도들의 개종을 위해 기독교인들이 돈을 써야 할 의무에 대한 조사Enquiry into the Obligations of Christians to Use Means for the Conversion of the Heathens》의 한 구절에서 세상의 이교도들을 '가난하고 야만적이고 벌거벗은 이교도로, 그리고 또 문명이 결여된 사람들'로 묘사했다. 그러나 그 다음 구절에서는 애덤 스미스가 '흔해 빠진 거리 짐꾼의 천재성'을 칭찬했듯, 다음과 같이 이교도에 대해서도 비슷한 칭찬을 했다. "이 가난한 이교도들은 비록 야만스럽기는 하지만, 우리처럼 지식을 쌓을 수도 있는 걸로 보이며, 적어도 흔치 않은 천재성도 보인다."[34] 캐리는 거기서 한 걸음 더 나아가 훌륭한 선교는 훌륭한 인도주의 활동이며 훌륭한 인도주의 활동은 훌륭한 선교라며, 다음과 같은 말도 했다.

인간인 또는 기독교인인 우리가, 우리처럼 영혼이 영원불멸하고 우리처럼 복음을 찬미할 수 있고 우리처럼 설교와 저술 작업 또는 각종 관행으로 예수 그리스도의 이름을 영광되게 할 수 있는, 그 많은 우리 이웃이 무지와 야만으로 가득 차 있다고 말할 수 있을까? 그들에게 복음도 없고 정부도 없고 법도 없고 예술도 없고 과학도 없다고 말할 수 있을까? 그런 그들을 상대로 우리가 인간의 감정, 그리고 기독교도의 감정을 소개하기 위해 전력투구해선 안 되는 것일까? 복음을 전파하는 것이 그들을 깨우쳐줄 가장 효과적인 방법이 아닐까? 그렇게 되면 그들도 사회의 유용한 구성원이 되지 않을까?······ 지금 당장은 인간 같아 보이지도 않는 그들이지만, 그런 그들도 전지전능한 하나님을 보게 되거나 진리를 옹호하는 올바른 논문도 읽게 될 거라 기대할 수 있지 않을까?[35]

인도주의 정신이 밖으로 전파되면서, 유럽의 식민지 사업 전반에 대한 기존의 방식에도 변화가 일었다. 예를 들어 프랑스와 영국에서는 점점 더 많은 사람이 아시아와 아프리카와 아메리카 대륙에 있는 자신의 식민지를, 착취해야 할 재산이 아니라 원주민의 권리와 행복에 대한 책임과 존중해줘야 하는 신탁 재산 정도로 보기 시작했다.[36] 동인도회사(당시 현지인들에 대한 이 회사의 핍박이 격렬한 항의를 불러일으키고 있었다)의 인도 통치에 대한 1783년 의회 토론 말미에, 에드먼드 버크Edmund Burke 의원(오늘날 대표적인 보수주의 옹호자 중 한 명으로 여겨진다)은 영국의 상업적 이익이 중시되어야 하듯 인도 국민의 자연권 문제 또한 중요한 주제가 되어야 한다며 다음과 같이 말했다.

인간이 태어날 때부터 갖는 천부적인 권리인 자연권은 실로 신성한 것입니다.

그리고 어떤 공적 정책이든 자연권을 침해하고 있다는 게 입증될 경우, 반드시 반대에 부쳐 철회시켜야 하며…… 사람들에 대한 모든 정치 권력은, 그리고 사람들을 배제한 채 주장하거나 행사해 완전히 인위적이고 인류의 타고난 평등을 침해하는 모든 특권은 어떤 식으로든 인류의 이익을 위해 행사되어야 합니다. 모든 유형의 정치적 지배와 모든 유형의 정치적 특권의 경우도 이와 다르지 않다면…… 그런 권리나 특권은, 달리 뭐라 불러도 상관없지만, 모두 엄밀한 의미에선 신탁이며, 또한 모든 신탁의 핵심은 책임 있게 집행되어야 한다는 것입니다. 따라서 법이 허용하는 범위에서 크게 벗어날 경우, 그 신탁은 완전히 중단되어야 합니다.[37]

하지만 인도주의적인 버크의 발언은 인도주의적인 행동으로 이어지지는 않았다. 그러나 이 발언은 다른 나라와 다른 국민에 대한 각 국가의 도덕적 의무와 관련된 여러 중요한 대화에 당시 인도주의적 관점이 어떤 영향을 미쳤는지를 아주 잘 보여준다.

전쟁은 지옥이다. 그러나 1800년대에는 인도주의적인 여러 가지 발명을 가능하게 한 원천이기도 했다. 예를 들어 나폴레옹 전쟁(1803~1815년) 당시 전쟁터에서 수술 등을 담당했던 프랑스 외과의사 도미니크-장 라레Dominique Jean Larrey는 '트리아쥬triage'(프랑스어로 '분류'라는 뜻), 즉 '환자 분류' 개념을 만들어냈다. 즉각적인 의료 행위로 효과를 볼 수 있는 환자와 그럼에도 불구하고 죽을 것 같은 환자, 그리고 또 역으로 즉각적인 의료 행위와 관계없이 살아남을 것 같은 환자를 구분함으로써, 환자 분류라는 개념을 통해 자원이 부족한 상황에서 최대한 인도주의적인 선을 찾으려 한 것이다. 마찬가지로, 미국 남북전쟁(1861~1865년) 당시에는 부상병들을 안전지대로 옮겨 치료를 받게 하는 등 부상병 치료에 여러 가지 개선이 이루어졌다.[38] 그리고 플로렌스 나이팅게일Florence Nightingale은 크림전쟁(1854~1865년) 중 간호사로 일하면서 평생의 소명을 찾았다. 간호사란 직업의 문제를 개선하고 노동자 계층에게 기본적인 간호 기술을 전파하는 일을 자신의 소명으로 받아들인 것이다.[39]

리스본 대재앙 이후 금세기에 가장 중요한 인도주의적 발전 중 하나는 ICRC, 즉 국제적십자위원회의 발족이다. 1863년에 설립된 국제적십자위원회는 스위스 은행가이자 제네바 상류층 인사인 앙리 뒤낭Henry Dunant의 작품이다. 1859년 뒤낭은 이탈리아 도시 솔페리노에서 벌어진 프랑스군과 오스트리아군 간의 전투를 목격했다. 부상병들을 치료해줄 수 없는 데 절망한 뒤낭은 솔페리노 시민들을 이끌고 현지의 한 교회 안에 임시 전장 병원을 만들었다. 시민들은 3일 밤낮을 부상자들의 상처를 닦아내고 옷을 갈아입히고 음식과 물을 주고 대신 편지를 써주고 유언을 받아 적었다. 국적과 관계없이 모든 부상병을 보살피는 시민들의 열정과 헌신에 큰 감동을 받은 뒤낭은(그는 이탈리아인들이 "Tutti fratelli." 즉 "모든 사람이 형제다."라고 말하는 걸 들었다고 한다[40]) 전쟁터로 향하는 유럽 군대를 따라 다닐 국제적인 민간인 의료단을 만들어야겠다는 생각을 가지고 제네바로 돌아왔다. 당시 뒤낭은 이렇게 적었다. "평화로운 시기에 자격을 갖춘 열정적이고 헌신적인 자원봉사자들을 모아 부상병들을 치료해줄 구호 단체를 만들 수 있지 않을까?"[41]

1863년에 이르러 뒤낭과 제네바에 있는 그의 친구들은 12개 유럽 국가를 설득해 국제적십자위원회를 설립했다. 그리고 1864년 그 12개 창립 국가는 전부 부상병들에게 시기적절한 의료 행위를 제공하는 데 최선을 다한다는 제네바 협정에 서명했다. 1865년에는 오스만 제국의 술탄이 자신들도 제네바 협정을 받아들이고 적십자 원칙을 따를 의사가 있다는 뜻을 밝혔다(이해가 안 되는 건 아니지만, 그는 붉은 십자가 대신 붉은 초승달을 휘장으로 쓰자고 주장했다). 이는 국제적십자위원회의 임무와 제네바 협정은 기독교 신앙과 세련된 서구 도덕관념에서 온 것이라고 믿고 있던 12개 창립 국가의 입장에서는 놀랍고 기쁜 일이었다. 1877년에는 일본이 국제적십자위원회에 가입했고, 회원국들은 국제적십자위원회와 제네바 협약이 세계에서 가장 강력한 인도주의적 제도가 될 거라고 예견했다. 훗날 그건 사실로 드러났다. 오늘날 국제적십자위원회의 회원국은 191개국이며, 제네바 협약을 따르는 국가는 196개국이다.[42]

통신 및 교통의 확대가 결정적인 도움이 되었다

인도주의 빅뱅은 개념상의 혁명이었다. 그러나 아무리 계몽적이거나 고상하다 해도, 개념만으로는 군 병원이 지어지거나 굶주린 사람의 입에 음식이 들어가지는 않는다. 인도주의 정신은 전 세계에 영속적인 기반을 마련했는데, 그건 순전히 전 세계적인 인간 교류에 생긴 두 가지 변화 덕분이었다. 그러니까 인류 역사상 처음으로 전 세계적인 인도주의적 위기에 대한 정확하고 시기적절한 정보 입수가 가능해진 데다가, 그에 따른 시기적절한 지원도 가능해진 것이다. 통신 및 교통 분야에서의 혁신이 인도주의 우주의 확대에 결정적인 도움이 된 것이다.

통신

분명 도움이 필요하다는 걸 알지 못한다면 도울 수 없다. 따라서 1차 가난 계몽주의의 경우와 마찬가지로 인도주의 빅뱅은 우리가 알고 있는 것보다 훨씬 더 19세기의 신문 발달에 힘입은 바 크다. 신문이 널리 보급되기 전까지만 해도, 먼 나라에서 일어나는 비극에 대해 접할 수 있는 소식이란 죄다 몇 주 전 일인 데다 세세한 내용도 알수 없었다. 그러다가 신문이 시기적절하면서도 사실에 입각한 그리고 과도한 논평도 필요없는 국제 사건에 대한 뉴스를 실으면서 이 문제가 해결됐다. 1830년대까지만 해도 전신이 발명되지 않아, 초창기 신문은 말을 타고 달려온 전령에 의해 우편으로 전달된 뉴스를 그대로 인쇄해 내놓는 정도였다.[43]

최초의 신문은 리스본 대재앙이 일어나기 150년 전에 유럽에서 생겨났다(영국의 경우 예외여서 신문 발행이 1600년대 말까지 금지됐다).[44] 그러다가 1702년부터 런던의 〈데일리 쿠란트Daily Courant〉를 시작으로 신문들은 매일 뉴스를 전하기 시작했다. 신문의 수가 늘어나고, 주간지가 일간지로 바뀌면서, 점점 더 많은 유럽인이 보다 넓은 세계에서 일어나는 최근 사건 소식을 계속 접할 수 있게 됐다. 예를 들어 유럽 신문은 리스본 지진 당시 그 소식을 수백 차례 내보냈다.[45] 우리가 알고 있는 신문 판매부수의 역사적 추세에 따르면, 국제적 사건과 관련된 정보에 대한 대중의 갈증은 충족시켜주기가 쉽지 않았다. 18세기 초 일반적인 영국인은 연간 4차례 정도 신문을 접할 수 있었다(대개 몇 사람을 거쳐서). 학자들의 추산에 따르면, 신문은 보통 5차례에서 40차례까지 사람들을 거쳤고, 아니면 술집이나 커피숍 안에서 글을 읽을 줄 아는 사람이 그렇지 못한 사람을 위해 큰 소리로 읽어주곤 했다.[46] 그러나 리스본 지진이 일어난 해인 1755년에 이르면 영국의 신문 소비는 두 배 이상 뛰어, 연간 1인당 10차례까지 신문을 접했다. 1800년에 이르러 영국인들의 뉴스 노출은 연간 1인당 15차례가 되었다. 겨우 1세기 전과 비교해 뉴스 노출이 275%나 늘어난 것이다.

인도주의 우주는 18세기 말 신문에 종군 기자까지 추가되면서 한층 더 확대됐다. 초창기 종군 기자들(런던 〈오라클Oracle〉의 존 벨John Bell, 〈런던 타임스London Times〉의 헨리 크랩 로빈슨Henry Crabb Robinson, 런던 〈모닝 포스트Morning Post〉의 찰스 루이스 그루네이슨Charles Lewis Gruneison 등)이 전투가 벌어지고 있는 최전선에서 기사를 송고하기 시작하면서, 독자들은 과거 그 어느 때보다 피비린내 나는 생생한 전쟁의 참상을 접하게 된다. 또 종군 기자들의 기사를 통해 자신들의 정부가 부상병들에게 적절한 치료를 해주지 못하고 있다는 현실에도 눈뜨게 된다. 그 당시의 일반적인 관측에 따르면, 전장으로 떠나는 군인을 따라다니는 건 주로 의사가 아닌 수의사였다.

호전적인 정부와 자국 부상병에 대한 정부의 방치로 인해 대민관계 문제가 생겨났다. 예전 세대에서는 국왕이 외국의 용병을 이끌고 전쟁을 치렀다. 그러나 프랑스 혁명 이후 정부는 자국 젊은이들을 징집해 자국 군대를 만들라는 마키아벨리Machiavelli의 조언을 따르기 시

타인의 친절

작했다. 이와 관련해 정치학자 마이클 바넷Michael Barnett은 이런 말을 했다. "나폴레옹 전쟁과 스페인 혁명, 멕시코-미국 전쟁, 미국 남북전쟁 당시 종군 기자들이 최전선에서 기사를 타전한 덕에, 부모들은 신문에서 전쟁 기사를 읽는 바로 그 순간 사랑하는 이들이 고통 속에 죽어가고 있는 장면을 상상할 수 있게 되었다."[47] 그 결과 대중은 징집 제도뿐 아니라 전쟁 그 자체에 대해서도 의문을 표하기 시작했고, 여기저기서 반전주의 감정이 솟아났다. 정부는 자신들이 벌이는 전쟁에 대한 대중의 지지를 계속 유지하기 위해, 대중의 인도주의적 관심사에 대처할 장치를 마련해야 했다. 그런 목적에 완벽하게 부합하는 게 바로 적십자였으며, 환자 분류와 구급차 같은 군 의학 분야의 혁신 또한 그런 목적에 부합했다.

교통

인도주의 사상과 인도적 위기에 대한 시기적절한 정보는 반드시 필요하다. 당신은 자신이 신경도 안 쓰거나 잘 알지도 못하는 사람을 도울 수는 없다. 그렇지만 언제 어디서든 도움이 필요할 때 도움을 받을 수 있어야 한다. 예를 들어 영국은 더없이 좋은 의도로 1755년 11월 리스본으로 구호선들을 급파했지만, 그 배들은 1756년 2월까지도 리스본에 도착하지 못했다. 영국의 배는 그 당시 세계에서 가장 강하고 빠른 편에 속했지만, 험난한 겨울 항해 여건에는 맞지 않았다.[48] 그러나 영국의 구호물품은 결국 도착했고, 지연되기는 했지만 의심할 바 없이 환영받았다. 그러나 리스본 해변에 도착하는 데 3개월이나 걸리지 않았다면, 훨씬 더 유용하게 쓰였을 것이다.

다행히도 18세기에는 교통 분야에서 큰 발전이 이루어져 인도주의적 자원이 필요한 장소에 도착하는 데 드는 시간과 비용이 줄어들었다. 1750년 이전에도 이미 국제 해상운송은 점점 빨라지고 비용도 떨어지고 있었지만, 선체와 돛, 삭구 등의 기술적 개선으로 1750년 이후에도 한동안 항해 속도는 계속 점점 더 빨라졌다.[49] 1830년대와 1840년대 사이에는 증기선들의 항해 시간이 훨씬 더 줄어들었다. 1842년에는 영국의 증기선 회사인 페닌슐라 앤 오리엔탈 스팀 내비게이션사의 배들 가운데 가장 빠른 증기선인 힌두스탄Hindustan 호가 최대 10노트의 속도를 냈다. 1912년에 이르면 이 회사의 마졸라Majola 호가 그보다 거의 두 배 빠른 최대 19노트의 속도를 냈다. 그리고 증기기관 기술의 발전 덕에 해상 운송비가 떨어지는 선순환이 생겨났다. 게다가 19세기 말에는 연료 효율성도 좋아져, 화물 무게당 석탄 비용이 떨어져 해상 운송 시 화물을 더 많이 실을 수 있게 됐고, 그 결과 또 화물 무게당 해상 운송비가 떨어졌다. 이후에도 이런저런 일로 해상 운송의 효율성은 점점 더 높아졌다. 예를 들어 1859년에는 수에즈 운하가 개통되면서 런던에서 인도 뭄바이까지의 항해 거리가 41%나 줄어들었고, 1914년에는 파나마 운하가 개통되면서 런던에서 상하이까지의 항해 거리가 32% 줄어들었다.[50] 20세기 내내 교통비는 계속 급락했다. 오늘날 배나 비행기를 이용한 이동 비용은 1930년에 비해 15%에서 20%밖에 안 된다.[51] 이런저런 발전 덕에 우리는 지금 인도주의 역사상 그 어느 때보다 많은 인도주의적 혜택을 누리고 있다.

인도주의 임무 변경

인도주의 정신은 서서히 번져간다. 당신이 일단 자연권 관점에서 도움이 필요한 어떤 집단이 인도주의적 도움을 받을 권리가 있다고 결론 내릴 경우, 다음에 도움이 필요한 다른 집단을 접할 때도 마찬가지 관점에서 인도주의적 도움을 주기 마련이다. 마찬가지로 사람들이 일단 부상병은 치료를 받고 고문을 당하지 않을 권리가 있다는 인도주의적 확신을 받아들이면(적십자와 제네바 협약 덕이지만), 다른 전쟁의 참상을 접할 때 같은 관점에서 인도주의적 도움을 주지 않기란 어렵다. 예를 들어 1차 세계대전이 끝난 뒤, 아무리 독일의 아이들이라 해도 굶주린 아이들이 있다면 먹을 걸 주어야 하는 게 아닐까? 영국의 박애주의자 에글렌타인 젭Eglantyne Jebb은 분명 그렇게 생각했고, 1919년에 세이브 더 칠드런Save the Children이라는 국제적인 인도주의 단체를 설립했다. 그 단체에는 한 가지 임무가 있었는데, 그건 설사 독일의 아이들이라 할지라도 유럽의 굶주린 아이에게 먹을 걸 주자는 것이었다.[52]

그리고 인도주의적 사상을 아이에게 적용한다면, 비전투원 모두에게 적용할 수 있지 않을까? 안 될 이유가 어디 있겠나? 1914년 1차 세계대전이 발발하자, 벨기에 구호를 돕는 미국 위원회를 통해 벨기에로 식량 원조가 밀려들어갔다. 그리고 전쟁이 끝나고 한참 후인 1921년 우드로 윌슨Woodrow Wilson 미국 대통령은 유럽은 대규모 인도주의 위기를 방지하기 위해 '제2의 미국 개입'을 필요로 하게 될 거라고 경고했다. 그렇게 해서 미국구호국ARA이 탄생했다. 미국구호국은 적십자, 세이브 더 칠드런 같은 단체와 손잡고 유럽 전역, 특히 러시아에 수백만 톤의 음식과 각종 보급품을 나누어주는 일을 했다. (그 덕에 러시아는 1921년부터 1922년까지 러시아를 휩쓴 대기근을 완화할 수 있었다.) 유럽은 인도주의적인 방식으로 돌아갔다. 국제연맹League of Nations(일종의 유럽판 국제연합UN)은 고향으로 돌아갈 수 없는 수백만 유럽 난민의 문제를 보다 잘 처리하기 위해 난민고등판무관실과 국제구호연합을 설립했다.[53]

그런데 어째서 전쟁 희생자에 대한 인도주의적 관심은 국가 간의 전쟁에만 적용되어야 할까? 왜일까? 정치학자 데이비드 포사이드 David Forsythe가 자신의 저서 《인도주의자들The Humanitarians》에서 말했듯, 진정한 인도주의자가 직면하는 의문 중 하나는 이런 것이었다. "국가 간 무력 충돌에서 전쟁 포로가 도덕적으로 문제가 된다면, 내전 상태에서 구금 중인 군인의 경우 역시 그렇지 않을까? 구금 중인 '정적'의 경우도 그렇고. 이런 구금자는 모두 잠재적인 위험에 처해 있으니, 적의 수중에 들어갔을 때 인도주의적 중재가 필요한 게 아닐까?"[54] 적십자는 자신들이 돌봐야 할 대상에 정치범과 내전 중 억류된 포로를 포함시킴으로써 이 의문에 답했다.

그리고 이 모든 걸 왜 유럽에 국한시켜야 할까? 꼭 전쟁에 국한시켜야 할까? 세이브 더 칠드런은 자신들의 임무를 아동 노동, 아동 결혼, 아동 교육으로 확대시킴으로써 이 의문에 답했다. 세이브 더 칠드런은 모든 걸 유럽뿐 아니라 이란, 중국, 아프리카에도 적용했으며, 박탈할 수 없는 기본적인 아동 권리를 규정하는 '아동 헌장'도 만들었다. 머지않아 아동 헌장은 제네바 선언으로 바뀌었고, 이 선언은

1923년 국제연맹에 의해 비준됐다. 국제연맹의 지지를 등에 업고 세이브 더 칠드런은 전 세계를 무대로 아동 권리를 위한 싸움을 시작했다. 한편 그 무렵 적십자는 자신들의 활동 영역을 허리케인과 홍수, 지진 같은 자연 재해 발생 시의 구호 및 복구 작업으로까지 확대했다.[55]

1930년에 이르러, 인도주의는 흥미진진한 하나의 혁신에서 국제적인 시민 사회의 영구적인 특징으로 발전됐다. 이제 전 세계에 퍼진 인도주의 단체에는 따로 교육받은 경험 많은 전문가가 포진되었다. 인도주의자들은 자신들의 임무를 수행하기 위해 각종 법과 헌장과 권리 선언을 어떻게 활용해야 하는지를 배웠고, 1차 가난 계몽주의 시대의 개혁가와 마찬가지로 문제를 찾아내고 그 해결책의 효과를 측정하기 위해 통계 자료 및 경험적 분석 방식을 활용하는 법도 배웠다. 그들은 자신들이 인도주의 정신을 높이 평가하기 때문에 그렇게 했는데, 그와 관련해 마이클 바넷은 이런 말을 했다. "둘 다 규모와 적용 면에서 중립적이고 보편적이었다."[56] 전반적으로 보건대, 바야흐로 모든 게 인도주의 운동에 적극적이고 낙관적인 시기였다. 하지만 곧 2차 세계대전이 발발하면서 인도주의 운동은 시험대에 오르게 된다.

야만적인 대륙 구하기

역사의 렌즈를 통해 볼 때, 2차 세계대전이 끝나던 때는 축하의 시기, 색종이 테이프가 휘날리는 가두행진의 시기로 보인다. 런던과 뉴욕과 파리의 거리에 수많은 축하 인파가 몰려나왔고 〈라이프Life〉지 표지에는 한 미국 해군이 미국 간호사를 껴안고 있는 사진이 실렸다. 그러나 유럽 대부분은 전쟁이 공식적으로 끝나고 몇 년이 지나도록 여전히 야만적인 대륙으로 남았다.

숫자 통계를 보면 전후의 참상을 이해하는 데 도움이 될 것이다. 전쟁으로 인해 무려 3,500만에서 4,000만에 달하는 사람이 죽었다. 오늘날의 캘리포니아주나 폴란드의 인구와 맞먹는 숫자다. 소련에서만 2,700만 명이 죽었는데, 대부분이 민간인이었고, 폴란드에서 600만, 독일에서도 600만이 죽었다. 1945년 연합군이 죽음의 수용소를 해방시켰을 때, 나치에 붙잡힌 유럽의 유대인 600만 명 가운데 살아남은 유대인은 30만밖에 안 됐다. 또 크로아티아에서의 대학살로 60만 명의 세르비아인과 회교도, 유대인이 목숨을 잃었다.

전쟁에서 살아남은 유럽인 가운데 수천만 명은 연합군의 폭격과 나치의 인간 사냥꾼과 인종 청소 등으로 난민이 됐다. 1945년 독일에서만 1,700만 명의 난민이 발생했는데, 그중 1,200만 명은 제3제국Third Reich*에 붙잡혀 강제 노동을 해야 했다. 전쟁 직후 유럽은 집으로 돌아가려는 1,100만 명의 난민으로 도로가 북새통을 이루는 등 사상 최악의 난민 위기를 겪었다. 게다가 영양실조 상태에 지칠 대로 지친 난민들로 인해 장티푸스와 말라리아 같은 전염병이 창궐하게 된다.[57] 또한 전쟁으로 인해 수백만 명의 고아와 미망인이 구걸과 도둑

---

*   히틀러가 정권을 잡은 시기의 독일 제국. - 역자 주

질과 매춘으로 내몰렸다. 유럽의 여성과 아이는 주로 떠나가는 러시아 군인에 의해 수백 차례나 강간을 당해야 했다.[58]

주택 및 사회 기반 시설 손실도 엄청났다. 폭격으로 많은 유럽 도시와 마을이 달 표면처럼 변했다. 영국 도시 코번트리를 초토화시킨 독일군의 공습으로 '흔적도 없이 날려버리다'는 뜻의 새로운 독일어 'coventriren'이 만들어지기도 했다. 독일의 경우, 연합군의 공습과 폭격으로 3,500만 독일 주택이 잿더미로 변하면서 약 2,000만 명이 집을 잃었다. 약 1,700개의 소련 도시와 마을 역시 폐허로 변했다. 유럽 전역에서 수천 개의 공장과 병원과 공공건물이 사라졌다. 그나마 공습에서 살아남은 가치 있는 것도 약탈과 강탈 또는 초토화 전략으로 파괴됐다.[59]

1946년까지 유럽이 그런 생지옥으로 변하리라곤 그 누구도 상상 못 한 상황에서, 영국과 미국은 일찍이 전후 유럽 재건에 대한 계획에 착수했다. 1940년 프랑스가 진군하는 독일군의 수중에 넘어간 뒤, 영국은 세계 각국에 식량과 보급품을 비축해두어 훗날 전쟁으로 피폐해진 유럽 국가에 배분할 계획을 세웠다. 그리고 그 계획을 제대로 실행하기 위해, 영국 수상 윈스턴 처칠은 각국의 전후 구호 및 재건에 필요한 것을 예측하고 준비하는 일을 할 연합군 간 전후 수요 대비 위원회IACPR를 설립했다.[60] 미국은 1942년에 국제소맥이사회IWC를 설립했고, 그 이사회에는 아르헨티나, 호주, 캐나다, 영국, 미국이 참여했다. 국제소맥이사회의 목적은 범세계적인 밀 비축망을 구축해 전쟁으로 피폐해진 국가에 제공할 수 있게 하는 것이었다. 역사학자 그레이스 폭스Grace Fox에 따르면, 국제소맥이사회는 영국과 미국이 몇 해 전 대서양 헌장에서 천명한 '궁핍으로부터의 해방'을 구현하기 위한 세계 최초의 공식적인 국제 기구였다.[61]

1943년에 이르자 유럽에서 발발한 전쟁이 아시아와 북아프리카로 번지면서, 전후 구호 및 재건 사업이 유럽 국가만의 일이 아니라 많은 국가 간 협력이 필요한 일이 되리라는 게 분명해졌다. 루스벨트 대통령은 뉴욕 주지사 허버트 H. 리먼Herbert H. Lehman으로 하여금 국무부에 신설된 외국 구호 및 재건 사업국OFRRO을 이끌게 했다. 루스벨트 대통령은 리먼에게 두 가지 임무를 부여했다. 하나는 구축국의 지배에서 해방된 국가에 대한 지원 계획을 짜는 것이었고, 다른 하나는 유엔 내에 새로운 구호 조직의 토대를 마련하는 것이었다. 그렇게 해서 유엔구제부흥기구UNRRA가 탄생됐다.

그레이스 폭스도 얘기했듯, 유엔구제부흥기구는 '전후 질서의 첫 청사진'이라 불리는데, 거기에는 그럴 만한 이유가 있다. 비록 잠시 있다 사라진 조직이지만, 역사상 최대 규모의 국제적 인도주의 노력을 이끌어냈기 때문이다. 유엔구제부흥기구는 순식간에 거대한 국제기구로 발전해 47개 회원국으로부터 지지를 이끌어냈다.[62] 1945년에 이르러서는 유럽 내에서만 1만 명이 넘는 숙련된 직원을 거느리는 조직이 되었으며, 수십 개에 달하는 민간 구호 단체의 활동을 통합 조정하는 일을 했다.[63]

이는 인류 역사상 일찍이 보지 못한 대규모 인도주의 활동이었다. 1945년부터 1947년 사이에 유엔구제부흥기구는 유럽과 아시아의 17개 국가 국민에게 식량과 의약품, 의류, 각종 보급품, 장비, 시설, 교육 지원은 물론 기술적 지원을 하는 데 40억 달러(오늘날의 달러 가치로 560억 달러) 이상을 썼다. 가장 큰 수혜를 받은 국가는 중국, 폴란드, 이탈리아, 유고슬로비아, 그리스였다.[64] 유엔구제부흥기구는 1947년에 주로 독일, 오스트리아, 이탈리아에서 800개에 달하는 정착촌을 운영해 700만 명이 넘는 난민을 돌봤으며,[65] 1951년에 이르러 그 난민 가운데 17만 7,000명 외의 모든 난민이 자신의 집으로 돌아갔거나 다른 곳에 재정착했다.[66]

인도주의 임무는 계속된다

영국과 미국에서는 수백 개의 민간단체가 서로 협력했다. 1940년에 이미 세이브 더 칠드런은 유럽의 아동에게 식량을 주기 위한 아동 후원 프로그램을 운용하고 있었고, 1942년에는 옥스팜OXFAM, 즉 기아구제옥스퍼드위원회가 구축국에 점령된 그리스의 굶주린 사람을 위한 모금 활동을 시작했다.[67] 적십자는 전쟁 기간 중 어디에나 있었다. 또한 민족적 연대와 종교적 연대라는 측면에서, 기타 다른 수십 개의 단체가 유럽 내 특정 집단에게 식량을 제공했다. 그리스계 미국인 단체는 그리스인을 돕고자 했고, 폴란드계 미국인 단체는 폴란드인을, 이탈리아계 미국인 단체는 이탈리아인을 돕고자 했다.

이런 단체들은 인도주의 활동에 지대한 공헌을 했다. 우선 이런 단체들의 돈과 전문지식 덕에 많은 유럽인의 삶에 큰 변화가 일어났다. 또 이 단체들은 일반 영국인과 미국인에게 재건 프로젝트에 대한 개인적 책임감 같은 걸 주어, 그들로 하여금 변함없이 계속 재건 프로젝트에 성금을 내게 했다. 또 복구 운동에 국제적 지지를 끌어들였으며, 연합국이 순전히 자신들의 지정학적 이해관계를 위해 전후 유럽 복구에 많은 돈과 시간을 쏟아붓는다는 인식도 불식시켰다.[68]

그런데 다른 한편으로는 인도주의 단체의 활동이 다소 과해 효율석인 관리가 힘들었다. 그래서 유엔구제부흥기구(그리고 미국의 경우 전쟁구호통제위원회War Relief Control Board)는 민간단체들을 통합하는 작업을 했다. 유엔구제부흥기구는 이 단체들의 활동 범위를 직원들을 파견해 직접 봉사하는 건 빼고, 모금하고 각종 보급품을 운송하는 것까지로 국한시키고 싶어 했다. 유럽이 인도주의자로 너무 북적거려 이런저런 혼선이 생기는 걸 원치 않았기 때문이다.

1945년 말, 인도주의 단체의 통합 필요성에 따라 22개 민간단체가 통합되면서 미국대유럽물자발송협회CARE가 생겨났다. CARE가 한 일, 그리고 아주 능하게 잘한 일은 CARE 패키지를 보낸 것이었다. 오랜 동안 여름 캠프 참가자와 '기숙사 쥐dorm rat'*들에게 도움이 되어온 생필품 꾸러미 케어 패키지care package와 달리, 원래 CARE 패키지는 정부가 군인에게 나눠주던 그 유명한 '10-in-1' 비상식량 꾸러미였다. 각 10-in-1 꾸러미에는 군인 10명이 하루 먹을 수 있거나 한 군인이 열흘 먹을 수 있는 식량이 들어 있었다. 그런데 미군이 일본군의 공격을 분쇄한 뒤, 280만 개의 10-in-1 꾸러미가 불용 군수품army surplus**이 되었다. CARE가 그걸 전부 구입해 필라델피아로 운송했다. 10-in-1 꾸러미들은 현지 교회와 우체국, 기차역, 백화점 등지

---

*   수업 시간 외엔 내내 기숙사에 틀어박혀 지내는 반사회적인 학생. - 역자 주
**   일반인들에게 판매되는 군수품. - 역자 주

타인의 친절

에서 미국 시민에게 개별 판매됐고, 유럽으로도 운송됐다. 1947년 10-in-1 꾸러미가 전부 바닥나자 CARE는 자체 CARE 패키지를 제작하기 시작했는데, 이제 거기에는 종종 옷, 의약품, 아동 도서 등도 포함됐다.

구축국에 점령된 그리스의 굶주린 사람을 위한 모금 활동을 성공리에 마친 옥스팜OXFAM, 즉 기아구제옥스퍼드위원회는 전쟁 직후 유럽의 나머지 국가, 특히 인도주의적 도움이 너무도 절실했던 독일에 식량 지원을 하고 싶어 했다. 그러나 충분히 이해가 가는 일이지만, 아직 독일군의 공습 충격에서 벗어나지 못한 데다 주머니 사정도 어려웠던 영국 국민의 반응은 싸늘했다. 설사 독일에 굶주린 고아와 난민이 넘쳐난다 해도, 고작 몇 해 전에 영국 전체를 '흔적도 없이 날려버리려' 했던 국가에 구호물자를 보내는 게 내키지 않았던 것이다. 그래서 옥스팜은 세이브 더 칠드런의 1차 세계대전 후의 움직임에서 힌트를 얻어 새로운 모금 활동을 벌였다. 독일도 유럽의 일부라는 사실을 은연중에 인정하면서 '세이브 유럽 나우Save Europe Now' 운동에 나서 유럽 전 지역에 식량 원조를 하기 위한 모금 활동을 벌인 것이다. 옥스팜은 원조 대상을 결정할 때, 순전히 인도주의적 관점에서 도움이 필요한지 아닌지 여부만 고려하는 등 불편부당한 입장을 취했다. 그리고 마침내 1949년 옥스팜 중앙위원회는 자신들의 공식적인 임무를 '세계 어디든 전쟁이나 기타 다른 이유로 생긴 고통으로부터 구제하는 것'으로 바꾸었다.[69]

미국의 기부자들이 인도주의적 불편부당함의 개념을 보다 잘 받아들이게 되면서, 이 같은 인도주의적 임무 변화는 CARE의 활동에

도 영향을 미쳤다. 1948년 CARE는 수신인 미지정 기부금과 기부 물품을 받아들이기 시작했으며, 그 결과 시민들이 개인 자격으로 어디든 필요한 곳에, 그러니까 폴란드의 육촌이나 이탈리아 군 복무 시절 알게 된 전 여자친구뿐 아니라 '유럽의 굶주린 그 어떤 사람'에게든 식량과 각종 구호물품을 보내는 게 가능해졌다.[70] 결국 CARE는 유럽 지역에 1억 개의 CARE 패키지를 보내게 되는데, 총 10억 명분의 식량 중 4억 명분은 굶주린 독일인에게 돌아갔다. 고아가 된 마고 모이르텐스Margot Meurtens라는 홀로코스트 생존자는 미군 병원에서 몸을 추스르던 시기에 익명의 기부자로부터 온 CARE 패키지를 받았던 일을 이렇게 회상한다.

밤낮으로 이어지던 총격과 폭격이 끝나 이제 더 이상 문을 걸어 잠글 필요도 없고 집으로 돌아갈 수 있게 되었을 때, 나는 아주 서서히 최악의 시간을 경험하게 됐다. 나는 뭔가를 잡거나 서 있을 힘도 없었고, 한 발 한 발 앞으로 내디딜 힘도 없었다. 신발도 없었고 먹을 것도 없었고 집도 없었고 친구도 없었고 친척도 없었다. 그 누구도 나를 찾지도 내 이름을 불러주지도 않았다. 그러다 갑자기 기적이 일어났다. 내게 CARE 패키지가 온 것이다. 담요 한 장과 약간의 식량과 따뜻한 양말 몇 켤레. 보낸 사람의 이름도 없었다. 그게 시작이었다.[71]

CARE가 유럽을 상대로 인도주의 활동을 펼친 초기 몇 년간 독일인들은 미국 식품이 든 익명의 패키지를 대체 어찌 받아들여야 할지 갈피를 못 잡았다. 많은 독일인은 그 식품에 독을 탔거나 부비트랩을 설치했을 거라고 생각했다. 의심에 찬 눈으로 며칠간 CARE 패키지를 꼼꼼히 살펴본 뒤, 한 젊은 독일인은 이런 결론을 내렸다. "답을 찾은 것 같다. 미국인들은 다르다. 진심으로 어려운 사람을 돕고 싶은 것이다."[72] 1946년에 CARE 패키지를 받은 또 다른 독일인은 이렇게 적었다. "정말 감동을 받지 않을 수 없다. 그 패키지를 우리에게 보낸 사람들은 바로 몇 년 전까지만 해도 우리의 적이었고, 전쟁은 아주 끔찍했기 때문에, 그들이 우리에게 적개심을 드러내는 건 너무 당연한데, 그들은 그러지 않았다. 오히려 우리를 도와줬다."[73]

시작의 끝

1946년 미국인들은 느닷없이 미국 비행기를 격추시키려 한 유고슬라비아의 새로 들어선 공산 정권이 다른 한편으론 유엔구제부흥기구의 지원을 받고 있다는 사실을 알고는 유엔구제부흥기구에 대한 열의를 잃었다.[74] 미국의 지원 없이 유엔구제부흥기구를 계속 운영하는 건 불가능했다. 게다가 유엔구제부흥기구는 어차피 영구적 성격의 조직도 아니었다. 결국 유엔구제부흥기구는 1947년에 그 책임을 막 생겨난 유엔 내 다른 조직에 넘겼다. 그렇게 유엔구제부흥기구는 완전히 역사의 무대 뒤로 사라졌다.

　전후 세계는 제대로 복구되지 못했고, 곧이어 찾아온 냉전으로 인해 복구 작업은 한층 더 힘들어졌다. 일부 사람들은 유엔구제부흥기구, CARE, 세이브 더 칠드런, 적십자, 옥스팜 그리고 그 외에 인도주의 활동을 벌이던 다른 수십 개의 단체가 하는 일을 꼼꼼히 검토했고, 그 결과 제한적인 성공밖에 못 거두고 있다는 사실을 알게 됐다. 유럽이 경제적으로 자급자족이 가능해지려면 아직 멀었다. 그건 결국 미국이 마셜 플랜에 따라 다시 130억 달러를 투자한 뒤에야 가능했다.

그럼에도 전후 인도주의 활동을 위한 청사진은 정해졌다. 유엔은 1940년대에서 1950년대로 넘어가며 인도주의적 대의를 위해 더 적극적인 투자를 할 준비를 마쳤다. CARE, 옥스팜, 적십자를 비롯한 많은 인도주의 단체는 하던 일을 계속 이어갔다. 그리고 1950년에 이르자 유럽의 상당 지역이 자급자족할 수 있는 수준으로 복구되었다. 그래서 CARE는 대대적인 재정비 작업이 필요했던 일본, 중국, 필리핀, 한국, 베트남, 라틴 아메리카, 중동 지역으로 관심을 돌렸고, 유럽에 중점을 두었던 단체 이름 미국대유럽물자발송협회Cooperative for American Remittances to Europe도 전 세계 모든 곳으로 관심을 돌린다는 의미에서 Cooperative for American Remittances to Everywhere로 바꾸었다. 1959년에 이르면, 미국대유럽물자발송협회의 중심 사업은 비상식량 및 보급품 발송에서 개발 및 질병 예방, 건강 증진 등 보다 광범위한 분야로 옮겨간다. 1961년에 이르러 국제 개발 분야에서 아주 두드러진 활동을 펼쳤고, 존 F. 케네디 대통령은 자신이 창설한 평화봉사단Peace Corps에서 일할 자원봉사자의 훈련을 미국대유럽물자발송협회에 맡기기도 했다. 이처럼 미국대유럽물자발송협회는 임무가 바뀌면서 이름 또한 다시 바꾸었다. 전형적인 인도주의 형태를 표방해, Cooperative for American Relief Everywhere로 말이다.[75]

20세기 중반에 이르자, 세계에서 가장 부유한 민주주의 국가들은 처칠과 루스벨트가 선언한 것처럼 전쟁으로부터 해방되려면 궁핍으로부터도 해방되어야 한다는 신념에 담긴 지혜를 받아들였다. 또한 2세기에 걸친 인도주의 운동이 성공을 거둠으로써, 전 세계적인 인도주의 위기는 국제적 노력과 민주적 의사결정 그리고 민간 자원봉사 분야의 헌신을 통해 해결될 수 있다는(그리고 해결되어야 한다는) 낙관론이 생겨났다. 문명화된 세계는 이제 더 이상 지진과 쓰나미, 화재, 홍수, 화산 폭발, 가뭄, 흉작, 기근, 전쟁의 공포 등을 신이 내리는 벌로 받아들이지 않게 됐다. 인도주의 빅뱅 덕에, 이 모든 위기가 기증자들의 덕성에 대한 시험, 세계 질서 및 세계 평화에 대한 도전, 모든 인간의 존엄성을 인정할 기회 등으로 받아들여지게 된 것이다.

12장.

2차 가난 계몽주의 시대

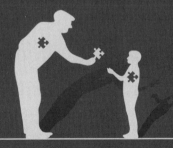

으스스하게 추웠던 1949년 1월 20일, 해리 트루먼Harry Truman은 두 번째 미국 대통령 임기를 시작했다. 취임 연설에서 그는 자신이 첫 번째 임기 중 이룬 업적에 대해 얘기했다. 파시스트를 격퇴했고, 전후의 혼란을 대부분 정리했으며, 의회에서 마셜 플랜을 승인해 미국이 결국 유럽의 재건을 지원하기 위해 130억 달러를 제공할 수 있었다는 얘기 등을 한 것이다. 유엔도 점점 더 강력해지고 있었다. 대체로 나쁘지 않은 4년이었다.

　그러나 트루먼은 위기가 다가오고 있는 걸 보았다. 인도주의의 적이 앞에 도사리고 있었다. 첫째, 정치적인 적이 있었다. 공산주의가 세력을 얻고 있었던 것이다. 트루먼은 이렇게 말했다. "공산주의는 인류에게 자유와 안전과 더 큰 기회를 준다고 거짓 선동하는 잘못된 철학으로, 많은 사람이 그런 철학을 위해 자신의 자유를 희생했지만 애통하게도 돌아온 건 결국 기만과 조롱과 가난 그리고 압제뿐이었습니다." 트루먼은 공산주의는 전 세계 민주주의 국가가 안정되고 평화로운 세계 질서의 토대로 삼고자 하는 계몽주의적 가치를 해치는 적이라고 주장했다.

공산주의 외에도 우려할 만한 적은 더 있었다. 트루먼은 배고픔, 고통, 절망을 인류의 아주 오랜 적이라 불렀다. 또 이 오랜 적을 퇴치하지 못할 경우 세계에서 가장 가난한 국가는 점점 위세를 떨치고 있는 소련의 감언이설에 넘어가게 될 거라고 예견했다. 그러면서 세계의 민주주의 국가가 인류의 오랜 적을 퇴치할 수 있다면, 인류의 가장 새로운 정치적인 적 공산주의도 굴복시킬 수 있다고 봤다. 트루먼은 미국은 인도주의 역사라는 대하소설에서 가장 중요한 장 중 하나를 장식하는 주인공이라며 이런 말을 했다. "결국 인류의 오랜 역사에서 아주 중요한 일대 전환점을 마련해, 모든 인간이 개인적 자유와 행복을 누릴 수 있는 여건을 조성하는 게 우리의 운명인지도 모릅니다."[1]

이런 고매한 이상을 실현하기 위해, 트루먼은 미국이 세계의 일에 깊이 개입하는 걸 골자로 하는 4단계 계획을 마련했다. 1단계부터 3단계까지는, 그러니까 새로 태어난 유엔을 발전시키는 것에서부터 유럽의 경제 복구를 지원하고, 북대서양조약기구NATO 설립을 마무리 짓는 것까지는 전혀 놀라울 게 없었다. 이미 진행 중인 일들이었으니까 말이다. 전혀 예상치 못했던 건 4단계였다. 미국과 연합국이 유엔구제부흥기구, CARE, 옥스팜, 세이브 더 칠드런 등을 통해 전후 유럽에 보여준 인도주의를 그대로 나머지 세계로 확대해야 한다는 내용이었다. 이와 관련해 트루먼은 이렇게 말했다.

> 우리는 우리의 과학 발전 및 산업 발달의 혜택을 저개발 지역의 개선과 성장에
> 활용할 수 있는 대담하면서도 새로운 프로그램에 착수해야 합니다. 지금 세계
> 인구의 설반 이상이 비참한 여건 속에 살고 있습니다. 그들에겐 식량이 부족합
> 니다. 그들은 질병에 희생되고 있습니다. 그들의 경제생활은 원시적이고 침체
> 되어 있습니다. 그들의 빈곤은 그들 자신은 물론이고 보다 번영된 지역에도 문
> 제와 위협이 됩니다. 지금 우리 인류는 역사상 처음으로 그들의 고통을 덜어줄
> 지식과 기술을 소유하고 있으며…… 우리의 목표는 전 세계의 자유민을 도와
> 주는 것이며, 그들이 자신들의 노력을 통해 더 많은 식량과 더 많은 옷과 더 많
> 은 건축 자재와 더 큰 기계력을 만들어내 이런저런 부담을 덜 수 있게 해주는
> 것이고…… 이는 모든 국가가 유엔과 그 소속 기관을 통해 언제든 필요할 때
> 서로 힘을 합쳐 해야 할 공동의 일입니다. 그리고 이 모든 노력은 평화와 풍요
> 와 자유를 쟁취하기 위한 전 세계적인 노력이 되어야 합니다.[2]

1950년에 미국 의회는 4단계 프로그램으로 알려진 프로그램을
승인하는데, 알다시피 그 프로그램은 각종 기술적 지식과 능력을 세
계의 개발도상국과 공유함으로써 세계적인 빈곤을 줄이기 위한 것
이었다. 이후 10여 년간 미국은 그 프로그램에 따라 수백만 달러를
많은 개발도상국, 특히 공산주의의 위협이 가장 커 보인 동남아 지역
에 제공했다. 공산주의화되기 쉬운 아프리카와 남미 국가도 그 프로
그램에 따라 지원을 받았다.

4단계 프로그램은 꽤 큰 성공을 거두었다. 특히 인상적인 성공을

거둔 것은 농업 분야에서의 '녹색 혁명Green Revolution'이었다. 과학자들은 전통적인 품종보다 훨씬 더 수확량이 많은 밀과 옥수수와 쌀 품종을 개발해냈다. 멕시코와 인도, 파키스탄을 비롯한 아시아와 라틴 아메리카의 많은 나라가 비료와 살충제 그리고 관개 시설 등의 혁신을 꾀하면서 동시에 이 새로운 품종을 활용해 농업 생산력을 끌어올렸으며, 그 결과 자신들이 필요로 하는 식량 자급자족률을 100%까지 맞출 수 있게 되었다. 더 이상 식량 부족 문제로 다른 나라의 너그러움에 의존하지 않아도 되게 된 것이다.[3] 새로운 농업 기술이 널리 보급되면서, 1950년에서 1992년 사이에 농사짓는 땅은 1%밖에 늘지 않았지만 전 세계 곡물 생산량은 무려 네 배나 늘어났다.[4]

한편 유엔은 미국 및 캐나다와 함께 기근 위기 때 전 세계를 상대로 인도주의적 개입을 할 수 있는 제도적 역량을 쌓았다. 유럽에 대한 전후 복구 사업에서 큰 역할을 한 민간단체들은 이미 유럽에서 빠져나와 아시아와 사하라 사막 이남 아프리카 지역으로 활동 무대를 옮겼으나, 그들의 활동은 현금 부족으로 인해 한계가 있었다. 결국 국제 사회는 개발도상국을 돕기 위해서는 보다 집중적인 노력과 많은 자금이 필요하다는 걸 인정했으며, 유엔은 '배고픔으로부터의 해방Freedom from Hunger' 캠페인을 통해 돈 많은 원조국에 대한 압박을 늘렸다. 그럼에도 1960년대 말에 이르자, 그러니까 부유한 국가가 10여 년간 눈부신 경제 성장을 이룬 뒤에, 가난한 국가에 대한 부유한 국가의 지원금 총액은 국민총소득과 비교해 오히려 줄어들었다. 선진국들은 점점 더 부유해지고 있었지만(사실 전후 복구가 시작된 이래 계속 부유해졌지만), 개발도상국에 대한 그들의 지원은 그리 너그럽지 못했다.[5]

그래서 국제 원조 사회는 전략을 바꾸게 된다. '인류의 오랜 적'은 단순한 기술적 지원이나 경제적 개입, 인도주의적인 구호 사업만으로는 퇴치할 수 없다는 결론에 도달했기 때문이다. 전 세계적인 빈곤은 직접적으로 그리고 강제적으로 해결해야 했다. 그러나 그것은 쉽지 않은 주문이었다. 1970년대 초 전 세계적인 빈곤에 대한 이해도가 워낙 낮아, 전문가들조차 그 상태가 얼마나 심각한지 제대로 설명할 수 없었다. 그럼에도 전 세계적인 빈곤을 줄여야 한다는 열정은 점점 커지고 있었다. 유엔은 1970년대를 '2차 유엔 개발 10년'으로 선포했으며, 세계에서 가장 부유한 국가들을 향해 국내총소득의 0.7%를 국제적인 개발 지원금으로 써달라고 요청했다. 왜 하필 국내총소득의 0.5%나 1%도 아니고 0.7%였을까? 경제학자들이 전 세계적인 빈곤을 줄이는 데 필요한 게 정확히 0.7%라는 데 의견 일치를 보았기 때문이다.[6]

유엔의 이 같은 요청에 대해, 세계에서 가장 부유한 국가, 특히 개발원조위원회DAC라고도 불리는 경제협력개발기구OECD 24개국은 지원금을 늘리는 것으로 화답했다. 그리하여 다음 표 12.1에서 보듯, 1970년부터 2000년까지 30년간 개발원조위원회로부터의 공식적인 개발 원조금은 매년 400억 달러에서 730억 달러(2015년 달러 가치로)로 늘어났다. 이는 인플레로 인한 화폐 가치 상승을 감안하더라도 무려 83%나 증가한 금액이다.

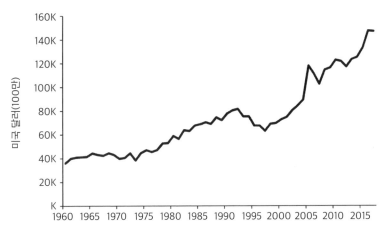

[표 12.1] 경제협력개발기구의 개발원조위원회에 속한 24개 국가로부터의 공식적인 개발 원조금 (1960-2016년) 추이.
출처: OECD 2019b.

20세기의 마지막 수십 년간, 개인 기부자들 역시 더 많이 개입했다. 표 12.2를 보면, 1970년부터 2016년까지(보다 최근 자료를 구할 수 있었다) 민간단체와 비정부 기구(NGO)가 제공한 개발 원조금 추세를 알 수 있는데, 1970년부터 1980년대 중반까지는 민간 원조금이 거의 제자리걸음이었으나, 1983년부터 늘기 시작하다가 2000년 말이 되면서 빠른 속도로 늘어난다. 실제로 1970년부터 2000년까지, 민간 무상 원조금 총액은 인플레로 인한 화폐 가치 상승을 감안하고도 두 배나 뛰었다. 그리고 그 절반밖에 안 되는 기간인 2000년부터 2016년 사이에는 무려 네 배나 뛰었다. 20세기가 끝나고 21세기가 시작되면서 더 너그러워졌을 뿐 아니라 너그러워지는 속도까지 더 빨라진 것이다.

20세기 들어와 개발도상국에 사는 낯선 이의 행복에 대한 '우리'

12장. 2차 가난 계몽주의 시대

의 관심은 이렇게 변했는데, 여기에서 말하는 '우리'에는 전문적인 철학자, 뉴스 진행자, 록스타, 말쑥하게 차려입은 외교관, 정책통, 경제학자까지 포함된다. 그리고 곧 또 다른 계몽 이야기가 시작된다.

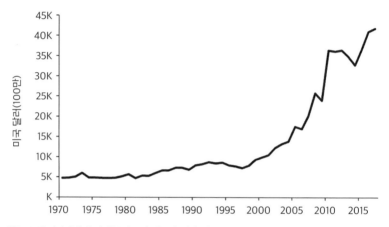

[표 12.2] 민간단체와 비정부 기구가 제공한 개발 원조금(1970-2017년) 추이.
출처: OECD 2019b.

2차 가난 계몽주의 시대

선진국들은 1960년대에 전 세계적인 빈곤을 보다 잘 이해하려고 노력하기 시작했다. 그래서 그때서야 비로소 전 세계적인 빈곤을 끝낼 만한 원조금을 내놓게 된다. 이 같은 역사적 사실을 잘 보여주는 확실한 증거가 바로 내가 앞서 10장에서 18세기에 일어난 1차 가난 계몽주의를 설명하며 제시했던 증거이다. 영어권 저자들이 poverty, 즉 '가난'이란 단어와 가난 관련 어구를 사용한 횟수가 눈에 띄게 늘었다고 했던 것 말이다. 앞서 말한 대로, 경제학자 마틴 라발리온은 구글의 앤그램 뷰어 프로그램을 통해 영어권 저자들이 1960년대에 들어오면서 그 이전 60년의 그 어느 때보다 자주 가난에 대한 글을 쓰기 시작했다는 사실을 알아냈다.

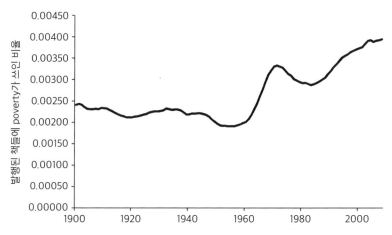

[표 12.3] 영어권 책들에 poverty라는 단어가 얼마나 자주 쓰였는지를 보여주는 2차 가난 계몽주의 시대의 자료(1900-2008년).
출처: 구글 북스 앤그램 뷰어 2019. Michel 외 2011, 라발리온 2011.

라발리온의 연구 결과를 좀 더 깊이 들여다보기 위해, 나는 브룩 도너와 함께 앤그램 뷰어를 가지고 1900년부터 2008년(2008년까지의 자료가 입수 가능해서)까지 영어권 책들에 poverty란 단어가 쓰인 빈도를 조사해보았다. 표 12.3에서 보듯, 1960년에는 poverty라는 단어가 1900년에 비해 더 자주 쓰이지 않았다. 1960년에는 작가들이 오히려 60년 전에 비해서도 poverty란 단어를 조금 덜 썼다. 그런데 이런 상황은 1960년대에 들어오면서 그야말로 갑자기 바뀌어, 1960년부터

1970년 사이에 영어권 작가들이 poverty라는 단어를 사용하는 빈도가 3분의 2만큼 증가했다. 개발도상국의 가난에 대한 사람들의 관심 증대가 수표책보다 먼저 책에서 나타난 것이다.[7] 따라서 라발리온이 1960년대를 2차 가난 계몽주의 시대가 시작된 때로 보는 건 전혀 무리가 없어 보인다.[8]

2차 가난 계몽주의 시대에 사람들이 단순히 가난에 대해 더 많이 생각만 한 건 아니다. 사람들은 가난에 대해 더 정확히 생각했다. 1960년대에는 학자들 사이에서나 쓰이던 '사회적 불평등'이니 '절대적 빈곤'이니 '상대적 결핍'이니 하는 말이 상아탑에서 빠져나와 일반 독자의 어휘 속으로 들어갔다(표 12.4 참조). 당신이 만일 '빈곤의 문화'니 '근로 빈곤층'이니 '최하층 계급'이니 '제3세계'니 하는 가난 관련 용어를 쓴 적이 있다면, 그건 바로 2차 가난 계몽주의 덕이다. 표 12.5에서 보듯, 1960년 전까지만 해도 학자 외에는 각종 인쇄물에서 이런 용어들을 접한 사람이 거의 없었는데, 1960년 이후에는 그런 사람이 많아진다.[9] 사람들이 그야말로 2차 가난 계몽주의 시대를 거치면서 가난에 대해 보다 계몽된 사고를 갖게 된 것이다.

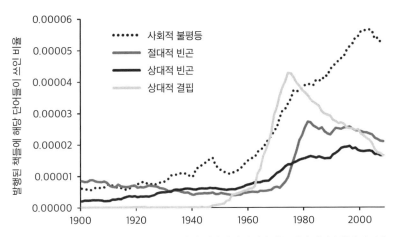

[표 12.4] '사회적 불평등'이니 '절대적 빈곤'이니 '상대적 결핍'이니 하는 말이 영어권 책에서 사용된 빈도(1900-2008).
출처: 구글 북스 앤그램 뷰어 2019. Michel 외 2011, 라발리온 2011.

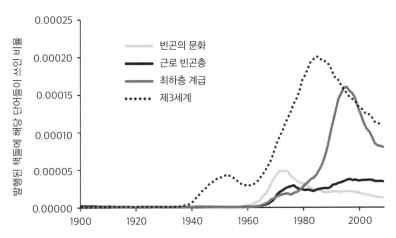

[표 12.5] '빈곤의 문화'니 '근로 빈곤층'이니 '최하층 계급'이니 '제3세계'니 하는 말이 영어권 책에서 사용된 빈도(1900-2008).
출처: 구글 북스 앤그램 뷰어 2019. Michel 외 2011, 라발리온 2011.

신경 써야 한다

2차 가난 계몽주의로 인해 전 세계의 가난에 대해 신경 써야 할 새로운 이유가 생겨났다. 윤리학자들은 전 세계적인 가난 문제를 해결해야 하는 이유는 단순히 옳은 일이라거나 공산주의를 차단하거나 내모는 데 좋은 전략이라거나 3차 세계대전이 일어나는 걸 예방하는 데 좋은 전략이어서가 아니라 도덕적인 의무여서라고 주장했다. 그들의 이런 주장은 전혀 새로운 건 아니었지만, 그렇다고 해서 이전 세대에서부터 이어져온 주장의 단순한 반복도 아니었다. 예전의 주장에 비해 독특한 데가 있었는데, 그건 그 주장이 집단적인 것이든 개인적인 것이든 우리의 행동이 먼 나라, 특히 만성적인 빈곤에 허덕이는 나라에 사는 가난한 사람의 행복에 직접적이고 가시적인 영향(좋은 쪽으로든 나쁜 쪽으로든)을 줄 수 있다는 사실에 근거하고 있었다는 것이다.

서구 문명의 오랜 역사를 통해 윤리학자들은 응용 윤리학applied ethics(특정 행동의 도덕성을 파고드는 윤리학의 한 하위 분야) 분야에서 제기된 의문에 관심이 많았다. 그러나 20세기 초 이후 수십 년간 그들은 그 의문에 대한 탐구 자체를 거의 포기했었다. 1940년에 이르러 그들은 도덕적 문제를 조명하는 자신들의 능력에 회의적인 생각을 갖게 되었고, 영국 철학자 C.D. 브로드C.D. Broad 같은 사람은 윤리학자에 대해 이런 비판을 하기도 했다.

윤리학자들은 옳고 그른 것과 관련해 특별한 정보도 없고 일반 대중에게 접근

할 수도 없으며, 그렇다고 성직자와 정치인, 논설위원 등이 수행하는 기능을 수행할 수도 없다.[10]

1970년경 일부 윤리학자가 응용 윤리학에 대한 브로드의 이처럼 광범위한 비판에 대해 반박하기 시작했다. 첫 번째 주인공은 호주계 미국인 윤리학자 피터 싱어Peter Singer로, 그는 〈모럴 엑스퍼츠Moral Experts〉라는 한 저널에 올린 글에서 철학자들이 응용 윤리학 분야의 의문에 답하는 데 필요한 전문 지식이 없다는 건 말도 안 되는 얘기라고 주장했다. 어쨌든 철학자들은 수련 과정에서 도덕적 주장과 연관된 사실과 그렇지 않은 사실을 구분하는 법을 배우니까 말이다. 게다가 철학자들은 그 과정에서 도덕적 문제와 연관이 있을 수도 있는 이론적 시스템에 대한 전문 지식도 갖게 될 뿐만 아니라 도덕적 문제에 대한 탐구 도중에 편견이나 실수로 정도에서 벗어나는 걸 예방하는 법도 배운다. 철학자들이 이 정도의 전문 지식을 갖고 있다면, 우리를 도와 도덕적으로 보다 나은 삶을 사는 법을 알아낼 자격이 있는 게 아닌가? 싱어는 그렇다고 확신했다.[11]

응용 윤리학에 대한 싱어의 이 같은 열정적인 변호는 물론, 민권 운동과 핵무기, 베트남전 등에 의해 제기된 근본적인 도덕적 문제 덕분에, 많은 철학자가 자신들의 도덕적 전문 지식이 그 어느 때보다 더 사회적 문제를 해결하는 데 도움이 될 거라고 확신하게 되었다. 응용 윤리학이 다시 제 힘을 발휘하게 된 것이다.[12]

그리하여 철학자들은 지체 없이 전 세계적인 가난 및 굶주림 문제에 자신들의 도덕적 전문 지식을 적용했다. 1972년 싱어는 〈가난,

풍요 그리고 도덕성Poverty, Affluence, and Morality〉이라는 제목의 에세이
를 발표했는데, 그 에세이에서 그는 윤리학에 실용적인 접근 방식
(어떤 정책의 도덕적 선악은 인간의 행복을 증대시키느냐 감소시키느냐로 평가되어
야 한다는 접근 방식)을 적용해 다음과 같은 주장을 폈다. 도움을 주러
고 나설 경우 개인적으로 대가를 치러야 한다 해도(예를 들어 신발과 바
지가 물에 다 젖는 등) 얕은 연못에 빠진 아이를 못 본 체 지나치는 것이
도덕적으로 잘못된 것이라면, 먼 나라에서 굶어 죽어가는 사람을 돕
는 데 돈을 쓰려 하지 않는 것 역시 도덕적으로 잘못된 것이라고 말
이다. 싱어는 그런 상황에서 우리의 행동에 영향을 주는 도덕적 원칙
에 대해서도 얘기했는데, 당연한 일이겠지만 그 원칙은 '싱어의 원칙
Singer's Principle'으로 알려지게 된다. 그 원칙은 다음과 같다. "만일 우
리에게 뭔가 아주 나쁜 일이 일어나는 걸 막을 수 있는 힘이 있다면,
설사 그로 인해 도덕적으로 중요한 뭔가를 희생한다 해도 도덕적으
로 우리는 그 일을 해야 한다."[13]

어떤 행동에 대한 도덕적 선은 인간의 번영에 도움을 주는 것이
어야 한다는 생각을 가진 사람은 대개 싱어의 원칙을 쉽게 받아들일
수 있다. 그러니까 우리가 어떤 사람을 도와줌으로써 그들에게 훨씬
더 나쁜 일이 일어나는 걸 막을 수 있다면, 설사 그로 인해 우리 자신
에게 안 좋은 일이 생긴다 해도 도덕적으로 우리는 그 사람을 도와줄
의무가 있는 것이다. 그런데 싱어도 말했지만, 이 원칙에는 다음과
같이 몇 가지 중요한 사항이 있다.

만일 우리가 이 원칙에 따라 행동한다면, 우리의 삶과 우리의 사회와 우리의 세

타인의 친절

계는 근본적으로 변화될 것이다. 왜냐하면 첫째, 이 원칙에 근접성이나 거리는 고려되지 않기 때문이다. 내가 도와줄 수 있는 사람이 10미터 떨어진 이웃집에 사는 아이든 수만 킬로미터 떨어진 방글라데시에 사는 이름도 모르는 아이든, 그건 도덕적으로 아무 차이도 없다. 둘째, 내가 뭔가를 할 수 있는 유일한 사람이든 그럴 수 있는 수백만 명 가운데 한 사람에 지나지 않든, 도덕적으로 아무 차이가 없기 때문이다.[14]

다른 윤리학자들 역시 먼 곳에 사는 가난한 사람에 대한 도덕적 의무를 얘기했다. 오노라 오닐Onora O'Neill은 1975년에 낸 〈구명정 지구Lifeboat Earth〉라는 에세이에서 모든 사람은 정당화될 수 없는 이유로 다른 사람에 의해 죽임을 당하지 않을 자연권을 갖고 있으며, 그런 자연권이야말로 예외 없는 도덕적 전제일 수도 있다는 전제하에 얘기를 풀어갔다. 오닐은 죽임을 당하지 않을 당신의 권리로 인해 다른 사람들 역시 도덕적 의무를 지게 된다고 주장했다. 그러니까 다른 사람들 역시 정당한 이유 없이 당신을 죽이지 않을 의무가 있고, 또 다른 사람들이 정당한 이유 없이 당신을 죽이지 못하게 막아줄 의무를 진다는 것이다. 이런 전제하에서, 오닐은 우리의 경제활동으로 인해 가난한 국가에 사는 취약한 사람의 죽음이 더 앞당겨지게 된다면, 그건 결국 우리가 정당한 이유 없이 그들을 죽이는 데 일조한 거나 다름없다고도 했다.[15] 오닐에 따르면, 일상 업무를 보는 사람들은 자신들이 사거나(또는 사지 않거나) 파는(또는 팔지 않는) 제품을 통해 본의 아니게 사람을 죽였다는 가책을 받게 될 수도 있다. 그러면서 오닐은 먼 곳에 사는 사람들에게 해를 끼치는 경제적 결정을 하는 것은, 그 결정이 아무리 사소하고 간접적인 것이라 해도, 도덕적으로 잘못된 일이라고 결론지었다.

전 세계적인 빈곤의 윤리학을 이해하는 데 도움을 준 세 번째 인물은 정치 이론가 찰스 베이츠Charles Beitz로, 그는 정치 철학자 존 롤스John Rawls가 1971년에 낸 책《정의론A Theory of Justice》을 토대로 자신의 입장을 펼쳤다.[16] 베이츠는 정의를 공정성으로 본 롤스의 견해에 깊은 감동을 받았다. 그는 롤스의 그런 견해를 통해 세계에서 가장 가난한 국가에 사는 사람들의 행복을 증진하기 위해 우리가 어떤 일을 해야 할지 알 수 있다고 믿었다. (그러나 롤스는 정의를 공정성으로 보는 자신의 이론이 한 국가의 사람들이 다른 국가의 가난 문제를 해결하기 위해 어떻게 해야 하는지를 보여준다는 확신은 하지 못했다.[17]) 베이츠의 관점에 따르면, 어떤 국가는 부유하고 어떤 국가는 가난한 주된 이유는 애당초 보유 자원이 다르기 때문이다. 어떤 사회는 축복받아 자원이 풍부한데, 어떤 사회는 그렇지 못하다. 이런 불평등으로 인해 결국 어떤 국가는 경제적 승자가 되고 어떤 국가는 경제적 패자가 된다. 베이츠는 일부 국가가 순전히 목재와 유용 광물, 예측 가능한 기후, 바다에 면한 위치 등의 측면에서 운이 좋아 다른 국가에 비해 훨씬 더 건강하고 부유한 삶을 산다면 그건 불공평하다고 주장했다. 그러면서 그는 정의를 공평성으로 보는 견해에 따라, 우리는 심하게 기울어져 있는 전 세계적인 경제 운동장을 바로잡기 위해 적극적으로 대처함으로써 행운의 여신이 부리는 변덕에 맞서 싸워야 한다고 결론지었다.[18]

싱어와 오닐 그리고 베이츠의 저서는 인도주의를 위한 탄탄한 철학적 토대가 되었다. 그 저서들은 독창적이었으며 엄격하게 도출되

타인의 친절

었고 세계적인 사건과 아주 관련이 깊었다. 특히 싱어의 에세이 〈가난, 풍요 그리고 도덕성〉은 모든 철학자가 손꼽는 20세기의 가장 중요한 저서 목록에 포함되었다. 이 저서를 비롯해 다른 많은 저서가 나온 지 50여 년이 지난 오늘날까지도 많은 대학에서 강의되고 있는데, 그건 이 저서들이 세계정세와 관련이 깊어 철학적 사고를 하는 데 유용하기 때문이다. 그 결과 지금 수많은 대학생이 그 같은 철학적 사고를 통해 나름대로의 건전한 논리를 세우고 도전 의식을 북돋우는 결론에 도달하고 있다. 그리고 그런 대학 졸업생이 지금 정부와 비정부 단체와 기업을 이끌고 있으며, 거기에서 매년 몇 백만 또는 몇 십억 달러 또는 파운드 또는 유로를 공적 원조 내지 개인적 원조에 할애할 것인지를 결정하고 있다. 그들은 자신들의 신념이 대학 도서관에서 벼락치기 공부를 할 때 형성됐다는 걸 까맣게 잊을지 몰라도, 실은 그때 싱어나 오닐, 롤스, 베이츠 같은 사람을 알게 됐던 게 전 세계의 가난 문제를 해결하는 일에 대한 그들의 철학에 영구적인 영향을 주지 않았을까 싶다.

움직이는 사진들

윤리학이 전 세계의 가난 문제를 미국 대학 캠퍼스로 끌고 오기 시작한 바로 그때, 텔레비전은 그 문제를 미국인들의 거실로 가져왔다. 베트남전(이를 외교 정책 전문가 마이클 만델바움Michael Mandelbaum은 '텔레비전 전쟁'이라 불렀다[19])에 대한 미국의 개입이 점점 줄고, 월별 미군 전사자 수도 수천 명에서 수백 명으로, 거기서 다시 수십 명 단위로 줄어들면서, 전쟁에 할애되는 TV 방영 시간 또한 줄어들었다.[20] 그러자 매스컴의 관심은 자연스레 국가적 이해관계가 걸린 다른 중요한 문제와(그 무엇도 베트남전과 미군 전사자 수보다 미국인들의 관심을 끄는 문제는 없었지만) 외국에서 일어난 재난 및 인도주의 위기로 쏠리게 되었다. 그러니까 미국이 베트남전에서 발을 빼면서 그 빈 공간을 기아 및 그와 유사한 인도주의적 위기 등 다른 국제적인 사건이 메우게 된 것이다.[21] 이런 식으로 TV는 18세기와 19세기에 각종 사회 소설과 신문들이 했던 역할을 하면서, 사람들로 하여금 고통 받는 낯선 이들의 일에 더 많은 관심을 갖게 만들었고, 또한 사람들로 하여금 자신들이 도울 수 있는 일이 없는지를 묻게 만들었다.

연구 결과에 따르면, 이런 종류의 뉴스는 1970년대에 가난한 나라에 대한 원조가 늘어나는 데 일조한 요소 중 하나다. 적어도 미국에선 그랬다. 예를 들어 미국에서 저녁 뉴스를 통해 재난 방송이 나가면, 공적 원조가 늘어나는 건 물론이고(주로 해외재난지원국OFDA을 통해), 적십자 같은 인도주의 단체를 통한 일반 시민의 개인적 기부도 늘어났다.[22] 그런데 1970년대와 1980년대에 저녁 뉴스는 사람들의 관심을 인도주의적 위기에 묶어두기에 이상적인 수단은 아니었다. 시청자들이 많은 사람이 죽어 나가는 인도주의적 재난조차 아주 지루하게 받아들였기 때문이다. 5,000개 이상의 재난에 대한 미국의 원조와 관련된 한 대규모 연구에 따르면, 저녁 뉴스에서 전염병이나 가뭄, 식량 부족 등에 대한 사람들의 관심은 화산 폭발과 지진, 화재, 폭풍우 같이 보다 빠르게 진행되는(또는 보다 극적으로 진행되는) 재난에 대한 관심에 비해 크게 떨어졌다. 얼마나 떨어졌을까? 한 사람의 사상자가 발생한 화산 폭발 뉴스 정도의 관심을 끌려면, 전염병의 경우 1,696명이 죽어야 했고, 가뭄의 경우 3,395명이 죽어야 했으며, 식량 부족의 경우 3만 8,920명이 죽어야 했다.[23]

개발 기구와 비정부 기구는 이 문제를 해결할 길을 찾아냈다. 텔레비전 광고, 특히 고통받는 아이들에 초점을 맞춘 텔레비전 광고를 통해 국제 개발에 필요한 모금 활동을 할 수 있다는 걸 알게 된 것이다. 세이브 더 칠드런 같은 인도주의 단체는 적어도 1920년대부터 잡지에 광고를 실어왔고, 그 광고 중 상당수에는 고통받는 아이들의 사진이 나왔다. 그런데 텔레비전 덕에 인도주의 단체와 개발 관련 단체는 잡지의 경우보다 훨씬 더 심금을 울리는 방식으로 가난을 묘사할 수 있게 됐다. 1970년대에 방영된 한 인상적인 TV 광고는 침울한 표정을 한 어린 여자애가 진흙투성이의 조그만 웅덩이 안에 조약돌을 던지는 장면으로 시작된다. 그 장면을 배경으로 영화 [오즈의 마법사The Wizzard of Oz]의 주제곡 '무지개 너머 희망의 땅Somewhere over the Rainbow'이 흐른다. 그러다 그 조그만 웅덩이가 스르르 변해 올림픽 여자 피겨 부문 미국 금메달리스트였던 페기 플레밍Peggy Fleming의 우아한 스케이트 연습장이 된다. 그러곤 곧 플레밍의 목소리가 들려온다.

저는 페기 플레밍입니다. 지금 100여 개국에 사는 어린이 수백만 명이 어딘가에서 도움을 받아 다시 걸을 수 있게 되거나 눈이 멀지 않게 되거나 아니면 그냥 살아 있을 수 있게 되길 꿈꿉니다. 그 모든 어린이를 위해 무지개 너머 저 어딘가에 유니세프가 있습니다. 유니세프, 즉 유엔아동기금은 세계의 어린이에게 비타민과 백신과 학용품을 제공합니다. 저 페기 플레밍이 여러분께 간청합니다. 유니세프에 연락해 무얼 도울 수 있나 물어봐 주십시오.

그리고 화면 하단에 유니세프의 뉴욕 주소가 뜬다.

다른 단체들 또한 파리 떼에 뒤덮인 아이들, 병원 침상에 누운 아이들, 쓰레기 처리장을 뒤지는 아이들 등 어린이들을 주제로 한 광고를 내보내기 시작했다. 게다가 아이들은 노동도 했다. 월드 비전World Vision이라는 비영리 단체(동남아와 아프리카의 가난한 아이들 문제에 전념한 단체)의 경우, 1969년에 450만 달러였던 연간 모금액이 1982년에는 9,400만 달러까지 늘었다.[24] 월드 비전은 그 누구보다 먼저 텔레비전을 통한 모금 활동에 뛰어들었는데, 모금액이 이렇게 급증한 것 역시 광고 덕이었다. 아이들은 원조 캠페인에 더없이 좋은 광고 대상인데, 그건 아이들은 전적으로 어른들한테 의존하고 있어 그 아이들이 겪는 불행은 그 아이들 자신의 무책임함이나 게으름 또는 잘못된 선택의 결과가 아니기 때문이다. 게다가 아이들을 도울 경우 보답할 가능성이 없는 사람들에게 자원을 낭비하지 못하게 진화된 경고음도 울리지 않는다. 신체 건장한 어른들의 가난과는 달리 아이들의 가난은 불공평한 것이기 때문이다.

이처럼 아이들에 초점을 맞춘 광고 캠페인이 성공하자, 많은 민간단체가 개인 후원 형태의 모금 모델을 채택해 매달 정기적으로 회비를 내거나 1년 회비를 내는 방식으로 한 아이를 선택해 후원할 수 있게 했다(일반적으로 한 후원자가 한 아이를 돕기 위해 매달 25달러에서 40달러 정도를 낸다). 이렇게 한 아이를 후원하는 모델은 오늘날까지도 계속 널리 행해지고 있다.[25] 최근 추산에 따르면, 오늘날 전 세계적으로 약 900만 명의 아이가 후원자를 두고 있는데, 대부분이 중요한 국제 프로그램 10개를 통해 연결되었다. 이처럼 아이 후원 제도를 통해 개발도상국으로 흘러 들어가는 원조금은 매년 약 30억 달러에 달하는데, 이는 미국이 매년 개발도상국에 보내는 공적 원조금과 사적 원조금 총액의 상당 부분을 차지한다.[26]

텔레비전 기아

매스컴은 여전히 다른 역할도 하고 있다. 1984년 10월 마지막 주에, 에티오피아 대기근이 달이 거듭될수록 악화되고 있다는 뉴스가 전 세계에 전해졌다. 그때까지 대부분의 매스컴은 에티오피아 기근 문제를 완전히 못 본 체하고 있었는데, 그 뉴스가 영국 공중파 방송을 타면서 상황이 급변했다. 세계의 중요한 인도주의 단체들(국경없는의 사회Doctors Without Borders, 세이브 더 칠드런, 옥스팜, 월드 비전, 적십자 등)은 이미 에티오피아에서 활동해오고 있었지만, 사람들에게 에티오피아 땅에서 일어나고 있는 끔찍한 현실이 알려지게 된 건 이때가 처음이었다. 인터넷 때문에 사람들의 감정이 무뎌진 오늘날의 기준으로 봐도, 당시 영국 BBC 방송에서 처음 내보낸 방송 장면, 그러니까 죽어가는 사람들, 죽은 사람들 그리고 통곡하는 사람들의 장면은 차마 눈 뜨고 보기 어려울 정도였다.

방송이 나간 뒤 전 세계 매스컴은 앞 다퉈 그 이야기를 다루었고,

이후 몇 주 동안 BBC의 그 뉴스는 425개 뉴스 매체를 통해 4억 7,000만 명 정도의 전 세계 시청자들에게 재방송됐다. 전 세계 주요 신문이 에티오피아 기근 문제를 다루는 비율 역시 거의 1,000% 증가했다. 관심 있는 시민들의 기부금이 중요한 인도주의 단체로 쏟아져 들어왔고, 서구 국가들도 도울 수 있는 방법을 좀 더 면밀히 검토하겠다는 약속을 내놓았다.

1984년 10월의 BBC 방송에 대한 일반 대중의 반응은 10여 년 전인 1973년 10월 비슷한 텔레비전 방송에 보인 반응과 아주 흡사했다. 1973년에도 대중은 대체로 처음 듣는 에티오피아 기근 참사에 많은 반응을 보였다.[27] 그런데 1973년 10월과 1984년 10월 간에는 한 가지 결정적인 차이가 있었다. 1984년 8월 23일에는 영국 뮤지션 밥 겔도프Bob Geldof가 집에서 [9시 뉴스The Nine O'Clock News]를 통해 BBC 방송을 보고 있었던 것이다. 큰 충격과 슬픔에 빠진 그는 단순히 돈을 보내는 것 이상의 일을 해야겠다고 마음먹었다.

멋진 원조

겔도프는 뮤지션 밋지 유르Midge Ure와 함께 팝계의 슈퍼스타들로 슈퍼그룹을 결성해 모금도 하고 사람들의 경각심도 일깨우기로 했다. 기억하기 쉬운 자선 싱글 곡을 녹음한 뒤 그걸 판매해 에티오피아 기근 구제에 도움을 주자는 게 그들의 계획이었다. 1984년 11월 25일 겔도프와 유르는 당대 가장 인기 있던 뮤지션 40명 이상(스팅Sting, 필

콜린스Phil Collins, 보노Bono, 조지 마이클George Michael, 보이 조지Boy George 등)을 끌어모아 자원 봉사 밴드를 결성했다. 그리고 그들은 '밴드 에이드 Band Aid'라는 이름 아래 'Do They Know It's Christmas'라는 노래를 녹음했다. 노래는 며칠 후 발매됐고, 바로 영국 싱글 차트 1위에 올랐다. 그들은 그 싱글이 7만 파운드어치 정도는 팔렸으면 했다. 그런데 300만 장 이상이 팔리면서, 발매된 지 12개월도 안 돼 800만 파운드 이상(1,000만 달러 이상)의 수익을 거둔 것이다.

미국 엔터테이너이자 사회 활동가이기도 했던 팝 가수 해리 벨라폰테Harry Belafonte는 이 노래를 듣고 미국에서도 비슷한 프로젝트를 진행해야겠다고 마음먹었다. 미국 팝계의 많은 유명 가수(라이오넬 리치Lionel Richie, 스티비 원더Stevie Wonder, 폴 사이먼Paul Simon, 케니 로저스 Kenny Rogers, 제임스 잉그램James Ingram, 마이클 잭슨Michael Jackson, 티나 터너Tina Turner, 다이애나 로스Diana Ross, 디온 워윅Dionne Warwick, 윌리 넬슨Willie Nelson, 레이 찰스Ray Charles, 밥 딜런Bob Dylan, 신디 로퍼Cyndi Lauper, 킴 칸스Kim Carnes, 브루스 스프링스틴Bruce Springsteen, 스티브 페리Steve Perry, 휴이 루이스Huey Lewis, 알 재로Al Jarreau)를 끌어모아, 한 스튜디오에서 함께 노래한다는 건 상상만으로도 가슴 뛰는 일이었다. 이 밴드는 'USA for Africa'라 불렸다. 그리고 마이클 잭슨과 라이오넬 리치가 작곡한 그들의 노래 'We Are the World'가 2,000만 장이 팔리면서, 5,000만 달러가 넘는 아프리카 구제 기금을 모았다.

1985년에는 캐나다와 프랑스 그리고 라틴 팝 세계의 뮤지션들 또한 자신들의 자선 음반을 녹음했고, 당대 최고의 헤비메탈 및 하드락 밴드들 역시 '히어링 에이드Hear'n Aid'란 제목의 9곡으로 된 편집 앨범을 제작해 100만 달러를 모금했다. 모르몬교도 이틀간의 단식 행사를 후원해 무려 1,100만 달러를 모금했다.[28] 그리고 뭔가를 구입해서 기아 구제 운동을 후원하고 싶어 하는 컴퓨터광들에게는 '소프트 에이드Soft Aid'가 있었다. 클레어의 ZX 스펙트럼과 Commodore 64에서 돌아가게 되어 있던 1985년 말의 이 비디오 게임 모음 판매로 모금된 돈은 약 35만 파운드(약 45만 달러)였다.

라이브 공연도 많이 열렸다. 1985년 여름에는 겔도프와 유르가 '라이브 에이드Live Aid'란 제목의 야심찬 하루 일정의 뮤직 페스티벌 겸 모금 행사를 열었다. 이 모금 행사는 유럽과 미국에서 동시에 열려, 절반은 런던의 웸블리 스타디움에서, 절반은 필라델피아의 존 F. 케네디 스타디움에서 열렸다. 그래서 필 콜린스는 스팅Sting과 함께 웸블리 스타디움에서 공연을 마친 뒤 헬리콥터를 타고 런던 히드로 공항까지 가서 뉴욕 존 F. 케네디 공항으로 가는 콩코드기에 올랐고, 뉴욕에서 다시 헬리콥터를 타고 자기 시간에 맞춰 필라델피아의 존 F. 케네디 스타디움에 도착해야 했다. 자기 차례를 마친 뒤 잠시 숨을 고른 그는 자기 친구들이자 록 밴드 레드 제플린의 멤버인 로버트 플랜트Robert Plant, 지미 페이지Jimmy Page, 존 폴 존스John Paul Jones를 소개했다. 당시 그들의 공연은 드럼 파트가 엉망이 되어(펑크 드러머 토니 톰슨Tony Thompson 외에 또 다른 드러머를 쓰기로 한 건 누구 아이디어였는지 모르겠지만, 그게 큰 실수였다), 레드 제플린 공연 사상 최악의 공연으로 기록되었다.

스타들을 앞세운 모금 행사는 그해 말에도 계속 이어졌다. '스포츠 에이드Sport Aid'는 이른바 올스타 운동선수들이 출동한 모금 행사

타인의 친절

로, '시간을 거스르는 경주Race Against Time'라는 10킬로미터 달리기로 절정에 달했다. 아프리카 기아 구제를 위한 모금을 위해 전 세계적으로 거의 2,000만 명에 가까운 사람이 달리기나 조깅 또는 워킹에 나선 것이다. 런던 로열 앨버트 홀에서는 '패션 에이드Fashion Aid'라는 유명한 패션쇼가 열리기도 했다. 이 패션쇼에는 5,000명이 넘는 사람이 참석했다. 마지막으로 '코믹 릴리프Comic Relief'도 있었는데, 이는 코미디언들이 중심이 된 자선 행사로 1985년 크리스마스에 소말리아의 한 난민 수용소에서 생방송으로 열렸다.

각 분야의 스타들이 총출동한 이런 행사들은 예상을 뛰어넘는 엄청난 영향을 끼쳤다. 무엇보다 먼저, 서방 세계 정부들로 하여금 아프리카 기아 원조에 더 많은 투자를 하지 않을 수 없게 만들었다. BBC의 첫 방송 직전인 1983 회계 연도에 에티오피아에 대한 공식적인 원조금은 총 3억 6,100만 달러 정도였다. 그런데 이 수치는 1985년 말에 이르러 두 배 이상 뛴 7억 8,400만 달러에 이르게 된다. 각종 자선 녹음과 라이브 행사들을 통해서도 아주 큰돈이 모금됐다. 밴드 에이드는 1987년 모금 행사를 종료했는데, 모금액이 무려 2억 2,800만 달러에 달했고, USA for Africa를 통한 모금액도 5,100만 달러에 달했다.[29] 코믹 릴리프와 스포츠 에이드 역시 상당 금액을 모금했다. (코믹 릴리프의 경우 지금까지도 전 세계 빈곤과 싸우기 위해 모금 활동을 계속하고 있다.) 각종 비정부 인도주의 단체 또한 개인의 기부가 줄을 이어 연간 수입이 두 배로 증가했고, 그 결과 불과 몇 년 사이에 직원을 두 배 또는 세 배까지 늘릴 수 있었다.[30]

1984년부터 1985년 사이에 있었던 이 모든 일의 영향 가운데 간과할 수 없는 것은 젊은이들에게 미친 영향이다. 밴드 에이드 행사 전까지만 해도, 인도주의 단체는 35세 이하의 젊은 사람들에게는 제대로 다가가지 못하고 있었다. 그러나 1984년 크리스마스부터 1985년 크리스마스에 이르는 그 놀라운 1년 사이에 모든 게 변했다. 음반을 구입하는 것도, TV에서 라이브 에이드를 지켜본 것도 주로 젊은이들이었다.[31] 그들은 자신들이 좋아하는 록 스타가 전 세계적인 가난에 우려를 표하는 걸 지켜보면서, 자신들도 전 세계적인 가난에 우려를 표하게 되었으며, 음반을 구입할 수 있는 돈이 있고 편지를 쓸 시간이 있는 사람이라면 누구든 세상을 더 살기 좋은 곳으로 만들 수 있다는 새로운 확신에 대해 아주 큰 낙관을 하게 되었다. 그 젊은이들에게 라이브 에이드는 우드스탁 록 페스티벌이나 다름없었다. 라이브 에이드가 현실적으로 어떤 일을 해낼 수 있을 거라고 생각하느냐는 질문에, 밥 겔도프는 다음과 같은 최악의 시나리오를 제시했다. "USA for Africa가 한 일은, 그리고 밴드 에이드가 영국에서 한 일은 연민을 유행시킨 것이며……. 만일 이 모든 일로 인해 연민이 사람들 사이에서 일종의 유행처럼 받아들여지게 된다면, 몇 번이고 계속 가치 있는 일이 될 겁니다."[32] 이전 세대에도 CARE 같은 원조 단체가 유명인을 동원해 각종 캠페인에 대한 사람들의 동참을 이끌어냈지만, 역사상 재난 구제 캠페인에 이렇게 많은 유명인이 관심을 보인 예는 없었다. 의심할 여지 없이, 역사상 가장 큰 성공을 거둔 인도주의 캠페인이었던 것이다.[33]

비극적인 유행

분명 연민은 큰 유행이 되었다. 1984년부터 1985년 사이에 유명인들이 전면에 나서면서 35세 이하의 많은 사람이 가슴과 지갑을 열었는데, 이는 그때까지 그 어떤 원조 단체도 해내지 못한 일이었다. 그런데 당시 에티오피아의 현실은 대부분의 사람들이 생각하는 것보다 훨씬 더 복잡했다. 에티오피아 기근은 당시 많은 사람이 얘기한 것처럼 엄청난 규모의 가뭄 때문에 생겨난 게 아니었다. 그보다는 대체로 인간이 만든 재앙이었다. 인도 경제학자 아마르티아 센Amartya Sen이 지적한 것처럼, 오늘날의 기근은 식량 부족 그 자체로 인한 재앙인 경우는 드물다. 그보다는 필요한 곳에 식량을 공급해주지 못하는 관료주의적 문제로 인한 경우가 훨씬 더 많다.[34] 에티오피아 기근은 이 모든 특징을 안고 있었다. 그렇다. 강수량이 줄어들었지만, 수십만 명이 굶어 죽을 지경까지는 아니었다. 가뭄보다는 관료주의적 무능으로 목숨을 잃는 사람이 훨씬 더 많았다. 심지어 에티오피아에 도착한 원조 식량 가운데 수십만 톤은 홍해 일대의 에티오피아 부두에서 썩어갔다.[35]

물론 모든 게 관료주의적 무능 탓만은 아니었다. 에티오피아 정부는 계속되는 내란 상황 속에서 전략의 일환으로 자기 국민을 굶어 죽이고 있었다.[36] 에티오피아로 보내진 식량 가운데 약 90%는 정부 수중에 들어갔고, 극히 일부만 굶주리고 있는 국민들에게 배분됐다. 원조 식량의 대부분이 정부군을 먹여 살리는 데 쓰인 것이다(그래서 에티오피아 정부군은 '밀 민병대wheat militias'로도 불린다). 에티오피아 안에서 활동 중인 옥스팜 등의 단체는 에티오피아 정부와는 별개로 뭔가 변화를 주려 안간힘을 썼지만, 반군들에 점령된 지역에(굶어 죽는 사람들이 나오는 건 거의 다 이런 지역들에서였다) 충분한 식량을 공급하는 건 사실상 불가능했다.

저널리스트 로버트 키팅Robert Keating이 말한 것처럼, 끔찍한 진실은 굶주리고 있는 에티오피아인을 향한 그 많은 관심과 수십억 달러의 원조금으로 인해 오히려 에티오피아인들의 고통만 더 심화되고 전쟁이 더 길어지게 됐는지도 모른다는 것이다. 그렇다. 라이브 에이드와 에티오피아에서 활동 중인 그 모든 인도주의 단체 덕에 많은 목숨을 구한 것 같지만, 실증적 연구 결과에 따르면 그건 그리 믿을 만한 주장이 못 된다.[37] 오히려 그들이 행한 선한 행동이 본의 아니게 에티오피아 정부군을 먹여 살리고 재앙에 가까운 주민 재정착 사업을 강행하는 에티오피아 정부를 지원해 애꿎은 사람을 죽음으로 몰아넣는 결과를 초래했다. 당시 에티오피아 정부는 스탈린식 주민 재정착 사업을 통해 반군에 우호적인 시골 지역에서 30만 명의 주민을 몰아내려 하고 있었는데, 그 과정에서 무려 10만 명 가까운 에티오피아인이 목숨을 잃은 걸로 추정된다.[38]

대체 어떻게 해서 그렇게 좋은 의도가 그렇게 잘못된 결과로 이어지게 된 걸까? 너그러움과 관련해 진화된 우리의 본능이 현명한 판단에 우선했기 때문이다. 사람들의 인식을 일깨우기 위한 정부 공식 기구, 비정부 기구 그리고 각종 뉴스 방송 매체의 노력과 밴드 에이드, USA for Africa 같은 인도주의적 캠페인을 통해 불가항력적인 재해로 고통에 빠진 무고한 에티오피아 국민의 이야기가 세상 모든 사람에게 전해졌다. 그러면서 그 모든 단체와 캠페인은 우리 한 사람한 사람이 다 도울 수 있다고, 잠시 전화기를 들거나 성금만 내면 된다고 했다.

허탈함

라이브 에이드는 선의의 힘을 보여준 대표적인 캠페인이 되었으나, 잘못된 정보와 결합되면서 2차 가난 계몽주의의 계승자들로 하여금 선의의 바보짓을 하게 만들었다. 그 외의 다른 이유들 때문에라도, 개발 전문가들은 그때까지만 해도 우려만 해왔던 사실을 공개적으로 거론하기 시작했다. 혹 지금 원조 프로젝트들이 굶주린 사람을 먹여 살리는 일보다는 기부자들의 허영심을 채워주고 대차대조표상의 균형을 잡아주는 일에 더 큰 기여를 하고 있는 건 아닐까? 혹 지금 개발 원조가 정부의 부정부패를 심화시키고 내전을 격화시키며 민주주의를 좌절시키고 있는 건 아닐까? 혹 지금 비정부 기구들이 단기적으로 매스컴의 관심을 끄는 일에 집착해, 장기적으로 실제 사람들의 삶을 개선시켜줄 수 있는 덜 매력적인 일은 등한시하고 있는 건 아닐까? 혹 지금 원조 프로젝트들이 세계의 가난한 사람들로 하여금 자기 삶에 대한 책임을 지지 않으려 하게 만드는 건 아닐까? 혹 인도주의 위기에 복잡한 정치적 요소가 개입될 경우(실제 거의 늘 그렇지만), 원조 프로젝트들이 제대로 효과를 거두지 못하게 되는 건 아닐까? 1980년대부터 1990년대 초까지 국제 개발 관련자들이 이런 우려를 표출하면서, 많은 사람이 전통적인 원조 프로젝트가 제대로 효과를 거두고 있는지에 대해 의문을 갖기 시작했다.[39]

이런 우려가 나오는 가운데, 주요 원조국은 연민 피로감을 느끼기 시작했다. 그리고 냉전 시대가 끝나고 소비에트 연방이 해체되면서, 공산주의에 대한 우려 역시 사라지게 된다. 그 결과 많은 기부자는 국제적 개발을 위한 모금 활동에 대한 전략적 동기를 잃게 되었다. 원조 프로젝트가 제대로 효과를 거두고 있다는 확신도 없고, 맞서 싸워야 할 정치적 적도 사라진 상황에서, 서구 국가들은 인류의 오랜 적을 격퇴하려는 의지가 다소 꺾인 것이다. 개발 원조 자체가 벽에 부딪혔다.

다행히 세계에서 가장 가난한 사람의 운명을 개선하고 싶어 하는 사람은 활동을 중단하지 않았다. 대신 그들은 뭔가 다른 것을 시도하기 시작했다. 그들은 전쟁으로 피폐해진 국가에 묻힌 수백만 개의 지뢰를 제거하는 일에 전 세계적인 노력을 집중시키려 했다. 가난한 국가에 에이즈 치료제를 보급하는 캠페인도 벌였다. 그리고 시대가 두 번째 밀레니엄(1001년부터 2000년까지)에서 세 번째 밀레니엄(2001년부터 3000년까지)으로 넘어가면서, 그들은 세계에서 가장 부유한 국가들과 개발 차관을 빌려주는 세계은행을 상대로 세계에서 가장 가난한 국가들이 수십 년간 안고 온 수십억 달러의 부채를 탕감해줄 것을 설득했다. 밴드 에이드를 이끌었던 밥 겔도프 또한 록밴드 U2의 리드 싱어 보노Bono와 심지어 교황 요한 바오로 2세Pope John Paul II와 함께 이 문제에 대한 사람들의 경각심을 일깨우기 위해 팔을 걷어붙였다. 부채 탕감 캠페인(이 캠페인은 '주빌리 2000 캠페인Jubilee 2000 Campaign'이라 불렸다)은 특히 미국에서 잘 먹혔다. 성경에 토대를 둔 '희년Jubilee year'(50년에 한 번씩 가난한 사람들의 부채를 탕감해주는 해)이라는 개념이 사람들의 신앙심에 와닿았던 것이다. 2005년에 이르러 G8* 회원국들은 국제통화기금(IMF)과 세계은행에 압력을 가해 부채 중 일부를 탕감해주게 하자는 데 동의했다. 그렇게 해서 오늘날까지 990억 달러의 부채가 탕감됐으며, 지금도 자격 요건을 충족시키는 국가에 대해서는 추가 부채 탕감이 이루어지고 있다.[40]

개발에 전념하다

세 번째 밀레니엄에 들어오면서, 유엔은 개발 원조에 대한 열정에 다시 불을 지필 기회를 찾았다. 2001년 미국에 일어난 9.11 테러로 인해 그 기회는 훨씬 더 가시적인 게 되었다. 냉전 기간 중 팽배했던 공산주의 확산에 대한 우려는 이른바 '실패한 국가들failed states'에서의 테러리스트 이데올로기 확산에 대한 우려로 바뀌었다. 여기서 말하는 실패한 국가들이란 정부의 장악력이 약하고 인권이 무시되며 가난과 무지가 대부분의 사람들의 운명인 국가를 뜻한다. 그런 국가를 원조해야 할 필요성이 그 어느 때보다 긴급해지면서, 바야흐로 개발에 전념하는 시대가 도래한 것이다.[41]

'밀레니엄 정상회의Millennium Summit'라 불린 2000년의 한 회합 이

---

* 선진 7개국과 러시아의 정상 모임. 후에 러시아가 자격 정지되면서 G7으로 바뀜. - 역자 주

후, 유엔은 '밀레니엄 선언Millennium Declaration'을 채택했다. 유엔이 예전부터 중시해온 가치를 재확인하고 그 가치를 실현하기 위한 새로운 목표를 선언한 것이다. 그리고 얼마 후 '밀레니엄 개발 목표Millennium Development Goals, MDGs'가 나왔다. 전 세계적인 개발을 촉진하기 위한 아주 힘든 8개의 목표 목록은 다음과 같다.

1. 극심한 가난과 굶주림을 뿌리 뽑는다.
2. 보편적인 초등 교육을 성취한다.
3. 양성 평등을 촉진하고 여성의 권리를 신장시킨다.
4. 아동 사망률을 낮춘다.
5. 에이즈, 말라리아 등의 질병을 퇴치한다.
6. 환경 지속 가능성을 높인다.
7. 개발을 위한 범세계적 협력 관계를 구축한다.

이 8개의 목표는 너무 큰 포부처럼 보였다. 이 밀레니엄 개발 목표에 따르면, 하루에 1달러 이하로 살아가는 사람들의 비율을 절반으로 줄이고, 굶주리는 사람들의 비율 또한 절반으로 줄이며, 학교 교육(특히 어린 소녀들에 대한)의 기회를 늘리고, 유아 사망률을 3분의 2로 줄여야 했다. 게다가 이 모든 목표의 달성 예정 시기는 2015년이었다.

밀레니엄 개발 목표는 큰 도박이었고, 그에 걸맞은 비싼 가격표가 붙었다. 당시 개발 전문가들은 조직적이고 막대한 원조 유입을 '빅 푸시Big Push', 즉 '대대적인 밀어붙이기'라 불렀는데, 밀레니엄 개발 목표야말로 사상 최고의 '빅 푸시' 가운데 하나가 되고 있었다. 다행히 세계의 선진국들은 대대적으로 밀어붙일 만한 많은 돈이 있었고, 그들의 원조 규모는 이미 1990년대의 침체기에서 회복되고 있었다. 그래서 2002년 대부분의 선진국은 1970년에 정해진 옛 원조 목표를 다시 이행하기로 약속했다. 그러니까 국내총생산의 0.7%를 국제 개발 원조금으로 내놓기로 한 것이다. 개발 경제학자 제프리 삭스 Jeffrey Sachs는 자신의 저서 《빈곤의 종말The End of Poverty》에서 유엔이 향후 10여 년간 원조금을 두 배로 늘려 2015년에 1,950억 달러가 된다면 밀레니엄 개발 목표를 달성할 수도 있을 거라고 했다.[42]

물론 모든 사람이 삭스의 낙관론에 동의한 건 아니다. 《선의에도 불구하고Despite Good Intentions》, 《세계의 절반 구하기The White Man's Burden》, 《죽은 원조Dead Aid》 같은 책의 저자들은 빅 푸시에 대해 극도로 회의적이었다.[43] 이 전문가들은 빅 푸시 개발 모델을 뒷받침해줄 만한 설득력 있는 경험적 증거가 거의 없다고 했는데, 틀린 주장이 아니었다. 게다가 그들은 대규모 지원 프로그램을 주관하는 정부 관료는 자신이 지금 무슨 일을 하고 있는지도 모를 거라고 확신했다. 너무 많은 돈이 필요했는데, 복잡한 일도 너무 많았고, 어떤 계획이든 너무 많은 예기치 못한 결과가 예측됐다. 원조의 헛됨(그리고 심지어 해로움)에 대한 다음 경고를 보면, '밀레니엄 개발 목표' 규모의 빅 푸시에 대한 많은 경제학자의 기대가 얼마나 떨어졌는지를 알 수 있다.

이제 원조는 일종의 문화 상품이 되었다. 원조를 위해 수백 만 명이 행진을 한다. 정부들은 원조에 의해 평가받는다. 그런데 지난 수십 년간 쏟아부은 1조 달러가 넘는 개발 원조 덕에 아프리카인들의 삶은 나아졌을까? 아니다. 사실 전 세계적으로 이런 원조를 받는 사람들의 삶은 더 나빠졌다. 훨씬 더 나빠졌다. 원조로 인해 가난한 사람들은 더 가난해졌고 성장은 더 더뎌졌다. 그럼에도 불구하고 원조는 여전히 오늘날의 개발 정책에서 중심을 차지하고 있으며, 또한 여전히 우리 시대의 가장 위대한 아이디이 중 하나로 여겨지고 있나. 원조를 통해 구조적인 가난이 완화될 수 있으며 실제 가난이 완화됐다는 믿음은 완전히 잘못된 믿음이다. 오늘날 수백만 명의 아프리카인들은 원조 때문에 더 가난해졌다. 고통과 빈곤은 끝나지 않았고, 오히려 더 심화됐다. 대부분의 개발도상국에서 원조는 완전한 정치적·경제적·인도주의적 재앙이었으며 현재도 그렇다.**44**

예측이 멋진 이유 중 하나는, 어떤 예측이 충분히 분명할 경우, 그리고 우리가 예측 결과를 볼 수 있을 만큼 오래 살 경우, 결국 누가 옳고 틀렸는지를 알 수 있다는 것이다. 이제 밀레니엄 개발 계획은 끝났고, 우리는 여전히 살아 있다. 그러니 예측 결과를 보도록 하자. 빅 푸시는 일부 사람이 희망한 것처럼 '큰 성공Big Success'이었을까 아니면 또 다른 사람들이 우려한 것처럼 '큰 낭비Big Waste'였을까?

무엇보다 먼저, 유엔은 기대했던 만큼의 원조금을 모금하지 못했다는 사실을 인정할 필요가 있다. 오직 7개국(스웨덴, 노르웨이, 룩셈부르크, 덴마크, 네덜란드, 영국, 아랍 에미리트 연합국)만이 국민총소득의 0.7%를 원조금으로 내놓는 목표를 달성했다.**45** 그럼에도 원조금은 늘어나 2015년에는 1,310억 달러에 달했다(물론 이는 원래의 목표액인 1,950억 달러의 67%밖에 안 됐지만). 우리의 세상에서 67%의 목표 달성이라면 그 점수가 D+밖에 안 된다. 그런데 밀레니엄 개발 목표 달성에 필요한 모금에서 D+의 성적을 거둔 유엔은 얼마나 많은 일을 해냈을까?

공식적인 자체 평가에서, 유엔은 밀레니엄 개발 목표는 놀라운 성공을 거두었다고 선언했다. 1990년의 세계 상태와 2015년의 세계 상태를 비교하며(일종의 '전과 후 비교before-and-after comparison'를 위해), 밀레니엄 개발 목표 덕에 세계적인 가난과 유아 사망률, 산모 사망률, 전염병에 의한 죽음 등이 크게 줄었으며, 교육과 백신 접종, 위생 등이 현저히 개선됐다고 주장했다.[46] 그런데 개발 노력은 2000년까지는 시작도 되지 않았는데, 그걸 평가하는 데 1990년을 기준 해로 삼은 것은 뭔가 수상쩍지 않은가? 게다가 개발도상국들은 밀레니엄 개발 목표가 시작되기 훨씬 전인 1990년대에 이미 더 나은 쪽으로 변화하고 있었다. 그러니 어떻게 그 모든 발전을 밀레니엄 개발 목표의 덕이라 할 수 있겠는가? 밀레니엄 개발 목표가 전 세계적으로 삶의 질을 높이는 데 어떤 영향을 미쳤는지 제대로 이해하기 위해, 우리는 밀레니엄 개발 목표가 본격적으로 시행된 2000년 훨씬 이전에 이미 진행되고 있던 모든 발전을 통계 수치에서 배제하는 방법을 찾아내야 한다.

다행히도 과학자들은 이 문제를 잘 알고 있었고, 그래서 보다 현실적으로 밀레니엄 개발 목표를 평가할 수 있는 방법을 찾아내었다. 경제학자 아이작 아힘비시브웨Isaac Ahimbisibwe와 라티 램Rati Ram은 먼저 1990년에서 2000년 사이에 이미 진행 중이던 개발 과정을 평가하는 일부터 시작했다. 그런 다음 20세기 말의 그 추세들이 2015년에 이르러 밀레니엄 개발 목표가 전혀 시행되지 않았던 시기와 비교해 어떻게 달라졌는지를 조사했다. 이렇게 밀레니엄 개발 목표가 전혀 시행되지 않았던 시기의 통계 수치들을 확보해, 밀레니엄 개발 목표가 전 세계적인 삶의 질 향상에 얼마나 큰 영향을 미쳤는지를 보다 정확히 알아낼 수 있었는데, 아힘비시브웨와 램은 UN의 공식적인 자체 평가는 밀레니엄 개발 목표에 너무 큰 점수를 주었다는 결론을 내렸다. 정말 유감스런 일이었다. 밀레니엄 개발 목표의 효과를 굳이 그렇게 부풀리지 않더라도, 밀레니엄 개발 목표는 충분히 놀라운 성과를 올린 걸로 나타났는데 말이다.

아힘비시브웨와 램의 추산에 따르면, 1990년부터 2015년 사이에 전 세계적인 가난 및 산모 사망률 감소분 가운데 무려 40%는 밀레니엄 개발 목표 덕이었다. 또 아동 사망률 감소분 가운데 3분의 1, 초등학교 교육 이수율 증가분 가운데 86%는 밀레니엄 개발 목표 덕이었다.[47] 아힘비시브웨와 램은 밀레니엄 개발 목표가 세계에서 가장 가난한 국가들과 지역들(특히 사하라 사막 이남 아프리카 지역 포함)에서 가장 큰 성과를 냈다는 사실을 밝혀냄으로써, 세계에서 가장 가난한 국가들은 너무 가난해 부유한 국가들의 도움으로도 일어서기 힘들다는 개발 회의론자들의 주장 또한 정면 반박했다. 가난한 국가들 가운데 국가로서의 역사가 오랜 국가들(이는 그 정부들이 밀레니엄 개발 목표에 따른 원조를 현명하게 잘 활용할 능력을 갖고 있는지를 판단할 좋은 척도일 수 있다)에서 특히 가장 큰 성과가 나온 것이다.[48] 경제학자 존 맥아더John MacArthur와 크리스타 라스무센Krista Rasmussen은 별도의 조사를 통해 비슷한 결론에 도달했다. 그들의 연구 결과에 따르면, 밀레니엄 개발 목표를 통해 주로 사하라 사막 이남 아프리카와 중국, 인도에서 2,100만에서 3,000만 명 정도의 사람이 목숨을 건졌는데, 대부분이 줄어든 유아 사망률, 개선된 산모 간호, 에이즈 및 결핵 치료 확대 덕이었다. 또한 두 사람의 조사에 따르면, 밀레니엄 개발 목표 덕에 약 1억 1,100만 명이 초등교육을 받을 수 있었고, 근 5억 명이 매일 1.9달러어치의 식량을 섭취해 '극빈' 선을 넘길 수 있었다.[49]

물론 이들 중 그 누구도 밀레니엄 개발 목표가 전반적으로 성공작이었다고 말하지는 않았다. 예를 들어 밀레니엄 개발 목표는 전 세계의 빈곤율을 반으로 줄이는 데 실패했으며, 영양실조 및 위생 문제, 깨끗한 식수 확보 문제 등에서 약간의 성과를 거두었을 뿐이다.[50] 분명한 사실은 아직도 해야 할 일이 많다는 것이었다. 그러나 지난 15년간의 국제 원조와 빅 푸시, 즉 유엔의 밀레니엄 개발 프로젝트에서 어느 정도 성과를 거둔 것에 들뜬 부유한 국가들은 계속 더 밀어붙일 준비를 하게 된다.

선한 일을 더 잘하게 되다

1950년 4단계 프로그램을 시작할 때부터 2015년 유엔의 밀레니엄 개발 목표 프로젝트를 끝낼 때까지 약 65년간, 선진국들은 전 세계적인 가난 문제에 더 큰 경각심을 갖게 됐고, 전 세계의 가난한 사람들에게 더 많은 관심을 갖게 됐으며, 그 어느 때보다 그들을 돕는 일에 더 적극적이 되었다. 또한 국제 원조는 1949년 공산주의 확산에 대한 우려에서 시작됐으나, 점차 그 과정에서 전 세계적인 가난을 끝낼 수 있다는 대담한 포부로 발전됐다. 그리고 그런 포부는 다음과 같은 진지한 지적 탐구에 의해 뒷받침됐다. 왜 어떤 사람들은 계속 가난한데 또 어떤 사람들은 더 부유해지는가? 이 문제와 관련해 우린 무얼할 수 있는가? 무얼 해야 하는가? 그리고 우리가 한 일이 좋은 결과로 이어졌다는 걸 어떻게 알 수 있는가? 2차 가난 계몽주의 시대에, 우리는 이 여러 중요한 의문에 대한 답을 찾았다. 절대 빈곤이나 상대적 빈곤, 제3세계 같은 많은 새로운 개념에도 익숙해져, 가난에 대해 명확하면서도 섬세한 사고와 대화가 가능해졌다.

우리는 또 알파벳 약자로 된 UNICEF, OECD, DAC, IMF, G8 외수십 개의 새로운 기구를 만들어 가난한 사람들에 대한 개발 및 인도주의적 원조를 도모했다. 관료와 사회 활동가들은 사람들의 슬픈 얼굴과 깡마른 몸에는 남들에게 도움의 손길을 내밀려 하는 우리 인간의 진화된 본능을 일깨우는 힘이 있다는 사실을 알게 됐다. 또한 유명인에 대한 사람들의 사랑을 잘 활용하면 가난한 사람들의 냉혹한 현실에 눈을 돌리게 할 수 있다는 사실도 알게 됐다. 우리는 많은 돈을 썼다. 그중 일부는 그야말로 헛되이 낭비됐지만, 그중 일부는 1세기 전만 해도 상상하지 못했을 만큼 크게 인류의 삶의 질을 향상시켰다. 전반적으로 보면, 그리 나쁘지 않은 65년이었다.

우리 인류는 2차 가난 계몽주의 시대에 거둔 몇 가지 현실적인 성공에 고무되어, 선한 일을 더 잘하기로 마음먹게 된다. 실제로 '선한 일을 더 잘하기'는 낯선 이들의 행복에 대한 우리 인류의 관심과 관련해 일어난 마지막 큰 혁명의 모토가 될 수도 있었다.

타인의 친절

13장.

충격의 시대

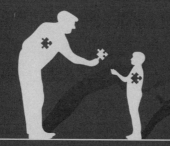

당신은 어떤 자원봉사 활동이나 어떤 자선 활동, 또는 어떤 인도주의 캠페인 또는 다른 어떤 고매한 대의를 지지해야 할까? 미국에서는 많은 사람이 자신의 종교적 믿음이나 정치적 철학에 맞는 단체를 후원함으로써 이런 의문에 답을 한다. 또 어떤 사람들은 시내 도서관의 새 별관이나 트위드대학교의 새 경영대학원 건물 이름에 자신의 이름을 올리려고 돈을 기부한다. 사실 미국 내에서 행해지는 모든 자발적 기부의 약 절반(영국의 경우 이 비율은 약 28%로 훨씬 적다)이 종교와 예술, 교육 분야에 이뤄진다.[1] 분명한 사실은 기부가 꼭 '자선 행위'는 아니라는 것이다.

나머지 기부금은 곤궁한 사람들(또는 다른 동물들)을 보다 직접적으로 돕는 일을 하는 단체들에 간다. 그러니까 사람들은 아동이나 노인, 장애인, 약물 중독자, 노숙자, 유기 동물, 재난을 당한 외국 피해

자, 환경 등에 도움이 되는 일을 하는 단체들을 후원하는 것이다. 그런데 우리는 선한 대의들 가운데 진정 후원할 가치가 있는 것이 무엇인지 어떻게 판단할 수 있을까? 우리는 우리에게 도움이 되거나 좋은 인상을 주는 단체를 후원하는 경우가 많다. 그래서 심장병 환자들은 고마움을 표하기 위해 자신에게 새로운 생명을 준 병원에 기부를 하고, 무일푼에서 거부가 된 사람들은 어린 시절 자신에게 도움을 준 지역 단체에 기부를 한다. 또한 어떤 사람들은 사랑하는 삼촌이나 숙모를 기리는 뜻에서 걷기나 달리기, 자전거 타기, 수영 같은 의학 연구를 위한 모금 활동에 참여하고, 동물을 사랑하는 사람들은 동물 학대를 근절시키려 애쓰는 단체들에 기부를 한다. 모두가 선한 대의이지만, 우리는 정말 고마움이나 슬픔 또는 개에 대한 사랑 등을 토대로 우리가 택할 대의를 결정하면 되는 걸까?

우리는 자원이 유한한 세계에 살고 있다. 어떤 대의를 위해 1달러를 쓴다면, 다른 대의에는 그 1달러를 쓸 수 없다. 당신이 만일 어떤 대의가 다른 대의보다 더 가치 있다고 생각한다면, 그리고 특히 모든 대의의 가치를 고통을 덜거나 번영을 촉진시켜줄 효율성 측면에서 판단한다면, 당신은 이미 그간 '충격의 시대Age of Impact'라는 이름의 음료수를 마셔온 것이다.

인간의 너그러움과 관련된 이전 6개 기간들과는 달리, 충격의 시대는 대규모 고통에 대한 어떤 특정한 역사적 경험에서 생겨난 것이 아니다. 어떤 특정한 형태의 고통에 대한 반응에서 생겨난 것도 아니다. 충격의 시대는 경제적 불평등이나 노숙, 질병, 장애, 실업, 유아 사망률, 자연 재해, 전쟁의 희생, 개발도상국의 가난 또는 공장식 축산 같은 어떤 특정 문제에 대한 반응에서 생겨난 게 아니다. 그보다는 모든 형태의 고통에 대한 반응에서 생겨났다. 절충과 유한한 자원이 특징인 세계에서, 그리고 상상 가능한 모든 결핍과 불행에 대한 정보가 차고 넘치며 그런 문제를 해결하기 위해 존재하는 단체도 한둘이 아닌 세계에서, 우리는 어디를 후원할지 어떻게 결정해야 할까? 충격의 시대는 우리로 하여금 다음과 같은 두 가지 우려 사항에 대해 지속적인 관심을 갖게 함으로써 이 의문에 대한 답을 준다.

첫 번째 우려 사항은 충격의 시대에 사로잡힌 이타주의자는 각종 데이터와 사실에 토대를 둔 과학과 연구에 집착한다는 것이다. 그들은 다른 사람, 그것도 가능한 한 많은 사람을 돕고자 할 때, 가장 중시해야 할 것이 팩트, 즉 사실이라고 믿는다. 그러니까 곤궁에 처한 사람들을 도우려면, 그에 앞서 그들이 진정으로 필요로 하는 게 무언지, 또는 그들이 그걸 얼마나 절실히 필요로 하는지, 또는 그들이 다른 사람들보다 더 절실히 그걸 필요로 한다는 걸 어떻게 판단할 것인지, 또는 그들을 돕는 게 정말 가능한지, 또는 그들을 도우려면 어떤 수단이 필요한지, 그리고 또 그 수단들이 실제 도움이 될지 등을 알아야 한다는 것이다. 사실 인간의 너그러움과 관련된 역사에서 늘 대부분이 마음속에 이런 의문을 갖고 있었지만, 특히 충격의 시대에 남들을 돕고 사는 사람들은 팩트, 즉 사실을 알려는 욕구가 거의 집착에 가까울 만큼 강하다.

두 번째 우려 사항은 충격의 시대에 사로잡힌 이타주의자는 결과에 집착한다는 것이다. 그들은 어떤 특정 대의가 후원할 가치가 있는지를 판단하는 데 사용할 기준은 단 하나, 자신들의 후원이 사람들의 고통을 얼마나 효율적으로 덜어주느냐 하는 것뿐이라고 생각한다. 그들에게는 그것이, 우리의 후원이 우리가 사랑하는 사람들에게 도움이 되느냐, 또는 우리의 종교적 믿음이나 정치적 믿음에 부합하느냐, 또는 우리를 행복하게 만들어주느냐 하는 것보다 더 중요하다. 충격의 시대의 이타주의자들은 그 무엇보다 고통을 얼마나 덜 수 있느냐를 가장 중시한다.

이 두 가지 집착, 그러니까 과학 및 연구에 대한 지나친 집착과 다른 사람을 도울 때 단 1달러 또는 단 1초 또는 단 1칼로리로 최대한 많은 선을 베풀려는 집착은 늘 함께한다. 우리는 남을 돕는 최선의 방법을 알아내는 데 과학을 활용하는데, 그것은 '가능한 한 많이 돕는 것'이 우리 노력의 가치를 평가하는 도덕적 기준이기 때문이다. 충격의 시대에는 사람들이 사실과 결과에 집착하며, 그 결과로 조성된 기술적·도덕적 생태계를 통해 다섯 종의 새로운 기부자가 나타나게 된다. '효율적 이타주의자Effective Altruist', '자선 자본주의자Philanthrocapitalist', '가난 과학자Poverty Scientist', '효율성 전문가Efficiency Expert', '목욕 가운 인도주의자Bathrobe Humanitarian'가 바로 그들이다. 이 장에서는 이 다섯 종의 기부자의 믿음과 행동에 대해 설명하고자 한다.

효율적 이타주의자

충격의 시대에 대해 살펴보면서 제일 먼저 만나볼 기부자는 효율적 이타주의자이다. 효율적 이타주의의 뿌리는 '공리주의utilitarianism'

라는 윤리학적 접근법이 나온 18세기로 거슬러 올라간다. 공리주의의 초기 선구자들은 체사레 베카리아Cesare Beccaria, 제레미 벤담Jeremy Bentham, 존 스튜어트 밀John Stuart Mill, 헨리 시지윅Henry Sidgwick 등으로, 이들은 모두 윤리학의 핵심은 '최대 행복의 원칙Maximum Happiness Principle', 즉 '최대 다수의 최대 행복'을 추구하는 원칙에 있다고 가르쳤다. 존 스튜어트 밀은 자신의 저서 《공리주의Utilitarianism》에서 이렇게 적었다. "행복을 증진하는 경향이 있는 행동은 옳고, 불행을 만드는 경향이 있는 행동은 그르다. 그리고 행복은 즐거움을 주고 고통을 없애며, 불행은 고통을 주고 즐거움을 없앤다."² 또한 효율적 이타주의는 현대의 공리주의 철학자 피터 싱어의 '싱어의 원칙', 그러니까 "만일 우리에게 뭔가 아주 나쁜 일이 일어나는 걸 막을 수 있는 힘이 있다면, 설사 그로 인해 도덕적으로 중요한 뭔가를 희생한다 해도 도덕적으로 우리는 그 일을 해야 한다."³는 원칙에도 많은 영향을 받았다.

효율적 이타주의자들은 싱어의 원칙에 '웨슬리의 귀결Wesley's Corollary'이라 할 만한 원칙을 추가했다. 여기서 웨슬리는 18세기의 감리교 목사 존 웨슬리John Wesley를 가리키는 것으로, 그는 이런 말을 했다. "첫째, 가질 수 있는 모든 걸 갖고, 둘째 저축할 수 있는 모든 걸 저축하고, 그런 다음 줄 수 있는 모든 걸 주어라."⁴ 그런데 줄 수 있는 모든 걸 무엇에 주나? 이 의문에 대한 효율적 이타주의자의 답은 아주 간단하다. '줄 수 있는 모든 걸 지각 있는 존재의 불행을 덜어주는 데 주어라.'

효율적 이타주의 원칙은 고통에서 시작된다. 공리주의자와 충격의 시대에 공리주의자 역할을 하고 있는 효율적 이타주의자는 우주 안에서 자신들의 도덕적 관심의 대상이 될 수 있는 유일한 존재는 신경계가 있는 존재들이라고 믿는다. 결국 우주 안에서 신경계가 있는 존재들만이 고통을 느낄 수 있는 유일한 존재들이라는 것이다. 효율적 이타주의자들은 싱어의 원칙과 웨슬리의 귀결을 적용해 이 같은 공리주의 철학을 따르려 애쓴다. 효율적 이타주의자들의 입장에서는, 최대한 많은 고통을 덜어주는 일, 그러니까 최대 다수의 최대 선을 추구하는 일이야말로 우리 행동의 도덕적 가치를 평가할 수 있는 유일한 척도인 것이다.

오늘날의 효율적 이타주의 운동은 일부 공상가들의 노력 덕에 생겨났다. 1998년 팻 두간Pat Dugan이라는 부유한 제약업체 임원은 자신이 후원하고자 하는 자선 단체의 효율성에 대해 신뢰할 만한 정보를 찾아보려 했다. 그러나 결국 그는 좌절감 속에 두 손 두 발 다 들었다. 아무리 해도 신뢰할 만한 정보를 찾을 수 없었던 것이다. 그 씁쓸한 경험을 토대로, 그는 2001년에 자선 내비게이터Charity Navigator를 설립했다. 연간 예산이 적어도 100만 달러가 넘는 9,000개 이상의 미국 내 비영리 자선 단체들의 재정 건전성과 책임성, 투명성 등을 평가하는 비영리 단체이다.

2006년에는 또 다른 두 공상가, 엘리 하센펠트Elie Hassenfeld와 홀든 카노프스키Holden Karnofsky라는 젊은 두 헤지펀드 분석가가 인간의 삶의 질을 효율적으로 높여줄 만한 자선 단체에 투자하려 했다. 그러나 팻 두간과 마찬가지로, 두 사람은 전 세계 비영리 자선 단체들의 효율성을 확인할 객관적인 자료를 찾는 게 너무 어렵다는 사실에 충격을 받았다. 그래서 그런 필요성을 충족시키기 위해 기브웰GiveWell이라는 비영리 단체를 설립했다. 자선 단체들의 효율성을 객관적으로 보여주는 자료를 제공하는 일을 하는 단체이다. 2018년에 이르러 기브웰이 적극 추천하는 자선 단체들에 개인 기부자들이 기부한 금액은 무려 1억 3,000만 달러에 달한다.[5]

2009년경에는, 옥스퍼드대학교의 두 윤리학자 토비 오드Toby Ord, 윌리엄 맥어스킬William MacAskill과 내과의사 버나뎃 영Bernadette Young이 기빙 왓 위 캔Giving What We Can이라는 단체를 설립했는데, 이 단체는 사람들에게 개발도상국의 가난을 줄이기 위해 자신의 평생 수입 중 10%를 기부하길 권하는 일을 한다. 이 책을 쓰고 있는 지금 거의 4,300명이 이 단체에 가입해, 가장 적극 추천하는 자선 단체들에 1억 2,700만 달러 가까이를 기부했다. 그리고 기브웰의 경우와 마찬가지로, 기빙 왓 위 캔 역시 과학적으로 효율성을 제대로 평가해 자선 단체들을 소개해준다.[6]

효율적 이타주의자들은 강한 공리주의적 확신을 가지고 자선 활동이 놀라운 결과를 낳는다는 믿음을 지지한다. 그러면서 그들은 선한 일을 하는 것(이것도 좋지만)과 가능한 한 선한 일을 많이 하는 것(이것은 더 좋다) 간의 차이를 명확히 구분하다. 당신이 앞을 보지 못하는 사람들을 돕기 위해 후원을 하는 상황에서 두 가지의 대의를 예로 들어보자. 효율적 이타주의자들은 맹인 한 사람이 쓸 안내견 한 마리를 훈련시키는 데 들어가는 비용(약 4만 달러로 추산)이면 개발도상국 사람 수백 명의 눈 수술을 시켜줄 수 있다고 말한다. 또한 그 수술을 받으면 눈이 멀 수도 있는 트라코마라는 질환의 진행을 멈출 수 있고, 그 결과 환자의 시력을 지킬 수 있다.[7] 물론 맹인 한 사람을 돕는 건 분명 도덕적으로 선한 일이다. 그러나 효율적 이타주의자들은 이렇게 반문한다. 수십 명이 눈이 머는 걸 막는 데 그 4만 달러를 사용하는 게 도덕적으로 더 나은 일 아닌가? 그게 더 좋은 일 아닌가?

효율적 이타주의자들은 모든 인간은 동등한 권리를 갖는다는 칸트의 견해에서 정언 명령, 즉 '행위의 결과에 관계없이 그 자체가 선이기 때문에 무조건 해야 하는 도덕적 명령'을 찾아낸다. 내가 당신보다 더 가치 있는 사람이 아니라는 생각을 받아들이고, 당신 또한 당신이 나보다 더 가치 있는 사람이 아니라는 생각을 받아들여, 당신과 나 둘 다 지구 반대편에 사는 어떤 낯선 이보다 더 가치 있는 사람이 아니라는 생각을 받아들인다면, 결국 우리의 어떤 행동으로 인해 줄어드는 고통의 전체 양이 우리 행동의 도덕적 가치에 대한 판단 기준이 된다. 우리는 너 나 할 것 없이 모두 같은 가치를 갖고 있기 때문에, 어떤 고통이 당신의 것이든 내 것이든 길 건너편에 사는 베로니카의 것이든 다른 어떤 사람의 것이든 그런 건 전혀 중요하지 않은 것이다.

누구나 똑같은 도덕적 가치를 갖는다는 칸트의 원칙은 특히 한계효용 체감 원칙이라는 경제 원칙과 합쳐질 때 놀라운 결과를 초래한다. 예를 들어 당신이 일단 하루의 첫 식사를 했다면 한계효용 체감 원칙에 따라 두 번째 식사는 아직 아무것도 먹지 못한 누군가에게보다는 그 가치가 덜하다. 마찬가지로, 내가 커피를 사 마시는 데 쓰는 3달러는 하루에 3달러로 먹고 사는 누군가에게보다는 그 가치가 덜하다. 내게 3달러짜리 커피는 오후 한때 시간을 죽이는 데 쓰는 음료

수에 지나지 않는다. 그러나 개발도상국에 사는 어떤 가난한 엄마에게 3달러는 하루 수입의 배가 된다.[8] 만일 모든 사람의 고통이 다른 누군가의 고통과 마찬가지로 큰 문제라면, 그리고 또 내가 3달러짜리 커피에서 얻는 가치가 가난한 엄마가 자기 가족을 먹일 3달러어치의 추가 음식에서 얻는 가치보다 덜하다면, 나는 마땅히 커피를 마시지 말고 그 3달러를 그 가난한 엄마에게 주어야 할 것이다.

그런데 만일 우리가 이 공리주의 원칙과 칸트의 원칙을 철저히 따른다면, 우리는 불편한 결론에 도달하게 될 수도 있다. 그러니까 우리 모두 갖고 있는 부를 몽땅 다 나눠주어, 결국 다른 사람들의 고통은 줄였지만 우리 자신의 고통은 오히려 그만큼 늘어나는 아이러니한 상황에 직면하게 될 수도 있는 것이다. 대부분의 경우, 이는 받아들이기 힘든 결론일 것이다. 그러나 이 모든 걸 감안한다면, 우리가 1년에 600달러를 커피를 사 마시는 데 쓴다는 건 분명 도덕적으로 옳은 선택은 아닌 셈이다.

우리 대부분이 효율적 이타주의자들이 설정해놓은 높은 도덕적 기준에 한참 못 미친다는 걸 생각하면 맥이 빠질 수도 있지만, 다음과 같은 사실을 생각하면 희망이 있다. 효율적 이타주의자들의 세계관에 제대로 부응하든 못하든, 우리는 너 나 할 것 없이 거의 다 개발도상국의 한 명 또는 그 이상의 사람들의 삶의 질을 아주 높여줄 수 있을 정도로는 부유하다. 피터 싱어는 말라리아를 예방하기 위해 모기장을 공급한다든지, 설사로 인한 죽음(매년 수십만 명의 아이들이 이런 이유로 목숨을 잃고 있다)을 막기 위해 재수화 치료를 제공한다든지, 에이즈 예방을 한다든지, 아이들에게 백신 주사를 맞힌다든지 하는 활동을 통해 한 생명을 구하는 데 얼마나 많은 비용이 드는지 그 추정치를 뽑아보았다. 그 결과 모금을 통해 그런 활동을 지원할 경우 3,500달러 정도면 한 생명을 구하는 게 가능했다.[9] 각 가정의 평균 수입이 5만 7,000달러 정도 되는 미국 같은 부유한 나라의 경우, 대부분의 가정이 매년 적어도 아주 가난한 한 사람의 생명은 구할 수 있는 것이다.

효율적 이타주의에 따르면, 우리가 우리의 돈과 시간을 가지고 해야 하는 일들에는 또 다른 흥미로운 측면이 있다. 당신이 진정 원하는 게 최대한 많은 고통을 줄이는 것이라면, 당신은 직업을 선택할 때 즐거운 마음으로 할 수 있는 일인지 또는 심지어 전통적으로 '돕는 직업' 중 하나인지 그런 건 고려하지 말아야 한다. 효율적 이타주의자들에 따르면, 당신은 그보다는 효율적인 자선 단체에 최대한 많은 걸 줄 수 있는 직업을 선택해야 한다. 피터 싱어는 이와 관련해 다음과 같은 사고 실험을 제안한다.

당신이 어떤 효율적인 자선 단체에 취업할 수도 있었는데, 그걸 마다하고 연봉이 20만 달러나 되는 한 투자은행에 취업했다고 가정해보자. 자선 단체의 경우 대개 취업 희망자들이 넘쳐나기 때문에, 그 자선 단체는 아마 거의 당신만큼 일을 잘해낼 다른 누군가를 뽑게 될 것이다……. 그러나 금융 분야에서 일하면서, 당신이 필요한 것보다 훨씬 더 많은 돈을 벌어 그중 절반을 자선 단체에 기부한다면, 그 자선 단체는 그 돈을 이용해 당신의 기부가 없었다면 고용하지 못했을 직원 두 명을 새로 고용할 수 있게 된다……. 결국 당신이 자선 단체에 취업했다면, 그 단체 직원을 대체할 수는 있었겠지만 기부자가 될 수는 없었을 것이다.[10]

또한 효율적 이타주의자들은 자선 단체의 간접비에 대해서도 지나친 걱정을 하지 않으며, 비영리 단체 최고경영자의 높은 연봉에 대해서도 비판하지 않는다. 어떤 자선 단체가 운영하는 데 돈을 많이 쓴다고 해서 비용 효율성 낮다는 의미는 아니다. 그리고 최고경영자에게 높은 연봉을 주면 또 어떤가? 그 자선 단체가 특별히 규모가 크다면, 또는 하는 일이 특별히 복잡하다면, 아주 능력 있는 최고경영자가 필요할 것이다. 간접비는 나머지 비용의 비용 효율성이 아주 높다면 쉽게 상쇄될 수도 있다.[11] (사람들은 낮은 간접비를 중시하는데, 그건 비용 효율성은 평가하기가 어렵지만, 간접비는 평가하는 게 비교적 쉽기 때문이다. 그러나 연구에 따르면, 사람들은 비용 효율성 정보를 입수할 수 있을 경우, 결정을 내릴 때 비용 효율성을 보다 중시한다.)[12]

효율적 이타주의에 대해 비판을 하는 사람들이 없는 건 아니다. 그리고 비판 가운데 상당수는 대개 공리주의에 대한 것인데[13] 한 가지 예를 들자면 이렇다. 효율적 이타주의자들은 내 돈으로 덜어줄 수 있는 고통의 양이 그 돈의 상실로 내 자신이 감내해야 하는 고통의 양과 상쇄되는 한 자신에게는 계속 가난한 사람을 도와줄 도덕적 의무가 있다고 주장한다. 이에 대해 나는 아마 이렇게 반박할 수 있을 것이다. "정말 멋진 말 같다. 하지만 내게는 내 봉급만 바라보는 가족들이 있다. 나는 내가 할 수 있는 최선의 선을 행하기 위해 가족들을 가난하게 만들어야 할까? 그리고 만일 내 조카딸이 자신이 속한 걸스카우트를 후원하기 위해 쿠키를 사달라고 할 때 뭐라고 말해야 할까? 그 돈은 한 생명을 구하는 데 써야 한다고 말해야 할까?" 그리고 개인적 성실성은 대체 어디에 맞춰야 하는 걸까? 나는 정말 좋아하는 일을 할 수 있지만 연봉 수준이 낮은 직장을 버리고, 연봉 수준이 높아 더 많은 돈을 기부할 수 있는 직장에 취업해야 할까? 그야말로 돈줄 역할을 하기 위해 좋아하는 일을 포기하는 건, 뭔가 중요한 걸 포기하는 게 아닐까?[14]

여기에는 더 많은 심각한 도덕적 문제도 숨어 있다. 예를 들어 정의 같은 다른 가치는 어떤가? 철학자 이아손 가브리엘lason Gabriel은 다음과 같은 한 가지 사고 실험을 통해 효율적 이타주의가 정의를 어떻게 손상시킬 수 있는지를 보여준다. 그는 이를 '두 마을 딜레마two village dilemma'라 부른다.

각기 다른 나라에 다른 두 마을이 있다. 두 마을은 전부 원조가 필요하지만, 서로에 대해 알지 못하며 교류도 전혀 없다. 기부자인 당신은 다음 두 프로그램 중 어떤 걸 후원할지 선택해야 한다. 하나는 두 마을에 똑같은 금액의 돈을 지원해 전반적인 혜택을 주는 프로그램이다. 다른 하나는 모든 돈을 한 마을에만 몰아주는 프로그램으로, 자원을 집중해 전반적인 삶의 질을 조금이라도 더 향상시켜주자는 것이다.[15]

아니면 이아손 가브리엘의 또 다른 딜레마인 '초가난 딜레마ultra-povery dilemma'를 생각해보자.

많은 사람이 극도의 가난 속에 살아가고 있다. 이 집단 내에서 일부 사람들은 다른 사람들보다 상황이 더 안 좋다. 기부자인 당신은 다음과 같은 두 개발 프로그램 중 어느 쪽을 후원할지 선택해야 한다. 첫 번째 프로그램은 가장 큰 혜택을 볼 수 있는 사람들에 집중한다. 그러니까 도시 지역에 사는 글을 읽고 쓸 줄 아는 사람들을 집중적으로 지원해, 그들을 가난에서 벗어나게 하는 데 큰 성공을 거두자는 것이다. 두 번째 프로그램은 도움이 가장 절실한 사람들에 집중한다. 그러니까 글을 읽고 쓸 줄 모르는 시골 지역의 미망인과 장애인을 주로 지원하는 것이다. 이 프로그램은 그 사람들을 가난에서 벗어나게 하는 데는 어느 정도 성공하겠지만, 전반적인 삶의 질을 높이는 데는 첫 번째 프로그램만 못할 것이다.[16]

완고한 효율적 이타주의자라면, 이 두 딜레마에 대한 답은 분명하다. 최대의 선을 행할 수 있는 방향으로 돈을 쓰라고 할 것이다. 만일 그게 모든 돈을 한 마을에 집중하는 거라면, 그렇게 하면 된다. 글을 모르는 미망인이나 장애를 가진 사람보다는 글을 아는 사람에게 집중하는 게 더 효율성이 높다면, 그렇게 하면 될 것이다. 그러나 단순히 비용 효율성을 높이는 일에만 몰두해, 한 마을에만 집중하고 다른 마을은 무시하는 방식 또는 미망인이나 장애인 대신 신체 건장한 사람들에 집중하는 방식은 도덕적으로 비난받을 여지가 있는 듯하다. 도덕적으로 부적절해 보이는 이 결론은 도움을 필요로 하는 데라면 어디든 개입해야 한다는 인도주의적 신념에도 위배되는 듯하다.

효율적 이타주의의 경우 다른 우려 사항도 있다. 이를테면 사람들의 권리는 어떤가? 개발도상국가에서 셔츠 만드는 일을 하는 노동력 착취 업체를 예로 들어보자. 이 업체는 일자리들을 제공해 많은 사람을 가난으로부터 벗어나게 해주고 있지만, 노동자들은 부실한 장비를 가지고 일을 해 드물긴 하지만 가끔 목숨을 잃기도 한다. 이 공장

타인의 친절

의 안전도를 높이려면 많은 비용이 필요한데, 그 비용이 너무 커 수백 명이 일자리를 잃게 될 수 있다. 이런 경우 어찌 해야 할까? 공리, 즉 공공의 이익만을 놓고 계산하자면, 공장 소유주는 장비 업그레이드를 생략해야 한다. 노동자들은 가족들을 계속 먹여 살리기 위해 작업장에서 죽을 수도 있는 위험을 기꺼이 감수할 것이기 때문이다. 그리고 효율적 이타주의자들은 당연히 이런 결과에 만족해야 할 것이다. 최대한 많은 노동자의 삶의 질을 높여줄 결과이니 말이다. 하지만 노동자들은 작업장에서 죽지 않을 권리를 갖고 있지 않은가.[17]

이아손 가브리엘은 이런 도덕적 딜레마를 통해 효율적 이타주의자들에게 일종의 지침을 제시했다. 경험적 증거가 어떤 개입이 또 다른 개입보다 비용 효율성이 높다는 확신을 주지 못하는 경우 정의와 권리를 고려하라는 것이다. 또 '권리 감사rights audit'를 실시해 자신들의 개입이 인간의 기본적 권리에 위배되지 않는지 살펴볼 것도 권한다. 도덕적으로 비난받을 만한 부작용이 있는 개입은 아예 하지 말라고도 권한다. 효율적 이타주의자들은 양심적인 종이며 빠른 속도로 진화하는 종이기도 하다. 따라서 그들이 앞으로 이런 문제에 어떻게 대처할지 눈여겨보는 것도 흥미진진할 것이다.

자선 자본주의자

우리 대부분은 한 생명(아니면 적어도 한 생명의 일부)을 구하기 위해 1년에 200잔의 커피를 포기한다면 그 기분이 어떨지 상상할 수 있다. 그런데 충격의 시대에는 전혀 다른 스케일의 타협을 생각해야 하는 두 번째 종의 기부자들이 탄생했다. 이들은 자기 아이들이나 자신이 속한 지역 사회(또는 자신들이 관심 있는 다른 자선 활동)에 투자할 수십억 달러를 유보해, 전 세계적인 고통의 지형도를 바꾸는 데 쓸지 여부를 결정해야 했다. 이렇게 중차대한 타협을 기꺼이 직면하려 하는 충격의 시대의 기부자를 흔히 '자선 자본주의자'라 한다.

효율적 이타주의 운동이 자리를 잡아가는 과정에 개인 자선 분야에서는 한 가지 우려가 생겨났다. 자선 분야에서 자신들의 투자가 원하는 충격 내지 효과를 발휘하고 있는지 평가하는 방법을 제대로 아는 사람이 없었던 것이다. 대부분의 자선가들은 정교한 전략적 계획을 짜지 못했다. 그들은 일의 우선순위를 정하는 데도 마구잡이식 접근법을 썼고, 그 결과를 평가하는 데도 아주 서툴렀다. 자선 활동에 아주 깊은 관심을 가진 갑부 사업가들은 가치를 창출해 내는 데 전문가였기 때문에, 일부 관측자들의 눈에는 그들이 이런 문제에 무관심한 게 아주 이상해 보였다. 가치 창출에 전문가여서 부자가 된 사람들인데 말이다. 그들은 왜 자선 분야에서는 이해타산에 밝은 기업가적 관점을 적용하지 않는 것일까?

이런 아이러니를 파악하기 시작한 일부 자선가들은 기부금 수령 단체의 가치 창출 능력에 좀 더 많은 관심을 갖기 시작한다.[18] 이렇게 해서 '자선 자본주의philanthrocapitalism' 또는 '벤처 자선 활동venture philanthropy'이라는 이름의 운동이 생겨났다.[19] 빌 앤 멜린다 게이츠 재단Bill and Melinda Gates Foundation은 세계적인 투자가 워런 버핏Warren Buffett과 손을 잡고 자선 자본주의를 자선 분야의 주류 트렌드로 만드는 일에 앞장섰다. 그들은 전염병을 퇴치하고 가족계획을 추진하고 국제 개발을 촉진하기 위한 노력을 기울이는 등의 독자적인 원조 프로그램에 보다 결과 지향적인 접근 방식을 적용했다. 또한 버핏과 게이츠 부부는 2010년부터 세계의 억만장자들에게 '기부 선언Giving Pledge'에 참여할 것을 촉구했다. 적어도 자기 재산의 반을 자선 활동에 기부한다는 공개 선언을 할 것을 촉구하고 나선 것이다. 10여 년 만에 이 기부 선언에 참여한 사람은 200명을 넘어섰는데, 그중에는 투자, 기술, 엔터테인먼트 분야의 거물들도 포함됐다.[20]

전 세계적인 고통을 완화하는 일에 앞장서는 정부 기관과 비정부 단체는 물론 효율적 이타주의자의 경우와 마찬가지로, 자선 자본가가 최대한 많은 선을 베푸는 데 가장 큰 장애물은 어떤 개입의 효과를 확인할 양질의 정보를 구할 수 없다는 것이었다. 그러나 다행히도 세 번째 종 '충격의 시대의 기부자'인 '가난 과학자'가 정보 부족을 메우는 데 자신들의 에너지를 쏟아붓고 있다.

가난 과학자

2차 세계대전 이후 전 세계적 가난을 뿌리 뽑기로 결심한 세계의 부유한 민주주의 국가들은 어떻게든 3차 세계대전은 피하고 싶었다. 그러나 보다 부유한 세계가 보다 평화로운 세계가 될 거라는 그들의 기대는 단순한 직감에 지나지 않았다. 사실 현실은 그 정반대라고 주장한다 해도 지나치지 않다. 가난한 국가들에 식량과 돈을 보내는 것이 그들의 군사 지도자에게 새로운 자원을 제공해주어 오히려 전쟁을 부추기는 건 아닐까? (1983년에서 1985년 사이에 에티오피아 기근을 구제하기 위한 노력이 야기한 의도치 않은 결과는 이것이 실제 가능하다는 경고로 작용한다.) 가난에 맞서 싸울 방법과 관련해 중요한 결정을 내려야 하는 사람들은 내내 이런저런 불확실성에 직면했다. 개발은 가난한 사람들로 하여금 자급자족하게 하는 데 도움을 주는 걸까 아니면 무모한 투자로 끝나게 되는 걸까? 외국 정부에 대한 현금 지원은 경제 성장을 촉진시키는 걸까 아니면 국가적 포부 자체를 말살시키는 걸까? 우리가 소작농들에게 기술적 지원을 해 그들이 경작하는 들판의 생산성이 높아진다면, 우리는 그들이 가난에서 벗어나는 데 도움을 주는 걸까 아니면 시장에 값싼 커피나 목화를 넘쳐나게 해 결국 그들의 수입을 떨어뜨리는 걸까? 개발도상국에서 시행하는 소액 융자는 사람들이 소규모 사업을 시작하는 데 도움을 주는 걸까 아니면 그들을 더 많은 빚에 허덕이게 만드는 걸까?

거의 20세기 내내 그 누구도 이런 의문에 확신 있는 답을 주지 못했다. 개발 노력의 효율성을 추적한 공식 통계 수치는 너무 엉성해 활용할 만한 가치도 없었다. 심지어 개발도상국에 얼마나 많은 원조가 흘러들어가고 있는지 집계를 내는 일조차 쉽지 않았다. 20세기의 전형적인 분석이라고 해봐야, 경제학자들이 원조 받은 국가들과 그 국가들의 다음해 경제성장률 변화 간의 통계학적 상관관계를 살펴보는 정도에 지나지 않았다. 그러나 그들이 분석에 사용한 통계 수치는 여러 형태의 원조(기술적 지원, 진료소와 병원, 도로 건설 프로그램, 정부에 대한 현금 지원 등)가 한 수치 안에 뭉뚱그려진 경우가 많아, 여러 형태

타인의 친절

의 원조 가운데 어떤 원조가 유의미한 변화를 이끌어냈는지를 알아
내는 건 불가능했다.[21] 개발 원조가 미친 변화 내지 영향을 평가하는
데 쓸 수 있는 또 다른 유일한 정보는 원조 기구들의 자체 보고서에
들어 있었다. 그러나 그 보고서들은 원조 이후의 변화를 과학적으로
분석한 보고서라기보다는 자신들의 프로그램이 성공했다는 걸 보여
주는 과장된 장밋빛 그림일 뿐이었다.[22]

그러다가 충격의 시대를 거치면서, 과학자들이 원조의 효율성을
평가하는 데 활용할 수 있는 자료의 질이 드라마틱하게 개선됐다. 이
제 유엔과 세계은행은 원조금이 어디에 쓰이고 있는지, 얼마나 많이
쓰이고 있는지, 무엇에 쓰이고 있는지와 관련해 양질의 자료를 만들
어내고 있다. 그 자료를 가지고 새로운 '가난 과학자들'은 개발도상
국 내에서 진행되고 있는 거의 모든 중요한 진료소 및 병원, 학교, 기
타 다른 사회기반시설 건설 프로젝트의 정확한 위치를 알 수 있다.
또 그런 원조 프로젝트이 직접적인 관련이 있는 사람들의 건강과 부
와 교육에 미치는 영향에 대한 양질의 자료도 수집할 수 있게 되었
다. 따라서 두 종류의 자료, 즉 특정 원조 프로젝트에 대한 지오코딩
geocoding* 정보와 그 프로젝트의 혜택을 받은 사람들의 삶의 질 향상
에 대한 정보를 취합해, 원조의 효율성을 훨씬 더 잘 파악할 수 있게
됐다.

최근 한 가난 과학자 팀은 나이지리아 내에서 진행 중인 모든 원
조 프로젝트의 정확한 위치를 지오코딩화했다. 그들은 그 자료를 확

---

*   주소에서 지리 정보를 추출하는 것. - 역자 주

보한 뒤, 거기에 1953년부터 2003년 사이에 태어난 약 30만 명의 나이지리아인에 대한 공식적인 건강 관련 정보를 겹쳐보았다. 그 결과 그 원조 프로젝트와 비슷한 시기에 태어난 아이들의 경우 유아 및 아동기의 사망률이 낮아졌다는 사실을 확인할 수 있었다.[23] 또한 이와 유사한 한 연구에 따르면, 진료소나 병원 같은 건강 관련 프로젝트를 시행한 결과 그 혜택을 받은 사람들 사이에 실제 질병 부담이 낮아졌다.[24] 중국이 자금을 대 13개 아프리카 국가에서 시행된 852가지 원조 프로젝트의 위치를 지오코딩화한 또 다른 연구에 따르면, 그 원조 프로젝트들 덕에 인근 주민들의 교육 수준과 가계 자산이 향상됐다.[25] 또 다른 연구에 따르면, 기생충 질환을 억제하기 위한 프로젝트 덕에 실제로 말라리아와 물 관련 질환의 발병률이 줄어들었다.[26] 우간다의 영세 농가들이 커피 농사로 전환하면서 가난에서 벗어날 수 있었다는 걸 보여주는 연구 결과도 있었다.[27]

또한 가난 과학자들은 지오코딩 접근 방식을 활용해 어디에서 원조가 제대로 효과를 내지 못하고 있는지도 알아내고 있다. 정치학자 라이언 브릭스Ryan Briggs는 아프리카 대륙 전체를 1만 500개의 셀(각 셀의 면적은 50제곱미터)로 나누었다. 그는 각 셀 안의 빈곤율을 계산한 뒤, 그 정보를 아프리카에서 진행 중인 개발 프로젝트의 지도에 겹쳐봄으로써, 가장 가난한 지역들에 충분한 원조가 이루어지고 있는지를 알아낼 수 있었다. 그런데 결과는 정반대였다. 아프리카에서 가장 가난하고 외진 지역, 그러니까 유아 사망률이 가장 높고 기대 수명은 가장 짧은 지역에 사는 사람들이 대도시 중심지에 사는 사람들보다 오히려 1인당 원조금이 더 적었던 것이다.[28] 다른 연구 결과도 비슷했다. 도시 사람들은 원조를 받기 전에 이미 더 많은 혜택을 받고 있었는데, 개발 프로젝트로 인해 받는 1인당 혜택 또한 시골 사람들에 비해 더 컸다.[29] 게다가 가난한 시골 지역에서 행해지는 원조 프로젝트는 보다 부유한 도시 중심지에서 행해지는 원조 프로젝트에 비해 효율성도 떨어졌는데, 그건 가난한 시골 지역은 원조 프로젝트를 효율적으로 진행하는 데 필요한 여타 사회기반시설(도로, 에너지, 상수도 등)이 부족했기 때문이다.

지오코딩 접근 방식 덕에 지금 전 세계적인 가난을 끝내려는 운동 중 무엇이 효과가 있고 무엇이 효과가 없는지에 대한 이해도가 드라마틱하게 높아지고 있지만, 가난 과학자들은 지리학자들보다는 제약회사들에 더 가까운 사고방식을 통해 다른 중요한 교훈을 배울 수 있다는 사실을 깨달았다.

어떤 제약회사가 새로운 시약이 심장마비 예방에 효과가 있는지를 알려 한다고 가정해보자. 이 경우 활용 가능한 가장 좋은 과학적 방법은 바로 '무작위 대조 시험randomized controlled trial, RCT'이라는 특수 형태의 실험이다. 심장마비 예방약의 무작위 대조 시험을 위해, 제약회사에 근무하는 연구원들은 먼저 심장마비 위험이 있는 환자들을 찾아낸다. 그런 다음 어떤 환자에게 시약을 처방하고 어떤 환자에게 비교 처방(예를 들어 설탕으로 만든 위약이나 효과가 이미 입증된 다른 약 처방)을 할 건지를 임의로 결정한다. 그런 다음 수개월 또는 수년간 환자들을 추적 관찰해 결국 어떤 환자가 심장마비에 걸리는지를 확인한다. 그래서 만일 시약을 처방한 환자가 그렇지 않은 환자에 비해 심장마비에 덜 걸렸다면, 연구원들은 당연히 새로운 시약 때문에 그런 차이가 생겨났다는 추론을 할 수 있다. 원인과 결과에 따른 명백한 결론을 내릴 수 있기 때문에, 이 무작위 대조 시험은 현재 의학 분야에서(다른 분야에서도) 최적의 표준으로 널리(반대가 없는 건 아니나[30]) 받아들여지고 있다.

이제 원조 단체들도 무작정 새로운 프로젝트를 시작해 사후에 평가하려 하기보다는 연구원들과 손잡고 무작위 대조 시험의 힘을 활용하려 한다.[31] 그러니까 먼저 대규모 집단의 개인들(또는 가족, 학교, 진료소 또는 지역사회)을 상대로 관심사의 결과를 측정한다. 그런 다음 그 개인들(또는 가족, 학교, 진료소 또는 지역사회) 중 절반을 상대로 새로운 개입을 한다. 그리고 다른 절반에게는 일종의 비교 개입을 하거나 아예 아무 개입을 하지 않는다. 그 개입이 어느 정도 효과를 발휘한 뒤, 연구원들은 두 번째 조치를 취하고, 그런 다음 그걸 이용해 개입으로 인해 사람들의 삶이 더 나아졌는지를 알아낸다.[32] 가난 과학자들은 지금 80개 이상의 국가에서 수백 건의 무작위 대조 시험을 실시하고 있으며, 개발에서 무엇이 효과가 있는지와 관련한 여러 의문에 명쾌한 답을 찾아내고 있다.[33]

학교 출석률을 예로 들어보자. 대부분의 전문가는 교육이 사람을 가난으로부터 벗어나게 해준다고 믿어서 학교 출석률을 높이려 애쓴다. 그런데 어떻게 학교 출석률을 높인단 말인가? 등교한 아이들에게 돈을 주어야 할까? 그 부모들에게 돈을 주어야 할까? 교사들의 봉급을 올려주어야 할까? 교실에 카메라들을 설치해 교사들이 제대로 학생들을 가르치게 해야 할까? 무료 교복을 제공해야 할까? 여학생들에게 여성 위생용품을 제공해야 할까? 자원이 유한한 세계에서 우리는 모든 걸 다 할 수는 없다. 그러니까 비용 효율성이 낮은 접근 방식에 1달러를 쓰면, 비용 효율성이 보다 높은 접근 방식에 1달러를 쓸 수 없게 되는 것이다.

무작위 대조 시험을 활용하면 이런 의문에 대한 답을 추측해볼 수 있다. 예를 들어 한 실험에서 네팔 여학생들에게 현대적인 여성 위생용품을 제공했는데(이는 친절한 일임에 틀림없지만), 출석률이 높아지지는 않았다(이는 별로 놀랄 일도 아닌 게, 그 실험에 참여한 여학생들이 월경 기간 중 수업을 빼먹는 건 1년 중 반나절도 안 됐다).[34] 반면 구충제를 먹이는 것은 학교 출석률을 높이는 훨씬 더 확실한 방법이었다. 장내 기생충은 개발도상국의 큰 골칫거리 중 하나로, 이 때문에 수억 명의 어린이가 필수 영양소 부족에 시달리고 있다. 기생충 문제가 심각할 경우, 빈혈, 기력 저하, 성장 저하, 지력 손상 등에 이를 수 있다. 무작위로 선정된 75개 케냐 초등학교 학생들은 초등학교 기생충 박멸 프로젝트에 따라 요충 박멸 처방을 받았다. 1회 처방 비용이 몇 페니밖에 안 해, 이 개입은 건강 측면에서 여러 가지 이점이 있었다. 우선 처방을 받은 학교의 경우, 중증 수준의 기생충 감염 발생률이 25%나 떨어졌다. 빈혈 증세와 기타 질병 발병률도 떨어져, 아이들은 더 이상 학교 수업에 빠지지 않았다. 또한 구충 처방을 받은 아이들은 더 이상 기생충 관련 병을 지역 사회 내 다른 아이들에게 전파하지 않았기 때문에, 기생충 관련 문제 발생률은 학교에서 처방을 받지 않은 아이들 사이에서도 줄어들었다. 물론 구충 처방을 받은 아이들은 몇 년 후에도 여전히 건강하게 잘 지냈다. 또한 청장년이 되어서는 돈도 잘 벌었다.[35]

구충 처방을 받은 학생들의 경우 단순히 원조 효과만 있었던 게 아니라, 비용 효율성도 높았다. 앞서 말했듯, 네팔 여학생들에게 월경 관련 위생용품을 제공하는 데 최대한 많은 돈을 썼지만, 학교 출석률은 단 하루도 늘지 않았다. 그 개입의 효과는 적어도 네팔에서는 제로였으며, 따라서 비용 효율성 역시 결국 제로였다. 그러나 구충 개입의 경우는 달랐다. 한 무작위 시험 결과에 따르면, 케냐에서 한 학교의 구충 프로그램에 쓰인 35달러는 한 아이가 10년간 학교 공부를 더 하거나 또는 열 명의 아이들이 1년간 학교 공부를 더 할 수 있는 돈이었다.[36] 이처럼 구충 프로젝트의 높은 비용 효율성에 큰 감명을 받은 인도 비하르주(인도에서 가장 가난한 주 중 하나) 당국자들은 2011년 '세계 구충Deworming the World'이라는 원조 단체와 손잡고 1,700만 아동을 상대로 구충 작업을 하기로 한다. 그리고 그들은 2016년에 이르러 실제 3,500만 명 이상의 어린이를 상대로 구충 작업을 끝냈다. 곧 인도 라자스탄주는 물론 나이지리아와 베트남에서도 같은 시도가 이어졌다.[37] '증거 행동Evidence Action'과 '가난을 위한 혁신 행동Innovations for Poverty Action' 같은 단체는 이런 시도에서 얻은 증거를 공공 정책으로, 또 어디에서든 바로 활용할 수 있는 개입 방식으로 전환시키는 일을 하고 있다.

효율성 전문가

유감스럽게도, 비용 효율성 사고방식은 아직 개발 서클 속에서 인기를 얻지 못하고 있다. 2015년 유엔이 2000년에 시작한 '밀레니엄 개발 목표MDGs'의 후속 목표나 다름없는 '지속 가능 발전 목표Sustainable Development Goals, SDGs'에 전념하기로 했을 때, 그 주요 입안자들은 바뀌었으며, 8가지의 밀레니엄 개발 목표 역시 17가지의 지속 가능 개발 목표와 그 과정을 추적할 169가지 목표로 교체되었다. 그리고 지속 가능 발전 목표는 결국 프랑켄슈타인의 괴물처럼 변해버려, 영국 주간지 〈이코노미스트The Economist〉로부터 다음과 같은 비판을 받기도 했다. "이 목표는 계획부터 잘못된 데다 너무 중구난방이어서 사업 전체가 실패할 수밖에 없다."[38] 그 이유를 이해하는 건 어렵지 않다. 뇌물 관행과 정부의 부정부패를 줄이고, 고혈압 약을 구하기 쉽게 하고, 치안을 강화하고, 전 세계적인 광대역 접속을 용이하게 하고, 삶에 대한 만족도를 높이고, 도시화를 촉진하고, 곡물 수확량을 늘리기 위한 연구를 지원하고, 유엔 평화유지군을 늘리고, 부유한 국가에서의 출산율을 높이는 등 목표 자체가 그야말로 '중구난방'이었던 것이다.

지속 가능 발전 목표를 전부 달성하려면 사실 부유한 국가들이 매년 5조 달러에서 7조 달러 정도를 투자해야 하는데, 이는 전 세계 모든 국가의 국내총소득의 7%에서 9%에 달하는 금액이다.[39] 세계의 부유한 국가들로 하여금 정기적으로 국내총소득의 1%를 기부하게 하는 것도 어려운데, 대체 무슨 재주로 7%나 9%를 기부하게 한단 말인가? 이렇게 많은 돈이 드는 목표란 상상하기도 힘들지만, 실현 가능성 또한 전혀 없다. 자원이 유한한 세상에서, 그리하여 한 목표에 1달러를 쓰면 다른 목표에 1달러를 쓸 수 없는 세상에서, 최대한 많은 선을 행하려면 효율성이 아주 중요하다.

바로 이런 이유 때문에 이른바 '효율성 전문가'라는 네 번째 종의 기부자들이 등장하게 된다. 지속 가능 발전 목표에 대한 효율성 전문가들의 입장은 간단하다. 지속 가능 발전 목표 가운데 가치를 창출하는 목표, 그러니까 1달러를 써서 1달러 이상의 편익을 창출할 수 있는 목표에만 집중한다면, 보다 효율적으로 그리고 보다 빨리 전 세계적인 가난을 줄일 수 있다는 것이다. 어쨌든 1대 1 비율의 비용 대 편익을 만드는 건 쉽다. 예를 들어 가난한 사람들에게 현금 지원을 충분히 해 적어도 하루에 1.9달러로 먹고살 수 있게 할 수만 있다면, 우리는 전 세계의 모든 사람을 빈곤선 위로 끌어올릴 수 있다. 그러나 현금 지원이 가난한 사람들의 기회를 보다 획기적으로 변화시켜주지 못한다면, 그때는 1대 1 지원이 현금을 지원하는 방식 중 최선이다. 그러나 효율성 전문가들이 지적하는 대로, 우리가 가난한 사람들로 하여금 훨씬 더 큰 가치를 창출할 수 있게 해줄 개입 방법을 알고 있다면, 당연히 그 방법을 택해야 할 것이다.

유엔에서 지속 가능 발전 목표를 발표한 뒤, 경제학자 비욘 롬보르Bjørn Lomborg가 이끄는 코펜하겐 콘센서스 센터는 일단의 경제학자들을 소집해 80가지 이상의 지속 가능 발전 목표에 대한 비용-편익 분석을 실시했다. 그 결과 그들은 일부 개입은 1달러를 쓸 경우 20달러, 50달러 또는 심지어 100달러의 편익을 창출해낼 수 있다는 걸 알아냈다. 반면 다른 개입은 1달러를 쓸 경우 1달러 이하의 편익을 창출했다. 만일 우리의 목표가 세계에서 가장 가난한 사람들의 운명을 최대한 빨리 그리고 효율적으로 향상시켜주는 것뿐이라면, 우리는 우리의 돈을 어린아이들의 결혼을 막거나, 보편적인 취업을 보장하거나, 삶의 만족도를 높이거나 또는 심지어 지구의 평균 기온을 산업화 이전 수준보다 섭씨 2도 이상 넘어가지 않게 억제하거나 하는 일에 써서는 안 된다(물론 이것들이 높이 평가할 만한 목표이긴 하지만 말이다). 단 19가지의 '경이로운 개발 목표Phenomenal Development Targets'에만 집중할 때, 1달러에 대해 평균 20달러에서 40달러의 편익을 창출해낼 수 있기 때문이다. 반면 똑같은 돈을 168가지 목표에 분산할 경우, 1달러당 10달러 이하의 편익을 창출하게 된다. 만일 10대 1의 편익 대 비용 비율이 멋져 보인다면, 20대 1 또는 40대 1의 편익 대 비용 비율은 두 배 또는 네 배 더 멋져 보이지 않겠는가. 표 13.1에는 코펜하겐 콘센서스 센터의 '경이로운 개발 목표' 중 일부가 나오며, 각 목표의 비용과 편익의 추정치도 나온다.

경이로운 개발 목표에는 모든 정치적 신념을 가진 사람에게 중요한 것이 담겨 있다. 예를 들어 가족의 가치를 중시하는 사회 보수주의자는 신생아 및 산모 사망률 감소가 중요하다. 사회 진보주의자는 피임과 에이즈 예방이 중요하다. 전통적인 진보주의자와 자유의지론자의 경우에는 자유 무역과 공해세 그리고 유가 보조금의 폐지 등이 중요하다. 그런데 유감스럽게도, 유엔은 위험을 분산시킨다며 지속 가능 발전 목표 168가지 전부에 투자했다. 물론 그렇게 해도 도움은 되겠지만, 바라는 것처럼 많은 도움이 되지는 못할 것이다.

목표	비용/연 (기준: 10억 달러)	편익/연
만성적인 영양실조를 40% 줄임	11	6,800만 어린이의 영영실조 예방
말라리아 전염을 50% 줄임	0.6	1억 건의 말라리아 예방. 44만 명의 생명을 구함
결핵 사망률을 90% 줄임	8	130만 명을 살림
만성 질환으로 인한 조기 사망을 33% 줄임	9	500만 명을 살림
할례를 통해 에이즈 감염을 줄임	0.035	110만 건의 에이즈 감염 예방. 시간이 지나면서 편익은 더 늘어남
신생아 사망률을 70% 줄임	14	200만 명의 신생아를 살림
소아 예방접종률을 높임	1	100만 명의 어린이를 살림
모든 사람이 가족계획을 할 수 있게 함	3.6	15만 명의 산모를 살림. 인구 배당 효과도 있음
여성과 소녀에 대한 폭력을 근절함	낮아진 걸로 예상	상당 수준 예상(매년 3억 500만 명의 여성이 가정 폭력을 당해 4조 4,000억 달러의 비용 발생)
화석연료 보조금을 폐지함	37	정부의 세입 5,480억 달러 절감
에너지로 인한 오염 피해에 세금을 부과함	낮아진 걸로 예상	700만 명에 달하는 사망자를 예방
실내 공기 오염을 20% 줄임	11	130만 명을 살림
무역 제한을 줄임	20	2030년까지 개발도상국의 모든 사람이 1,000달러 부유해짐. 1억 6,000만 명이 가난에서 벗어남
농작물 생산을 40% 늘림	2.5	8,000만 명이 굶주리는 걸 예방함. 840억 달러 상당의 추가 식량 생산
사하라 사막 이남 아프리카에서 보편적인 초등교육을 실시함	9	학교에 출석하는 초등학생 수가 3,000만 명 늘어남

[표 13.1] 15가지의 '경이로운 개발 목표들'에 대한 비용-편익 추산.
출처: 비욘 롬보르 2018.

목욕 가운 인도주의자

충격의 시대에 들어와 개발 원조 및 다른 전통적 형태의 원조가 혁신된 가운데, 인터넷과 다른 기술 덕에 우리는 다른 사람의 삶을 개선시킬 수 있는 새로운 기회, 그러니까 예전 같으면 상상도 할 수 없는 새로운 기회를 갖게 되었다. 게다가 그런 기회를 활용하기 위해 집밖으로 나설 필요도 없다. 이렇게 해서 다섯 번째 종의 충격의 시대 기부자인 '목욕 가운 인도주의자Bathrobe Humanitarian'가 탄생하게 된다.

　인터넷 덕에 이제는 불행한 사람들의 고통에 대한 믿을 만한 정보를 입수하는 게 그 어느 때보다 쉬워졌다. 1755년 11월에 발생한 리스본 대재앙 소식은 몇 주가 지난 뒤에야 육로와 해상을 통해 비로소 런던에 도달했다. 그러나 이제는 페이스북, 트위터, 인스타그램, 유튜브 같은 소셜 미디어로 전 세계 모든 사람과 커뮤니케이션이 가능해져, 2018년 9월에 인도네시아에서 지진이 발생했을 때 그 소식은 수천 배 빨리 전파되어, 인도네시아 술라웨시 섬 해변에서 쓰나미가 채 빠져나가기도 전에 전 세계에 알려졌다. 그래서 사람들이 희생자들을 돕기 위해 뭔가를 할 시간이 충분했다.

　뉴스 전파 속도만 빨라진 게 아니다. 뉴스 내용 또한 보다 유용하고 보다 생생해졌다. 신문 기사나 90초짜리 TV 뉴스를 통해 멀리 떨어진 사람들의 불행에 대해 알게 되던 시절은 갔다. 이제 우리는 스마트폰 뉴스 특보로 사하라 사막 이남 아프리카 지역의 인도주의적 위기 상황이나 카리브해에 발생한 허리케인 소식을 접할 수 있으며, 생생한 현지 상황을 높은 해상도의 동영상으로 볼 수도 있다. 21세기의 커뮤니케이션 기술은 도움을 필요로 하는 사람과 도움을 줄 사람 간의 심리적 거리감을 획기적으로 줄여놓고 있다.

또한 인터넷 덕에 다른 사람들의 고통에 대해 알았을 때 뭔가 행동에 옮기는 게 쉬워졌다. GoFundMe.com과 Kiva.org, Handup.org 그리고 Netsquared.org 같이 이름만 대면 알 만한 웹사이트들 넉에 사람들은 자신들이 필요로 하는 걸 알릴 수도 있고, 자신들의 대의에 다른 사람들을 동참시킬 수도 있고, 기부자들을 찾을 수도 있고, 자원봉사자들을 끌어모을 수도 있다. 온라인에서 알게 된 어떤 자선 단체의 활동이 마음에 와닿을 경우, 그저 신용카드 번호를 입력한 뒤 '기부하기'를 누르면 당신 역시 그 단체의 활동에 동참할 수 있다. 선출된 공무원에게 사회적 압력을 가해 사회 변화를 이끌어내는 게 당신이 좋아하는 방식이라면, Care2.org 같은 웹사이트를 통해 당신의 불만 사항을 알리면서 서명 운동을 펼칠 수도 있다. 이처럼 웹에 기반을 둔 서비스들 덕에, 우리는 이제 어제의 개혁가와 자선가와 인도주의자가 깜짝 놀랄 만큼 빠른 속도로 또 효율적으로 블로깅을 하거나 보이콧을 하거나 항의를 하거나 청원을 하거나 공유를 하거나 사람들을 계몽하거나 크라우드 펀딩을 할 수 있다.

너그러운 활동에 참여하는 것도 더 쉬워졌다. 지난 2세기 동안 연민이 점점 더 전문화된 현상 또한 완화되고 있다.[40] 어떤 사람들은 인터넷으로 사진을 공유하거나 소위 '움짤'을 만드는 대신, 자신들의 '인지 잉여cognitive surplus(세계의 인터넷 사용자들이 사고와 문제 해결에 쓸 수 있는 수조 시간의 자유 시간 중 일부)'를 이타주의적인 활동에 쏟아붓고 있다. 미국 작가 클레이 셔키Clay Shirky는 자신의 저서 《많아지면 달라진다

Cognitive Surplus》에서 이렇게 적었다. "온 인류가 서로 연결되면서, 자유 시간은 공유 가능한 전 세계적 자원이 되었고, 우리는 그 자원을 활용하는 새로운 유형의 참여와 공유 문화를 만들어내게 됐다."[41]

'디지털 인도주의Digital Humanitarianism'라는 운동은 사람들이 어떻게 자신들의 인지 잉여를 선한 일을 행하는 힘으로 바꾸고 있는지를 잘 보여주는 예이다. 인도주의 길Humanity Road이나 디지털 인도주의자 네트워크Digital Humanitarian Network 같은 크라우드소싱 네트워크를 운영하고 있는 일부 디지털 인도주의자는 사람들이 주변에서 일어난 자연재해와 다른 대규모 위기와 관련해 소셜 미디어에 포스팅하는 방대한 양의 사진과 동영상과 메시지를 꼼꼼히 분석해 분류한다. 일단 평범한 인간의 재능을 활용해 그 포스트를 유용한 정보로 전환하고 나면, 디지털 인도주의자들이 그 정보를 가지고 온갖 유형의 유용한 일을 할 수 있다.[42] 일례로, 대기 자원봉사자 태스크 포스Standby Volunteer Task Force는 2010년에 아이티와 러시아에서 발생한 화재, 2011년 시리아 내전, 2014년 서아프리카에서 발병한 에볼라 전염병, 2017년과 2018년에 미국 텍사스주와 플로리다주를 휩쓸고 간 허리케인 하비와 마이클 이후 소셜 미디어에 올라온 포스트를 정밀 분석했다. 그리고 엄청난 분량의 그 온라인 자료 덕에, 태스크 포스 자원봉사자들은 어디에서 인도주의적 지원을 가장 필요로 하는지, 또 사람들이 어떤 유형의 지원을 가장 필요로 하는지 등을 결정할 수 있었다. 그런 다음 자신들의 소셜 미디어 자료에 위성과 드론에서 찍은 영상 등의 공식 자료를 추가해, 공식적인 지원 단체가 집중적인 구제 활동을 하는 데 도움이 될 고해상도 지도를 만들어냈다.[43] 또한 저널리스트들은 디지털 인도주의자들에게 필요한 자료를 요청해, 일반 대중에게 인도주의적 위기가 어떻게 진행되고 있는지를 소상히 알리는 데 활용했다.[44]

인터넷은 마지막 한 가지 방법으로 박애주의 및 인도주의 운동 분야에 일대 혁신을 일으켰다. 즉 '정보 초고속도로Information Superhighway'가 '연민 초고속도로compassion superhighway'로 발전됐는데, 그건 정보 초고속도로가 '명성 초고속도로reputation superhighway'이기도 했기 때문이다. 소셜 미디어 세계에서 사람들은 블로깅이나 포스팅, 트윗 또는 셀카 사진 등을 통해 자신이 각종 모금 활동이나 아이스버킷 챌린지ice-bucket challenge* 또는 평생 수입의 10%를 효율성 높은 자선 단체에 기부하는 약속 캠페인 등에 참여했다는 걸 알릴 수 있다.[45] 그러니까 지금은 인터넷 덕에 유명인이 아닌 사람도 자선가로 명성을 떨칠 수 있게 된 것이다. 이는 결코 냉소적으로 볼 일은 아니다. 20만 년 전 아프리카 대초원 지대에서 사냥한 동물의 고기를 서로 나눈 이래 계속 이어져온 인간의 너그러움은 결국 다른 사람들로부터 존경을 받고 싶다는 욕구에서 비롯된 것이니 말이다. 아마 열성적인 공리주의자라면 이렇게 주장할 텐데, 만일 당신의 선한 행위를 널리 알리는 게 최대한의 선을 베푸는 데 도움이 된다면 널리 알리도록 하라.

---

* 루게릭병 환자들의 고통을 얼음물을 끼얹음으로 직접 느껴보는 캠페인. – 역자 주

아주 간단하다

농구 감독 그렉 포포비치Gregg Popovich는 농구 역사상 가장 위대한 감독 중 한 사람으로 꼽힌다. 또한 스포츠 방송 진행자들이 질문을 하면 종종 쓸데없이 세세한 답을 하거나 지나칠 만큼 거들먹거려 농구 역사상 가장 인터뷰하기 힘든 감독 중 한 사람으로 꼽히기도 했다. 또한 그는 아주 적극적인 자선가이기도 해, 미국을 비롯한 세계 모든 곳의 소외된 사람을 돕는 여러 비영리 단체를 후원하기도 했다. 언젠가 한 저널리스트가 그에게 왜 그렇게 열심히 자선 활동을 하느냐고 물었다. 그때 나온 그의 답은 과연 포포비치다웠다. "우리는 엄청 부자거든요. 우린 그 많은 돈이 다 필요치 않은데, 다른 사람들은 필요로 하니까요. 그러니 그걸 쓰지 않는다면 멍청한 거죠. 아주 간단합니다."

포포비치의 반응이 정말 놀라운 건 그가 누구든 자기 말을 들으면 '아주 간단하다'고 생각할 거라 확신했다는 게 아닐까 싶다. 그러나 오랜 인류 역사에 비추어 보건대, 자신의 너그러움에 대한 포포비치의 설명은 전혀 그리 간단해 보이지 않는다. 아니, 간단하다기보는 터무니없어 보인다. 세상에 어떤 멍청한 사람이 자신의 부를 일가친척이나 같은 국민에게 주지 않고, 절대 보답을 받을 수 없는 완전히 낯선 이에게 주겠는가? 그럼에도 자신의 너그러움에 대한 포포비치의 설명이 모든 사람의 가슴에 와닿는다는 건, 지난 1만여 년 동안 인간의 너그러움 내지 연민에 변화를 준 힘이 그만큼 강력하다는 증거이다.

이제 이 장이 다 끝나가고 있고, 우리는 이제 역사의 끝에 와 있다. 과거가 남긴 세세한 역사적 사실을 훑어보는 것만으로는, 낯선 이들에 대한 인간의 관심을 이해하려는 노력이 별 결실을 거두지 못할 것이다. 낯선 이들에 대한 인간의 관심을 제대로 이해하려면, '세 가닥으로 꼬인 지식'이라는 끈을 만들어낼 필요가 있다. 우리는 그 끈을 세 가지 다른 가닥으로 만들어낼 것이다. 그 첫 번째 가닥은 우리가 인간의 본능에 대해 알게 된 것이고, 두 번째 가닥은 우리가 인간의 역사에 대해 알게 된 것이며, 세 번째 가닥은 우리가 인간의 발전에 대해 알게 된 것이다.

14장.

타당한 이유들

21세기 들어오면서 인류가 낯선 이들의 행복에 그렇게 지속적인 관심을 갖게 됐다는 건 정말 특이한 일이 아닐 수 없다. 그게 꼭 사랑이나 충성심 같은 것 때문은 아니었지만, 몇 세대 전부터 우리 조상과 우리는, 특히 우리가 접하게 된 고통이 규모가 크거나 우리 세계관에 어긋나거나 또는 우리 사회 구조에 악영향을 줄 때 고통받는 낯선 이들을 돕는 데 많은 시간과 노력을 쏟곤 했다. 지난 1만여 년간 역사의 한 시대가 가고 다른 시대가 오는 가운데, 우리의 관심 범위는 전례 없이 확대됐다. 그래서 오늘날에는 설사 도움을 필요로 하는 사람이 인종이나 종교 또는 언어도 다르고 수천 킬로미터 떨어진 곳에 산다 해도, 어떤 도움을 줄 수 있는지를 생각지 않는다면 책임을 회피하는 걸로 보일 정도이다. 2만 년 전 같으면 상상도 할 수 없던 일이다.

기본적으로 모든 인간은 필요로 하는 것도 같고 취약한 점도 같아, 지난 1만여 년간 낯선 이들에 대한 우리의 관심을 확대시켜온 대규모 위기는 언제 어디서나 다 비슷해 보인다. 고아가 된 아이, 미망인이 된 엄마, 노인, 앞을 못 보는 사람, 장애인, 굶주린 외국인, 도시의 쓰레기 더미를 뒤지는 사람, 실직한 가장, 재난의 희생자, 전쟁의 이차 피해자 등. 이 모든 고통은 결국 우리 조상의 인식에 깊은 흔적을 남겼다. 진화된 인간의 정신도 이 모든 고통에 어찌 대처해야 하는지에 별다른 지침을 주지 못했지만, 이 모든 고통에서 자유로웠던 운 좋은 구경꾼들, 즉 지배자, 엘리트층, 학자 등이 그 해결책을 찾아 나서기 시작했다. 그들은 결국 해결책을 찾아냈으며, 그러면서 수표책을 꺼내는 등 소매를 걷어붙이고 행동에 나서지 않을 수 없게 됐다. 기술과 과학 그리고 무역의 발전이 그들의 그런 노력을 뒷받침해주었다.

이 책 속의 많은 정보를 한데 엮어 낯선 이들에 대한 인간의 너그러움을 일관성 있게 설명하자면, 우리는 과거를 죽 빠른 속도로 훑어보아야 한다. 우선 석기 시대 조상들은 낯선 이들의 행복 따위에는 전혀 관심이 없었다. 낯선 이들이 찾아올 때, 그들은 대개 창과 화살로 맞이했지 두 팔 벌려 환영하지 않았다. 그러다가 농업 혁명이 일어나고 최초의 도시가 생기면서 비로소 이런저런 혁신이 일어났다. 그리고 이 시기에 부의 불평등이 엄청나게 커지면서, 신처럼 강력한 힘을 지닌 왕이 고아와 미망인의 수호자로 자처하며 자기 백성에게 충성심과 감사한 마음을 심어주었다. 그로부터 수천 년 뒤 이른바 '축의 시대'가 도래하면서, 낯선 이들을 돕는 걸 정당화해줄 보다 평등하면서도 보편적인 한 가지 이유, 즉 '남에게 대접을 받고자 하는 대로 남을 대접하라'는 황금률이 나타났다. 이는 연민에 대한 일종의 경험 법칙으로, 아주 감동적이면서 동시에 놀랄 만큼 실용적인 법칙이었다.

축의 시대가 끝나고 나서 1,000년도 더 뒤에, 연민은 보다 세속적이고 실용적인 것이 되었다. 16세기의 이론가들은 가난 구제는 질병과 범죄와 시민의 소요를 억제하고 싶어 하는 정부에 큰 도움이 된다고 주장했다. 그로부터 2세기 후에는 인간의 평등과 존엄성 그리고 자연권에 대한 확신을 가진 계몽주의 시대의 지식인에 의해, 국가가 자국 국민의 행복은 물론 인도주의적 위기로 고통받는 외국 희생자의 행복에도 관심을 갖는 새로운 사고방식이 도입됐다. 예전에는 피할 수 없는 비극 또는 필요악으로 여겨졌던 일이 18세기에는 인륜에 어긋나는 일로 여겨졌다. 그러다 19세기가 되자, 계몽주의 시대의 가치가 그대로 현대 복지 국가의 가치가 되었다. 그리고 그로부터 겨우 수십 년 후, 그러니까 2차 세계대전 이후, 세계에서 가장 운이 좋은 사람들이 세계에서 가장 불운한 사람들의 운명을 개선하려는 일에 지속적인 관심을 갖게 됐다.

우리는 낯선 이들에 대한 인간의 관심의 역사에 연대표식의 중요한 이정표를 세울 수는 있다. 그러나 연대표 자체로는 아무것도 설명할 수 없다. 제대로 된 설명을 하려면, 이런저런 인간사와 인간의 몇 가지 본능 간의 상호작용을 제대로 이해해야 한다. 그런데 어떤 본능을 말하는 걸까?

중요한 본능

1964년 과학자들의 관심을 끌었던 영국 생물학자 윌리엄 해밀턴의 주장*처럼 우리는 친척을 돕는 데 익숙한데, 이는 생물학적 세계에서 볼 수 있는 이타주의적 행동의 상당 부분을 설명해준다.[1] 박테리아는 박테리아 클론, 즉 자신의 복제물을 돕고, 엄마와 아빠는 자기 자손을 돌보고, 용감한 누나는 어린 남동생을 보살핀다. 그러나 가족의 사랑을 잘 보여주는 이런 심리학적 반응을 가지고는 우리가 왜 낯선 이들을 돕는지 설명할 수 없다. 우리 인간과 다른 많은 동물은 자신의 혈연과 비혈연을 아주 잘 구분하는데, 거기에는 그럴 만한 이유가 있다. 비혈연을 돕는 건 대가가 크기 때문에, 쓸데없이 유전학적 혈연관계도 없는 남을 돕지 않도록 자연 선택된 것이다. 그런데 이는 '혈연 선택'으로는 낯선 이들에 대한 친절 내지 너그러움을 설명할 수 없다는 의미이기도 하다. 우리가 친구들을 '형제자매'라고 부르거나 교회나 지역사회를 '가족'이라고 부를 때와 마찬가지로, 혈육kinship이라는 용어를 쓸 때에도 그걸 문자 그대로의 의미로 쓰기보다는 비유적으로 쓰는 것이다. 이런 말장난이 우리 진화에 중요한 힘을 행사할 수는 없으니 말이다.

집단 선택에 의존하는 것 역시 별 도움이 되지 않을 것이다. 이 문제에 대한 찰스 다윈의 생각은 매혹적인 집단 선택이 어떻게 낯선 이들에 대한 우리의 관심을 설명해주는지를 보여줄 뿐이다. 다윈은 이

---

* 그는 자신의 번식 성공률을 줄이더라도 친척과 자손을 돕게끔 동기를 부여해주는 유전자는 자연 선택에 의해 진화될 수 있다고 주장했다. - 역자 주

렇게 적었다. "전 세계적으로 늘 어떤 부족이 다른 부족을 대체해왔다. 그런데 그 부족의 성공에 중요한 역할을 한 요소가 도덕성이기 때문에, 도덕성의 기준도 더 높아지고 도덕성이 뛰어난 사람의 수 역시 늘어나기 마련이다."[2] 그러나 우리 인간이 왜 낯선 이들에게 관심을 갖는지를 집단 선택으로 설명하다 보면, 혈연 선택의 경우와 마찬가지로 벽에 부딪히게 된다. 1960년대에 나온 집단 선택 개념은 결국 허점투성이로 판명됐고, 이후 조정했지만 인간이 유전학적 친척을 돕는 쪽으로 진화되고 있다는 윌리엄 해밀턴의 주장을 수정한 것에 지나지 않았다. 설사 자연 선택으로 인해 우리 집단이 다른 집단과의 전쟁에서 이길 확률이 높아졌지만, 동시에 집단 내 번식과 관련된 우리의 적응도를 낮추는 특징이 생겨났다 해도, 그런 특징이 우리를 너그럽게 만들었다고 믿을 이유는 없으며, 오히려 우리를 잔인하게 만들었을 가능성이 높다.

그러나 낯선 이들을 돕는 쪽으로 진화된 두 가지 본능이 연민의 확대에 중요한 역할을 했을 가능성은 있다. 첫 번째 본능은 호혜주의 본능이다. 자연 선택으로 인간에게는 개인적으로 대가를 치르더라도 혈연관계도 없는 사람을 돕는 경향이 생겨났는데, 이는 도움을 받은 사람이 훗날 감사의 뜻으로 보답해올 가능성이 높기 때문이다. 찰스 다윈이 자신의 저서 《인간의 유래》에서 추측했듯, 석기 시대 조상들의 삶에서는 도움을 받으면 그걸 되갚는 경우가 많았고, 그래서 사람들은 동료를 도와주면 대개 그 보답을 받게 된다는 사실을 배우게 되었다.[3]

50년에 걸친 과학적 탐구로 다윈의 추측은 사실임이 입증됐다.

그러니까 인간은 다른 사람을 도울 때 정말 훗날 보답받을 걸 기대한다는 것이다.[4] 호혜주의에 입각해 보답을 하는 인간의 경향은 연민의 역사에 확실한 흔적을 남겼다. 인류 문명이 시작된 이래 무릇 많은 통치자가 백성과 시민의 충성심을 돈으로 샀다. 마찬가지로, 축의 시대, 예방의 시대, 두 차례의 가난 계몽주의 시대 그리고 인도주의 빅뱅 시대를 거치면서, 남을 돕는 비용은 점점 줄어들고 낯선 이에 대한 관심은 점점 더 커져갔다. 우리가 기꺼이 낯선 이들을 도우려 하는 게 호혜주의 본능에 좌우되는 거라면 의당 그리 되어야 한다. 게다가 남들을 돕는 데 들어가는 한계 비용이 내려가면서, 보답을 바라며 남을 돕는 일은 점점 더 매력적으로 보이게 된다.

인간의 연민의 역사에 큰 영향을 준 이타주의로 진화된 두 번째 본능은 다른 사람을 도우면서 도덕적인 사람으로 보이고 싶어 하는 본능이다. 역사적으로 소위 거물급들은 대개 구호금을 내거나 가난한 사람을 위해 잔치를 열거나 병원이나 고아원 또는 무료 급식소를 세움으로써 자신과 자기 후손의 명성을 쌓으려 했다. 독실한 종교인들은 자선 활동과 각종 선행을 통해 신을 기쁘게 해주고 신의 분노를 피하려 했다. 오늘날에도 많은 사람이 자신이 도덕적인 사람이라는 걸 널리 알리고, 냉혈한이라는 비난을 피하며, 자신의 지적이고 합리적인 면을 과시하기 위해 가치 있는 대의에 적극 참여한다. 도와주는 상대로부터 보답을 받지 못한다 해도, 다른 사람을 도움으로써 득을 볼 수 있다.

그런데 연민의 역사에서 중요한 역할을 한 본능은 비단 호혜주의에 대한 본능과 명성에 대한 본능뿐만이 아니다. 사실 그 두 가지 본능은 심지어 가장 중요한 본능도 아니다. 어쨌든 우리는 인간으로 존재하는 한 늘 두 본능을 갖고 있었고, 낯선 이들에 대한 인간의 관심의 역사는 인류가 대규모로 모여 살면서 비로소 시작됐다. 그전까지만 해도 우리는 대개 낯선 이들에게 의심과 적대심만 보였다. 따라서 낯선 이들에 대한 우리의 관심이 확대된 근본적인 이유를 알려면 또 다른 설명이 필요하다. 우리는 인간이 갖고 있는 이성적 추론 본능을 이해할 필요가 있으며, 그 본능이 대규모 고통에 의해 어떻게 일깨워지는지도 이해할 필요가 있다.

철학자와 심리학자는 최근 수십 년간 이성에 대해 아주 회의적인 생각을 하게 됐다. '직관주의intuitionism'와 '감상주의sentimentalism'라 불리는 철학 사조 신봉자들은 우리의 도덕적 행동이 이성의 영향을 전혀 받지 않는다고 주장한다. 직관주의자들은 도덕적 판단은 우리가 별생각 없이(생각이라는 걸 하기나 한다면) 내리는 결정에 대한 사후 합리화에 지나지 않는다고 여긴다. 예를 들어 직관주의자들은 우리가 다른 사람에게 관심을 갖는 건 그게 바람직한 행동 방식이라고 추론해서가 아니라, 역사적으로 늘 함께 모여 살면서 호혜주의와 공정성이라는 문제에 민감했기 때문이라고 주장할 것이다.[5] 마찬가지로 감상주의자들은 우리의 도덕적 판단의 토대는 감정이라고 생각한다. 그러니까 이를테면 우리는 먼저 어떤 행동을 역겨운 걸로 경험하기 때문에 그 행동을 부도덕하다고 판단하는 것이며, 또한 먼저 다른 사람에 대해 공감하기 때문에 그들에 대해 관심을 갖고 싶다는 욕구를 경험하게 된다는 것이다.[6] 직관주의자와 감상주의자는, 다른 목소리가 발언권을 갖고 난 뒤에야 우리가 왜 이런저런 일을 해야 하는지 마지 못해 그 이유를 내놓았다.

과거 50년간 심리학자들은 인간의 이성에 얼마나 결함이 많은지에 대해 열변을 토해왔다. 그러면서 그들은 우리의 판단을 흐리게 만드는 체계적인 편향과 믿을 수 없는 경험 법칙을 잔뜩 열거했다.[7] 예를 들어 '추론 편향correspondence bias'은 일종의 추론 실패로, 이로 인해 우리는 다른 사람의 행동은 환경의 영향보다는 그들의 개인적 성격에 기인한다고 추정한다. 또한 '기본적 귀인 오류fundamental attribution error'로 인해 우리는 자신의 행동을 이해하면서도 정반대로 행동해 추론 편향을 확대시킨다. 또 '뜨거운 손 오류hot-hand fallacy'로 인해 우리는 좋은 성과나 나쁜 성과가 다음에도 계속되리라고 믿는다. 우리는 상관관계와 인과관계를 혼동하며, 기저율을 무시하고, 선행 사건을 부인하며, 결과를 확언하고, 5달러를 손에 넣은 걸 기뻐하기보다는 5달러를 잃은 걸 훨씬 더 가슴 아파한다. 그래서 당신이 만일 전형적인 심리학 교재를 가이드로 삼고 있다면, 아마 우리의 마음은 온갖 오류와 편향으로 가득 차 있다는 결론을 내리게 될 것이다.

사람들이 실제 이런 추론의 오류를 저지르고 있든 아니든(기본적 귀인 오류는 아예 존재하지 않을 수도 있다[8]), 그 오류들이 실제로 잘못된 것이든 아니든(일부 연구원들은 농구선수들이 실제로 '뜨거운 손'을 갖고 있다고, 즉 한 번 안타를 친 선수는 다음에도 다시 안타를 치기도 한다고 말하기도 한다[9]), 이런 경향이 인간 추론의 전부라고 생각하는 건 분명 잘못이다. 그리고 실제 논리와 확률의 법칙에 전혀 의존하지 않는 추론도 있다. '실용적 추론practical reasoning'이라 하는데, 《스탠퍼드 철학 백과사전Stanford Encyclopedia of Philosophy》에는 실용적 추론이 '사람이 무얼 해야 하는지에 대한 의문을 성찰을 통해 해결하는 인간의 일반적인 능력'이라 정의되어 있다.

> 실용적 추론은 아직 행하지 않은 일련의 대안 행동 중에서 어떤 행동을 해야 할지 또는 어떤 행동을 하는 게 가장 좋을지에 대한 추론이다. 따라서 사실 관계나 그 설명이 중요한 게 아니라, 어떤 일을 하는 게 바람직한지에 대한 가치의 문제가 더 중요하다. 그래서 실용적 추론을 할 경우, 사람들은 어떤 행동에 대한 이유와 자신이 선택할 수 있는 대안 행동의 장단점 등을 알아보려 한다. 게다가 그들은 이 모든 일을 1인칭 관점에서 행한다(개인적으로든 집단적으로든, 사람들은 종종 자신들이 함께 해야 할 일들에 대해 함께 추론한다).[10]

실용적 추론에선, 그다음 가장 바람직한 행동을 찾게 되며, 그러면서 이런저런 이유를 살펴보고 다른 사람이 제시하는 이유에 대해서도 깊이 생각해보게 된다. 또한 먼저 자신에게 특정 집단의 사람에게까지 도움을 확대해야 하는지를 물어보고, 그런 다음 어떤 종류의 도움을 줄 수 있는지 또는 주어야 하는지에 대해 추론을 해봐야 할수도 있다. 찰스 다윈은 낯선 이들의 행복에 대한 인간의 관심이 확대되는 데 이성적 추론이 중요한 역할을 했다고 주장했는데, 그때 마음속으로 생각한 추론 형태가 분명 이 실용적 추론이었을 것이다. 그와 관련해 그는 이런 말을 했다.

> 인류 문명이 발전되고 작은 부족이 통합돼 보다 큰 지역 사회가 형성되면, 이성은 각 개인에게 "네 사회적 본능과 너그러움을 네 자신이 속한 지역 사회의 모

든 구성원에게까지(개인적으로 서로 모른다 해도) 적용해야 한다."고 말하게 된다. 그리고 이 시점에 이르면, 인위적으로 막지 않는 한 각 개인의 너그러움이 모든 국가와 모든 인종에게 확대되는 걸 막을 수 있는 방법이란 없다.**11**

이런저런 이유를 찾아보고 다른 사람이 얘기하는 이유도 숙고해보는 실용적 추론은 인류의 너그러움 역사에 지워지지 않을 흔적을 남겼다. 고대 도시국가 라가시의 왕이었던 우루이님기나를 예로 들어보자. 그는 고아와 미망인이 짊어진 불평등이란 이름의 짐을 덜어주면 존경과 충성을 얻을 수 있다는 걸 깨달았을 때, 연민에 대한 한 이유를 찾은 것이다. 마찬가지로, 축의 시대에 사람들이 신은 너그러운 자들은 축복하고 비정한 자들은 벌한다고 믿은 것은 너그러워져야 할 이유가 됐다. 또한 축의 시대에 '남에게 대접을 받고자 하는 대로 남을 대접하라'는 황금률이 나온 것은 우리의 너그러운 본능을 친척 이외의 다른 사람에게까지 확대해야 할 또 다른 이유가 되었다.

또 다른 이유는 멀지 않은 곳에 있었다. 예방의 시대에 후안 루이스 비베스 같은 개혁가는 유럽의 통치자들을 상대로 가난이 사회에 미치는 부작용을 해결하는 데 드는 비용보다는 가난을 완화시키는 데 드는 비용이 더 적다는 걸 납득시키려 애썼다. 가난을 완화시켜야 한다는 주장은 이후 영국에서도 나오게 되는데, 그것은 대중의 삶의 질을 올려주지 못할 경우 프랑스 혁명을 촉발시킨 노동자 계층의 분노 같은 게 영국에서도 터질 수 있다는 우려 때문이었다.

1차 가난 계몽주의 시대에는 인간이 너그러워져야 할 또 다른 이유가 나왔다. 장-자크 루소와 애덤 스미스 그리고 임마누엘 칸트의 저서는 사회적 지위에 관계없이 모든 사람은 인간으로서의 존엄성을 가지며, 따라서 특정한 권리, 특히 기본적인 필요를 충족시킬 부를 소유할 권리를 갖는다는 주장에 토대를 제공했다. 그리고 과거의 중상주의자는 가난은 노동자로 하여금 계속 일을 하게 만들어 경제를 강화시킨다고 주장했지만, 1차 가난 계몽주의 시대의 개혁가는 전통적인 경제 이론을 활용해 현실은 중상주의자의 주장과 정반대라고, 그러니까 가난은 경제 성장에 장애가 된다고 주장했다.

그러다 인도주의 빅뱅 시대에는 또 다른 이유가 등장했다. 국제 무역이 활발해지면서 세계 각국의 경제가 다른 국가의 경제에 더 많이 의존하게 되자, 유럽의 엘리트는 자신들의 가장 중요한 무역 파트너들의 복지를 지켜주어야 할 한 가지 이유를 갖게 됐다. 또한 그들은 국가는 개인이 갖고 있는 것과 비슷한 자연권을 갖는다는 에머리히 드 바텔의 주장에서 낯선 이들에 대한 연민이 필요한 또 다른 이유를 발견했다. 그리고 그 같은 주장의 결과로, 세계의 국가들은 위기의 순간에 서로 개발 원조 및 비상 원조 활동을 펼쳤다. 또 인도주의 빅뱅 시대의 개혁가는 국가는 대규모 재난이 발생했을 때 자국 국민을 돌봐야 할 의무가 있다고 주장했는데, 이는 1차 가난 계몽주의 시대의 개혁가가 국가는 자국 국민의 가난을 완화시킬 의무가 있다고 주장한 것과 비슷하다.

인도주의 빅뱅 시대는 모든 인간은 자연권과 존엄성을 갖는다는 주장에 의존했기에 서로 뭉쳐 각종 협회를 만들어 익사 사고를 줄이거나 조난을 방지하거나 교도소 환경을 개선하거나 노예제를 폐지하거나 여성의 정치적 목소리를 높이는 등의 일을 해야 할 이유가 생겨났다. 기독교 지도자 역시 인간은 누구나 존엄성을 갖는다는 주장을 지지했고, 기독교인을 향해 누군가의 영혼을 구원하려 할 때는 그 사람이 물질적·정신적으로 필요로 하는 것에 더 많은 관심을 기울이라고 설파했다. 영국 식민주의자가 원주민의 자연권을 무시해선 안 된다는 에드먼드 버크 영국 의원의 주장 역시 연민이 필요한 또 다른 이유의 씨앗이 되었으며, 그 씨앗은 결국 식민주의 프로젝트 전반에 대한 국가적 우려로 자라났다. 또한 군인은 인도적인 치료를 받을 권리가 있고 민간인은 전쟁의 공포로부터 보호받을 권리가 있다는 주장 역시 적십자의 설립, 제네바 협정의 비준 그리고 2차 세계대전으로 피폐해진 유럽 시민을 보살핀 수많은 노력으로 이어졌다.

전쟁 이후 세계의 부유한 민주주의 국가는 개발도상국을 돕는 것이 결국 그들의 가장 중요한 두 가지 목표를 달성하는 데, 즉 전 세계적인 공산주의 확산을 막고 3차 세계대전을 예방하는 데 도움이 될 거라는 해리 트루먼 미국 대통령의 주장에 큰 영향을 받았다. 이후 1970년대와 1980년대에는 피터 싱어와 오노라 오닐, 찰스 베이츠 같은 윤리학자와 정치 이론가가 연민이 필요한 또 다른 이유를 제시했는데, 그 이유는 모두 어떤 식으로든 가난은 모든 사람이 심각하게 받아들여야 할 도덕적 의무가 있는 악이라는 주장에 토대를 두었다. 사람들은 매일매일 공식적인 기구나 민간 구제 단체로부터 그 누구든, 심지어 집에서 TV를 보고 있는 사람도 멀리 떨어진 데 사는 가난한 이들의 삶을 바꿔놓을 수 있다는 유혹적인 말을 들었다. 그리고 21세기 초에는 밀레니엄 개발 목표가 전 세계적인 가난을 줄이는 데 효과가 있다는 경험적 증거가 나타나면서, 일부 개발 전문가들은 모든 원조가 꼭 실패로 끝나는 건 아니며, 빅 푸시 즉, 대대적인 밀어붙이기가 실제 효과가 있다는 생각을 하게 됐다.

그러다가 21세기 충격의 시대에 들어오면서 효율적 이타주의자와 자선 자본주의자가 공리주의 윤리학자의 영향을 받게 되는데, 공리주의 윤리학자는 1달러를 이용해 곤경에 처한 사람에게 도움을 주는 게 좋은 일이라면 그 1달러로 가능한 한 더 많은 도움을 주는 건 훨씬 더 좋은 일이라고 주장했다. 또한 사람들은 무작위 대조 시험과 비용-효과 분석 등을 통해 자선에 쓰는 돈으로부터 최대한 많은 걸 얻을 수 있게 해주는 사회과학의 힘에 점점 더 끌리게 됐다. 그러다 마침내 정보를 전달하고 자원을 기부하고 전문지식을 모으는 데 쓰이는 새로운 전자 기술과 함께 충격의 시대가 도래하면서, 우리 모두 자신의 돈과 마음을 활용해 목욕 가운 인도주의자가 될 수 있다는 가능성이 보이게 된다.

낯선 이들을 돕는 이유에 대해 그간 있었던 많은 논쟁을 살펴보면, 서로 다른 세 가지 유형의 이유가 눈에 띈다. 첫 번째 유형의 이유는 적나라한 자기 이익에 호소함으로써 힘을 얻는다. 다시 말해, 내가 오늘 당신을 도와주면서 당신이 조만간 보답을 해야 한다는 의무감 같은 걸 갖게 될 거라거나 또는 내가 그 광경을 지켜본 다른 사람으로부터 존경을 받게 되거나 신의 축복을 받게 될 거라고 생각한다면, 나는 나중에 보답을 받게 될 거라는 걸 알고 자기 이익을 위해 돕는 것이다. 우리가 보답이나 존경을 바라고 남을 돕는 것은 우리의 진화된 직접적인 호혜주의와 간접적인 호혜주의 본능에 의한 것이라고 생각하기 쉬운데, 실제 그런 경우가 많다. 그러나 그 모든 건 이성에 의한 것일 수도 있다. 그러니까 우리는 순전히 이성을 통해 통찰력을 갖게 된다는 것이다. 우리가 다른 사람을 도와주면 우리의 너그러움 덕을 본 사람이 보답할 것이고, 또 우리의 너그러움을 목격한 사람이 우리를 존경하게 될 것이라는 통찰력 말이다.

두 번째 유형의 이유 역시 자기 이익에 호소하는 건 같지만, 덜 직접적이다. 개인의 이익보다는 집단의 이익에 더 집중하기 때문이다. 이 이유에 따르면, 도시들은 질병과 무질서에서 자유로워야 하고, 국가는 경제적인 면에서 경쟁력이 있어야 하며, 세계는 우의 속에 번영해야 한다. 이 이유에 근거한 주장은 자신의 행복이 자신이 속한 지역 사회와 국가의 행복과 밀접한 연관이 있고, 또 보다 범세계적인 관점에서 볼 때 자신이 속한 국가의 행복이 다른 국가의 행복과 밀접한 연관이 있다는 걸 잘 아는 모든 사람에게 호소력을 갖는다.

세 번째 유형의 이유 역시 자기 이익에 호소하지만, 보다 확대된 의미에서의 '자기 이익'에 호소한다. 즉 듣는 사람의 정체성에 대한 욕구에 호소하는 것이다. 다시 말해 이 이유는 위선자가 되지 않으려는 욕구, 말로만 하는 게 아니라 언행을 일치시키려는 욕구, 논리적·수학적·도덕적 원칙에 부합한 쪽으로 믿고 행동하려는 욕구 등에 호소하는 것이다. 그리고 그 논리적·수학적·도덕적 원칙 속에는 자연권, 한계효용 체감이라는 경제 원칙, 어떤 행동의 도덕성은 그 행동이 지각 있는 존재의 고통에 미치는 영향에 의해 결정된다는 공리주의 원칙 같은 추상적인 개념이 포함된다.

이 추상적인 개념 가운데 역사적으로 늘 가장 중요하면서도 제대로 인정받지 못한 개념 중 하나는 정체성에 대한 개념, 즉 어떤 특정

14장. 타당한 이유들

한 속성과 관련된 것은 그 속성과 관련해 같은 걸로 취급해야 한다는 개념이다. 예를 들어 숫자 1과 3-2라는 수식은 외형상 달라 보이지만, 수학적 관점에서 보면 동일하다. 3-2=1이라는 등식에서 =이라는 등호의 의미는 그러하다. 따라서 당신이 만일 3-2와 1을 다른 것으로 취급한다면, 당신은 산술 문제를 제대로 풀 수가 없다.

이와 마찬가지로, 도덕과 관련해 같은 특징을 가진 것은 도덕적으로 같은 취급을 받아야 한다. 따라서 '남에게 대접을 받고자 하는 대로 남을 대접하라'는 축의 시대의 황금률은 특정 영역 안에서 같은 것은 그 영역 안에서 같은 걸로 취급되어야 한다는 선험적 진리에 의해 뒷받침된다. 당신은 혹 다른 사람은 당신의 욕구나 필요에 부응할 의무가 있다고 생각하는가? 강압 같은 걸 통해서가 아니라면 불가능한 일이다. 그래서 당신의 그런 생각이 설득력을 가지려면, 다른 사람도 당신과 같은 권리를 갖고 있고, 당신도 다른 사람과 같은 의무를 갖고 있다는 사실을 인정해야 한다. 만일 그걸 서로 다른 걸로 취급한다면, 당신은 도덕 문제를 제대로 풀 수가 없다. 인간은 언제 어디서든 모두 기본적으로 같은 양의 존엄성을 갖는다는 칸트의 주장 역시 정체성의 개념에 따른 것이다. 인간은 모두 같은 존엄성을 갖고 있기 때문에, 우리는 모두 수단이 아닌 목적으로 취급받을 권리도 갖는다. 그래서 우리는 자선의 문제가 아닌 의무의 문제로 다른 사람을 동일하게 대해야 한다. 모든 국가는 개인의 경우와 마찬가지로 동일한 자연권을 갖는다는 에머리히 드 바텔의 주장은 결국 칸트의 이 같은 추론을 국제적인 관계로 확대시킨 것이다.

애덤 스미스와 찰스 디킨스는 각기 경제 분야와 문학 분야에서 1

차 가난 계몽주의 시대의 정신을 전파하기 위해 도덕적 정체성을 토대로 칸트의 추론을 확장하였다. 그 과정에서 그들은 가난은 어리석음과 악에 대한 하늘의 벌이라는 구시대적 믿음을 비판했다. 근로 빈곤층은 지능, 지략, 근면성, 도덕성 등에서 절대 상류층에 비해 뒤떨어지지 않으며, 어쩌다 보니 가난해진 것뿐이라고 주장했다.

사람들은 혼자 머리를 싸맬 때보다는 함께 머리를 맞댈 때 추론을 가장 잘할 수 있다. 혼자 추론을 할 경우, 사회 심리학자나 인지 심리학자가 흔히 지적하는 인간의 여러 약점과 편견에 노출되기 쉽다. 그 가운데 가장 치명적인 것이 이른바 '확증 편향myside bias'으로, 자신의 신념에 부합되는 정보는 쉽게 받아들이지만 자신의 신념에 위배되는 정보는 좀체 받아들이려 하지 않는 경향을 뜻한다. 사람들이 서로 의견이 갈리는 문제에 대해 각기 자신이 옳다는 생각을 가지고 함께 추론할 때, 우리는 그걸 논쟁이라 부른다. 논쟁에서는 한쪽에서 자신의 확신(때론 철저히 확증 편향적일 수 있다)에 대해 이런저런 이유를 제시하면, 또 다른 한쪽에선 그 이유에 대해 깊이 생각한 뒤 반박한다. 이처럼 어떤 주장과 반론 그리고 새로운 주장으로 논쟁의 계단을 오르다 보면, 엉성한 의견은 버리고 보다 나은 의견을 택하게 되는 경우가 많다.[12] 함께 추론을 함으로써 훨씬 나은 의견을 택할 수 있게 되는 것이다.

예를 들어 대외 원조 문제에 관한 한, 미국인은 세상에서 가장 비관적인 사람에 속한다. 미국인 가운데 절반 이상이 미국은 대외 원조에 너무 많은 돈을 쓰고 있다고 생각하는데, 그건 그들이 국내총소득의 무려 25%가 미국 대외 원조에 쓰이고 있다고 알고 있기 때문이다. 그러나 그들이 미국의 실제 대외 원조액이 얼마 안 된다는 사실(실은 국내총소득의 1%도 안 된다)에 대해, 그리고 또 다른 국가에 식량과 약품을 제공하고 기타 개발 사업을 후원하는 원조 프로그램이 의외로 효율성이 높다는 사실에 대해 알게 될 경우(특히 그런 사실이 초당적인 전문가 집단에 의해 입증될 경우), 대외 원조에 대한 미국인의 지지도는 더 올라간다.[13] 사람들이 함께 추론할 때 훨씬 더 인상적인 태도 변화가 일어날 수 있는 것이다. 한 연구에서 연구팀은 사람들에게 국제 원조 및 개발에서의 미국의 역할에 대한 기본적인 정보를 준 뒤, 그 정보를 혼자 또는 동료들과 함께 추론해보라고 했다. 그 결과 동료들과 함께 추론한 사람들은 혼자 추론한 사람들에 비해 대외 원조에 대한 미국의 투자에 더 많은 지지를 보냈다.[14] 늘 이유가 중요한데, 함께 추론할 경우 그 이유가 훨씬 더 중요해지기 때문이다.

찰스 다윈은 더없이 간단한 이유만으로도 인류는 결국 모든 국가, 모든 인종에게까지 연민을 확대하게 된다고 주장했다. 비록 진화된 우리의 이타주의 본능도 개입되겠지만, 더없이 간단한 이유만으로도 우리는 다른 사람을 돕기로 마음먹게 된다. 물론 우리에게 다른 사람을 효율적으로 도울 수단이 없을 경우, 더없이 간단한 이유만으로는 '악어의 눈물' 즉, 위선적인 선행 이상의 도움을 베풀기는 어렵다. 그러나 다행히도 지난 3세기 동안 기술과 과학과 무역이 발전하면서 우리에겐 다른 사람을 도와줄 수단이 많아졌다.

과학과 기술은 먼 데 사는 낯선 이들의 삶을 개선하려는 우리 인류의 노력에 말할 수 없이 큰 기여를 했다. 그 기여의 상당 부분은 통신 및 교통의 발달에 기인한다. 통신 분야에서의 눈부신 발전으로 인

타인의 친절

류의 각종 위기 소식이 우리에게 전파되는 시간이 얼마나 단축됐는 지를 생각해보라. 1755년 리스본 대지진 당시, 그 소식이 유럽 전역 에 전파되는 데는 몇 주일이 걸렸다. 그러나 그로부터 130년도 채 안 지나, 전신 기술의 발전으로 정보 전달 속도는 무려 99%나 단축됐다. 그리고 1870년 대양저에 깔린 해저 전신 케이블 덕에, 1883년 인도네 시아 남서부에 위치한 크라카타우 섬에서 진도 6의 화산 폭발이 일어 났을 때 그 소식은 분당 8자의 속도로 자바에서 런던으로 전달됐다. 결국 런던 시민은 14시간도 채 안 지나 대재앙 소식을 알게 되었다.[15] 2010년 1월 12일에 이르면, 디지털 통신 기술이 워낙 빨라져 그날 아 이티에서 발생한 진도 7의 대지진 소식은 채 몇 분도 안 돼 전 세계에 전파됐다. 결국 현재 인도주의 위기가 발생하면, 그 소식은 3세기 전 에 비해 몇 자릿수나 더 빠른 속도로 전 세계에 전파된다.

매스컴 분야에서의 혁신으로 진행 속도가 느린 비극에 대한 우리 의 대처도 더 손쉬워졌다. 18세기의 인쇄 기술 덕에 인쇄 효율성이 높아지면서, 종군 기자들의 글이 실린 신문 속보를 구해 보는 게 훨 씬 쉬워졌으며, 노동자 시위에 대한 증인의 설명, 〈벤튼즈 미셀러니 Benton's Miscellany〉지에 실린 찰스 디킨스의 《올리버 트위스트》 최신호, 〈모닝 크로니클〉지에 실린 런던 노숙자의 삶에 대한 헨리 메이휴의 최신 작품, 또는 〈푸어 맨즈 가디언〉지에 실린 최근 사건에 대한 노 동자 계층의 글 등을 보는 것도 훨씬 더 쉬워졌다. 그리고 오늘날에 는 책상 위에 올려놓거나 주머니 안에 넣고 다니는 디지털 기기들 덕 에, 늘 우리 말에 귀 기울이는 쾌활한 인공지능 프로그램에게 구두 지시를 내리거나 손가락으로 가볍게 화면을 터치하거나 화면을 밀어 넘김으로써 불행한 사람의 삶에 대해 자세히 알 수 있게 됐다.

또한 18세기와 19세기에 건조 기술이 향상된 걸 시작으로 교통 분야에서 많은 혁신이 일어나면서, 인류가 필요로 하는 것을 손에 넣고 각종 문제를 해결하는 게 한결 더 쉬워졌다. 또 강철 선체가 목제 선체를 대체하고 리벳이 못을 대체하고 증기가 풍력을 대체하면서, 식량과 약품 그리고 각종 보급품과 기술을 운송하는 게 더 빨라지고 비용도 더 싸졌다. 게다가 19세기와 20세기에는 열차와 비행기와 자동차가 등장하면서, 필요한 곳에 도움을 주는 데 필요한 시간과 돈이 한층 더 줄어들었다. 게다가 인터넷이 등장하면서, 이제 우리가 가치 있는 대의에 돈을 기부할 수 있는 속도는 '특이점singularity'*에 가까워졌다. 이제 더 이상 헌금함이나 헌금 접시에 돈을 넣을 필요가 없게 된 것이다.

통신 및 교통 분야에서의 발전으로 인류의 연민이 확대됐듯, 과학 및 기술 분야에서는 이제 스마트폰과 공급망의 발전을 통해 인류의 연민이 확대되고 있다. 예를 들어 화학 및 유전학 분야에서의 발전 덕분에 수확량이 많고 살충제에 강한 곡물의 재배가 가능해졌고, 그 결과 수백만 명이 기아와 발달장애를 면하고 있다. 화학 분야에서의 발전 덕에 그런 작물을 재배하는 데 유용한 비료 생산도 가능해졌다. 또한 미생물학 분야에서의 발전으로 백신 및 항생제 생산이 가능해져 매년 수백만 명이 각종 전염병으로부터 목숨을 건지고 있으며, 전염병학과 인구통계학 분야에서의 발전으로 그런 자원을 어디로

---

* 인공지능이 비약적으로 발전해 인간의 지능을 뛰어넘는 시점. - 역자 주

타인의 친절

보내고 또 누구에게 주어야 하는지도 알게 되었다.

낯선 이들에 대한 우리 인류의 관심을 확대시켜주는 데 더없이 큰 기여를 한 또 다른 학문 분야가 있다. 무엇이겠는가? 수학이다. 17 세기와 18세기 그리고 19세기에 이루어진 계산 및 통계, 확률 이론 분야에서의 발전을 통해 우리는 복리를 정확히 계산할 수 있는 수단을 확보하게 됐다. 그 덕분에 보험 또는 연금 기금 자산이 시간이 지나면서 어떻게 불어나는지를 정확히 추정하는 게 가능해졌다. 또한 보다 발전된 생명표life table*가 구축되면서, 특정한 특징(예를 들어 연령, 성별, 건강, 직업 등)을 가진 사람이 얼마나 오래 살 수 있을지 또는 얼마나 오래 건강을 유지할 수 있을지를 예측할 수 있게 되었다. 이런 혁신을 통해 납세자에게 불필요한 부담을 주지 않고도 지불 능력을 유지할 수 있는 각종 사회보험 및 사회복지 프로그램들을 만들어낼 수 있었다.[16]

경제학 분야 역시 연민의 확대에 말할 수 없이 큰 기여를 했다. 19 세기 말부터 20세기 초까지의 경제 사조에서 우리는 여러 가지 유용한 개념을 접하게 됐는데, 가난을 완화시키면 부의 창출이 저해되는 게 아니라 오히려 촉진된다는 개념도 그중 하나였다.[17] 또한 경제학 덕에 가난과 그 완화에 대해 명쾌한 추론을 해볼 수 있는 여러 가지 개념, 즉 빈곤선, 빈곤의 함정, 물가 지수, 지니 지수, 비용-편익 분석, 구매력 평가 지수 등도 확보하게 됐다.[18] 이런 개념이 없다면, 이론과 경험을 토대로 가난을 제대로 연구하는 게 힘들 것이다.

---

*   생명보험의 보험 사고가 발생할 연령별 위험도(사망률)를 나타낸 표. - 역자 주

진리를 추구하는 대부분의 다른 방법과 달리, 과학은 비판과 예측을 토대로 발전한다. 특히 사회적 지출이 논란의 대상이 되는 정치적 환경에서 사람들의 삶을 어떻게 개선할지의 문제를 놓고 논리 정연한 언쟁을 벌이는 데는 과학적 근거가 더없이 중요한데, 그건 과학이 비판을 수용하기 때문이다. 다양한 정책과 프로그램의 비용-편익과 관련한 과학적 증거의 가치를 생각해보라. 여러 정치적 신조를 가진 사람들이 도움을 절실히 필요로 하는 사람들에게 도움의 손길을 내밀지만, 어떤 사람은 다른 사람에 비해 비용에 더 많은 신경을 써 보답이 확실치 않은 세계에는 돈을 쓰지 않으려 한다. 과학은 비용 대 효과 측면에서 가장 믿을 만한 지침을 제공해줄 수 있는 학문이며, 그래서 공정한 합의를 이끌어내는 데 중요한 역할을 한다. 밀레니엄 개발 목표가 개발도상국 국민의 삶의 질을 향상시켜주었는지에 대한 최근 평가는 과학이 우리에게 어떤 걸 가르쳐줄 수 있는지를 잘 보여주는 예인데, 과학은 또 국내 정책의 효율성과 비효율성에 대해서도 많은 걸 가르쳐준다.[19] 따라서 과학적 지식은 우리의 자원이 인류의 삶의 질을 높이기 위해 어떻게 쓰여야 하는지와 관련된 논쟁에서 가장 중시되어야 한다.

낯선 이들에 대한 우리 인류의 관심을 확대하는 데 기여한 인간의 마지막 활동 분야는 국제 무역 분야이다. 무역 분야의 눈부신 발전으로 세계는 이제 1800년과 비교해 매년 거의 100배나 많은 부를 창출해내고 있다. 이처럼 폭발적인 무역 발전을 감안하면, 동기간 동안 전 세계 극빈층의 비율이 90%서 10%로 줄어들었다는 것도 놀랄 일이 아니다.[20] 무역은 낯선 이들에 대한 인류의 관심에도 여러 가지

적절한 영향을 주었다.

첫째, 무역은 다른 그 어떤 제도로도 할 수 없는 방식으로 참여자들을 서로 의존하게 만든다. 나는 당신한테 돈을 주고 내 스스로 만들 수 없는 제품이나 서비스를 구입해 삶이 더 윤택해지고, 당신은 그 제품이나 서비스를 구입하기 위해 내가 지불한 돈으로 더 윤택해진다. 이 같은 비非제로섬 현상의 결과로, 무역은 양쪽을 다 윤택하게 만든다. 그러니까 판매자와 구매자 모두 그저 자신에게 도움이 되는 행위를 하고 있을 뿐인데, 서로에게 도움을 주는 것처럼 되는 것이다. 이와 관련해 애덤 스미스는 《국부론》에서 다음과 같은 유명한 말을 했다. "우리가 우리의 저녁 만찬에서 얻는 것은 정육업자나 양조업자 또는 제과업자의 선행에서 오는 게 아니라 자기 이익에 대한 그들의 관심에서 온다."[21]

둘째, 일단 판매자와 구매자가 판매와 구매 측면에서 서로 의존적이 되면, 양측은 상대에게 친절하게 대해야 할 부수적인 이유가 생기는 경우가 많다. 예를 들어 양조업자의 사업이 곤경에 처해 위험해지면, 그 사람이 만든 맥주를 사 먹는 일 또한 위험해진다. 그러니까 상호의존성으로 인해, 내가 양조업자의 행복에 보다 직접적인 관심을 가져야 할(그의 맥주를 더 많이 사준다든가 하는 식으로) 이유가 생겨나는 것이다. 서유럽 사람들은 이 같은 교훈을 1755년 리스본에서 대지진이 발생했을 때 배웠다. 당시 지진과 화재와 홍수로 포르투갈 경제가 곤경에 처하면서 전 세계 무역을 위협했기 때문이다. 그런 사태가 발생하는 걸 막기 위해, 스페인과 영국, 프랑스, 함부르크는 국제 무역에서 번 돈으로 두둑해진 자신들의 지갑에서 돈을 빼내 곤경에 처한

14장. 타당한 이유들

무역 파트너를 지원했다. 이처럼 자기 이익을 챙기는 과정에서 선행이 나올 수 있는 것이다. 이와 관련해 미국 저널리스트 로버트 라이트Robert Wright는 이런 말을 했다.

> 당신이 만일 내게 일본을 폭격하는 게 왜 좋은 생각이 아니라고 보느냐고 묻는다면, 나는 이렇게 답할 것이다. "무엇보다 그들이 내 미니밴을 만들었거든요." 보다 고상한 이유도 있다고 자신 있게 얘기할 수 있지만, 사실 이렇게 기본적이고 구체적인 상호의존성 때문에 사람들은 서로 최소한의 존경심을 표하게 되며, 또 지구 반대편에 있는 사람의 행복에도 조금은 관심을 갖게 된다.[22]

무역이 낯선 이들에 대한 우리의 관심에 미치는 세 번째 영향은 사람들과 협회들과 국가들이 선한 일에 쓸 수 있는 돈과 시간을 만들어내는 무역의 힘에서 나온다. 그러니까 무역으로 올린 이익을 통해 대규모 선행이 가능해지는 것이다. 무역에서 너그러움이 나온다는 주장은 종종 진보적인 정치인과 좌파 학자에 의해 조롱받았는데, 그들은 무역으로 인해 너그러움은커녕 인간성 말살, 착취, 예속, 환경오염은 물론 사회 불안을 야기하는 기타 다른 사회적 병폐가 생겨난다고 주장한다. 영국 역사학자 아놀드 토인비Arnold Toynbee는 1887년 영국 산업 혁명에 대한 자신의 역사 강연에서, 자유 무역의 미덕을 찬양하는 정치경제학자의 관점에 대해 더없이 신랄한 비판을 퍼부었다. 특히 그는 고전 경제학의 선구자 중 한 사람으로 엘리자베스 구빈법을 통한 사회 개혁 지지자이기도 했던 데이비드 리카도를 인간 사회를 '인간적인 정을 상실한 채 금을 찾아다니는 동물들의 세계'

타인의 친절

로 묘사한 인물로 비판했다.[23] 보다 최근에는 정신분석가 애덤 필립스Adam Phillips와 역사학자 바바라 테일러Barbara Taylor가 자신들의 공저 《친절에 관하여On Kindness》에서 "자본주의는 결코 인정 많은 사람을 위한 제도가 아니다."라는 말을 했다.[24]

그러나 역사적 증거와 과학적 증거는 무역과 친절 간의 관계에 대한 이런 회의적인 시각이 잘못된 거라는 걸 보여준다. 축의 시대에서 충격의 시대에 이르기까지 너그러움은 부의 증가에서 비롯됐고, 역사적으로 부의 상당 부분은 무역 이익에서 비롯됐다. 주식시장이 활황일 때 사람들이 자선 단체에 더 많은 돈을 기부한다는 사실 또한 기억해둘 만한 가치가 있다.[25] 마찬가지로, 주택 자산이 늘고 급여가 큰 폭으로 오를 때 자선 단체 기부가 느는 경향이 있다.[26] 사회학자 파멜라 윕킹Pamela Wiepking과 르네 베커스Rene Bekkers가 이 주제에 대한 과거 연구를 검토한 결과, 부와 자선 단체 기부 간에 긍정적인 연관성이 있다는 걸 보여주는 연구는 70여 가지에 달했고, 그 반대의 결과를 보여주는 연구는 몇 안 됐다. 부유한 사람들이 기부도 더 많이 하는 것이다.[27]

부와 기부 간의 연관성에 대해 말하자면(그리고 그건 선순환하는 것처럼 보이는데), 사람들을 가난으로부터 벗어나게 해주는 최선의 방법은 그들에게 스스로 가난에서 벗어날 수단을 제공하는 것이다. 그런 점에서 무역은 사람들을 가난에서 벗어나 그 상태를 계속 유지하게 해주는 데 절대적으로 필요한 요소이다. 만성적인 가난에 허덕이는 국가들을 보면, 거의 다 열악한 지리학적 특징이나 잘못된 통치, 잘못된 정책 또는 나쁜 평판 때문에 무역이 제대로 되지 않는다. 바다에

14장. 타당한 이유들

접하지 않은 국가들 역시 경제적으로 침체되기 쉬운데, 자신들의 제품을 이웃 국가를 통해 운송하지 않고는 시장에 내놓을 수가 없어, 그 결과 비용이 증가하고 경쟁력이 떨어지기 때문이다. 지도자들을 잘못 만나거나 각종 제도가 미비한 국가의 경우, 지도자 한 사람의 탐욕과 자아도취로 인해 경제가 망가질 수도 있다. 잘못된 정책을 펴거나, 특히 정부 보조금과 관세 같이 자유 무역을 가로막는 인위적인 장벽을 세우는 경우 역시, 열악한 지리학적 특징이나 잘못된 통치만큼이나 경제적 번영에 큰 타격을 준다. 마지막으로 역사적으로 줄곧 이런 문제를 안고 있는 국가들은 나쁜 평판을 갖게 되어, 신흥 시장의 이점을 활용하기 위해 기꺼이 위험을 무릅쓸 수도 있었을 외국 투자자들까지 등을 돌린다. 예를 들어 우간다를 생각할 때, 투자자들은 그 나라의 몇 안 되는 기업가가 아닌 미치광이 같은 독재자와 메시아처럼 행세하는 군벌을 떠올린다.[28]

보다 자유로운 무역이 사람들을 가난에서 벗어나게 해준다는 증거가 속출하는 가운데, 코펜하겐 콘센서스 회의(2015년에 나온 유엔 지속 발전 목표의 비용-효과를 평가하기 위한 회의)에 참석한 경제학자들은 인위적인 무역 장벽을 제거하고 교통 인프라에 투자하면 수조 달러의 부가 창출될 것이며, 그중 절반은 세계에서 가장 가난한 국가들에 쓸 수 있을 거라는 결론에 도달했다. 실제로 그들은 무역 자유화를 전 세계적인 가난을 완화시킬 가장 비용 효율성 높은 수단으로 꼽았다. 가난한 국가에서 광범위한 개혁을 진행할 경우, 개혁을 위해 1달러를 쓸 때마다 2,100달러에서 4,700달러의 부를 창출할 수 있다는 것이다.[29] 따라서 전 세계적인 개발을 촉진하기 위해 뭔가 정말 중요한

일을 하고자 한다면, 무역 장벽을 없애는 일을 최우선 순위의 일로 삼아야 한다는 것이다.[30]

인위적인 무역 장벽이 그렇게 나쁜 것이라면, 각국 정부는 왜 그 것을 없애기 위해 더 많은 노력을 기울이지 않는 걸까? 무역 자유화를 가로막는 가장 큰 장애물은 사실 정치인들이다. 우리의 타고난 직관은 국제 무역을 파트너들 간의 윈윈 게임이라기보다는 적들 간의 제로섬 게임이라고 보는데, 정부 보조금과 무역 전쟁은 그런 우리의 직관에 잘 와닿는다.[31] 그래서 자유 무역을 가로막는 장벽은 많은 국가에서 대개 큰 인기를 끌게 되고, 정치인들은 관세와 무역 전쟁 그리고 일자리 보호 등과 관련된 강경 발언으로 점수를 따는 경우가 많다. 또한 독재자들은 불법적으로 모은 자신의 부를 해외에 있는 자신의 은행 계좌로 빼돌리는 경우가 많은데, 무역 자유화는 그런 일을 하는 데 도움이 되지 않는다.[32]

도널드 트럼프Donald Trump 미국 전 대통령만큼 자유 무역에 대해 대놓고 회의적인 말을 한 정치인도 드물다. 그래서 미국 경제학자 래리 서머스Larry Summers는 그를 '보호무역론 선동가protectionist demagogue'라 부르기도 했다.[33] 트럼프는 2015년 6월 16일 뉴욕시에서 대통령 출마 선언을 했는데, 그가 대통령이 되기로 마음먹은 그날부터 자유무역에 대한 그의 회의론은 그의 선거 기반인 보수주의자 사이에 큰 반향을 불러일으켰다. 다음은 당시 그가 한 연설이다.

우리나라는 지금 심각한 곤경에 처해 있습니다. 우리는 더 이상 이기지 못하고 있습니다. 한때는 이기는 데 익숙했지만, 지금은 아닙니다. 우리가 중국과의 무역 협상에서 마지막으로 이긴 게 언제입니까? 그들은 우리를 죽이고 있습니다. 나는 내내 중국을 공격하고 있습니다. 내내…… 우리가 일본한테 뭔가에 이긴 적이 있습니까? 그들은 자기네 자동차를 수백만 대씩 보내는데, 우리는 뭡니까? 동경에서 우리 쉐보레 자동차를 마지막으로 본 게 언제입니까? 그런 적은 전혀 없습니다, 여러분. 그들은 내내 우리를 이기고 있습니다. 국경 지대에서 우리는 멕시코에 이기고 있습니까? 그들은 우리를, 우리의 아둔함을 비웃고 있습니다. 그리고 지금 그들은 경제적으로도 우리를 이기고 있습니다. 내 말을 믿으십시오. 그들은 우리의 친구가 아닙니다. 그들은 경제적으로 우리를 죽이고 있습니다.[34]

각종 경제 이론과 경험적 자료, 역사적 기록을 살펴보면 무역과 관련한 이 같은 제로섬 방식의 사고는 잘못된 거라는 걸 알 수 있지만, 우리 인간의 '우리 대 너희'식 직관은 떨쳐내기가 쉽지 않다. 그 결과 장기적인 부의 창출을 포기하고 국내 산업을 보호하는 정책을 지지하는 정치인이 '약자들의 수호자'로 각광받는 경우가 많다.

근본적인 문제는 사람들은 워낙 국수주의적인 면이 많아, 자국 제품을 보호하기 위해 또는 경제적 주권을 지키기 위해 기꺼이 스스로 궁핍해지는 걸 감내할 수 있다는 데 있다. 게다가 대부분은 자유 무역 덕에 자신들이 많은 혜택을 받고 있다는 사실에 대해선 별로 깊이 생각하지 않는다. 자유 무역의 이점에 대해 알고 있는 미국인은 전체의 3분의 1밖에 안 되며, 3분의 2는 자유 무역 때문에 자신들의 일자리를 뺏기고 있다고 알고 있다. 자유 무역에는 확실한 경제적 이점이 있다는 메시지는 대중에게 와닿지 않지만, 자유 무역을 하려면 여러 가지 경제적 대가를 치러야 한다는 메시지는 잘 와닿는 것이다.[35] 그리고 자유 무역의 이점을 무시하는 건 비단 미국만의 문제가 아니라는 걸 알기 위해, 다른 국가들도 별로 다르지 않다는 걸 지적할 필요가 있다.[36]

희소식이 있다면, 사람들이 자유 무역이 국가의 부를 축적하는 데 도움이 된다는 걸 알게 될 경우, 그리고 특히 적응 기간 중에 미숙련 노동자(이들은 과도기에 일자리를 잃게 되는 경우가 많다)가 정부로부터 추가 지원을 받게 된다는 걸 알게 될 경우, 자유 무역을 지지하게 된다는 것이다.[37] 그렇다면 왜 자유 무역을 지지해야 하는가? 국가의 경쟁력을 높여주고 개인의 삶도 더 윤택하게 만들어주기 때문이다(그리고 또 잘 운영할 경우, 미숙련 노동자에게 장기적인 경제적 고통을 안겨주지 않을 수도 있다). 여기에서도 역시, 우리가 낯선 이들의 행복에 관심을 가지려면 적절한 이유가 필요하다.[38]

낯선 이들에 대한 인류의 관심과 관련된 심리학적 측면과 역사를 다룬 이 책에서, 나는 미래에 대한 이야기는 별로 하지 않았다. 그건 의도적이었다. 과거를 설명하는 게 아무리 어렵다 해도, 미래를 예측하는 것만큼 어렵지는 않다. 그렇더라도, 우리는 앞으로 수십 년간 어떤 미래를 맞게 될지 충분히 알고 있어, 낯선 이들에 대한 우리의 관심이 어떤 시험을 거치게 될지 얼마든지 짐작해볼 수 있다.

첫째, 남아시아와 남아메리카 그리고 특히 사하라 사막 이남 아프리카 지역의 지속적인 가난 때문에 시험에 빠지게 될 것이다. 전 세계적인 무역 덕에 특히 중국과 인도에서 많은 사람이 가난에서 벗어나게 된 건 축하할 일이지만,[39] 아직 많은 국가가 경제적 기적을 경험하지 못했다. 세계은행에 따르면, 현재의 추세대로라면 5억 명에 달하는 전 세계의 극빈층 가운데 87%는 사하라 사막 이남 아프리카 지역에 집중될 것이다. 지속적인 가난을 경험하고 있는 이 국가들을 가난에서 벗어나게 하려면, 자유 무역만으로는 안 된다. 개발 경제학자 폴 콜리어Paul Collier와 제프리 삭스Jeffrey Sachs에 따르면, 경제적으로 뒤처진 국가들은 무역을 위축시키고 투자자들을 내치는 지리학적 장애, 정치적 불확실성, 나쁜 평판 등으로 이루어진 늪에 빠져 있다. 그리고 그 국가들은 하나하나 다 선진국들의 꾸준한 관심과 맞춤형 지원을 필요로 한다.[40]

낯선 이들에 대한 우리의 관심은 기후 변화 때문에도 시험에 들 것이다. 전 세계가 기후 변화의 결과에 대해 뭔가 느끼기 시작했지만, 기후 변화의 영향을 가장 많이 받게 될 국가들 역시 그 준비가 가장 덜 되어 있는 최빈국들일 것이다. 실제로 기후 변화에 가장 취약한 국가 열 중 아홉은 사하라 사막 이남 아프리카 국가들로, 그 국가들은 이미 개발의 덫에 빠져 좀체 가난으로부터 벗어나질 못하고 있다.[41]

기후 변화로 인해 우리의 연민 능력 또한 시험에 들 것이다. 온실가스 배출과 지구의 기후에 미치는 영향 사이에 긴 시차가 존재하기 때문이다. 우리가 오늘 경험하고 있는 기후 영향은 몇 년 또는 몇 십년 전에 배출된 온실 가스 때문인데, 그 무렵이면 온실 가스 배출의 결과를 짊어질 사람들의 대부분은 아직 태어나기도 전이었다. 우리가 미래 세대에게 이런저런 혜택을 주기 위해 현재 어떤 대가를 치러야 할지를 생각하려면, 미래의 혜택이 오늘날의 달러 시세로 어떻게 되는지를 알아봐야 한다. 그런 일은 사실 우리의 마음이 그리 잘하는 일이 아니다. 그래도 해야 한다. 우리가 현재 치러야 하는 대가를 과소평가할 경우, 다음 세대가 훨씬 더 큰 대가를 치르게 될 테니 말이다. 또 현재 치러야 하는 대가를 과대평가할 경우, 다른 데 쓸 수 있는 귀한 돈이 쓸데없는 데 낭비될 것이다. 어떤 경우든, 최대한 많은 선을 베푸는 데 실패하게 될 것이다.[42]

기후 변화에 대처할 가장 좋은 방법은 전 세계가 온실 가스를 배출하는 모든 활동을 중단하겠다고 선언하는 거라고 생각하기 쉽다. 그러나 그런 선언은 특히 화석연료에 의존해 가난에서 벗어나 그 상태를 유지하려고 애쓰고 있는(적어도 다른 연료 기술이 화석연료 기술을 대체할 때까지) 개발도상국들에겐 재앙이 될 것이다. 기후 변화에 대해 과학적 정보에 의존해 대처하지 않고 연민에 의존해 대처할 경우 역시 재앙이 될 것이다.

그렇다면 기후 변화에 대처하면서 연민과 과학적 정보 모두에 의존하려 할 경우 어떻게 될까? 첫째, 화석연료 업계에 대한 보조금(그들의 화석연료 제품 때문에 지구가 더 뜨거워지지 않는다는 듯 화석 연료에 보상을 해주는)을 폐지되게 될 것이다. 둘째, 이산화탄소 배출에 대해 가격을 매기게 될 것이다. 우리 사회가 일단 그 가격에 합의한다면, 탄소 배출에 직접 세금을 물리거나 기업들로 하여금 아예 탄소 배출권을 돈 주고 사게 하는 시장 메커니즘을 만들어낼 수 있을 것이다. 시장 구조가 그렇게 된다면, 각국 정부는 대기 중으로 배출 가능한 연간 탄소 배출 한도를 정하게 될 것이고, 매매 가능한 탄소 배출권을 팔아 그걸 소유한 기업은 그만큼의 탄소를 배출할 수 있게 될 것이다. 그래서 공해 유발 기업들이 탄소 배출을 줄이게 된다면, 탄소 배출권을 구입하는 데 쓸 돈을 아낄 수 있을 것이며, 아니면 사용하지 않은 배출권을 탄소를 줄일 여력이 없는 기업에 팔 수도 있을 것이다. 세금 제도를 이용하든 탄소 배출권 제도를 이용하든, 기업들은 세금을 내거나 배출권을 사는 것보다 돈을 절약할 수만 있다면 어떻게든 탄소 배출을 줄이려 애쓰게 될 것이다.[43]

기후 변화에 대처하면서 연민과 과학적 정보 모두에 의존하려 할 경우 여러 가지 다른 효과를 볼 수도 있다. 예를 들면 연료 효율성을 개선해, 우리가 사용하는 석탄이나 천연 가스 톤당 생산성을 높일 수 있다. 풍력, 태양열, 원자력 같이 재생 가능한 에너지와 바이오 연료처럼 탄소를 덜 배출하거나 전혀 배출하지 않는 에너지 자원을 개발할 수도 있다. 또 이미 배출된 탄소를 포획하거나 저장하는 기술을 개발할 수도 있다. 현재의 저탄소 연료 개발 기술이나 탄소 포획 기술은 아직 대규모 실용 단계에는 미치지 못해, 추가 연구와 개발이 필히 따라야 한다. 마지막으로 기후 변화에 대처하면서 연민과 과학적 정보 모두에 의존할 경우, 우리는 가뜩이나 각종 화재와 홍수, 가뭄 그리고 폭풍우에 시달리면서 그런 재난에 대응할 능력이 없는 국가들을 지원해야 할 것이다.[44]

기후 변화로 인해 우리는 아마 수십 년 내에 세 번째 도전, 그러니까 기후 변화에 따른 이주 문제에도 봉착하게 될 것이다. 2050년에 이르면, 사하라 사막 이남 아프리카와 남아시아 그리고 남아메리카에 사는 1억 4,000만 이상이 자기 나라 안에서 다른 도시로 이주하거나, 아예 자기 조국을 떠나 다른 나라로 이주할 걸로 예측된다. 기후

타인의 친절

변화로 인해 현재의 거주지가 사람이 살기 힘든 데로 변해버릴 것이기 때문이다.[45] (이 예측에 나오는 수치는 매년 수백만에 이르는 난민, 망명 신청자, 폭력과 무장 충돌 또는 정치적 박해를 피해 국외로 탈출한 사람 등은 제외된 것이다.) 진화된 심리로 인해 우리는 낯선 이들을 경계하는데, 낯선 이들에 대한 혐오증은 가난하고 지친 일반 대중에까지 확대되고 있다. 자연 선택에 의해 우리 안에는 낯선 이는 위험하다는 인식이 심어져 있으며, 국내로 유입되는 이주자들은 우리에게 일자리를 훔쳐갈지도 모른다는 불안감을 안겨준다.[46] 그러나 사실 이주자들은 노동 시장에 그런 식의 영향을 주지 않는다. 정책만 제대로 편다면, 고등교육을 받은 이주자들은 진입 장벽이 높은 직업 분야(의학이나 공학, 연구 등)에서 시급히 필요로 하는 수요를 충족시켜줄 수 있으며, 미숙련 이주자가 미숙련 일자리를 메워 기존 자국민은 보다 수익성 좋고 흥미로운 일자리로 옮겨갈 기회를 갖게 된다. 또한 이주자들은 우유를 사고 집세를 내면서 경제에도 기여한다. 우리의 직관과는 정반대로, 이주민들은 경제적으로 자국민과 이주민 모두를 더 윤택하게 한다. 그래서 코펜하겐 콘센서스 회의에서도 19가지의 '경이로운 개발 목표'에 이민 장려가 포함됐던 것이다. 이민을 장려하는 데 들어가는 비용 1달러당 적어도 45달러의 수익이 생기니 말이다.[47]

그렇다고는 해도, 대규모 이주는 일반적인 비용-편익 분석으로는 분석하기 힘든 초자연적 비용을 발생시킨다. 예를 들어 이주 대상국의 많은 국민은 이주자들이 자신들도 모르는 새에 문화적 신념이나 규범을 들여와 자신들이 피하려 하는 문제를 야기할지도 모른다는 불안감을 갖는다. 또한 이주자들이 소비하게 될 사회적 복지비용이 얼마나 클지, 자신들이 많은 이주자를 도와 자국 문화에 동화시킬 수 있을지, 그리고 또 문화 및 언어 장벽 때문에 이민자들과의 사회적 교류가 정신적으로 너무 힘들고 시간만 허비하는 일이 되지는 않을지 하는 불안감도 갖는다.[48] 근거가 있든 없든, 이런 불안감은 결국 진보적인 이주 정책이 잘못됐다는 설득력 있는 주장이 될 수 있으며, 그런 관점을 가진 사람들은 어리석은 보수주의자나 신나치 인종 차별주의자라며 반박을 해본들 별 소용이 없다. 그러나 보다 진보적인 이주 정책은 이해 당사자의 관심사에 대한 선의의 주장, 그 관심사 중 어떤 관심사에 장점이 있고 어떤 관심사에 장점이 없는지를 알아보는 연구, 그리고 국가가 그런 관심사에 효율적으로 대처하는 데 도움을 줄 정책 등을 토대로 힘을 얻을 수 있다.[49]

우리 인간은 멀리 있는 낯선 이들에 대해 관심을 갖도록 진화되지 않았으며, 더욱이나 멀리 사는 낯선 이들 중에서도 아직 태어나지도 않았거나 우리 국경을 넘으려고 하는 낯선 이들에 대해 관심을 갖게 진화되지는 않았다. 그러나 리처드 도킨스가 《이기적 유전자》에서 다음과 같이 주장했듯, 인간은 진화 과정을 거치면서 연민은 가르쳐져야 한다는 사실은 배웠다.

당신이 만일 나처럼 각 개인이 공동의 선을 행하기 위해 이기심을 버리고 서로 협력하는 사회를 건설하고 싶다면, 생물학적 본성으로부터는 아무 도움도 기대할 수 없다. 우리 인간은 이기적인 존재로 태어나니, 너그러움과 이타심을 가르치도록 하자.[50]

찰스 다윈 역시 우리가 퍼뜨리는 유전자 속에서가 아니라 우리가 가르치는 교훈 속에서 너그러움과 이타심을 발견하게 될 거라고 생각했다. 그는《인간의 유래》에서 이렇게 추측했다. "인류 전체에 대한 관심은 일부 사람만 갖고 실행에 옮기는 것이기 때문에, 젊은이들에게 가르치고 모범을 보임으로써 전파되며, 결국에는 일반 대중의 여론에 녹아들어가게 된다."[51]

그런데 우리가 너그러움과 이타심을 가르치려 한다면 구체적으로 무얼 가르쳐야 할까? 또 누구에게 가르쳐야 할까? 어떻게? 취학 전 아이들에겐 사탕이나 과자 같은 걸 줘가면서 너그러움과 이타심을 가르쳐야 할까? 취학 연령의 아이들에겐 교훈이 되는 이야기 같은 걸 들려주면서 가르쳐야 할까? 고등학생들에게는 졸업 조건으로 지역 봉사 활동 같은 걸 하게 해 너그러움과 이타심을 가르쳐야 할까? 젊은이들에게는 가난한 지역이나 개발도상국에서 1년간 봉사 활동을 하는 대가로 돈을 주어 이를 가르쳐야 할까? 좋다. 그래서 안 될 이유가 뭔가? 이런 접근 방식은 모든 종류의 주제에 대해 교훈을 주는 데 활용할 수 있다. 사람들은 인정과 질책으로부터 배운다. 사람들은 존경하는 롤 모델로부터 배운다. 주어지는 인센티브를 따르면서 배운다. 직접 행동하며 배운다. 그러니 이 모든 접근 방식을 활용해 너그러움과 이타심을 가르치도록 하자.

그러나 그 무엇보다 먼저, 너그러움과 이타심은 왜 모든 수고를 감수할 가치가 있는지 그 이유부터 가르치자. 고아들의 시대에서부터 연민의 시대, 예방의 시대, 1차 가난 계몽주의 시대, 인도주의 빅뱅 시대, 2차 가난 계몽주의 시대를 거쳐 충격의 시대에 이르기까지

14장. 타당한 이유들

그 모든 논쟁에서 설득력이 있었던 근거는 오늘날에도 그 근거가 처음 나온 시대만큼이나 설득력을 갖는다. 연민은 우리에게 감사와 영광을 가져다주고, 가난과 절망의 부작용으로부터 우리를 지켜주며, 경제를 위축시키기보다는 발전시키고, 사람들로 하여금 자신의 삶에 책임감을 갖게 해주며, 깊은 의미와 성취감을 안겨준다. 그리고 연민은 고통을 도덕적 관심의 열쇠로 보는 사람에게는 일종의 의무이다. 만일 어떤 특정 경우에 이 논지 중 어느 논지가 옳지 않다는 게 밝혀진다면(분명 어떤 행동과 정책은 정말 나태한 의존성만 조장하거나 제 가치보다 더 많은 비용을 치르게 하거나 중요한 도덕적 원칙에 위배되지만), 그건 아마 우리가 우리 잘못을 발견할 가능성이 아주 높은 이유를 제시했기 때문일 것이다.

그런 이유로, 우리는 개인적인 삶과 공적 영역 내에 적절한 공간을 유지해, 관심 있는 문제에 대해 추론과 주장을 허용할 필요가 있다. 이와 관련해 구약성서 〈잠언〉에 이런 말이 나온다. "철이 철을 날카롭게 하는 것과 같이, 사람도 다른 사람과 부대껴야 지혜가 예리해지느니라."[52] 우리가 자선과 박애, 사회 복지비 지출, 국제 원조, 지구 보호 등을 뒷받침할 이유를 찾아내고 논의하지 못한다면, 아마 이런 문제에 대한 깊은 논의조차 한낱 일개 요란한 슬로건이나 흥미로운 이야기 또는 인신공격으로 전락하고 말 것이다. 진보주의자들은 자신들의 주장이 잘 먹히지 않을 경우, 부자들로부터 많은 세금을 걷기만 해도 핵 위협으로부터 자유롭고 친환경적이며 깨끗한 사회주의 낙원을 건설할 수 있다는 거창한 얘기를 한다. 그리고 보수주의자들은 자신들의 주장에 설득력이 실리지 않을 경우, '복지 여왕'이니 자녀 양육비도 안 내는 아버지니 큰 정부의 '부기맨'이니 성공한 남녀가 모두 자수성가한 사람인 신화 속 나라 같은 얘기를 한다. 우리가 낯선 이들에게 관심을 가져야 이유를 잊을 경우, 미래 세대는 오늘날과 같은 '너그러움의 황금시대'를 서서히 잊게 될 것이며, 그래서 이 시대를 돌아보며 이런 결론을 내릴지도 모른다. "그 시대는 너그러움의 황금시대가 아니라 도금된 너그러움의 시대였다."

학자들의 친절이 없었다면 나는 이 책을 쓰지 못했을 것이다. 그 학자들은 한두 사람이 아니다. 일부는 친구들이며 일부는 낯선 이들이다. 그런데 그들 모두가 나를 위해 시간과 조언을 아끼지 않았다. 먼저 패트릭 바클레이, 고즈코 바르자모빅, 마이클 바넷, C. 다니엘 뱃슨, 니콜라스 바우마드, 로엘 비츠마, 재닛 신딩 벤트젠, 폴 블룸, 마크 보렐로, 알렉 브랜든, 오타비오 부에노, 티모시 클러튼-브록, 버나드 크레스피, 리 크롱크, 줄리아 달먼, 로드리 데이비스, 다니엘 덴넷, C. 나단 드월, 토머스 딕슨, 브래드 두세인, 낸시 아이센버그, 바탸 엘바움, 애덤 에어-워커, 로버트 폴거, 다니엘 포스터, 마이클 프렌치, 랜디 갈리스텔, 앤디 가드너, 해리 젠슬러, 톰 기븐스, 루크 글로바키, 조지엔 고엔세, 크리스티나 고메스, 맷 그루브, 마이클 거벤, 오렌 하먼, 유진 해리스, 닉 홉슨, 댄 호야, 미키 인즈리히트, 아드리안자에기, 보즈테크 카세, 데이비드 킹, 다니엘 크럽, 데이비드 라흐티, 로렌트 레흐만, 데이비드 레스먼, 조시 레빈, 메리 린데만, 존 리스트, 마조리에 맥킨토시, 다니엘 메신저, 메그한 마이어, 찰스 미체너, 수잔나 모리스, 다니엘 물린스, 다니엘 네틀, 릭 O' 고먼, 코르막 그라다, 크레이그 팩커, 스티븐 핑커, 로저 리델, 제임스 릴링, 맥스 로저, 스티븐 샌디지, 브룩 스켈자, 빌 시어시, 하비 시겔, 피터 싱어, 마이클 슬로테, 데보라 스몰, 크리스찬 스미스, 바바라 스네데커, 알렉산더 스튜워트, 제임스 스웨인, J. 앨버트 유이, 로버트 워커, 로빈 윌시, 펠릭스 와르네켄, 아술라 비크라마나야케, 티모시 윌슨, 제프리 윙킹, 비처드 랭햄, 다니엘 지조 등에게 감사의 말을 전하고 싶다.

이 책의 첫 아이디어에 대해 또는 이 책의 각 장과 관련해 중요한 제안을 해준 수잔 아렐라노, 마이클 바넷, 맥스 버튼-첼류, 덱스터 캘린더, 클레어 엘-모우덴, 톰 깁슨, 윌리엄 그린, 리아나 혼, 피터 린더트, 로버트 커즈번, 데보라 비버먼, 윌리엄 매콜리프, 토머스 매컬리, 에릭 페더슨, 마틴 라발리온, 존 폴 루소, 키아라 팀파노, 나단 팀파노, 스튜어트 웨스트 등에게도 감사의 말을 전한다. 이 책은 지난 몇 년간 내 세미나에 참석한 대학생들 중 이 책의 일부를 읽고 이런저런 의견과 조언을 준 이들 덕에 더 좋아졌다.

연구에 도움을 준 줄리아나 베르하네, 에리카 분, 브룩 도너, 아비게일 존슨, 빌리 코페르바스에게도 고마움을 전한다. 멋진 표를 그려주어 5, 6, 10, 12, 13장을 더 흥미진진하게 만들어준 조던 푹스와 브룩 도너에게, 그리고 주석과 참고 문헌을 위해 열심히 작업해준 브룩 도너에게 특히 큰 고마움을 전한다.

많은 지혜와 인내와 열정을 보여준 베이직 북스의 편집자 T. J. 켈러허와 이 책의 출판 과정 내내 도움을 준 라헬 필드와 브린 위리너에게도 감사의 말을 전한다. 특히 교열 담당자 캐시 스트렉퍼스에게 깊은 감사를 전한다. 영어라는 언어에 대한 그녀의 박식함과 호기심은 이 책의 모든 페이지에서 빛나고 있다. 이 책 출간 과정 내내 나를 이끌어주고 격려해준 대리 작가 카틴카 맷슨과 맥스 브록먼에게도 감사의 말을 전해야 할 것 같다.

마지막으로 내 가족에게 특히 깊은 감사의 말을 전한다. 지난 7년간 크고 작은 여러 방식으로 나를 믿고 지지해준 빌리와 조엘과 마들렌, 모두 정말 고마워.

1장. 연민의 황금시대

1   Darwin (1871) 1952, 319.

2   Faber et al. 2016; Statistics and Clinical Studies of NHS Blood and Transplant 2018.

3   Yad Vashem 2019.

4   Carnegie Hero Fund Commission 2018.

5   Glynn et al. 2003.

6   Charities Aid Foundation 2018.

7   IUPUI Lilly Family School of Philanthropy 2018; Corporation for National and Community Service 2018.

8   Charities Aid Foundation 2019.

9   OECD 2016.

10   "Data," Organization for Economic Cooperation and Development (OECD), https://data.oecd.org/oda/net-oda.htm#indicator-chart.

11   Lecky 1890, 371.

12   Boyer 2018.

13   Dawkins 2006, 253.

14   Mercier and Sperber 2017.

15   Darwin (1871) 1952, 304. 달리 언급이 없으면 《인간의 유래》 원본에서 그대
      로 발췌한 것이다.

16   Darwin (1871) 1952, 317.

17   Darwin (1871) 1952, 319.

2장. 애덤 스미스의 새끼손가락

1   Luke 10:25–37, New International Version.

2   Gansberg 1964, 1.

3   Rosenthal (1964) 1999, 22, 46.

4   Kassin 2017; Manning et al. 2007.

5   Smith (1759) 1984, 135.

6   Smith (1759) 1984, 136–137.

7   Hyman et al. 2010; Hyman et al. 2014; Simons and Chabris 1999.

8   Banjo et al. 2008; Chabris et al. 2011; Puryear and Reysen 2013.

9   Alexopoulos et al. 2012; Gray et al. 2004; Röer et al. 2013; Tacikowski et
      al. 2014; Turk et al. 2011.

10   B. A. Anderson 2013; Peich et al. 2010.

11   Hume (1739) 1984, 370.

12   Smith (1759) 1984, 9.

13   Batson 1991, 2011; Eisenberg et al. 2010; Goetz et al. 2010.

14   de Waal 2009, 204.

15   Rifkin 2009, 178.

16   Bloom 2013, 2014.

17   Batson 2010, 2011; de Waal 2008; Goetz et al. 2010.

18   Hume (1739) 1984, 368–369.

19   Hume (1777) 1957, 55.

20   Batson 2011.

21   이 연구들은 2011년 미국 텍사스주 배슨에서 광범위하게 재검토됐다.

22   Batson 2019, 194.

23   McAuliffe, Carter, et al. 2019; McAuliffe et al. 2018.

24   Williams et al. 2000.

25   Meyer et al. 2013.

26   Cikara et al. 2011; Xu et al. 2009. See also Jackson et al. 2005.

27   Bloom 2013, 118.

28   Cameron and Payne 2011.

29   Andreoni et al. 2017; Trachtman et al. 2015.

30   Singer 2009, 3.

31   Singer 2009, 3, 4.

32   Singer 2009.

33   Smith (1759) 1984, 136–137.

34   Finke 1980; Holmes and Mathews 2005; Holmes et al. 2008; Kosslyn 1995.

3장. 진화의 중력

1   Rees 2000.

2   Stott 2012.

3   De Cruz and de Smedt 2014.

4   Paley 1840, 439.

5   Dennett 1995.

6   Dennett 1995, 25.

7   Cairns-Smith 1985.

8   Dawkins 1996, 15.

9   Dawkins 1976, 21.

10 Dennett 1995, 68.

11 Darwin 1872, 143–144.

12 Lamb et al. 2007.

13 Williams 1996, 16.

14 Gallistel and King 2009; Marr 1982.

15 Allen et al. 1975; Buller 2005; Gould and Lewontin 1979; Laland and
    Brown 2011; Lickliter and Honeycutt 2013; Krubitzer and Stolzenberg
    2014; Richardson 2007.

16 Barkow et al. 1992; Carruthers 2006; Dennett 1995; Hagen 2016; Kurzban
    2010; Pinker 1997, 2002.

17 I recommend Barrett 2015 and Hagen 2016.

18 Williams 1996, 4.

4장. 모든 게 상대적이다

1   Gardner et al. 2011.

2   Hamilton 1964.

3   Darwin (1871) 1952, 317, 319.

4   Frank 1998.

5   Charnov 1977; Hamilton 1964.

6   Maynard Smith 1964.

7   Dixon 2005, 2008, 2013.

8   West et al. 2007.

9   Clutton-Brock 1991.

10 Power and Schulkin 2016; Oftedal 2002, 2012.

11 Dawkins 1979. See also Penn and Frommen 2010.

12 Russell and Leng 1998.

13   Griffin and West 2003; Strassmann et al. 2011; Chapais 2010.

14   Lieberman et al. 2007; Tal and Lieberman 2007.

15   Lieberman and Lobel 2012. See also Lieberman 2009.

16   Lieberman and Smith 2012; Lieberman et al. 2007; Sznycer et al. 2016.

17   Tal and Lieberman 2007.

18   Anderson 2006; Neel and Weiss 1975; Scelza 2011.

19   Apicella and Marlowe 2004; Billingsley et al. 2018.

20   Mateo 2015; Penn and Frommen 2010; Porter and Moore 1981; Weisfeld et al. 2003.

21   Roberts et al. 2005.

22   Liu et al. 2012.

23   Franklin and Volk 2018; Lopez et al. 2018.

24   Lieberman and Billingsley 2016.

25   Krupp and Taylor 2013.

26   Nan et al. 2012; Silventoinen et al. 2003.

27   Park and Schaller 2005; Park et al. 2008.

28   Sharp et al. 2005.

29   Oates and Wilson 2001. See also Munz et al. 2018.

30   Bowles and Posel 2005; Burton-Chellew and Dunbar 2014; Gurven et al. 2012; Hooper et al. 2015; Kaplan et al. 2000.

31   Koeneman 2013, 53.

32   Secter and Gaines 1999.

33   Bellow 2003, 237.

34   Escresa and Picci 2017; Treisman 2007.

35   Fisher 1994.

36   Darwin (1871) 1952.

37   McClendon 2016; Rosenfeld and Thomas 2012.

38   Qirko 2011, 2013.

5장. 스팍을 기리며

1   Proverbs 6:6–8, New International Version.

2   Marx (1867) 2006.

3   Costa 2002.

4   Wilson 2012, 16–17.

5   Wilson 2012, 138.

6   Boomsma and Gawne 2018; Crespi and Yanega 1995.

7   Wilson 2012, 54.

8   2010년 Nowak 외. 이 연구(특히 포괄 적응도 접근 방식의 약점에 대한 결론의 타당
     성에 대한 연구)는 여러 가지 근거를 토대로 많은 지지자로부터도 비판을 받았
     는데, 그중 가장 유명한 비판론자는 2011년에는 Abbot 등, 그리고 2015년에
     는 Liao 등이었다.

9   Wilson 2012, 181–182.

10   Boyd and Richerson 2010; Henrich 2004; Okasha 2007; West et al. 2011.

11   Sallin and Meyer 1982.

12   Deen et al. 2013.

13   Darwin (1859) 1952, 132.

14   Darwin (1859) 1952, 134.

15   Darwin (1871) 1952, 322–323.

16   Borrello 2010.

17   Borrello 2010.

18   Wynne-Edwards 1962.

19   Wynne-Edwards 1993, 1.

20   Wynne-Edwards 1962, 20.

21   Wynne-Edwards 1993, 4.

22   Borrello 2003, 2010.

23   Lack 1966.

24   Borrello 2010.

타인의 친절

25 Borrello 2003.

26 Williams 1996, 4–5.

27 Williams 1996, 108.

28 Borrello 2010, 109.

29 Maynard Smith 1976. See also Leigh 1983; Levin and Kilmer 1974.

30 Gardner and Grafen 2009.

31 Wynne-Edwards 1978, 19.

32 Wynne-Edwards 1993.

33 Haldane 1990년, Hamilton 1975. Segerstrale의 Hamilton 전기(2013년)와 Harman의 George Price 전기(2010년)는 해밀턴에게 이런 깨달음을 준 Price-Hamilton의 매력에 대해 상술하고 있다.

34 나는 여기서 단순한 Price의 등식을 보다 더 단순화시키기 위해 예상 기간을 생략했다. 그 결과 모든 부모는 같은 특질을 가진 새끼를 낳는다는(그러니까 같은 특질을 후손에게 그대로 전달한다) 추정이 나온다.

35 Price 1970, 1972.

36 Price의 등식과 그 등식이 다수준 선택을 설명하는 데 유용하다는 얘기는 많은 책과 논문에 나오지만, 내가 읽은 그 어떤 책과 논문도 2007년에 나온 오카샤Okasha의 책만큼 유용하고 명확하진 않다.

37 D. S. Wilson and E. O. Wilson 2007, 345.

38 Wilson 1975.

39 Hamilton 1975; Wilson 1975.

40 West et al. 2011; West et al. 2007.

41 Bernhard et al. 2006; Bowles 2006; Bowles and Gintis 2011.

42 Choi and Bowles 2007.

43 Darwin (1871) 1952, 321.

44 Bernhard et al. 2006; Bowles 2006, 2009; Bowles and Gintis 2011.

45 Lehmann and Feldman 2008.

46 Lehmann and Feldman 2008.

47   Brown 1991. See also Palmer 1989.

48   Fison and Howitt 1880.

49   Gat 2010, 205.

50   Gottschall 2004, 130.

51   Gottschall 2004.

52   "Violence Against women: War's Overlooked Victims" 2011.

6장. 큰 보상

1   Brown 1991.

2   Jaeggi and Gurven 2013; Martin and Olson 2015.

3   Darwin (1871) 1952, 322.

4   Darwin (1871) 1952, 309.

5   Trivers 1971.

6   Poundstone 1992.

7   Poundstone 1992; Sally 1995.

8   Rapoport and Chammah 1965.

9   Axelrod 1980a.

10   Axelrod 1980b.

11   Axelrod and Hamilton 1981.

12   I first encountered this joke in Pinker 2012.

13   Axelrod and Dion 1988.

14   Axelrod 1984.

15   Nowak and Sigmund 1992, 252; Nowak and Sigmund 1993.

16   Wu and Axelrod 1995.

17   Frean 1994; Hauert and Schuster 1998; Nowak and Sigmund 1994.

18   Hruschka and Henrich 2006.

19   Nowak and May 1992; Doebeli et al. 2004.

20   For example, see Harper et al. 2017; Knight et al. 2018; Reiter et al. 2018.

21   Axelrod 1984, 126.

22   Trivers 1971.

23   For other early examples see Connor and Norris 1982 and Ligon 1983.

24   Clutton-Brock 2009.

25   Wilkinson 1984.

26   Krams et al. 2007.

27   Jaeggi and Gurven 2013; Schino and Aureli 2007, 2010.

28   Carter 2014.

29   Wood and Marlowe 2013.

30   Kaplan et al. 2000.

31   Hawkes et al. 2001; Wood and Marlowe 2013.

32   Gurven et al. 2012.

33   Gurven and Hill 2009, 54; Jaeggi and Gurven 2013.

34   Smith (1776) 1952, 6.

35   Wood and Marlowe 2013.

36   Howe et al. 2016; Sznycer et al. 2019.

37   Krasnow et al. 2013.

38   Darwin (1871) 1952, 309, 311.

39   Apicella et al. 2012; Eisenbruch et al. 2016.

40   Petersen 2012.

41   Barclay 2013.

42   Darwin (1871) 1952, 322.

43   Darwin (1871) 1952, 322.

44   Alexander 1987.

45   Alexander 1987, 94.

46   Krasnow et al. 2012; Molleman et al. 2013.

47   Darwin (1871) 1952, 310.

48   Frank 2009.

49   Oppenheimer 2013.

50   De Freitas et al. 2019.

51   Becker 1973.

52   Barclay 2013.

53   Lazarsfeld and Merton 1954.

54   Apicella et al. 2012.

55   McPherson et al. 2001.

56   Marlowe 2005.

57   Lebzelter 1934, 37.

58   Gusinde 1937, 918.

59   Lebzelter 1934, 37.

60   Gusinde 1937, 919.

61   Proverbs 22:1–2, English Standard Version.

62   Darwin (1871) 1952, 317.

7장. 고아들의 시대

1   Bar-Yosef 1998년. 물론 다른 농업 혁명은 세계의 다른 지역에서 일어났지만,
     레반트 지역에서 일어난 농업 혁명은 특히 좋은 사례 연구 대상인데, 그건 그
     혁명이 1) 첫 번째 농업 혁명인 데다가 2) 고고학적 기록이 풍부하고 잘 연구
     됐기 때문이다.

2   Belfer-Cohen and Hovers 2005; Kuijt 2000; Kuijt and Finlayson 2009.

3   Gowdy and Krall 2016.

4   Belfer-Cohen and Hovers 2005; Rosenberg 2008.

5   Kuijt 2008a; Sterelny 2015.

6   See Sterelny 2015.

7   Kuijt 2008a, 2011; Ringen et al. 2019.

8 Gurven 2004.

9 Bowles and Choi 2013.

10 Hill and Kintigh 2009.

11 Gurven et al. 2014; Sterelny 2015.

12 Boehm 1999; Marlowe 2009.

13 Locke 1764, 109.

14 Barnard and Woodburn 1987, 24; Rusch and Voland 2016.

15 Smith et al. 2010.

16 Eff and Dow 2008.

17 Kuijt 2000.

18 Walker 2014; Walker and Bailey 2014.

19 Kuijt 2008b; Bocquentin et al. 2016.

20 Sterelny 2015, 415.

21 Gurven et al. 2012.

22 Yoffee 2012.

23 Frangipane 2007; Knapp 1988.

24 Borgerhof Mulder et al. 2009; Smith et al. 2010.

25 Richardson 2016; Webber and Wildavsky 1986.

26 Liverani 2006; Webber and Wildavsky 1986.

27 Webber and Wildavsky 1986.

28 Foster 1995, 156.

29 Richardson 2016, 755.

30 Bellah 2011; Fensham 1962.

31 Foster 1995.

32 Kramer 1963, 319.

33 Fensham 1962; Morschauser 1995.

34 Foster 1995; Morschauser 1995, 102.

35 Ferguson 2011; Russo 1999.

36   Bellah 2011.

37   Westbrook 1995.

38   Davidson 2015.

39   Knapp 1988.

8장. 연민의 시대

1   Armstrong 2006; Cline 2014; Knapp and Manning 2016.

2   Jaspers (1953) 2010, 1.

3   Abtahi 2007; Atran 2016; Wright 2009.

4   Kaše 2018; Mirakhor and Askari 2019.

5   Mullins et al. 2018.

6   Armstrong 2006, xiv, emphasis mine.

7   Loewenberg 1995; Neusner and Avery-Peck 2005.

8   Finlay 2009.

9   Homerin 2005. The quotation is from the Qur'an (2:177). See also Bremner 1994.

10   Lewis 2005, 96-97. 이 인용문은 우파사카실라 수트라에서 온 것이다.

11   Bremner 1994; Fitzgerald 2009; Garnsey 1988; Hands 1968; Ierley 1984; Obocock 2008; Webber and Wildavsky 1986.

12   Jaspers (1953) 2010, 4.

13   Momigliano 1975, 8.

14   Bellah 2011.

15   See, for instance, Ober 2015.

16   Hansen 2006.

17   Baumard et al. 2015.

18   Bakija and Heim 2011.

19   List and Peysakhovich 2011.

20   Do and Paley 2012.

21   Baumard and Chevallier 2015; Baumard et al. 2015.

22   Sanderson 2018, 219.

23   Neusner and Chilton 2008; Wattles 1996.

24   Confucius (c. 500 BCE) 1861, Book 15, Chapter 23.

25   Krishna-Dwaipayana Vyasa 1896, Book XII, Section 259, p. 620.

26   Aristotle (350 BCE) 1924, Book 2, Chapter 4; Berchman 2008, 45.

27   Ælius Lampridius 1924.

28   Blackstone 1965.

29   Appiah 2006, 60.

30   Gensler 2013.

31   Gensler 2013, 2.

32   Latané and Darley 1970, 27.

33   Darwin (1871) 1952, 319.

34   Damon and Colby 2015, 13.

35   Kennedy 1963.

36   Ifill 2016.

37   Mercier 2011.

38   Ostrom 2014, 10.

39   Loewenberg 1994.

40   Loewenberg 1994, 2001.

41   Loewenberg 1995.

42   Jaspers (1953) 2010, quoted in Armstrong 2006, 51.

43   Beaudoin 2007.

44   Bremner 1994.

45   Adrados and van Dijk 1999; Mukherji 2006.

46   Hands 1968.

47   Beaudoin 2007; Neusner and Chilton 2005.

48   G. A. Anderson 2013, 7–8.

9장. 예방의 시대

1   Matthew 5:3, New International Version.

2   Luke 16:19–31, New International Version.

3   McIntosh 2012.

4   Rushton and Sigle-Rushton 2001; van Bavel and Rijpma 2016.

5   Dyer 2012; Geremek 1994; Richardson 2005; Slack 1988.

6   Beaudoin 2007; Tierney 1959.

7   Allen 2001.

8   Dewitte 2004; Geremek 1994; Slack 1988; Tierney 1959.

9   Sanuto (1897), column 148. Translation from Geremek 1994, 132.

10   Versoris 1885, 24. Translation from Geremek 1994, 126–127.

11   More (1516) 1753, 67.

12   Geremek 1994.

13   Keck 2010; Slack 1988; Tournoy 2004.

14   Bataillon 1952.

15   Vives (1526) 1917, 9; Travill 1987.

16   Vives (1526) 1917, 10.

17   Vives (1526) 1917, 9.

18   Vives (1526) 1917, 11.

19   Tournoy 2004; Travill 1987.

20   Vives (1526) 1917, 11.

21   Vives (1526) 1917, 17.

22   Vives (1526) 1917, 15.

23   Tournoy 2004.

24   Vives (1526) 1917, 31.

25   Dewitte 2004.

26   Dewitte 2004; Geremek 1994; Keck 2010; Slack 1988; Tournoy 2004.

27   Fantazzi 2008.

28   Fantazzi 2008; Geremek 1994.

29   Geremek 1994, 204–205.

30   Slack 1988, 122.

31   Geremek 1994; Pound 1971. For historical European wage data, see Allen
     2001, 2013; Álvarez-Nogal and de la Escosura 2013; Broadberry et al. 2015;
     Malanima 2011; Palma and Reis 2019; and van Zanden 2005.

32   McIntosh 2012.

33   Van Bavel and Rijpma 2016.

34   Richardson 2005.

35   Goose 2013.

36   Bittle and Lane 1976, 1978; Hadwin 1978.

37   Slack 1988.

38   King 2000; Tomkins 2006.

39   King 2000.

40   Greif and Iyigun 2013; van Bavel and Rijpma 2016.

41   Greif and Iyigun 2013; Kelly and Ó Gráda 2011.

42   Douglas, n.d., 2.

43   Van Bavel and Rijpma 2016.

44   Meerkerk and Teeuwen 2014.

45   Goose and Looijesteijn 2012; Meerkerk 2012; Meerkerk and Teeuwen
     2014.

46   Lindert 2004a, 68.

47   Fouquet and Broadberry 2015.

48   Lindert 2004a.

49   Beaudoin 2007; Lindert 2004a; Ravallion 2015; Rodgers 1968.

50   Townsend (1786) 1971, 23.

51   Ricardo 1817, 111.

52   Malthus (1803) 1992, 101.

53   Lindert 2004a.

54   See Lindert 2004a, Figure 3.1 (p. 46), and van Bavel and Rijpma 2016, Table
      1 (p. 171) and Figure 1 (p. 174).

55   Ravallion 2015.

56   Beaudoin 2007.

57   Lubove 1966, 53.

58   Rodgers (1968) 2006, 38.

59   Rodgers 1968.

60   Van Bavel and Rijpma 2016.

61   Clark and Page 2019.

10장. 1차 가난 계몽주의 시대

1   Gilens 1999, 1.

2   Nordheimer 1976; Reagan 1981.

3   Jacobson 2011.

4   Keay 1987.

5   Allen 2001.

6   Allen 2009.

7   Clayton and Rowbotham 2008a, 2008b.

8   Ravallion 2015.

9   Haueter 2013; Richardson 2005.

10   Kuhnle and Sander 2010.

11   Kuhnle and Sander 2010; Webber and Wildavsky 1986.

12   Kuhnle and Sander 2010.

13   Low 1908, 209.

14   Low 1908, 210.

15   Kuhnle and Sander 2010; Beaudoin 2007.

16   Kuhnle and Sander 2010.

17   Beaudoin 2007; Kuhnle and Sander 2010.

18   Garve 1796, quoted in Epstein 1966, 78–79.

19   Sadler 2004, 195.

20   Lee and Lee 2016. 19세기 들어 처음 몇 십 년간의 교육 및 읽고 쓰는 능력에
      관한 미국 내 남과 북의 차이에 대해서는 Isenberg 2016년 참조.

21   Lindert 2004b.

22   Lee and Lee 2016.

23   Lee and Lee 2016; Lindert 2004a.

24   Beaudoin 2007; Kuhnle and Sander 2010.

25   Nullmeier and Kaufman 2010.

26   United Nations 1947.

27   Renwick 2017.

28   Lindert 2004a; OECD 2018b, 2019c; van Bavel and Rijpma 2016.

29   Google Books Ngram Viewer 2019. Ravallion 2011년. 라발리온은 프랑스어
      로 된 책들에 쓰인 단어 pauvreté('가난'이란 뜻의 프랑스어)의 변화에 대해서도
      조사했다.

30   For Hobbes's ([1651] 1957) views, see Chapter 30. For Montesquieu's ([1748]
      1952) views, see Book 23, Chapter 29.

31   Fleischacker 2004년, 4. 나는 이 장을 쓰면서 '분배적 정의'의 현대적 개념이
      어떻게 진화했는지에 대한 Fleischacker의 설명으로부터 많은 도움을 받았다.

32   Rousseau (1754) 1952, 333.

33   Rousseau (1755) 1952, 381–382.

34   Rousseau (1755) 1952, 375.

35   Fleischacker 2004, 56.

36 Buchan 2006.

37 Himmelfarb 1984, 46.

38 Buchan 2006, 6.

39 Smith (1776) 1952, 33.

40 Ross 2010.

41 Ravallion 2015, 1982.

42 Smith (1776) 1952, 7–8.

43 Smith (1776) 1952, 346–347.

44 Laqueur 1989.

45 Smith (1776) 1952, 33–34.

46 Griswold 1999; Himmelfarb 1984.

47 Kant (1785) 1952, 268.

48 Kant (1785) 1952, 276.

49 Kant (1785) 1952, 272.

50 Kant 1930, 192.

51 Fleischacker 2004.

52 Kant 1930, 236.

53 Kant 1930, 236.

54 Kant 1930, 193.

55 Kant (1785) 1952, 258.

56 Kant (1785) 1952, 258.

57 Kant (1785) 1952, 258.

58 Kant (1785) 1952, 269. For interpretation, see Sedgwick 2008.

59 Kant 1930, 236.

60 Kant 1930, 192.

61 Kant (1797) 1965, 93.

62 Fleischacker 2004; LeBar 1999.

63 Paine (1792) 1817, 92.

타인의 친절

64   Fichte (1797) 2000.

65   Babeuf 1796, translation in Thomson 1947, 33–34.

66   Fleischacker 2004, 79.

67   Webber and Wildavsky 1986.

68   Himmelfarb 1984, 458.

69   Himmelfarb 1984.

70   Mayhew (1851) 1985.

71   Himmelfarb 1984.

72   Himmelfarb 1991.

73   Baciocchi and Lhuissier 2010.

74   Himmelfarb 1991, 213.

75   Himmelfarb 1991, 237.

76   Himmelfarb 1991.

77   Bulmer et al. 1991a.

78   Marshall 1890.

79   Booth 1889–1903.

80   라발리온Ravallion은 2015년에 1주에 21실링이면 각 개인에게 양질의 밀 1.5
      파운드에 해당하는 음식을 매일 공급할 수 있다고 추산했는데, 이는 1990년
      대 당시 인도의 빈곤선과 비교한 추산이었다.

81   Rowntree 1901.

82   Himmelfarb 1991.

83   Watson 1922.

84   Husock 1992.

85   Bulmer et al. 1991b.

86   Riis 1890.

87   Kelley 1895.

88   Woods 1898.

89   Du Bois 1899.

90   Hunter 1904.

91   Hammack 1995.

92   Bremner 1992, 156.

93   Hammack 1995

94   Lindert 2004a, 188–189; Justman and Gradstein 1999.

95   Acemoglu and Robinson 2000; Lizzeri and Persico 2004.

96   Gradstein and Milanovic 2004.

97   Beaudoin 2007.

98   Webber and Wildavsky 1986.

99   Scheve and Stasavage 2016, 135.

100   George 1918, 79–80.

101   Beetsma et al. 2016; Scheve and Stasavage 2016.

11장. 인도주의 빅뱅 시대

1   Molesky 2015년, 176-179쪽에 있는 계산들. 2009년에 페레이라Pereira가 뽑
     은 수치는 조금 더 낮다.

2   Neiman 2002, 1.

3   Neiman 2002.

4   Barnett 2011.

5   Molesky 2015.

6   Molesky 2015, 261.

7   Shrady 2008, 47.

8   De Vattel (1758) 2008, 262.

9   De Vattel (1758) 2008, 264–265.

10   Pereira 2009, 487.

11   Gupta 2018.

12   Walker 2015.

13 Molesky 2015; Pereira 2009; Shrady 2008; Zack 2015.

14 Tinniswood 2004.

15 지진은 지하에 갇혀 있던 바람이 갑자기 빠져나오면서 발생한다고 믿은 아리
    스토텔레스는 주목할 만한 예외다. Missiakoulis 2008.

16 Bentzen 2019; Sibley and Bulbulia 2012.

17 Kelemen 2004; Kelemen et al. 2013; Rottman et al. 2017.

18 Hafer and Bègue 2005; Lerner 1980.

19 Weiner 1993, 1995.

20 Shrady 2008.

21 Nichols 2014.

22 Neiman 2002.

23 Malagrida quotation from Kendrick 1955, 138.

24 Molesky 2015.

25 Mendonça et al. 2019.

26 Gupta 2018.

27 Shrady 2008, 146.

28 Amador 2004; Reinhardt and Oldroyd 1983.

29 Translation of I. Kant, Fortgesetzte Betrachtung der seit einiger Zeit
    wahrgenom-men Erderschütterungen, vol. 1, from Molesky 2015, 340.

30 Strickland 2019.

31 Davies 2014; Haller 2011.

32 Davies 2014.

33 Davies 2014.

34 Carey (1792) 1891, 63–64.

35 Carey (1792) 1891, 69–70.

36 Barnett 2011.

37 Burke 1847, 670–671.

38 Haller 2011.

39   Davey et al. 2013.

40   Dunant (1862) 1959, 72.

41   Dunant (1862) 1959, 115.

42   Barnett 2011, 80.

43   Weber 2006.

44   Weber 2006.

45   Molesky 2015.

46   Black 2011.

47   Barnett 2011, 80.

48   Shrady 2008.

49   Kelly and Ó Gráda 2019.

50   Clark and Feenstra 2003.

51   Huwart and Verdier 2013.

52   Barnett 2011.

53   Barnett 2011.

54   Forsythe 2005 (quotation p. 34).

55   Davey et al. 2013; Barnett 2011.

56   Barnett 2011.

57   Hitchcock 2008; Lowe 2012.

58   Lowe 2012.

59   Lowe 2012.

60   Crossland 2014

61   Fox 1950.

62   McCleary 2009.

63   Hitchcock 2008; McCleary 2009.

64   Hitchcock 2008.

65   Bundy 2016; Lowe 2012.

66   Bundy 2016.

67   Barnett 2011.

68   Barnett 2011.

69   Barnett 2011, 120.

70   Morris 1996, 18.

71   Morris 1996, 30.

72   Morris 1996, 18.

73   Morris 1996, 29.

74   McCleary 2009.

75   Morris 1996년. 미국과 유럽, 캐나다, 일본 그리고 호주에 있는 독립적인 자매
       단체의 연합체라는 걸 반영하기 위해, CARE는 이름을 한 번 더 바꾸게 된다.
       1993년 CARE International로 바뀐 것인데, 이때의 CARE는 Cooperative for
       Assistance and Relief Everywhere의 약어이다.

12장. 2차 가난 계몽주의 시대

1   Truman 1949.

2   Truman 1949.

3   Beaudoin 2007.

4   Barnett 2011.

5   Riddell 2007.

6   OECD 2018a.

7   Ravallion 2011.

8   Ravallion 2011.

9   Ravallion 2011.

10   Broad 1940.

11   Singer 1972b, 1986.

12   Singer 1986.

13   Singer 1972a.

14   Singer 1972a, 231–232.

15   O'Neill 1975.

16   Rawls 1971.

17   Rawls 1999.

18   Beitz 1975. See also Beitz 1979.

19   Mandelbaum 1982.

20   Bailey 1976.

21   Brown and Minty 2008; Eisensee and Strömberg 2007; Strömberg 2007.

22   Brown and Minty 2008; Eisensee and Strömberg 2007; Lobb et al. 2012;
      Simon 1997; Strömberg 2007.

23   Eisensee and Strömberg 2007.

24   Waters 1998.

25   Mittelman and Neilson 2011, 393.

26   Wydick et al. 2013.

27   Jones 2019.

28   From the Church News 2015.

29   Franks 2013; J. Wilson 1986.

30   Franks 2013.

31   Philo 1993.

32   Robins 1985.

33   Franks 2013.

34   Sen 1981.

35   Keating 1986.

36   Franks 2013.

37   Dercon and Porter 2014.

38   Central Intelligence Agency, Office of African and Latin American Analysis,
      1985; Franks 2013; Keating 1986.

39   Riddell 2007.

40   World Bank 2018.

41   Riddell 2007.

42   Sachs (2005) lays out his projections on p. 300.

43   Dichter 2003; Easterly 2006; Moyo 2009; Yanguas 2018.

44   Moyo 2009, xix.

45   대부분의 국가에서는, 개발 원조금 대부분이 정부의 공식적인 기관에서 나오
      며, 개인 기부자에게서 나오는 건 얼마 되지 않는다. 반면 미국의 모든 원조금
      가운데 50퍼센트, 그리고 캐나다의 모든 원조금 가운데 40퍼센트는 개인 기
      부자에게서 나온다. 실제로 전 세계의 모든 개인 원조금 가운데 4분의 3 이상
      은 미국의 몫이어서, 미국인들이 개발도상국들에 대한 원조에 그리 너그럽지
      못하다는 견해는 사실과 다르다. 개인 원조에 관한 한, 미국은 국민총소득의
      0.38퍼센트를 개발도상국에 제공하고 있는데, 이는 희망 사항인 0.7퍼센트와
      는 거리가 먼 수치지만, 세계에서 가장 적극적인 기부 국가의 평균보다는 조
      금 높은 수치이다.

46   United Nations Development Programme 2015.

47   Ahimbisibwe and Ram 2019.

48   Asadullah and Savoia 2018.

49   McArthur and Rasmussen 2018.

50   Ahimbisibwe and Ram 2019; Asadullah and Savoia 2018; McArthur and
      Rasmussen 2018.

13장. 충격의 시대

1   Charities Aid Foundation 2019; Giving USA 2019.

2   Mill 1863, 9–10.

3   Singer 1972a, 273.

4   Wesley 1872.

5   Hollander 2018, 2019; Karnofsky 2019.

6   Giving What We Can 2019.

7   MacAskill 2015; Singer 2015.

8   MacAskill 2015.

9   MacAskill 2015; Singer 2010.

10   Singer 2015, 41.

11   MacAskill 2015, 25.

12   Caviola et al. 2014.

13   Gabriel 2017; Rubenstein 2016; Snow 2015.

14   De Lazari-Radek and Singer 2017; Smart and Williams 1973.

15   Gabriel 2017, 459.

16   Gabriel 2017, 460.

17   Gabriel 2017.

18   Porter and Kramer 1999.

19   Bishop and Green 2006.

20   Giving Pledge 2019.

21   Findley 2018; Qian 2015.

22   Riddell 2007.

23   Kotsadam et al. 2018.

24   Odokonyero et al. 2018.

25   Martorano et al. 2018.

26   Marty et al. 2017; Wayland 2019.

27   Mbowa et al. 2017.

28   Briggs 2017, 2018a, 2018b.

29   Marty et al. 2017.

30   Ravallion 2019.

31   Banerjee and Duflo 2011.

32   Humphreys and Weinstein 2009.

33   Banerjee and Duflo 2011; Bouguen et al. 2019.

타인의 친절

34   Oster and Thornton 2011.

35   Baird et al. 2016; Miguel and Kremer 2004.

36   Baird et al. 2016; Miguel and Kremer 2004.

37   Morgan 2017. For reviews, see Ahuja et al. 2017; Pabalan et al. 2018.

38   "The 169 Commandments," 2015.

39   Lomborg 2018.

40   Wright and Pendergrass 2018.

41   Shirky 2010, 27.

42   Chernobrov 2018.

43   Meier 2015; Whittaker et al. 2015.

44   Chernobrov 2018.

45   Sproull et al. 2005.

14장. 타당한 이유들

1   Hamilton 1964.

2   Darwin (1871) 1952, 322–323.

3   Darwin (1871) 1952, 322.

4   McAuliffe, Burton-Chellew, et al. 2019; Rand and Nowak 2013.

5   Haidt 2001.

6   Prinz 2006; Slote 2010.

7   Krueger and Funder 2004.

8   Malle 2006.

9   Miller and Sanjurjo 2015, 2018.

10   Wallace 2018.

11   Darwin (1871) 1952, 317.

12   Mercier and Sperber 2017.

13   DiJulio et al. 2015; Hurst et al. 2017.

14   Brady et al. 2003; Luskin et al. 2004.

15   Winchester 2003.

16   Lewin and De Valois 2003.

17   Ravallion 2015.

18   Ravallion 2016.

19   Ahimbisibwe and Ram 2019; McArthur and Rasmussen 2018; Hendren and Sprung-Keyser 2019; Hoynes and Schanzenbach 2018.

20   Pinker 2018.

21   Smith (1776) 1952, 7.

22   Wright and Kaplan 2001.

23   Toynbee 1887, 7.

24   Phillips and Taylor 2010, 106.

25   List 2011.

26   List 2011.

27   Wiepking and Bekkers 2012.

28   Anderson 2018; Collier 2007.

29   Anderson 2018.

30   Collier 2007.

31   Boyer and Petersen 2018; Rubin 2003; Swedberg 2018.

32   Collier 2007; Edwards 2006; Guisinger 2017.

33   Summers 2016.

34   Trump 2015.

35   Rho and Tomz 2017.

36   Medrano and Braun 2012.

37   Hays et al. 2005.

38   Rho and Tomz 2017.

39   United Nations Department of Economic and Social Affairs 2019.

40   Collier 2007; Sachs 2005.

41   Rigaud et al. 2018.

42   Caney 2014.

43   Klenert et al. 2018; Stiglitz et al. 2017.

44   Galiana 2018.

45   Rigaud et al. 2018; United Nations High Commissioner for Refugees 2019.

46   Boyer and Petersen 2018.

47   Kohler and Behrman 2018.

48   Bologna Pavlik et al. 2019; Forrester et al. 2019; Hainmueller and Hopkins
      2014; Newman et al. 2012; Papademetriou and Banulescu-Bogdan 2016.

49   Papademetriou and Banulescu-Bogdan 2016.

50   Dawkins 1976, 3.

51   Darwin (1871) 1952, 317.

52   Proverbs 27:17, New International Version.

Abbot, P., J. Abe, J. Alcock, S. Alizon, J. A. C. Alpedrinha, M. Andersson, J. B. Andre, et al. 2011. "Inclusive Fitness Theory and Eusociality." *Nature* 471:1057–1062. doi:10.1038/nature09831.

Abtahi, H. 2007. "Reflections on the Ambiguous Universality of Human Rights: Cyrus the Great's Proclamation as a Challenge to the Athenian Democracy's Perceived Monopoly on Human Rights." *Denver Journal of International Law and Policy* 36:55–91.

Acemoglu, D., and J. A. Robinson. 2000. "Why Did the West Extend the Franchise? Democracy, Inequality, and Growth in Historical Perspective." *Quarterly Journal of Economics* 115:1167–1199. doi:10.1162/003355300555042.

Adrados, F. R., and G.-J. van Dijk. 1999. *History of the Graeco-Latin Fable*. Vol. 1, *Introduction and from the Origins to the Hellenistic Age*. Leiden: Brill.

Ælius Lampridius. 1924. *Historia Augusta*. Vol. 2, *Caracalla. Geta. Opellius Macrinus. Diadumenianus. Elagabalus. Severus Alexander. The Two Maximini. The Three Gordians. Maximus and Balbinus*. D. Magie, trans.

Loeb Classical Library, vol. 140. Cambridge, MA: Harvard University Press.

Ahimbisibwe, I., and R. Ram. 2019. "The Contribution of Millennium Development Goals Towards Improvement in Major Development Indicators, 1990–2015." *Applied Economics* 51:170–180. doi:10.1080/00036846.2018.1494 808.

Ahuja, A., S. Baird, J. H. Hicks, M. Kremer, and E. Miguel. 2017. "Economics of Mass Deworming Programs." In D. A. P. Bundy, N. de Silva, S. Horton, D. T. Jamison, and G. C. Patton, eds., *Child and Adolescent Health and Development*, 3rd ed., 413–422. Washington, DC: International Bank for Reconstruction and Development /The World Bank.

Alexander, R. D. 1987. *The Biology of Moral Systems*. New York: Aldine Transaction.

Alexopoulos, T., D. Muller, F. Ric, and C. Marendaz. 2012. "I, Me, Mine: Automatic Attentional Capture by Self-Related Stimuli." *European Journal of Social Psychology* 42:770–779. doi:10.1002/ejsp.1882.

Allen, E., B. Beckwith, J. Beckwith, S. Chorover, D. Culver, M. Duncan, Steven Gould, et al. 1975. "Against 'Sociobiology.'" *New York Review of Books* 22, no. 18(November 13).

Allen, R. C. 2001. "The Great Divergence in European Wages and Prices from the Middle Ages to the First World War." *Explorations in Economic History* 38:411–447. doi:10.1006/exeh.2001.077.

———. 2009. "Engels' Pause: Technical Change, Capital Accumulation, and Inequality in the British Industrial Revolution." *Explorations in Economic History* 46:418–435. doi:10.1016/j.eeh.2009.04.004.

———. 2013. *Poverty Lines in History, Theory, and Current International Practice*. Discussion Paper No. 685. Department of Economics, University of Oxford.

Álvarez-Nogal, C., and L. P. de la Escosura. 2013. "The Rise and Fall of Spain

(1270–1850)." *Economic History Review* 66:1–37. doi:10.1111/j.1468-0289.2012.00656.x.

Amador, F. 2004. "The Causes of 1755 Lisbon Earthquake on Kant." Paper presented at the Historia de las ciencias y de las técnicas, Rioja, Spain.

Anderson, B. A. 2013. "A Value-Driven Mechanism of Attentional Selection." *Journal of Vision* 13 (3): 1–16. doi:10.1167/13.3.7.

Anderson, G. A. 2013. *Charity: The Place of the Poor in the Biblical Tradition.* New Haven, CT: Yale University Press.

Anderson, K. 2018. "Benefits and Costs of the Trade Targets for the Post-2015 Development Agenda." In B. Lomborg, ed., *Prioritizing Development: A Cost Benefit Analysis of the United Nations' Sustainable Development Goals,* 192–215. New York: Cambridge University Press.

Anderson, K. G. 2006. "How Well Does Paternity Confidence Match Actual Paternity?" *Current Anthropology* 47:513–520. doi:10.1086/504167.

Andreoni, J., J. M. Rao, and H. Trachtman. 2017. "Avoiding the Ask: A Field Experiment on Altruism, Empathy, and Charitable Giving." *Journal of Political Economy* 125:625–653. doi:10.1086/691703.

Apicella, C. L., and F. W. Marlowe. 2004. "Perceived Mate Fidelity and Paternal Resemblance Predict Men's Investment in Children." *Evolution and Human Behavior* 25:371–378. doi:10.1016/j.evolhumbehav.2004.06.003.

Apicella, C. L., F. W. Marlowe, J. H. Fowler, and N. A. Christakis. 2012. "Social Networks and Cooperation in Hunter-Gatherers." *Nature* 481:497–501. doi:10.1038/ nature10736.

Appiah, K. A. 2006. *Cosmopolitanism: Ethics in a World of Strangers.* New York: W. W. Norton.

Aristotle. (350 BCE) 1924. *Rhetoric.* W. R. Roberts, trans. Oxford: Clarendon Press.

Armstrong, K. 2006. *The Great Transformation: The Beginning of Our Religious Traditions.* New York: Alfred A. Knopf.

Asadullah, M. N., and A. Savoia. 2018. "Poverty Reduction During 1990–2013: Did Millennium Development Goals Adoption and State Capacity Matter?" *World Development* 105:70–82. doi:10.1016/j.worlddev.2017.12.010.

Atran, S. 2016. "Moralizing Religions: Prosocial or a Privilege of Wealth?" *Behavioral and Brain Sciences* 39, e2. doi:10.1017/S0140525X15000321.

Axelrod, R. 1980a. "Effective Choice in the Prisoner's Dilemma." *Journal of Conflict Resolution* 24:3–25. doi:10.1177/002200278002400101.

———. 1980b. "More Effective Choice in the Prisoner's Dilemma." *Journal of Conflict Resolution* 24:379–403. doi:10.1177/002200278002400301.

———. 1984. *The Evolution of Cooperation*. New York: Basic Books.

Axelrod, R., and D. Dion. 1988. "The Further Evolution of Cooperation." *Science* 242:1385–1390. doi:10.1126/science.242.4884.1385.

Axelrod, R., and W. D. Hamilton. 1981. "The Evolution of Cooperation." *Science* 211:1390–1396. doi:10.1126/science.7466396.

Babeuf, G. 1796. "Analyse de la doctrine de Babeuf, tribun du peuple." Europeana Collections, www.europeana.eu/portal/ca/record/9200365/Biblio graphicResource_1000055557333.html.

Baciocchi, S., and A. Lhuissier. 2010. *Mapping London Charities: Sources, Enumerations, and Classifications (1820–1920)*. Paris: School of Advanced Studies in the Social Sciences.

Bailey, G. 1976. "Television War: Trends in Network Coverage of Vietnam, 1965–1970." *Journal of Broadcasting and Electronic Media* 20:147–158. doi:10.1080/08838157609386385.

Baird, S., J. H. Hicks, M. Kremer, and E. Miguel. 2016. "Worms at Work: Long-Run Impacts of a Child Health Investment." *Quarterly Journal of Economics* 131:1637–1680. doi:10.1093/qje/qjw022.

Bakija, J., and B. T. Heim. 2011. "How Does Charitable Giving Respond to Incentives and Income? New Estimates from Panel Data." *National Tax*

Journal 64:615–650. doi:10.17310/ntj.2011.2S.08.

Banerjee, A. V., and E. Duflo. 2011. *Poor Economics: A Radical Rethinking of the Way to Fight Global Poverty.* New York: Public Affairs.

Banjo, O., Y. Hu, and S. S. Sundar. 2008. "Cell Phone Usage and Social Interaction with Proximate Others: Ringing in a Theoretical Model." *Open Communications Journal* 2:127–135. doi:10.2174/1874916X00802010127.

Barclay, P. 2013. "Strategies for Cooperation in Biological Markets, Especially for Humans." *Evolution and Human Behavior* 34:164–175. doi:10.1016/j.evolhumbehav .2013.02.002.

Barkow, J., L. Cosmides, and J. Tooby. 1992. *The Adapted Mind: Evolutionary Psychology and the Generation of Culture.* New York: Oxford University Press.

Barnard, A., and J. Woodburn. 1987. "Property, Power and Ideology in Hunting-Gathering Societies: An Introduction." In T. Ingold, D. Riches, and J. Woodburn, eds., *Hunters and Gatherers.* Vol. 2, *Property, Power, and Ideology,* 4–31. Oxford: Berg.

Barnett, M. 2011. *Empire of Humanity: A History of Humanitarianism.* Ithaca, NY: Cornell University Press.

Barrett, H. C. 2015. *The Shape of Thought: How Mental Adaptations Evolve.* New York: Oxford University Press.

Bar-Yosef, O. 1998. "The Natufian Culture in the Levant, Threshold to the Origins of Agriculture." *Evolutionary Anthropology* 6:159–177. doi:10.1002/(SICI)1520 -6505(1998)6:5<159:AID-EVAN4>3.0.CO;2-7.

Bataillon, M. 1952. "J. L. Vivés: Réformateur de la bienfaisance." *Bibliotheque d'Humanisme et Renaissance* 14:141–158.

Batson, C. D. 1991. *The Altruism Question: Toward a Social-Psychological Answer.* Hillsdale, NJ: Erlbaum.

———. 2010. "The Naked Emperor: Seeking a More Plausible Genetic Basis for

타인의 친절

Psychological Altruism." *Economics and Philosophy* 26:149–164. doi:10.1017/ S0266267110000179.

———. 2011. *Altruism in Humans.* New York: Oxford University Press.

———. 2019. *A Scientific Search for Altruism: Do We Care Only About Ourselves?* New York: Oxford University Press.

Baumard, N., and C. Chevallier. 2015. "The Nature and Dynamics of World Religions: A Life-History Approach." *Proceedings of the Royal Society B: Biological Sciences* 282:20151593. doi:10.1098/rspb.2015.1593.

Baumard, N., A. Hyafil, I. Morris, and P. Boyer. 2015. "Increased Affluence Explains the Emergence of Ascetic Wisdoms and Moralizing Religions." *Current Biology* 25:10–15. doi:10.1016/j.cub.2014.10.063.

Beaudoin, S. M. 2007. *Poverty in World History.* New York: Routledge.

Becker, G. S. 1973. "A Theory of Marriage: Part I." *Journal of Political Economy* 81:813–846. doi:10.1086/260084.

Beetsma, R., A. Cukierman, and M. Giuliodori. 2016. "Political Economy of Redistribution in the United States in the Aftermath of World War II— Evidence and Theory." *American Economic Journal: Economic Policy* 8 (4): 1–40. doi:10.1257/ pol.20140193.

Beitz, C. R. 1975. "Justice and International Relations." *Philosophy and Public Affairs* 4:360–389.

———. 1979. *Political Theory and International Relations.* Princeton, NJ: Princeton University Press.

Belfer-Cohen, A., and E. Hovers. 2005. "The Groundstone Assemblages of the Natufian and Neolithic Societies in the Levant: A Brief Review." *Journal of the Israel Prehistoric Society* 35:299–308.

Bellah, R. N. 2011. *Religion in Human Evolution: From the Paleolithic to the Axial Age.* Cambridge, MA: Harvard University Press.

Bellow, A. 2003. *In Praise of Nepotism: A Natural History.* New York: Doubleday.

Bentzen, J. S. 2019. "Acts of God? Religiosity and Natural Disasters Across Subnational World Districts." *Economic Journal* 129:2295–2321. doi:10.1093/ej/uez008.

Berchman, R. M. 2008. "The Golden Rule in Greco-Roman Religion and Philosophy." In J. Neusner and B. Chilton, eds., *The Golden Rule: The Ethics of Reciprocity in World Religions*, 40–54. New York: Continuum.

Bernhard, H., U. Fischbacher, and E. Fehr. 2006. "Parochial Altruism in Humans." *Nature* 442:912–915. doi:10.1038/nature04981.

Billingsley, J., J. Antfolk, P. Santtila, and D. Lieberman. 2018. "Cues to Paternity: Do Partner Fidelity and Offspring Resemblance Predict Daughter-Directed Sexual Aversions?" *Evolution and Human Behavior* 39:290–299. doi:10.1016/j.evolhumbehav.2018.02.001.

Bishop, M., and M. Green. 2006. "The Birth of Philanthrocapitalism." *The Economist*, February 25, 6–9, www.economist.com/special-report/2006/02/25/the-birth-of-philanthrocapitalism.

Bittle, W. G., and R. T. Lane. 1976. "Inflation and Philanthropy in England: A Re-assessment of W. K. Jordan's Data." *Economic History Review* 29:203–210. doi:10.2307/2594310.

————. 1978. "A Re-assessment Reiterated." *Economic History Review* 31:124–128. doi:10.1111/j.1468-0289.1978.tb01136.x.

Black, J. 2011. *The English Press in the Eighteenth Century*. Beckenham, UK: Routledge Revivals.

Blackstone, W. T. 1965. "The Golden Rule: A Defense." *Southern Journal of Philosophy* 3:172–177. doi:10.1111/j.2041-6962.1965.tb01706.x.

Bloom, P. 2013. "The Baby in the Well: The Case Against Empathy." *New Yorker*, May 20, www.newyorker.com/magazine/2013/05/20/the-baby-in-the-well.

————. 2014. "Against Empathy." *Boston Review*, September 10, www.bostonreview.net/forum/paul-bloom-against-empathy.

Bocquentin, F., E. Kodas, and A. Ortiz. 2016. "Headless but Still Eloquent! Acephalous Skeletons as Witnesses of Pre-Pottery Neolithic North-South Levant Connections and Disconnections." *Paléorient* 42 (2): 33–52. doi:10.3406/paleo.2016.5719.

Boehm, C. 1999. *Hierarchy in the Forest: The Evolution of Egalitarian Behavior.* Cambridge, MA: Harvard University Press.

Bologna Pavlik, J., E. Lujan Padilla, and B. Powell. 2019. "Cultural Baggage: Do Immigrants Import Corruption?" *Southern Economic Journal* 85:1243–1261. doi:10.1002/soej.12339.

Boomsma, J. J., and R. Gawne. 2018. "Superorganismality and Caste Differentiation as Points of No Return: How the Major Evolutionary Transitions Were Lost in Translation." *Biological Reviews* 93:28–54. doi:10.1111/brv.12330.

Booth, C. 1889–1903. *Life and Labour of the People in London.* London: Macmillan.

Borgerhof Mulder, M., S. Bowles, T. Hertz, A. Bell, J. Beise, G. Clark, I. Fazzio, et al. 2009. "Intergenerational Wealth Transmission and the Dynamics of Inequality in Small-Scale Societies." *Science* 326:682–688. doi:10.1126/science.1178336.

Borrello, M. 2003. "Synthesis and Selection: Wynne-Edwards' Challenge to David Lack." *Journal of the History of Biology* 36:531–566. doi:10.1023/B:HIST.0000004569.71224.65.

———. 2010. *Evolutionary Restraints: The Contentious History of Group Selection.* Chicago: University of Chicago Press.

Bouguen, A., Y. Huang, M. Kremer, and E. Miguel. 2019. "Using Randomized Controlled Trials to Estimate Long-Run Impacts in Development Economics." *Annual Review of Economics* 11:523–561. doi:10.1146/annurev-economics-080218-030333.

Bowles, S. 2006. "Group Competition, Reproductive Leveling, and the Evolution of Human Altruism." *Science* 314:1569–1572. doi:10.1126/science.1134829.

———. 2009. "Did Warfare Among Ancestral Hunter-Gatherers Affect the Evolution of Human Social Behaviors?" *Science* 324:1293–1298. doi:10.1126/science. 1168112.

Bowles, S., and J.-K. Choi. 2013. "Coevolution of Farming and Private Property During the Early Holocene." *Proceedings of the National Academy of Sciences* 110:8830–8835. doi:10.1073/pnas.1212149110.

Bowles, S., and H. Gintis. 2011. *A Cooperative Species: Human Reciprocity and Its Evolution*. Princeton, NJ: Princeton University Press.

Bowles, S., and D. Posel. 2005. "Genetic Relatedness Predicts South African Migrant Workers' Remittances to Their Families." *Nature* 434:380–383. doi:10.1038/ nature03420.

Boyd, R., and P. J. Richerson. 2010. "Transmission Coupling Mechanisms: Cultural Group Selection." *Philosophical Transactions of the Royal Society B* 365:3787–3795. doi:10.1098/rstb.2010.0046.

Boyer, P. 2018. *Minds Make Societies: How Cognition Explains the World Humans Create*. New Haven, CT: Yale University Press.

Boyer, P., and M. B. Petersen. 2018. "Folk-Economic Beliefs: An Evolutionary Cognitive Model." *Behavioral and Brain Sciences* 41:e158. doi:10.1017/ S0140525X17001960.

Brady, H. E., J. S. Fishkin, and R. C. Luskin. 2003. "Informed Public Opinion About Foreign Policy: The Uses of Deliberative Polling." *Brookings Review* 21 (3): 16–19. doi:10.2307/20081112.

Bremner, R. H. 1992. *The Discovery of Poverty in the United States*. New Brunswick, NJ: Transaction.

———. 1994. *Giving: Charity and Philanthropy in History*. New Brunswick, NJ: Transaction.

Briggs, R. C. 2017. "Does Foreign Aid Target the Poorest?" *International Organization* 71:187–206. doi:10.1017/S0020818316000345.

———. 2018a. "Leaving No One Behind? A New Test of Subnational Aid Targeting." *Journal of International Development* 30:904–910. doi:10.1002/jid.3357.

———. 2018b. "Poor Targeting: A Gridded Spatial Analysis of the Degree to Which Aid Reaches the Poor in Africa." *World Development* 103:133–148. doi:10.1016/j. worlddev.2017.10.020.

Broad, C. D. 1940. "Conscience and Conscientious Action." *Philosophy* 15 (58): 115– 130. doi:10.1017/S0031819100035907.

Broadberry, S., B. M. S. Campbell, A. Klein, M. Overton, and B. Van Leeuwen. 2015. *British Economic Growth, 1270–1870*. Cambridge: Cambridge University Press.

Brown, D. E. 1991. *Human Universals*. Boston: McGraw-Hill.

Brown, P. H., and J. H. Minty. 2008. "Media Coverage and Charitable Giving After the 2004 Tsunami." *Southern Economic Journal* 75:9–25. doi:10.2307/20112025.

Buchan, J. 2006. *The Authentic Adam Smith: His Life and Ideas*. New York: W. W. Norton.

Buller, D. J. 2005. *Adapting Minds: Evolutionary Psychology and the Persistent Quest for Human Nature*. Cambridge, MA: MIT Press.

Bulmer, M., K. Bales, and K. K. Sklar. 1991a. "The Social Survey in Historical Perspective." In M. Bulmer, K. Bales, and K. K. Sklar, eds., *The Social Survey in Historical Perspective, 1880–1940*, 1–48. Cambridge: Cambridge University Press.

———, eds. 1991b. *The Social Survey in Historical Perspective, 1880–1940*. Cambridge: Cambridge University Press.

Bundy, C. 2016. "Migrants, Refugees, History and Precedents." *Forced Migration*

Review 51:5–6.

Burke, E. 1847. *The Modern Orator: The Speeches of the Right Honorable Edmund Burke.* London: Aylott and Jones.

Burton-Chellew, M. N., and R. I. M. Dunbar. 2014. "Hamilton's Rule Predicts Anticipated Social Support in Humans." *Behavioral Ecology* 26:130–137. doi:10.1093/ beheco/aru165.

Cairns-Smith, A. G. 1985. *Seven Clues to the Origin of Life: A Scientific Detective Story.* Cambridge: Cambridge University Press.

Cameron, C. D., and B. K. Payne. 2011. "Escaping Affect: How Motivated Emotion Regulation Creates Insensitivity to Mass Suffering." *Journal of Personality and Social Psychology* 100:1–15. doi:10.1037/a0021643.

Caney, S. 2014. "Climate Change, Intergenerational Equity, and the Social Discount Rate." *Politics, Philosophy, and Economics* 13:320–342. doi:10.1177/1470594 X14542566.

Carey, W. (1792) 1891. *An Enquiry into the Obligations of Christians to Use Means for the Conversion of the Heathens.* London: Hodder and Stoughton.

Carnegie Hero Fund Commission. 2018. "History of the Carnegie Hero Fund Commission," www.carnegiehero.org/about-the-fund/history.

Carruthers, P. 2006. *The Architecture of the Mind.* Oxford: Oxford University Press.

Carter, G. 2014. "The Reciprocity Controversy." *Animal Behavior and Cognition* 1:368– 386. doi:10.12966/abc.08.11.2014.

Caviola, L., N. Faulmüller, J. A. C. Everett, J. Savulescu, and G. Kahane. 2014. "The Evaluability Bias in Charitable Giving: Saving Administration Costs or Saving Lives?" *Judgement and Decision Making* 9:303–315.

Central Intelligence Agency, Office of African and Latin American Analysis. 1985. *Ethiopia: Political and Security Impact of the Drought: An Intelligence Assessment* (ALA 85-10039), www.cia.gov/library/readingroom/docs/CIA-

RDP86T00589R000200160004-5.pdf.

Chabris, C. F., A. Weinberger, M. Fontaine, and D. J. Simons. 2011. "You Do Not Talk About Fight Club if You Do Not Notice Fight Club: Inattentional Blindness for a Simulated Real-World Assault." *i-Perception* 2:150–153. doi:10.1068/i0436.

Chapais, B. 2010. "The Deep Structure of Human Society: Primate Origins and Evolution." In P. M. Kappeler and J. B. Silk, eds., *Mind the Gap: Tracing the Origins of Human Universals*, 19–51. Berlin: Springer-Verlag.

Charities Aid Foundation. 2018. *CAF UK Giving 2018: An Overview of Charitable Giving in the UK*, www.cafonline.org/docs/default-source/about-us-publications/caf-uk-giving-2018-report.pdf.

———. 2019. *CAF UK Giving 2019: An Overview of Charitable Giving in the UK*, www.cafonline.org/docs/default-source/about-us-publications/caf-uk-giving-2019-report-an-overview-of-charitable-giving-in-the-uk.pdf.

Charnov, E. L. 1977. "An Elementary Treatment of the Genetical Theory of Kin Selection." *Journal of Theoretical Biology* 66:541–550. doi:10.1016/0022-5193(77)90301-0.

Chernobrov, D. 2018. "Digital Volunteer Networks and Humanitarian Crisis Reporting." *Digital Journalism* 6:928–944. doi:10.1080/21670811.2018.1462666.

Choi, J. K., and S. Bowles. 2007. "The Coevolution of Parochial Altruism and War." *Science* 318:636–640. doi:10.1126/science.1144237.

Cikara, M., E. G. Bruneau, and R. R. Saxe. 2011. "Us and Them: Intergroup Failures of Empathy." *Current Directions in Psychological Science* 20:149–153. doi:10.1177/0963721411408713.

Clark, G., and R. C. Feenstra. 2003. "Technology in the Great Divergence." In M. D. Bordo, A. M. Taylor, and J. G. Williamson, eds., *Globalization in Historical Perspective*, 277–322. Chicago: University of Chicago Press.

Clark, G., and M. E. Page. 2019. "Welfare Reform, 1834: Did the New Poor Law in England Produce Significant Economic Gains?" *Cliometrica* 13:221–244. doi:10.1007/s11698-018-0174-4.

Clayton, P., and J. Rowbotham. 2008a. "An Unsuitable and Degraded Diet? Part One: Public Health Lessons from the Mid-Victorian Working Class Diet." *Journal of the Royal Society of Medicine* 101:282–289. doi:10.1258/jrsm.2008.080112.

———. 2008b. "An Unsuitable and Degraded Diet? Part Two: Realities of the Mid-Victorian Diet." *Journal of the Royal Society of Medicine* 101:350–357. doi:10.1258/jrsm.2008.080113.

Cline, E. H. 2014. *1177 B.C.: The Year Civilization Collapsed.* Princeton, NJ: Princeton University Press.

Clutton-Brock, T. H. 1991. *The Evolution of Parental Care.* Princeton, NJ: Princeton University Press.

———. 2009. "Cooperation Between Non-Kin in Animal Societies." *Nature* 462:51–57. doi:10.1038/nature08366.

Collier, P. 2007. *The Bottom Billion: Why the Poorest Countries Are Failing and What Can Be Done About It.* New York: Oxford University Press.

Confucius. (c. 500 BCE) 1861. "The Analects of Confucius." J. Legge, trans. [Great Britain]: Pantianos Classics.

Connor, R. C., and K. S. Norris. 1982. "Are Dolphins Reciprocal Altruists?" *American Naturalist* 119:358–374. doi:10.1086/283915.

Corporation for National and Community Service. 2018. "Trends and Highlights Overview," www.nationalservice.gov/vcla/national.

Costa, J. T. 2002. "Scale Models? What Insect Societies Teach Us About Ourselves." *Proceedings of the American Philosophical Society* 146:170–180.

Crespi, B. J., and D. Yanega. 1995. "The Definition of Eusociality." *Behavioral Ecology* 6:109–115. doi:10.1093/beheco/6.1.109.

Crossland, James. 2014. *Britain and the International Committee of the Red*

Cross, 1939–1945. England: Palgrave Macmillan.

Damon, W., and A. Colby. 2015. *The Power of Ideals: The Real Story of Moral Choice*. New York: Oxford University Press.

Darwin, C. (1859) 1952. "The Origin of Species." In R. M. Hutchins, ed., *Great Books of the Western World*. Vol. 39, *Charles Darwin*. Chicago: Encyclopedia Britannica.

———. (1871) 1952. "The Descent of Man, and Selection in Relation to Sex." In R. M. Hutchins, ed., *Great Books of the Western World*. Vol. 39, *Charles Darwin*. Chicago: Encyclopedia Britannica.

———. 1872. *The Origin of Species*, 6th ed. London: John Murray.

Davey, E., J. Borton, and M. Foley. 2013. *A History of the Humanitarian System: Western Origins and Foundations*. Humanitarian Policy Group Working Paper. London: Humanitarian Policy Group, www.odi.org/sites/odi.org.uk/files/odi-assets/publications-opinion-files/8439.pdf.

Davidson, A. 2015. "The V.C.s of B.C." *New York Times Magazine*, August 27, www.nytimes.com/2015/08/30/magazine/the-vcs-of-bc.html.

Davies, T. 2014. *NGOs: A New History of Transnational Civil Society*. New York: Oxford University Press.

Dawkins, R. 1976. *The Selfish Gene*. Oxford: Oxford University Press.

———. 1979. "Twelve Misunderstandings of Kin Selection." *Ethology* 51:184–200. doi:10.1111/j.1439-0310.1979.tb00682.x.

———. 1996. *The Blind Watchmaker: Why the Evidence of Evolution Reveals a Universe Without Design*. New York: W. W. Norton.

———. 2006. *The God Delusion*. New York: Houghton Mifflin.

de Cruz, H., and J. de Smedt. 2014. *A Natural History of Natural Theology: The Cognitive Science of Theology and Philosophy of Religion*. Cambridge, MA: MIT Press.

Deen, D., B. Hollis, and C. Zarpentine. 2013. "Darwin and the Levels of

Selection." In M. Ruse, ed., *The Cambridge Encyclopedia of Darwin and Evolutionary Thought*, 202–210. New York: Cambridge University Press.

de Freitas, J., P. DeScioli, K. A. Thomas, and S. Pinker. 2019. "Maimonides' Ladder: States of Mutual Knowledge and the Perception of Charitability." *Journal of Experimental Psychology: General* 148:158–173. doi:10.1037/xge0000507.

de Lazari-Radek, K., and P. Singer. 2017. *Utilitarianism: A Very Short Introduction*. Oxford: Oxford University Press.

Dennett, D. C. 1995. *Darwin's Dangerous Idea: Evolution and the Meanings of Life*. New York: Simon and Schuster.

Dercon, S., and C. Porter. 2014. "Live Aid Revisited: Long-Term Impacts of the 1984 Ethiopian Famine on Children." *Journal of the European Economic Association* 12:927–948. doi:10.1111/jeea.12088.

de Vattel, E. (1758) 2008. *The Law of Nations, or, Principles of the Law of Nature Applied to the Conduct and Affairs of Nations and Sovereigns, with Three Early Essays on the Origin and Nature of Natural Law and on Luxury*. T. Nugent, trans., and B. Kapossy and R. Whatmore, eds. Indianapolis: Liberty Fund.

de Waal, F. B. M. 2008. "Putting the Altruism Back into Altruism: The Evolution of Empathy." *Annual Review of Psychology* 59:279–300. doi:10.1146/annurev.psych.59.103006.093625.

———. 2009. *The Age of Empathy: Nature's Lessons for a Kinder Society*. New York: Harmony Books.

Dewitte, A. 2004. "Poverty and Poverty Control in Bruges Between 1250 and 1590." *City* 8:258–265. doi:10.1080/1360481042000242210.

Dichter, T. W. 2003. *Despite Good Intentions: Why Development Assistance to the Third World Has Failed*. Amherst: University of Massachusetts Press.

DiJulio, B., J. Firth, and M. Brodie. 2015. "Data Note: Americans' Views on the U.S. Role in Global Health." Kaiser Family Foundation (KFF), January 23, www.kff.

타인의 친절

org/global-health-policy/poll-finding/data-note-americans-views-on-the-u-s-role-in-global-health.

Dixon, T. 2005. "The Invention of Altruism: August Comte's Positive Polity and Respectable Unbelief in Victorian Britain." In D. M. Knight and M. D. Eddy, eds., *Science and Beliefs: From Natural Philosophy to Natural Science, 1700–1900*, 195–211. Hampshire, UK: Ashgate.

————. 2008. *The Invention of Altruism: Making Moral Meanings in Victorian Britain.* Oxford: Oxford University Press.

————. 2013. "Altruism: Morals from History." In M. A. Nowak and S. Coakley, eds., *Evolution, Games, and God: The Principle of Cooperation*, 60–81. Cambridge, MA: Harvard University Press.

Do, C., and I. Paley. 2012. "Altruism from the House: The Impact of Home Equity on Charitable Giving." *Review of Economics of the Household* 10:375–393. doi:10.1007/s11150-011-9123-8.

Doebeli, M., C. Hauert, and T. Killingback. 2004. "The Evolutionary Origin of Cooperators and Defectors." *Science* 306:859–862. doi:10.1126/science.1101456.

Douglas, P. n.d. *Dissing the Dutch: All's Fair in Love and War.* Albany, NY: New Netherland Institute.

Du Bois, W. E. B. 1899. *The Philadelphia Negro: A Social Study.* Philadelphia: University of Pennsylvania Press.

Dunant, H. (1862) 1959. *A Memory of Solferino.* Geneva: International Committee of the Red Cross.

Dyer, C. 2012. "The Experience of Being Poor in Late Medieval England." In A. M. Scott, ed., *Experiences of Poverty in Late Medieval and Early Modern England and France*, 19–39. Surrey, UK: Ashgate.

Easterly, W. 2006. *The White Man's Burden: Why the West's Efforts to Aid the Rest Have Done So Much Ill and So Little Good.* New York: Penguin.

Edwards, M. S. 2006. "Public Opinion Regarding Economic and Cultural Globalization: Evidence from a Cross-National Survey." *Review of International Political Economy* 13:587–608. doi:10.1080/09692290600839857.

Eff, E. A., and M. M. Dow. 2008. *Do Markets Promote Prosocial Behavior? Evidence from the Standard Cross-Cultural Sample.* Working Paper No. 200803. Department of Economics and Finance, Middle Tennessee State University, Murfreesboro.

Eisenberg, N., N. D. Eggum, and L. Di Giunta. 2010. "Empathy-Related Responding: Associations with Prosocial Behavior, Aggression, and Intergroup Relations." *Social Issues and Policy Review* 4:143–180. doi:10.1111/j.1751-2409.2010.01020.x.

Eisenbruch, A. B., R. L. Grillot, D. Maestripieri, and J. R. Roney. 2016. "Evidence of Partner Choice Heuristics in a One-Shot Bargaining Game." *Evolution and Human Behavior* 37:429–439. doi:10.1016/j.evolhumbehav.2016.04.002.

Eisensee, T., and D. Strömberg. 2007. "News Droughts, News Floods, and US Disaster Relief." *Quarterly Journal of Economics* 122:693–728. doi:10.1162/qjec.122.2.693.

Epstein, K. 1966. *The Genesis of German Conservatism.* Princeton, NJ: Princeton University Press.

Escresa, L., and L. Picci. 2017. "A New Cross-National Measure of Corruption." *World Bank Economic Review* 31:196–219. doi:10.1093/wber/lhv031.

Faber, D. A., S. Joshi, and G. Ciancio. 2016. "Demographic Characteristics of Non-directed Altruistic Kidney Donors in the United States." *Journal of Kidney* 2 (2): 1–4. doi:10.4172/2472-1220.1000121.

Fantazzi, C. 2008. "Vives and the Emarginati." In C. Fantazzi, ed., *A Companion to Juan Luis Vives*, 65–112. Leiden: Brill.

Fensham, F. C. 1962. "Widow, Orphan, and the Poor in Ancient Near Eastern Legal and Wisdom Literature." *Journal of Near Eastern Studies* 21:129–139.

doi:10.2307/543887.

Ferguson, N. 2011. *Civilization: The West and the Rest*. New York: Penguin.

Fichte, J. G. (1797) 2000. *Foundations of Natural Right*. M. Baur, trans., and F. Neuhauser, ed. Cambridge: Cambridge University Press.

Findley, M. G. 2018. "Does Foreign Aid Build Peace?" *Annual Review of Political Science* 21:359–384. doi:10.1146/annurev-polisci-041916-015516.

Finke, R. A. 1980. "Levels of Equivalence in Imagery and Perception." *Psychological Review* 87:113–132. doi:10.1037/0033-295X.87.2.113.

Finlay, T. 2009. "Alms. I: Hebrew Bible / Old Testament." In C.-L. Seow and H. Spieckermann, eds., *Encyclopedia of the Bible and Its Reception*. Vol. 1, *Aaron–Aniconism*, 830. Berlin: Walter de Gruyter.

Fisher, H. 1994. "'Wilson,' They Said, 'You're All Wet!.'" *New York Times*, October 16.

Fison, L., and A. W. Howitt. 1880. *Kamilaroi and Kurnai: Group-Marriage and Relationship, and Marriage by Elopement. Also the Kurnai Tribe: Their Customs in Peace and War*. Melbourne: George Robertson.

Fitzgerald, J. T. 2009. "Alms. III: Greco-Roman Antiquity." In C.-L. Seow and H. Spieckermann, eds., *Encyclopedia of the Bible and Its Reception*. Vol. 1, *Aaron–Aniconism*, 835–836. Berlin: Walter de Gruyter.

Fleischacker, S. 2004. *A Short History of Distributive Justice*. Cambridge, MA: Harvard University Press.

Forrester, A. C., B. Powell, A. Nowrasteh, and M. Landgrave. 2019. "Do Immigrants Import Terrorism?" *Journal of Economic Behavior and Organization* 166:529–543. doi:10.1016/j.jebo.2019.07.019.

Forsythe, D. P. 2005. *The Humanitarians: The International Committee of the Red Cross*. Cambridge: Cambridge University Press.

Foster, B. R. 1995. "Social Reform in Ancient Mesopotamia." In K. D. Irani and M. Silver, eds., *Social Justice in the Ancient World*, 165–177. Westport, CT:

Greenwood Press.

Fouquet, R., and S. Broadberry. 2015. "Seven Centuries of European Economic Growth and Decline." *Journal of Economic Perspectives* 29:227–244. doi:10.1257/jep.29.4.227.

Fox, G. 1950. "The Origins of UNRRA." *Political Science Quarterly* 65:561–584. doi:10.2307/2145664.

Frangipane, M. 2007. "Different Types of Egalitarian Societies and the Development of Inequality in Early Mesopotamia." *World Archaeology* 39:151–176. doi:10.1080/0043824070124950.

Frank, R. 2009. "Rich Feel Guilty About Giving to Charity." *Wall Street Journal*, May 18, https://blogs.wsj.com/wealth/2009/05/18/rich-feel-guilty-about-giving-to-charity.

Frank, S. A. 1998. *Foundations of Social Evolution*. Princeton, NJ: Princeton University Press.

Franklin, P., and A. A. Volk. 2018. "A Review of Infants' and Children's Facial Cues' Influence on Adults' Perceptions and Behaviors." *Evolutionary Behavioral Sciences* 12:296–321. doi:10.1037/ebs0000108.

Franks, S. 2013. *Reporting Disasters: Famine, Aid, Politics and the Media*. London: Hurst.

Frean, M. R. 1994. "The Prisoner's Dilemma Without Synchrony." *Proceedings of the Royal Society B: Biological Sciences* 257:75–79. doi:10.1098/rspb.1994.0096.

From the Church News. 2015. "Viewpoint: 1985 Fast Marked Beginning of LDS Charities." Church of Jesus Christ of Latter-day Saints, January 25, www.church of jesuschrist.org/church/news /viewpoint-1985-fast-marked-beginning-of-lds-charities?lang=eng.

Gabriel, I. 2017. "Effective Altruism and Its Critics." *Journal of Applied Philosophy* 34:457–473. doi:10.1111/japp.12176.

Galiana, I. 2018. "Benefits and Costs of the Climate Change Targets for the Post-2015 Development Agenda." In B. Lomborg, ed., *Prioritizing Development: A Cost Benefit Analysis of the United Nations' Sustainable Development Goals*, 54–63. New York: Cambridge University Press.

Gallistel, C. R., and A. P. King. 2009. *Memory and the Computational Brain: Why Cognitive Science Will Transform Neuroscience*. Chichester, UK: Wiley-Blackwell.

Gansberg, M. 1964. "37 [*sic*] Who Saw Murder Didn't Call the Police." *New York Times*, March 27.

Gardner, A., and A. Grafen. 2009. "Capturing the Superorganism: A Formal Theory of Group Adaptation." *Journal of Evolutionary Biology* 22:659–671. doi:10.1111/j.1420-9101.2008.01681.x.

Gardner, A., S. A. West, and G. Wild. 2011. "The Genetical Theory of Kin Selection." *Journal of Evolutionary Biology* 24:1020–1043. doi:10.1111/j.1420-9101.2011.02236.x.

Garnsey, P. 1988. *Famine and Food Supply in the Graeco-Roman World: Responses to Risk and Crisis*. Cambridge: Cambridge University Press.

Garve, C. 1796. "Über den Charakter der Bauern und ihr Verhältniss gegen die Gutsherrn und gegen die Regierung," vol. 1. Wrocław, Poland: Wilhelm Gottlieb Korn.

Gat, A. 2010. "Why War? Motivations for Fighting in the Human State of Nature." In P. M. Kappeler and J. B. Silk, eds., *Mind the Gap: Tracing the Origins of Human Universals*, 197–220. New York: Springer.

Gensler, H. J. 2013. *Ethics and the Golden Rule*. New York: Routledge.

George, D. L. 1918. *The Great Crusade: Extracts from Speeches Delivered During the War*. F. L. Stevenson, ed. New York: George H. Doran.

Geremek, B. 1994. *Poverty: A History*. Oxford: Blackwell.

Gilens, M. 1999. *Why Americans Hate Welfare: Race, Media, and the Politics of*

Antipoverty Policy. Chicago: University of Chicago Press.

Giving Pledge. 2019. "History of the Pledge," https://givingpledge.org/About. aspx.

Giving USA. 2019. "Giving USA 2019: Americans Gave $427.71 Billion to Charity in 2018 amid Complex Year for Charitable Giving," https://givingusa.org/ giving-usa-2019-americans-gave-427-71-billion-to-charity-in-2018-amid-complex-year-for-charitable-giving.

Giving What We Can. 2019. "A Growing Movement," www.givingwhatwecan.org/ about-us/#a-growing-movement.

Glynn, S. A., M. P. Busch, G. B. Schreiber, E. L. Murphy, D. J. Wright, Y. Tu, and S. H. Kleinman. 2003. "Effect of a National Disaster on Blood Supply and Safety: The September 11 Experience." *JAMA* 289:2246–2253. doi:10.1001/ jama.289.17.2246.

Goetz, J. L., D. Keltner, and E. Simon-Thomas. 2010. "Compassion: A Theoretical Analysis and Empirical Review." *Psychological Bulletin* 136:351–374. doi:10.1037/a0018807.

Google Books Ngram Viewer. 2019. https://books.google.com/ngrams.

Goose, N. 2013. "Review of the Book *Poor Relief in England, 1350–1600*, by M. McIntosh." *Reviews in History,* https://reviews.history.ac.uk/review/1404.

Goose, N., and H. Looijesteijn. 2012. "Almshouses in England and the Dutch Republic Circa 1350–1800: A Comparative Perspective." *Journal of Social History* 45:1049–1073. doi:10.1093/jsh/shr146.

Gottschall, J. 2004. "Explaining Wartime Rape." *Journal of Sex Research* 41:129–136. doi:10.2307/3813647.

Gould, S. J., and R. C. Lewontin. 1979. "The Spandrels of San Marco and the Panglossian Paradigm: A Critique of the Adaptationist Programme." *Proceedings of the Royal Society B* 205:581–598. doi:10.1098/rspb.1979.0086.

Gowdy, J., and L. Krall. 2016. "The Economic Origins of Ultrasociality." *Behavioral and Brain Sciences* 39:E92. doi:10.1017/S0140525X1500059X.

Gradstein, M., and B. Milanovic. 2004. "Does Liberté = Égalité? A Survey of the Empirical Links Between Democracy and Inequality with Some Evidence on the Transition Economies." *Journal of Economic Surveys* 18:515–537. doi:10. 1111/j.0950-0804.2004.00229.x.

Gray, H. M., N. Ambady, W. T. Lowenthal, and P. Deldin. 2004. "P300 as an Index of Attention to Self-Relevant Stimuli." *Journal of Experimental Social Psychology* 40:216–224. doi:10.1016/S0022-1031(03)00092-1.

Greif, A., and M. Iyigun. 2013. *What Did the Old Poor Law Really Accomplish? A Redux*. Discussion Paper No 7398. Bonn: Institute for the Study of Labor.

Griffin, A. S., and S. A. West. 2003. "Kin Discrimination and the Benefit of Helping in Cooperatively Breeding Vertebrates." *Science* 302:634–636. doi:10.1126/ science.1089402.

Griswold, C. L. 1999. *Adam Smith and the Virtues of Enlightenment*. Cambridge: Cambridge University Press.

Guisinger, A. 2017. *American Opinion on Trade: Preferences Without Politics*. doi:10.1093/acprof:oso/9780190651824.003.0003.

Gupta, H. K. 2018. "1755 Lisbon Tsunami and the Birth of Seismology." *Journal of the Geological Society of India* 92:255–258. doi:10.1007/s12594-018-1000-0.

Gurven, M. 2004. "To Give and to Give Not: An Evolutionary Ecology of Human Food Transfers." *Behavioral and Brain Sciences* 27:543–583. doi:10.1017/ S0140525X04000123.

Gurven, M., and K. Hill. 2009. "Why Do Men Hunt?" *Current Anthropology* 50:51–74. doi:10.1086/595620.

Gurven, M., J. Stieglitz, P. L. Hooper, C. Gomes, and H. Kaplan. 2012. "From the Womb to the Tomb: The Role of Transfers in Shaping the Evolved Human Life History." *Experimental Gerontology* 47:807–813. doi:10.1016/ j.exger.2012.05.006.

Gurven, M., C. Von Rueden, J. Stieglitz, H. Kaplan, and D. E. Rodriguez. 2014. "The Evolutionary Fitness of Personality Traits in a Small-Scale Subsistence Society." *Evolution and Human Behavior* 35:17–25. doi:10.1016/j.evolhumbehav.2013.09.002.

Gusinde, M. 1937. "Yahgan: The Life and Thought of the Water Nomads of Cape Horn." F. Schütze, trans. In *Die Feuerland-Indianer*. Vol. 2, *Die Yamana*. Mödling, Austria: Anthropos-Bibliotek.

Hadwin, J. F. 1978. "Deflating Philanthropy." *Economic History Review* 31:105–117. doi:10.1111/j.1468-0289.1978.tb01133.x.

Hafer, C. L., and L. Bègue. 2005. "Experimental Research on Just-World Theory: Problems, Developments, and Future Challenges." *Psychological Bulletin* 131:128– 167. doi:10.1037/0033-2909.131.1.128.

Hagen, E. H. 2016. "Evolutionary Psychology and Its Critics." In D. M. Buss. ed., *The Handbook of Evolutionary Psychology*. Vol. 1, *Foundations*, 2nd ed., 136–160. Hoboken, NJ: Wiley.

Haidt, J. 2001. "The Emotional Dog and Its Rational Tail: A Social Intuitionist Approach to Moral Judgment." *Psychological Review* 108:814–834. doi:10.1037/0033-295x.108.4.814.

Hainmueller, J., and D. J. Hopkins. 2014. "Public Attitudes Toward Immigration." *Annual Review of Political Science* 17:225–249. doi:10.1146/annurev-polisci-102512-194818.

Haldane, J. B. S. 1990. *The Causes of Evolution*. Princeton, NJ: Princeton University Press.

Haller, J. S. 2011. *Battlefield Medicine: A History of the Military Ambulance from the Napoleonic Wars Through World War I*. Carbondale: Southern Illinois University Press.

Hamilton, W. D. 1964. "The Genetical Evolution of Social Behaviour. I, II." *Journal of Theoretical Biology* 7:1–52. doi:10.1016/0022-5193(64)90038-4.

————. 1975. "Innate Social Aptitudes of Man: An Approach from Evolutionary Genetics." In R. Fox, ed., *Biosocial Anthropology*, 133–155. New York: John Wiley and Sons.

Hammack, D. C. 1995. "A Center of Intelligence for the Charity Organization Movement: The Foundation's Early Years." In D. C. Hammack and S. Wheeler, eds., *Social Science in the Making: Essays on the Russell Sage Foundation, 1907–1972*, 1–33. New York: Russell Sage Foundation.

Hands, A. R. 1968. *Charities and Social Aid in Greece and Rome*. Ithaca, NY: Cornell University Press.

Hansen, M. H. 2006. *The Shotgun Method: The Demography of the Ancient Greek City-State Culture*. Columbia: University of Missouri Press.

Harman, O. 2010. *The Price of Altruism: George Price and the Search for the Origins of Kindness*. New York: W. W. Norton.

Harper, M., V. Knight, M. Jones, G. Koutsovoulos, N. E. Glynatsi, and O. Campbell. 2017. "Reinforcement Learning Produces Dominant Strategies for the Iterated Prisoner's Dilemma." *PLoS One* 12 (12). doi:10.1371/journal.pone.0188046.

Hauert, C., and H. G. Schuster. 1998. "Extending the Iterated Prisoner's Dilemma Without Synchrony." *Journal of Theoretical Biology* 192:155–166. doi:10.1006/jtbi.1997.0590.

Haueter, N. V. 2013. *Swiss Re: A History of Insurance*. Zurich: Swiss Re Group, www.swissre.com/dam/jcr:638f00a0-71b9-4d8e-a960-dddaf9ba57cb/150_history_of_insurance.pdf.

Hawkes, K., J. F. O'Connell, and N. G. Blurton Jones. 2001. "Hadza Meat Sharing." *Evolution and Human Behavior* 22:113–142. doi:10.1016/S1090-5138(00)00066-0.

Hays, J. C., S. D. Ehrlich, and C. Peinhardt. 2005. "Government Spending and Public Support for Trade in the OECD: An Empirical Test of the Embedded

Liberalism Thesis." *International Organization* 59:473–494. doi:10.1017/ S0020818305050150.

Hendren, N., and B. D. Sprung-Keyser. 2019. *A Unified Welfare Analysis of Government Policies*. Working Paper No. 26144. National Bureau of Economic Research.

Henrich, J. 2004. "Cultural Group Selection, Coevolutionary Processes and Large-Scale Cooperation." *Journal of Economic Behavior and Organization* 53:3–35. doi:10.1016/ S0167-2681(03)00094-5.

Hill, K., and K. Kintigh. 2009. "Can Anthropologists Distinguish Good and Poor Hunters? Implications for Hunting Hypotheses, Sharing Conventions, and Cultural Transmission." *Current Anthropology* 50:369–378. doi:10.1086/597981.

Himmelfarb, G. 1984. *The Idea of Poverty: England in the Early Industrial Age*. New York: Alfred A. Knopf.

———. 1991. *Poverty and Compassion: The Moral Imagination of the Late Victorians*. New York: Alfred A. Knopf.

Hitchcock, W. I. 2008. *The Bitter Road to Freedom: A New History of the Liberation of Europe*. New York: Free Press.

Hobbes, T. (1651) 1957. *Leviathan*. New York: Oxford University Press.

Hollander, C. 2018. "Our Recommendation to Good Ventures." Give Well, November 27, https://blog.givewell.org/2018/11/26/our-recommendation-to-good-ventures.

———. 2019. "Review of GiveWell's Work in 2018." GiveWell, May 15, https:// blog.givewell.org/2019/05/15/review-of-givewells-work-in-2018.

Holmes, E. A., and A. Mathews. 2005. "Mental Imagery and Emotion: A Special Relationship?" *Emotion* 5:489–497. doi:10.1037/1528-3542.5.4.489.

Holmes, E. A., A. Mathews, B. Mackintosh, and T. Dalgleish. 2008. "The Causal Effect of Mental Imagery on Emotion Assessed Using Picture-Word Cues."

Emotion 8:395–409. doi:10.1037/1528-3542.8.3.395.

Homerin, T. E. 2005. "Altruism in Islam." In J. Neusner and B. Chilton, eds., *Altruism in World Religions*, 67–87. Washington, DC: Georgetown University Press.

Hooper, P. L., M. Gurven, J. Winking, and H. S. Kaplan. 2015. "Inclusive Fitness and Differential Productivity Across the Life Course Determine Intergenerational Transfers in a Small-Scale Human Society." *Proceedings of the Royal Society B: Biological Sciences* 282 (1803): 1–9. doi:10.1098/rspb.2014.2808.

Howe, E. L., J. J. Murphy, D. Gerkey, and C. T. West. 2016. "Indirect Reciprocity, Resource Sharing, and Environmental Risk: Evidence from Field Experiments in Siberia." *PLoS One* 11 (7). doi:10.1371/journal.pone.0158940.

Hoynes, H. W., and D. W. Schanzenbach. 2018. *Safety Net Investments in Children*. Working Paper No. 24594. National Bureau of Economic Research.

Hruschka, D. J., and J. Henrich. 2006. "Friendship, Cliquishness, and the Emergence of Cooperation." *Journal of Theoretical Biology* 239:1–15. doi:10.1016/j.jtbi.2005.07.006.

Hume, D. (1739) 1984. *A Treatise of Human Nature*. New York: Penguin.

———. (1777) 1957. *An Enquiry Concerning the Principles of Morals*, vol. 4. New York: Liberal Arts Press.

Humphreys, M., and J. M. Weinstein. 2009. "Field Experiments and the Political Economy of Development." *Annual Review of Political Science* 12:367–378. doi:10.1146/annurev.polisci.12.060107.155922.

Hunter, R. 1904. *Poverty*. New York: Macmillan.

Hurst, R., T. Tidwell, and D. Hawkins. 2017. "Down the Rathole? Public Support for US Foreign Aid." *International Studies Quarterly* 61:442–454. doi:10.1093/isq/sqx019.

Husock, H. 1992. "Bringing Back the Settlement House." *The Public Interest*

109:53–72.

Huwart, J. Y., and L. Verdier. 2013. *Economic Globalisation: Origins and Consequences*. Paris: Organization for Economic Cooperation and Development, www.oecd-ilibrary.org/economics/economic-globalisation_9789264111905-en.

Hyman, I. E., S. M. Boss, B. M. Wise, K. McKenzie, and J. M. Caggiano. 2010. "Did You See the Unicycling Clown? Inattentional Blindness While Walking and Talking on a Cell Phone." *Applied Cognitive Psychology* 24:597–607. doi:10.1002/acp.1638.

Hyman, I. E., B. A. Sarb, and B. M. Wise-Swanson. 2014. "Failure to See Money on a Tree: Inattentional Blindness for Objects That Guided Behavior." *Frontiers in Psychology* 5:356. doi:10.3389/fpsyg.2014.00356.

Ierley, M. 1984. *With Charity for All: Welfare and Society, Ancient Times to the Present*. New York: Praeger.

Ifill, G. 2016. "Questions for President Obama: A Town Hall Special." *PBS NewsHour*. NewsHour Productions.

Isenberg, N. 2016. *White Trash: The 400-Year Untold History of Class in America*. New York: Viking.

IUPUI Lilly Family School of Philanthropy. 2018. *Highlights: An Overview of Giving in 2017*. Giving USA, https://store.givingusa.org/products/giving-usa-2018-report-highlights?variant=12366640775247.

Jackson, P. L., A. N. Meltzoff, and J. Decety. 2005. "How Do We Perceive the Pain of Others: A Window into the Neural Processes Involved in Empathy." *NeuroImage* 24:771–779. doi:10.1016/j.neuroimage.2004.09.00.

Jacobson, L. 2011. "Newt Gingrich Says You Can Use Food Stamps to Get to Hawaii." *PolitiFact*, December 1, www.politifact.com/truth-o-meter/statements/2011/dec/01/newt-gingrich/Gingrich-says-use-food-stamps-Hawaii.

Jaeggi, A. V., and M. Gurven. 2013. "Reciprocity Explains Food Sharing in Humans and Other Primates Independent of Kin Selection and Tolerated Scrounging: A Phylogenetic Meta-Analysis." *Proceedings of the Royal Society B: Biological Sciences* 280 (1768): 20131615. doi:10.1098/rspb.2013.1615.

Jaspers, K. (1953) 2010. *The Origin and Goal of History*. M. Bullock, trans. London: Routledge.

Jones, A. 2019. "The Unknown Famine: Television and the Politics of British Humanitarianism." In M. Lawrence and R. Tavernor, eds., *Global Humanitarianism and Media Culture*, 122–142. Manchester: Manchester University Press.

Justman, M., and M. Gradstein. 1999. "The Industrial Revolution, Political Transition, and the Subsequent Decline in Inequality in 19th-Century Britain." *Explorations in Economic History* 36:109–127. doi:10.1006/exeh.1999.0713.

Kant, I. (1785) 1952. "General Introduction to the Metaphysic of Morals." W. Hastie, trans. In R. Maynard, ed., *Great Books of the Western World*. Vol. 42, *Kant*, 383–394. Chicago: Encyclopedia Britannica.

———. (1797) 1965. *The Metaphysical Elements of Justice: Part I of the Metaphysics of Morals*. J. Ladd, trans. Indianapolis: Bobbs-Merrill.

———. 1930. *Lectures on Ethics*. L. Infield, trans. London: Methuen.

Kaplan, H., K. Hill, J. Lancaster, and A. M. Hurtado. 2000. "A Theory of Human Life History Evolution: Diet, Intelligence, and Longevity." *Evolutionary Anthropology* 9:156–184. doi:10.1002/1520-6505(2000)9:4<156:AID-EVAN5>3.0.CO;2-7.

Karnofsky, H. 2019. "Our Progress in 2018 and Plans for 2019." Good Ventures, April 15, www.goodventures.org/blog/our-progress-in-2018-and-plans-for-2019.

Kaše, V. 2018. *The Emergence of Big Gods in the Ancient Mediterranean*. [Manuscript].

Kassin, S. 2017. "The Killing of Kitty Genovese: What Else Does This Case Tell Us?" *Perspectives on Psychological Science* 12:374–381. doi:10.1177/1745691616679465.

Keating, R. 1986. "Live Aid: The Terrible Truth." *Spin* 2 (4): 74–80, www.spin.com/featured/live-aid-the-terrible-truth-ethiopia-bob-geldof-feature.

Keay, D. 1987. "AIDS, Education, and the Year 2000!" *Woman's Own*, October 31, 8–10, www.margaretthatcher.org/document/106689.

Keck, A. 2010. "The Change of Philosophical Motives of Care from Thomas Aquinas' Notion of Alms to Juan Luis Vives' 'De Subventione Pauperum.'" *European Journal of Social Work* 13:127–130. doi:10.1080/13691451003621184.

Kelemen, D. 2004. "Are Children 'Intuitive Theists'?: Reasoning About Purpose and Design in Nature." *Psychological Science* 15:295–301. doi:10.1111/j.0956-7976.2004.00672.x.

Kelemen, D., J. Rottman, and R. Seston. 2013. "Professional Physical Scientists Display Tenacious Teleological Tendencies: Purpose-Based Reasoning as a Cognitive Default." *Journal of Experimental Psychology: General* 142:1074–1083. doi:10.1037/a0030399.

Kelley, F. 1895. *Hull-House Maps and Papers*. New York: Thomas Y. Crowell.

Kelly, M., and C. Ó Gráda. 2011. "The Poor Law of Old England: Institutional Innovation and Demographic Regimes." *Journal of Interdisciplinary History* 41:339–366. doi:10.1162/JINH_a_00105.

———. 2019. "Speed Under Sail During the Early Industrial Revolution (c. 1750–1830)." *Economic History Review* 72:459–480. doi:10.1111/ehr.12696.

Kendrick, T. D. 1955. *The Lisbon Earthquake*. Philadelphia: J. B. Lippincott.

Kennedy, J. F. 1963. "Excerpt, Report to the American People on Civil Rights." June 11, 1963. Washington, DC: Columbia Broadcasting System. Archived at John F. Kennedy Presidential Library and Museum, www.jfklibrary.org/assetviewer/archives/TNC/TNC-262-EX/TNC-262-EX.

King, S. 2000. *Poverty and Welfare in England, 1700–1850*. Manchester: Manchester University Press.

Klenert, D., L. Mattauch, E. Combet, O. Edenhofer, C. Hepburn, R. Rafaty, and N. Stern. 2018. "Making Carbon Pricing Work for Citizens." *Nature Climate Change* 8:669–677. doi:10.1038/s41558-018-0201-2.

Knapp, A. B. 1988. *The History and Culture of Ancient Western Asia and Egypt*. Chicago: Dorsey Press.

Knapp, A. B., and S. W. Manning. 2016. "Crisis in Context: The End of the Late Bronze Age in the Eastern Mediterranean." *American Journal of Archaeology* 120:99–149. doi:10.3764/aja.120.1.0099.

Knight, V., M. Harper, N. E. Glynatsi, and O. Campbell. 2018. "Evolution Reinforces Cooperation with the Emergence of Self-Recognition Mechanisms: An Empirical Study of Strategies in the Moran Process for the Iterated Prisoner's Dilemma." PLoS One 13 (10). doi:10.1371/journal.pone.0204981.

Koeneman, K. 2013. *First Son: The Biography of Richard M. Daley*. Chicago: University of Chicago Press.

Kohler, H.-P., and J. R. Behrman. 2018. "Benefits and Costs of the Population and Demography Targets for the Post-2015 Development Agenda." In B. Lomborg, ed., *Prioritizing Development: A Cost Benefit Analysis of the United Nations' Sustainable Development Goals*, 375–394. New York: Cambridge University Press.

Kosslyn, S. M. 1995. "Visual Cognition." In D. N. Osherson and S. M. Kosslyn, eds., *An Invitation to Cognitive Science*. Vol. 2, *Visual Cognition*, 267–296. Cambridge, MA: MIT Press.

Kotsadam, A., G. Østby, S. A. Rustad, A. F. Tollefsen, and H. Urdal. 2018. "Development Aid and Infant Mortality: Micro-Level Evidence from Nigeria." *World Development* 105:59–69. doi:10.1016/j.worlddev.2017.12.022.

Kramer, S. H. 1963. *The Sumerians: Their History, Culture, and Character.* Chicago: University of Chicago Press.

Krams, I., T. Krama, K. Igaune, and R. Mänd. 2007. "Experimental Evidence of Reciprocal Altruism in the Pied flycatcher." *Behavioral Ecology and Sociobiology* 62:599– 605. doi:10.1007/s00265-007-0484-1.

Krasnow, M. M., L. Cosmides, E. J. Pedersen, and J. Tooby. 2012. "What Are Punishment and Reputation For?" *PLoS One* 7 (9). doi:10.1371/journal. pone.0045662.

Krasnow, M. M., A. W. Delton, J. Tooby, and L. Cosmides. 2013. "Meeting Now Suggests We Will Meet Again: Implications for Debates on the Evolution of Cooperation." *Scientific Reports* 3:1747. doi:10.1038/srep01747.

Krishna-Dwaipayana Vyasa. 1896. "Maha⁻bha⁻rata." K. M. Ganguli, trans. Kolkata, India: Pratap Chandra Roy.

Krubitzer, L., and D. S. Stolzenberg. 2014. "The Evolutionary Masquerade: Genetic and Epigenetic Contributions to the Neocortex." *Current Opinion in Neurobiology* 24:157–165. doi:10.1016/j.conb.2013.11.010.

Krueger, J. I., and D. C. Funder. 2004. "Towards a Balanced Social Psychology: Causes, Consequences, and Cures for the Problem-Seeking Approach to Social Behavior and Cognition." *Behavioral and Brain Sciences* 27:313–327. doi:10.1017/S0140525X04000081.

Krupp, D. B., and P. D. Taylor. 2013. "Enhanced Kin Recognition Through Population Estimation." *American naturalist*, 181:707–714. doi:10.1086/670029.

Kuhnle, S., and A. Sander. 2010. "The Emergence of the Western Welfare State." In F. G. Castles, S. Leibfried, J. Lewis, H. Obinger, and C. Pierson, eds., *The Oxford Handbook of the Welfare State*, 61–80. New York: Oxford University Press.

Kuijt, I. 2000. "People and Space in Early Agricultural Villages: Exploring

Daily Lives, Community Size, and Architecture in the Late Pre-Pottery Neolithic." *Journal of Anthropological Archaeology* 19:75–102. doi:10.1006/jaar.1999.0352.

———. 2008a. "Demography and Storage Systems During the Southern Levantine Neolithic Demographic Transition." In J. P. Bocquet-Appel and O. Bar-Yosef, eds., *The Neolithic Demographic Transition and Its Consequences*, 287–313. New York: Springer.

———. 2008b. "The Regeneration of Life: Neolithic Structures of Symbolic Remembering and Forgetting." *Current Anthropology* 49:171–197. doi:10.1086/526097.

———. 2011. "Home Is Where We Keep Our Food: The Origins of Agriculture and Late Pre-Pottery Neolithic Food Storage." *Paléorient* 37:137–152. doi:10.3406/paleo.2011.5444.

Kuijt, I., and B. Finlayson. 2009. "Evidence for Food Storage and Predomestication Granaries 11,000 Years Ago in the Jordan Valley." *Proceedings of the National Academy of Sciences* 106:10966–10970. doi:10.1073/pnas.0812764106.

Kurzban, R. 2010. *Why Everyone (Else) Is a Hypocrite: Evolution and the Modular Mind*. Princeton, NJ: Princeton University Press.

Lack, D. 1966. *Population Studies of Birds*. Oxford: Oxford University Press.

Laland, K. N., and G. R. Brown. 2011. *Sense and Nonsense: Evolutionary Perspectives on Human Behaviour*, 2nd ed. Oxford: Oxford University Press.

Lamb, T. D., C. P. Collin, and E. N. Pugh, Jr. 2007. "Evolution of the Vertebrate Eye: Opsins, Photoreceptors, Retina and Eye Cup." *Nature Reviews Neuroscience* 8:960–976. doi:10.1038/nrn2283.

Landry, C. E., A. Lange, J. A. List, M. K. Price, and N. G. Rupp. 2006. "Toward an Understanding of the Economics of Charity: Evidence from a Field Experiment." *Quarterly Journal of Economics* 121 (2): 747–782.

Laqueur, T. 1989. "Bodies, Details, and the Humanitarian Narrative." In L. Hunt, ed., *The New Cultural History*, 176–204. Berkeley: University of California Press.

Latané, B., and J. M. Darley. 1970. *The Unresponsive Bystander: Why Doesn't He Help?* New York: Appleton-Century-Crofts.

Lazarsfeld, P. F., and R. K. Merton. 1954. "Friendship as a Social Process: A Substantive and Methodological Analysis." In M. Berger, T. Abel, and C. H. Page, eds., *Freedom and Control in Modern Society*, 18–66. New York: Van Nostrand.

LeBar, M. 1999. "Kant on Welfare." *Canadian Journal of Philosophy* 29:225–250. doi:10.1080/00455091.1999.10717512.

Lebzelter, V. 1934. *Native Cultures in Southwest and South Africa*, vol. 2. R. Neuse, trans. Leipzig: Karl W. Hiersemann.

Lecky, W. E. H. 1890. *History of European Morals from Augustus to Charlemagne in Two Volumes*, vol. 1, 9th ed. London: Longmans, Green.

Lee, J.-W., and H. Lee. 2016. "Human Capital in the Long Run." *Journal of Development Economics* 122:147–169. doi:10.1016/j.jdeveco.2016.05.006.

Lehmann, L., and M. W. Feldman. 2008. "War and the Evolution of Belligerence and Bravery." *Proceedings of the Royal Society B: Biological Sciences* 275:2877–2885. doi:10.1098/rspb.2008.0842.

Leigh, E. G. 1983. "When Does the Good of the Group Override the Advantage of the Individual?" *Proceedings of the National Academy of Sciences* 80:2985–2989. doi:10.1073/pnas.80.10.2985.

Lerner, M. J. 1980. *Belief in a Just World: A Fundamental Delusion*. New York: Plenum Press.

Levin, B. R., and W. L. Kilmer. 1974. "Interdemic Selection and the Evolution of Altruism: A Computer Simulation Study." *Evolution* 28:527–545. doi:10.1111/j.1558-5646.1974.tb00787.x.

Lewin, C., and M. De Valois. 2003. "History of Actuarial Tables." In M.

Campbell-Kelly, M. Croarken, R. Flood, and E. Robson, eds., *The History of Mathematical Tables: From Sumer to Spreadsheets.* Oxford: Oxford University Press.

Lewis, T. 2005. "Altruism in Classical Buddhism." In J. Neusner and B. Chilton, eds., *Altruism in World Religions*, 88–114. Washington, DC: Georgetown University Press.

Liao, X., S. Rong, and D. C. Queller. 2015. "Relatedness, Conflict, and the Evolution of Eusociality." *PLoS Biology* 13:e1002098. doi:10.1371/journal. pbio.1002098.

Lickliter, R., and H. Honeycutt. 2013. "A Developmental Evolutionary Framework for Psychology." *Review of General Psychology* 17:184–189. doi:10.1037/ a0032932.

Lieberman, D. 2009. "Rethinking the Taiwanese Minor Marriage Data: Evidence the Mind Uses Multiple Kinship Cues to Regulate Inbreeding Avoidance." *Evolution and Human Behavior* 30:153–160. doi:10.1016/ j.evolhumbehav.2008.11.003.

Lieberman, D., and J. Billingsley. 2016. "Current Issues in Sibling Detection." *Current Opinion in Psychology* 7:57–60. doi:10.1016/j.copsyc.2015.07.014.

Lieberman, D., and T. Lobel. 2012. "Kinship on the Kibbutz: Coresidence Duration Predicts Altruism, Personal Sexual Aversions and Moral Attitudes Among Communally Reared Peers." *Evolution and Human Behavior* 33:26–34. doi:10.1016/j.evolhumbehav.2011.05.002.

Lieberman, D., and A. Smith. 2012. "It's All Relative: Sexual Aversions and Moral Judgments Regarding Sex Among Siblings." *Current Directions in Psychological Science* 21:243–247. doi:10.1177/0963721412447620.

Lieberman, D., J. Tooby, and L. Cosmides. 2007. "The Architecture of Human Kin Detection." *Nature* 445:727–731. doi:10.1038/nature05510.

Ligon, J. D. 1983. "Cooperation and Reciprocity in Avian Social Systems."

American Naturalist 121:366–384. doi:10.1086/284066.

Lindert, P. H. 2004a. *Growing Public: Social Spending and Economic Growth Since the Eighteenth Century.* Vol. 1, *The Story.* Cambridge: Cambridge University Press.

—. 2004b. *Growing Public: Social Spending and Economic Growth Since the Eighteenth Century.* Vol. 2, *Further Evidence.* Cambridge: Cambridge University Press.

List, J. A. 2011. "The Market for Charitable Giving." *Journal of Economic Perspectives* 25:157–180. doi:10.1257/jep.25.2.157.

List, J. A., and Y. Peysakhovich. 2011. "Charitable Donations Are More Responsive to Stock Market Booms Than Busts." *Economics Letters* 110:166–169. doi:10.1016/j.econlet.2010.10.016.

Liu, F., F. van der Lijn, C. Schurmann, G. Zhu, M. M. Chakravarty, P. G. Hysi, A. Wollstein, et al. 2012. "A Genome-Wide Association Study Identifies Five Loci Influencing Facial Morphology in Europeans." *PLoS Genetics* 8 (9): e1002932. doi:10.1371/journal.pgen.1002932.

Liverani, M. 2006. *Uruk: The First City.* London: Equinox.

Lizzeri, A., and N. Persico. 2004. "Why Did the Elites Extend the Suffrage? Democracy and the Scope of Government, with an Application to Britain's 'Age of Reform.'" *Quarterly Journal of Economics* 119:707–765. doi:10.1162/0033553041382175.

Lobb, A., N. Mock, and P. L. Hutchinson. 2012. "Traditional and Social Media Coverage and Charitable Giving Following the 2010 Earthquake in Haiti." *Prehospital and Disaster Medicine* 27:319–324. doi:10.1017/S1049023X12000908.

Locke, J. 1764. *Two Treatises of Government.* London: A. Millar.

Loewenberg, F. M. 1994. "On the Development of Philanthropic Institutions in Ancient Judaism: Provisions for Poor Travelers." *Nonprofit and Voluntary*

Sector Quarterly 23:193–207. doi:10.1177/089976409402300302.

——. 1995. "Financing Philanthropic Institutions in Biblical and Talmudic Times." *Nonprofit and Voluntary Sector Quarterly* 24:307–320. doi:10.1177/089976409502400404.

——. 2001. *From Charity to Social Justice: The Emergence of Communal Institutions for the Support of the Poor in Ancient Judaism.* New Brunswick, NJ: Transaction.

Lomborg, B. 2018. "Introduction." In B. Lomborg, ed., *Prioritizing Development: A Cost Benefit Analysis of the United Nations' Sustainable Development Goals,* 1–12. New York: Cambridge University Press.

Lopez, M. B., A. Hadid, E. Boutellaa, J. Goncalves, V. Kostakos, and S. Hosio. 2018. "Kinship Verification from Facial Images and Videos: Human Versus Machine." *Machine Vision and Applications* 29:873–890. doi:10.1007/s00138-018-0943-x.

Low, A. M. 1908. "Foreign Affairs: A Century of Constitutions." *The Forum* 40:205–212.

Lowe, K. 2012. *Savage Continent: Europe in the Aftermath of World War II.* New York: St. Martin's Press.

Lubove, R., ed. 1966. *Social Welfare in Transition: Selected English Documents, 1834–1909.* Pittsburgh: University of Pittsburgh Press.

Luskin, R. C., J. S. Fishkin, and S. Iyengar. 2004. *Considered Opinions on US Foreign Policy: Face-to-Face Versus Online Deliberative Polling.* Paper presented at the International Communication Association, New Orleans.

MacAskill, W. 2015. *Doing Good Better: Effective Altruism and How You Can Make a Difference.* New York: Penguin.

Malanima, P. 2011. "The Long Decline of a Leading Economy: GDP in Central and Northern Italy, 1300–1913." *European Review of Economic History* 15:169–219. doi:10.1017/S136149161000016X.

Malle, B. F. 2006. "The Actor-Observer Asymmetry in Attribution: A (Surprising) Meta-Analysis." *Psychological Bulletin* 132:895–919S. doi:10.1037/0033-2909. 132.6.895.

Malthus, T. (1803) 1992. *An Essay on the Principle of Population*, 2nd ed. D. Winch, ed. London: Ward, Lock.

Mandelbaum, M. 1982. "Vietnam: The Television War." *Daedalus* 111:157–169.

Manning, R., M. Levine, and A. Collins. 2007. "The Kitty Genovese Murder and the Social Psychology of Helping: The Parable of the 38 Witnesses." *American Psychologist* 62:555–562. doi:10.1037/0003-066X.62.6.555.

Marlowe, F. W. 2005. "Hunter-Gatherers and Human Evolution." *Evolutionary Anthropology* 14:54–67. doi:10.1002/evan.20046.

———. 2009. "Hadza Cooperation: Second-Party Punishment, Yes; Third-Party Punishment, No." *Human Nature* 20:417–430. doi:10.1007/s12110-009-9072-6.

Marr, D. 1982. *Vision*. San Francisco: W. H. Freeman.

Marshall, A. 1890. *Principles of Economics*. London: Macmillan.

Martin, A., and K. R. Olson. 2015. "Beyond Good and Evil: What Motivations Underlie Children's Prosocial Behavior?" *Perspectives on Psychological Science* 10:159–175. doi:10.1177/1745691615568998.

Martorano, B., L. Metzger, and M. Sanfilippo. 2018. *Chinese Development Assistance and Household Welfare in Sub-Saharan Africa*. AidData Working Paper No. 50. AidData at William and Mary. Williamsburg, VA.

Marty, R., C. B. Dolan, M. Leu, and D. Runfola. 2017. "Taking the Health Aid Debate to the Subnational Level: The Impact and Allocation of Foreign Health Aid in Malawi." *BMJ Global Health* 2 (1). doi:10.1136/bmjgh-2016-000129.

Marx, K. (1867) 2006. *Capital: A Critique of Political Economy*. London: Penguin.

Mateo, J. M. 2015. "Perspectives: Hamilton's Legacy: Mechanisms of Kin Recognition in Humans." *Ethology* 121:419–427. doi:10.1111/eth.12358.

Mayhew, H. (1851) 1985. *London Labour and the London Poor*. London: Penguin.

Maynard Smith, J. 1964. "Group Selection and Kin Selection." *Nature* 201:1145–1147. doi:10.1038/2011145a0.

———. 1976. "Group Selection." *Quarterly Review of Biology* 51:277–283. doi:doi.org/10.1086/409311.

Mbowa, S., T. Odokonyero, T. Muhumuza, and E. Munyambonera. 2017. "Does Coffee Production Reduce Poverty? Evidence from Uganda." *Journal of Agribusiness in Developing and Emerging Economies* 7:260–274. doi:10.1108/JADEE-01-2016-0004.

McArthur, J. W., and K. Rasmussen. 2018. "Change of Pace: Accelerations and Advances During the Millennium Development Goal Era." *World Development* 105:132–143. doi:10.1016/j.worlddev.2017.12.030.

McAuliffe, W. H. B., M. N. Burton-Chellew, and M. E. McCullough. 2019. "Cooperation and Learning in Unfamiliar Situations." *Current Directions in Psychological Science* 28:436–440. doi:10.1177/0963721419848673.

McAuliffe, W. H. B., E. C. Carter, J. Berhane, A. C. Snihur, and M. E. McCullough. In press. "Is Empathy the Default Response to Suffering? A Meta-Analytic Evaluation of Perspective-Taking Instructions' Effects on Empathic Concern." *Personality and Social Psychology Review*.

McAuliffe, W. H. B., D. E. Forster, J. Philippe, and M. E. McCullough. 2018. "Digital Altruists: Resolving Key Questions About the Empathy-Altruism Hypothesis in an Internet Sample." *Emotion* 18:493–506. doi:10.1037/emo0000375.

McCleary, R. M. 2009. *Global Compassion: Private Voluntary Organizations and U.S. Foreign Policy Since 1939*. New York: Oxford University Press.

McClendon, D. 2016. "Religion, Marriage Markets, and Assortative Mating in the United States." *Journal of Marriage and Family* 78:1399–1421. doi:10.1111/jomf.12353.

McIntosh, M. K. 2012. *Poor Relief in England, 1350–1600*. Cambridge: Cambridge

University Press.

McPherson, M., L. Smith-Lovin, and J. M. Cook. 2001. "Birds of a Feather: Homophily in Social Networks." *Annual Review of Sociology* 27:415–444. doi:10.1146/annurev.soc.27.1.415.

Medrano, J. D., and M. Braun. 2012. "Uninformed Citizens and Support for Free Trade." *Review of International Political Economy* 19:448–476. doi:10.1080/09 692290.2011.561127.

Meerkerk, E. V. N. 2012. "The Will to Give: Charitable Bequests, Inter Vivos Gifts and Community Building in the Dutch Republic, c. 1600–1800." *Continuity and Change* 27:241–270. doi:10.1017/S0268416012000124.

Meerkerk, E. V. N., and D. Teeuwen. 2014. "The Stability of Voluntarism: Financing Social Care in Early Modern Dutch Towns Compared with the English Poor Law, c. 1600–1800." *European Review of Economic History* 18:82–105. doi:10.1093/ereh/het014.

Meier, P. 2015. *Digital Humanitarians: How BIG DATA Is Changing the Face of Humanitarian Response*. Boca Raton, FL: CRC Press.

Mendonça, D., I. Amorim, and M. Kagohara. 2019. "An Historical Perspective on Community Resilience: The Case of the 1755 Lisbon Earthquake." *International Journal of Disaster Risk Reduction* 34:363–374. doi:10.1016/j.ijdrr.2018.12.006.

Mercier, H. 2011. "What Good Is Moral Reasoning?" *Mind and Society* 10:131–148. doi:10.1007/s11299-011-0085-6.

Mercier, H., and D. Sperber. 2017. *The Enigma of Reason*. Cambridge, MA: Harvard University Press.

Meyer, M. L., C. L. Masten, Y. Ma, C. Wang, Z. Shi, N. I. Eisenberger, and S. Han. 2013. "Empathy for the Social Suffering of Friends and Strangers Recruits Distinct Patterns of Brain Activation." *Social Cognitive and Affective Neuroscience* 8:446–454. doi:10.1093/scan/nss019.

Michel, J.-B., Y. K. Shen, A. P. Aiden, A. Veres, M. K. Gray, J. P. Pickett, Google Books Team, et al. 2011. "Quantitative Analysis of Culture Using Millions of Digitized Books." *Science* 331:176–182. doi:10.1126/science.1199644.

Miguel, E., and M. Kremer. 2004. "Worms: Identifying Impacts on Education and Health in the Presence of Externalities." *Econometrica* 72:159–217. doi:10.1111/j.1468-0262.2004.00481.x.

Mill, J. S. 1863. *Utilitarianism.* London: Parker, Son and Bourn.

Miller, J. B., and A. Sanjurjo. 2015. *Is It a Fallacy to Believe in the Hot Hand in the NBA Three-Point Contest?* Working Paper No. 548. Innocenzo Gasparini Institute for Economic Research.

———. 2018. "Surprised by the Gambler's and Hot Hand Fallacies? A Truth in the Law of Small Numbers." *Econometrica* 86:2019–2047. doi:10.2139/ssrn.2627354.

Mirakhor, A., and H. Askari. 2019. *Conceptions of Justice from Earliest History to Islam.* New York: Palgrave Macmillan.

Missiakoulis, S. 2008. "Aristotle and Earthquake Data: A Historical Note." *International Statistical Review* 76:130–133. doi:10.111 1/j.1751-5823.2007.00040.

Mittelman, R., and L. C. Neilson. 2011. "Development Porn? Child Sponsorship Advertisements in the 1970s." *Journal of Historical Research in Marketing* 3:370–401. doi:10.1108/17557501111157788.

Molesky, M. 2015. *This Gulf of Fire: The Destruction of Lisbon, or Apocalypse in the Age of Science and Reason.* New York: Alfred A. Knopf.

Molleman, L., E. van den Broek, and M. Egas. 2013. "Personal Experience and Reputation Interact in Human Decisions to Help Reciprocally." *Proceedings of the Royal Society B: Biological Sciences* 280 (1757). doi:10.1098/rspb.2012.3044.

Momigliano, A. 1975. *Alien Wisdom: The Limits of Hellenization.* Cambridge:

Cambridge University Press.

Montesquieu, C. (1748) 1952. "The Spirit of Laws." T. Nugent and J. V. Prichard, trans. In R. M. Hutchins, ed., *Great Books of the Western World*. Vol. 38, *Montesquieu/Rousseau*, 1–315. Chicago: Encyclopedia Britannica.

More, Sir Thomas. (1516) 1753. *Utopia: Containing an Impartial History of the Manners, Customs, Polity, Government, etc. of That Island*. G. Barnet, trans. London: T. Carnan.

Morgan, G. 2017. "2016 Costs of School-Based Deworming: A Best-Buy Development Intervention." Evidence Action, www.evidenceaction.org/blog-full/deworm-cost-per-child.

Morris, D. 1996. *A Gift from America: The First 50 Years of CARE*. Atlanta: Longstreet Press.

Morschauser, S. N. 1995. "The Ideological Basis for Social Justice / Responsibility in Ancient Egypt." In K. D. Irani and M. Silver, eds., *Social Justice in the Ancient World*, 101–113. Westport, CT: Greenwood Press.

Moyo, D. 2009. *Dead Aid: Why Aid Is Not Working and How There Is a Better Way for Africa*. New York: Farrar, Straus and Giroux.

Mukherji, P. 2006. "The Indian Influence on Chinese Literature: A Folk Literary Perspective." In P. A. George, ed., *East Asian Literatures (Japanese, Chinese and Korean): An Interface with India*, 183–190. New Delhi: Northern Book Centre.

Mullins, D., D. Hoyer, C. Collins, T. Currie, K. Feeney, P. François, P. Savage, H. Whitehouse, and P. Turchin. 2018. "A Systematic Assessment of 'Axial Age' Proposals Using Global Comparative Historical Evidence." *American Sociological Review* 83:596–626. doi:10.1177/0003122418772567.

Munz, K., M. Jung, and A. Alter. 2018. *Name Similarity Encourages Generosity: A Field Experiment in Email Personalization*. Manuscript. Department of Marketing, Leonard N. Stern School of Business, New York University.

Nan, C., B. Guo, C. Warner, T. Fowler, T. Barrett, D. Boomsma, T. Nelson, et al. 2012. "Heritability of Body Mass Index in Pre-adolescence, Young Adulthood and Late Adulthood." *European Journal of Epidemiology* 27:247–253. doi:10.1007/s10654-012-9678-6.

Neel, J. V., and K. M. Weiss. 1975. "The Genetic Structure of a Tribal Population, the Yanomama Indians: XII. Biodemographic Studies." *American Journal of Physical Anthropology* 42:25–52. doi:10.1002/ajpa.1330420105.

Neiman, S. 2002. *Evil in Modern Thought: An Alternative History of Philosophy.* Princeton, NJ: Princeton University Press.

Neusner, J., and A. J. Avery-Peck. 2005. "Altruism in Classical Judaism." In J. Neusner and B. Chilton, eds., *Altruism in World Religions*, 31–52. Washington, DC: Georgetown University Press.

Neusner, J., and B. Chilton, eds. 2005. *Altruism in World Religions.* Washington, DC: Georgetown University Press.

———, eds. 2008. *The Golden Rule: The Ethics of Reciprocity in World Religions.* New York: Continuum.

Newman, B. J., T. K. Hartman, and C. S. Taber. 2012. "Foreign Language Exposure, Cultural Threat, and Opposition to Immigration." *Political Psychology* 33:635–657. doi:10.1111/j.1467-9221.2012.00904.x.

Nichols, R. 2014. "Re-evaluating the Effects of the 1755 Lisbon Earthquake on Eighteenth-Century Minds: How Cognitive Science of Religion Improves Intellectual History with Hypothesis Testing Methods." *Journal of the American Academy of Religion* 82:970–1009. doi:10.1093/jaarel/lfu033.

Nordheimer, J. 1976. "Reagan Is Picking His Florida Spots: His Campaign Aides Aim for New G.O.P. Voters in Strategic Areas." *New York Times*, February 5.

Nowak, M. A., and R. M. May. 1992. "Evolutionary Games and Spatial Chaos." *Nature* 359:826–829. doi:10.1038/359826a0.

Nowak, M. A., and K. Sigmund. 1992. "Tit for Tat in Heterogeneous Populations."

Nature 355:250–252. doi:10.1038/355250a0.

———. 1993. "A Strategy of Win-Stay, Lose-Shift That Outperforms Tit-for-Tat in the Prisoner's Dilemma Game." *Nature* 364:56–58. doi:10.1038/364056a0.

———. 1994. "The Alternating Prisoner's Dilemma." *Journal of Theoretical Biology* 168:219–226. doi:10.1006/jtbi.1994.1101.

Nowak, M. A., C. E. Tarnita, and E. O. Wilson. 2010. "The Evolution of Eusociality." *Nature* 466:1057–1062. doi:10.1038/nature09205.

Nullmeier, F., and F. Kaufman. 2010. "Post-War Welfare State Development." In F. G. Castles, S. Liebfried, J. Lewis, H. Obinger, and C. Pierson, eds., *The Oxford Handbook of the Welfare State*, 81–101. Oxford: Oxford University Press.

Oates, K., and M. Wilson. 2001. "Nominal Kinship Cues Facilitate Altruism." *Proceedings of the Royal Society B: Biological Sciences* 269:105–109. doi:10.1098/rspb.2001.1875.

Ober, J. 2015. *The Rise and Fall of Classical Greece.* Princeton, NJ: Princeton University Press.

Obocock, P. 2008. "Introduction: Vagrancy and Homelessness in Global and Historical Perspective." In A. L. Beier and P. Obocock, eds., *Cast Out: Vagrancy and Homelessness in Global and Historical Perspective*, 1–34. Athens: Ohio University Press.

Odokonyero, T., R. Marty, T. Muhumuza, A. T. Ijjo, and G. Owot Moses. 2018. "The Impact of Aid on Health Outcomes in Uganda." *Health Economics* 27:733–745. doi:10.1002/hec.3632.

Oftedal, O. T. 2002. "The Mammary Gland and Its Origin During Synapsid Evolution." *Journal of Mammary Gland Biology and Neoplasia* 7:225–252. doi:1083-3021/02/0700-0225/0.

———. 2012. "The Evolution of Milk Secretion and Its Ancient Origins." *Animal* 6:355–368. doi:10.1017/S1751731111001935.

Okasha, S. 2007. *Evolution and the Levels of Selection.* New York: Oxford

University Press.

"The 169 Commandments: The Proposed Sustainable Development Goals Would Be Worse Than Useless." 2015. *The Economist*, March 28, www.economist. com/leaders/2015/03/26/the-169-commandments.

O'Neill, O. 1975. "Lifeboat Earth." *Philosophy and Public Affairs* 4:273–292.

Oppenheimer, M. 2013. In Big-Dollar Philanthropy, (Your Name Here) vs. Anonymity. *New York Times*, May 11, A20.

Organization for Economic Cooperation and Development (OECD). 1985. "Social Expenditure, 1960–1990: Problems of Growth and Control." *Journal of Public Policy* 5:133–168. doi:10.1017/S0143814X00003007.

———. 2016. *Social Expenditure Update 2016: Social Spending Stays at Historically High Levels in Many OECD Countries*, www.oecd.org/els/soc/ OECD2016-Social-Expenditure-Update.pdf.

———. 2018a. "The 0.7% ODA/GNI Target—A History," www.oecd.org/dac/ stats/the07odagnitarget-ahistory.htm.

———. 2018b. *Education at a Glance 2018: OECD Indicators*, www.oecd-ilibrary.org/content/publication/eag-2018-en.

———. 2019a. "Grants by Private Agencies and NGOs (Indicator)," https://data. oecd.org/drf/grants-by-private-agencies-and-ngos.htm#indicator-chart.

———. 2019b. "Net ODA (Indicator)," https://data.oecd.org/oda/net-oda.htm.

———. 2019c. *Social Expenditure Update 2019: Public Social Spending Is High in Many OECD Countries*, www.oecd.org/els/soc/OECD2019-Social-Expenditure-Update.pdf.

———. 2019d. "Social Expenditure: Aggregated Data" (Publication no. 10.1787/ data-00166-en). OECD Social and Welfare Statistics, www.oecd-ilibrary.org/ content/data/data-00166-en.

Ortiz-Ospina, E., and M. Roser. 2019. "Government Spending," https:// ourworldindata.org/government-spending.

Oster, E., and R. Thornton. 2011. "Menstruation, Sanitary Products, and School Attendance: Evidence from a Randomized Evaluation." *American Economic Journal: Applied Economics* 3:91–100. doi:10.1257/app.3.1.91.

Ostrom, E. 2014. "Do Institutions for Collective Action Evolve?" *Journal of Bioeconomics* 16:3–30. doi:10.1007/s10818-013-9154-8.

Pabalan, N., E. Singian, L. Tabangay, H. Jarjanazi, M. J. Boivin, and A. E. Ezeamama. 2018. "Soil-Transmitted Helminth Infection, Loss of Education and Cognitive Impairment in School-Aged Children: A Systematic Review and Meta-Analysis." *PLoS Neglected Tropical Diseases* 12 (1). doi:10.1371/journal.pntd.0005523.

Paine, T. (1792) 1817. *The Rights of Man*, vol. 2. London: W. T. Sherwin.

Paley, W. 1840. *The Works of William Paley, D.D.: Archdeacon of Carlisle.* Edinburgh: Thomas Nelson.

Palma, N., and J. Reis. 2019. "From Convergence to Divergence: Portuguese Economic Growth, 1527–1850." *Journal of Economic History* 79:477–506. doi:10.1017/S0022050719000056.

Palmer, C. 1989. "Is Rape a Cultural Universal? A Re-examination of the Ethnographic Data." *Ethnology* 28:1–16. doi:10.2307/3773639.

Papademetriou, D. G., and N. Banulescu-Bogdan. 2016. *Understanding and Addressing Public Anxiety About Immigration.* Washington, DC: Migration Policy Institute, www.immigrationresearch.org/system/files/TCM_Trust_CouncilStatement-FINAL.pdf.

Park, J. H., and M. Schaller. 2005. "Does Attitude Similarity Serve as a Heuristic Cue for Kinship? Evidence of an Implicit Cognitive Association." *Evolution and Human Behavior* 26:158–170. doi:10.1016/j.evolhumbehav.2004.08.013.

Park, J. H., M. Schaller, and M. Van Vugt. 2008. "Psychology of Human Kin Recognition: Heuristic Cues, Erroneous Inferences, and Their Implications." *Review of General Psychology* 12:215–235. doi:10.1037/1089-2680.12.3.215.

Peich, R. M., M. T. Pastorino, and D. H. Zald. 2010. "All I Saw Was the Cake. Hunger Effects on Attentional Capture by Visual Food Cues." *Appetite* 54:579–582. doi:10.1016/j.appet.2009.11.003.

Penn, D. J., and J. G. Frommen. 2010. "Kin Recognition: An Overview of Conceptual Issues, Mechanisms and Evolutionary Theory." In P. Kappeler, ed., *Animal Behaviour: Evolution and Mechanisms*, 55–85. Heidelberg: Springer.

Pereira, A. S. 2009. "The Opportunity of a Disaster: The Economic Impact of the 1755 Lisbon Earthquake." *Journal of Economic History* 69:466–499. doi:10.1017/S0022050709000850.

Petersen, M. B. 2012. "Social Welfare as Small-Scale Help: Evolutionary Psychology and the Deservingness Heuristic." *American Journal of Political Science* 56:1–16. doi:10.1111/j.1540-5907.2011.00545.x.

Phillips, A., and B. Taylor. 2010. *On Kindness*. New York: Penguin.

Philo, G. 1993. "From Buerk to Band Aid: The Media and the 1984 Ethiopian Famine." In J. Eldridge, ed., *Getting the Message: News, Truth and Power*, 104–125. London: Routledge.

Pinker, S. 1997. *How the Mind Works*. New York: W. W. Norton.

———. 2002. *The Blank Slate: The Modern Denial of Human Nature*. New York: Penguin.

———. 2012. "The False Allure of Group Selection." *Edge*, June 18, www.edge.org/conversation/steven_pinker-the-false-allure-of-group-selection.

———. 2018. *Enlightenment Now: The Case for Reason, Science, Humanism, and Progress*. New York: Viking.

Porter, M. E., and M. R. Kramer. 1999. "Philanthropy's New Agenda: Creating Value." *Harvard Business Review* 77:121–131.

Porter, R. H., and J. D. Moore. 1981. "Human Kin Recognition by Olfactory Cues." *Physiology and Behavior* 27:493–495. doi:10.1016/0031-9384(81)90337-1.

Pound, J. 1971. *Poverty and Vagrancy in Tudor England*. London: Longman.

Poundstone, W. 1992. *Prisoner's Dilemma: John Von Neumann, Game Theory, and the Puzzle of the Bomb*. New York: Doubleday.

Power, M. L., and J. Schulkin. 2016. *Milk: The Biology of Lactation*. Baltimore: Johns Hopkins University Press.

Price, G. R. 1970. "Selection and Covariance." *Nature* 227:520–521. doi:10.1038/227520a0.

———. 1972. "Extension of Covariance Selection Mathematics." *Annals of Human Genetics* 36:485–490. doi:10.1111/j.1469-1809.1957.tb01874.x.

Prinz, J. 2006. "The Emotional Basis of Moral Judgments." *Philosophical Explorations* 9:29–43. doi:10.1080/13869790500492466.

Puryear, C., and S. Reysen. 2013. "A Preliminary Examination of Cell Phone Use and Helping Behavior." *Psychological Reports* 113:1001–1003. doi:10.2466/17.21.PR0.113x31z4.

Qian, N. 2015. "Making Progress on Foreign Aid." *Annual Review of Economics* 7:277–308. doi:10.1146/annurev-economics-080614-115553.

Qirko, H. N. 2011. "Fictive Kinship and Induced Altruism." In C. A. Salmon and T. K. Shackelford, eds., *The Oxford Handbook of Evolutionary Family Psychology*, 310–328. New York: Oxford University Press.

———. 2013. "Induced Altruism in Religious, Military, and Terrorist Organizations." *Cross-Cultural Research* 47:131–161. doi:10.1177/1069397112471804.

Rand, D. G., and M. A. Nowak. 2013. "Human Cooperation." *TRENDS in Cognitive Sciences* 17:413–425. doi:10.1016/j.tics.2013.06.003.

Rapoport, A., and A. M. Chammah. 1965. *Prisoner's Dilemma: A Study in Conflict and Cooperation*. Ann Arbor: University of Michigan Press.

Ravallion, M. 2011. "The Two Poverty Enlightenments: Historical Insights from Digitized Books Spanning Three Centuries." *Poverty and Public Policy* 3:1–46.

doi:10.2202/1944-2858.1173.

———. 2015. "The Idea of Antipoverty Policy." In A. B. Atkinson and F. Bourguignon, eds., *Handbook of Income Distribution*, vol. 2B, 1967–2061. Oxford: Elsevier.

———. 2016. *The Economics of Poverty*. New York: Oxford University Press.

———. 2019. *Should the Randomistas (Continue to) Rule?* Washington, DC: Center for Global Development.

Rawls, J. 1971. *A Theory of Justice*. Cambridge, MA: Harvard University Press.

———. 1999. *The Law of Peoples, with the Idea of Public Reason Revisited*. Cambridge, MA: Harvard University Press.

Reagan, R. 1981. "Remarks in an Interview with Managing Editors on Domestic Issues," December 3, Ronald Reagan Presidential Library and Museum.

Rees, M. 2000. *Just Six Numbers: The Deep Forces That Shape the Universe*. New York: Basic Books.

Reinhardt, O., and D. R. Oldroyd. 1983. "Kant's Theory of Earthquakes and Volcanic Action." *Annals of Science* 40:247–272. doi:10.1080/00033798300200221.

Reiter, J. G., C. Hilbe, D. G. Rand, K. Chatterjee, and M. A. Nowak. 2018. "Crosstalk in Concurrent Repeated Games Impedes Direct Reciprocity and Requires Stronger Levels of Forgiveness." *Nature Communications* 9. doi:10.1038/s41467-017-02721-8.

Renwick, C. 2017. *Bread for All: The Origins of the Welfare State*. London: Penguin.

Rho, S., and M. Tomz. 2017. "Why Don't Trade Preferences Ref lect Economic Self- Interest?" *International Organization* 71:S85–S108. doi:10.1017/S0020818316000394.

Ricardo, D. 1817. *Principles of Political Economy and Taxation*. London: John Murray.

Richardson, G. 2005. "The Prudent Village: Risk Pooling Institutions in Medieval English Agriculture." *Journal of Economic History* 65:316–413. doi:10.1017/S0022050705000136.

Richardson, R. C. 2007. *Evolutionary Psychology as Maladapted Psychology*. Cambridge, MA: MIT Press.

Richardson, S. 2016. "Obedient Bellies: Hunger and Food Security in Ancient Mesopotamia." *Journal of the Economic and Social History of the Orient* 59:750–792. doi:10.1163/15685209-12341413.

Riddell, R. C. 2007. *Does Foreign Aid Really Work?* New York: Oxford University Press.

Rifkin, J. 2009. *The Empathic Civilization: The Race to Global Consciousness in a World in Crisis*. New York: Jeremy P. Tarcher / Penguin.

Rigaud, K. K., A. de Sherbinin, B. Jones, J. Bergmann, V. Clement, K. Ober, J. Schewe, et al. 2018. *Groundswell: Preparing for Internal Climate Migration*. Washington, DC: World Bank, available at https://openknowledge.worldbank.org/handle/10986/29461.

Riis, J. A. 1890. *How the Other Half Lives: Studies Among the Tenements of New York*. New York: Charles Scribner's Sons.

Ringen, E. J., P. Duda, and A. V. Jaeggi. 2019. "The Evolution of Daily Food Sharing: A Bayesian Phylogenetic Analysis." *Evolution and Human Behavior* 40:375–384. doi:10.1016/j.evolhumbehav.2019.04.003.

Roberts, S. C., L. M. Gosling, T. D. Spector, P. Miller, D. J. Penn, and M. Petrie. 2005. "Body Odor Similarity in Noncohabiting Twins." *Chemical Senses* 30:651–656. doi:10.1093/chemse/bji058.

Robins, W. 1985. "Voices Behind an Anti-Hunger Blitz." *Boston Globe*, April 28, B27.

Rodgers, B. (1968) 2006. *The Battle Against Poverty: From Pauperism to Human Rights*. Oxford: Routledge.

Röer, J. P., R. Bell, and A. Buchner. 2013. "Self-Relevance Increases the Irrelevant Sound Effect: Attentional Disruption by One's Own Name." *Journal of Cognitive Psychology* 25:925–931. doi:10.1080/20445911.2013.828063.

Rosenberg, D. 2008. "Serving Meals Making a Home: The PPNA Limestone Vessel Industry of the Southern Levant and Its Importance to the Neolithic Revolution." *Paléorient* 34:23–32. doi:10.3406/paleo.2008.5231.

Rosenfeld, M. J., and R. J. Thomas. 2012. "Searching for a Mate: The Rise of the Internet as a Social Intermediary." *American Sociological Review* 77:523–547. doi:10.1177/0003122412448050.

Rosenthal, A. M. (1964) 1999. *Thirty-Eight Witnesses: The Kitty Genovese Case.* New York: Melville House.

Roser, M., and E. Ortiz-Ospina. 2019. "Financing Education." Our World in Data, https://ourworldindata.org/financing-education.

Ross, I. S. 2010. *The Life of Adam Smith*, 2nd ed. Oxford: Oxford University Press.

Rottman, J., L. Zhu, W. Wang, R. Seston Schillaci, K. J. Clark, and D. Kelemen. 2017. "Cultural Influences on the Teleological Stance: Evidence from China." *Religion, Brain and Behavior* 7:17–26. doi:10.1080/2153599X.2015.1118402.

Rousseau, J.-J. (1754) 1952. "A Discourse on the Origin of Inequality." G. D. H. Cole, trans. In R. M. Hutchins, ed., *Great Books of the Western World*. Vol. 38, *Montesquieu/Rousseau*, 323–366. Chicago: Encyclopedia Britannica.

———. (1755) 1952. "A Discourse on Political Economy." G. D. H. Cole, trans. In R. M. Hutchins, ed., *Great Books of the Western World*. vol. 38, *Montesquieu/Rousseau*, 367–385. Chicago: Encyclopedia Britannica.

Rowntree, B. S. 1901. *Poverty: A Study of Town Life.* London: Macmillan.

Rubenstein, J. C. 2016. "The Lessons of Effective Altruism." *Ethics and International Affairs* 30:511–526. doi:10.1017/S0892679416000484.

Rubin, P. 2003. "Folk Economics." *Southern Economic Journal* 70:157–171. doi:10.2307/1061637.

Rusch, H., and E. Voland. 2016. "Human Agricultural Economy Is, and Likely Always Was, Largely Based on Kinship—Why?" *Behavioral and Brain Sciences* 39:e112. doi:10.1017/S0140525X15001168.

Rushton, N. S., and W. Sigle-Rushton. 2001. "Monastic Poor Relief in Sixteenth-Century England." *Journal of Interdisciplinary History* 32:193–216. doi:10.1162/002219501750442378.

Russell, J. A., and G. Leng. 1998. "Sex, Parturition, and Motherhood Without Oxytocin?" *Journal of Endocrinology* 157:343–359. doi:10.1677/joe.0.1570343.

Russo, J. P. 1999. "The Sicilian Latifundia." *Italian Americana* 17:40–57.

Sachs, J. D. 2005. *The End of Poverty: Economic Possibilities for Our Time*. New York: Penguin.

Sadler, M. 2004. *Representative Sadleriana: Sir Michael Sandler (1861–1943) on English, French, German and American School and Society*. J. Sislian, ed. New York: Nova Science Publishers.

Sallin, R. (producer), and N. Meyer (director). 1982. *Star Trek II: The Wrath of Khan*. Paramount Pictures.

Sally, D. 1995. "Conversation and Cooperation in Social Dilemmas: A Meta-Analysis of Experiments from 1958 to 1992." *Rationality and Society* 7:58–92. doi:10.1177/1043463195007001004.

Sanderson, S. K. 2018. *Religious Evolution and the Axial Age: From Shamans to Priests to Prophets*. London: Bloomsbury Academic.

Sanuto, M. 1897. *I diarii di Marino Sanuto*, vol. 47. Venice: Visentini Cav Federico.

Scelza, B. A. 2011. "Female Choice and Extra-Pair Paternity in a Traditional Human Population." *Biology Letters* 7:889–891. doi:10.1098/rsbl.2011.0478.

Scheve, K., and D. Stasavage. 2016. *Taxing the Rich: A History of Fiscal Fairness in the United States and Europe*. Princeton, NJ: Princeton University Press.

Schino, G., and F. Aureli. 2007. "Grooming Reciprocation Among Female

Primates: A Meta-Analysis." *Biology Letters* 4:9–11. doi:10.1098/rsbl.2007.0506.

————. 2010. "The Relative Roles of Kinship and Reciprocity in Explaining Primate Altruism." *Ecology Letters* 13:45–50. doi:10.1111/j.1461-0248.2009.01396.x.

Secter, B., and W. Gaines. 1999. "Daley Inc.: Patronage Blooms on the Family Tree." *Chicago Tribune*, June 13.

Sedgwick, S. 2008. *Kant's Groundwork of the Metaphysics of Morals: An Introduction.* Cambridge: Cambridge University Press.

Segerstrale, U. 2013. *Nature's Oracle: The Life and Work of W. D. Hamilton.* Oxford: Oxford University Press.

Sen, A. 1981. *Poverty and Famines: An Essay on Entitlement and Deprivation.* New York: Oxford University Press.

Sharp, S. P., A. McGowan, M. J. Wood, and B. J. Hatchwell. 2005. "Learned Kin Recognition Cues in a Social Bird." *Nature* 434:1127–1130. doi:10.1038/nature 03522.

Shirky, C. 2010. *Cognitive Surplus: Creativity and Generosity in a Connected Age.* New York: Penguin.

Shrady, N. 2008. *The Last Day: Wrath, Ruin, and Reason in the Great Lisbon Earthquake of 1755.* New York: Viking.

Sibley, C. G., and J. Bulbulia. 2012. "Faith After an Earthquake: A Longitudinal Study of Religion and Perceived Health Before and After the 2011 Christchurch New Zealand Earthquake." *PLoS One* 7 (12). doi:10.1371/journal.pone.0049648.

Silventoinen, K., S. Sammalisto, M. Perola, D. I. Boomsma, B. K. Cornes, C. Davis, L. Dunka, et al. 2003. "Heritability of Adult Body Height: A Comparative Study of Twin Cohorts in Eight Countries." *Twin Research and Human Genetics* 6:399–408. doi:10.1375/twin.6.5.399.

Simon, A. F. 1997. "Television News and International Earthquake Relief." *Journal of Communication* 47:82–93. doi:10.1111/j.1460-2466.1997.tb02718.x.

Simons, D. J., and C. F. Chabris. 1999. "Gorillas in Our Midst: Sustained Inattentional Blindness for Dynamic Events." *Perception* 28:1059–1074. doi:10.1068/p281059.

Singer, P. 1972a. "Famine, Affluence, and Morality." *Philosophy and Public Affairs* 1:229–243.

———. 1972b. "Moral Experts." *Analysis* 32:115–117. doi:10.2307/3327906.

———. ed. 1986. *Applied Ethics*. New York: Oxford University Press.

———. 2009. *The Life You Can Save: Acting Now to End World Poverty*. New York: Random House.

———. 2010. *The Life You Can Save: How to Do Your Part to End World Poverty*. New York: Random House.

———. 2015. *The Most Good You Can Do: How Effective Altruism Is Changing Ideas About Living Ethically*. New Haven, CT: Yale University Press.

Slack, P. 1988. *Poverty and Policy in Tudor and Stuart England*. London: Longman.

Slote, M. 2010. *Moral Sentimentalism*. New York: Oxford University Press.

Smart, J. J. C., and B. Williams. 1973. *Utilitarianism: For and Against*. Cambridge: Cambridge University Press.

Smith, A. (1759) 1984. *The Theory of Moral Sentiments*, 6th ed. Indianapolis: Liberty Fund.

———. (1776) 1952. "An Inquiry into the Nature and Causes of the Wealth of Nations." In R. M. Hutchins, ed., *Great Books of the Western World*. Vol. 39, *Adam Smith*, 1–468. Chicago: Encyclopedia Britannica.

Smith, E. A., M. B. Mulder, S. Bowles, M. Gurven, T. Hertz, and M. Shenk. 2010. "Production Systems, Inheritance, and Inequality in Premodern Societies." *Current Anthropology* 51:85–94. doi:10.1086/649029.

Snow, M. 2015. "Against Charity." *Jacobin*, August 25, www.jacobinmag.

com/2015/08/peter-singer-charity-effective-altruism.

Sproull, L., C. Conley, and J. Y. Moon. 2005. "Prosocial Behavior on the Net." In Y. Amichai-Hamburger, ed., *The Social Net: Understanding Human Behavior in Cyberspace*, 139–161. Oxford: Oxford University Press.

Statistics and Clinical Studies of NHS Blood and Transplant. 2018. *Organ Donation and Transplantation: Activity Report 2017/2018*, National Health Service, UK, https://nhsbtdbe.blob.core.windows.net/umbraco-assets-corp/12300/transplant-activity-report-2017-2018.pdf.

Sterelny, K. 2015. "Optimizing Engines: Rational Choice in the Neolithic?" *Philosophy of Science* 82:402–423. doi:10.1086/681602.

Stiglitz, J. E., N. Stern, M. Duan, O. Edenhofer, G. Giraud, G. M. Heal, E. Lèbre la Rovere, et al. 2017. *Report of the High-Level Commission on Carbon Prices*. Washington, DC: Carbon Pricing Leadership Coalition, www.carbonpricingleadership.org/report-of-the-highlevel-commission-on-carbon-prices.

Stott, R. 2012. *Darwin's Ghosts: The Secret History of Evolution*. New York: Spiegel and Grau.

Strassmann, J. E., O. M. Gilbert, and D. C. Queller. 2011. "Kin Discrimination and Cooperation in Microbes." *Annual Review of Microbiology* 65:349–367. doi:10.1146/annurev.micro.112408.134109.

Strickland, L. 2019. "Staying Optimistic: The Trials and Tribulations of Leibnizian Optimism." *Journal of Modern Philosophy* 1:1–21. doi:10.32881/jomp.3.

Strömberg, D. 2007. "Natural Disasters, Economic Development, and Humanitarian Aid." *Journal of Economic Perspectives* 21:199–222. doi:10.1257/jep.21.3.199.

Summers, L. 2016. "Donald Trump Is a Serious Threat to American Democracy." *Washington Post*, March 1.

Swedberg, R. 2018. "Folk Economics and Its Role in Trump's Presidential

Campaign: An Exploratory Study." *Theory and Society* 47:1–36. doi:10.1007/s11186-018-9308-8.

Sznycer, D., A. W. Delton, T. E. Robertson, L. Cosmides, and J. Tooby. 2019. "The Ecological Rationality of Helping Others: Potential Helpers Integrate Cues of Recipients' Need and Willingness to Sacrifice." *Evolution and Human Behavior* 40:34–45. doi:10.1016/j.evolhumbehav.2018.07.005.

Sznycer, D., D. De Smet, J. Billingsley, and D. Lieberman. 2016. "Coresidence Duration and Cues of Maternal Investment Regulate Sibling Altruism Across Cultures." *Journal of Personality and Social Psychology* 111:159–177. doi:10.1037/pspi0000057.

Tacikowski, P., H. B. Cygan, and A. Nowicka. 2014. "Neural Correlates of Own and Close-Other's Name Recognition: ERP Evidence." *Frontiers in Human Neuroscience* 8. doi:10.3389/fnhum.2014.00194.

Tal, I., and D. Lieberman. 2007. "Kin Detection and the Development of Sexual Aversions: Toward an Integration of Theories of Family Sexual Abuse." In C. A. Salmon and T. K. Shackelford, eds., *Family Relationships: An Evolutionary Perspective*, 205–229. New York: Oxford University Press.

Tanzi, V., and L. Schuknecht. 2000. *Public Spending in the 20th Century: A Global Perspective*. New York: Cambridge University Press.

Thomson, D. 1947. *The Babeuf Plot: The Making of a Republican Legend*. London: Kegan Paul, Trench, Trubner.

Tierney, B. 1959. *Medieval Poor Law: A Sketch of Canonical Theory and Its Application in England*. Berkeley: University of California Press.

Tinniswood, A. 2004. *By Permission of Heaven: The True Story of the Great Fire of London*. New York: Riverhead Books.

Tomkins, A. 2006. *The Experience of Urban Poverty, 1723–1782: Parish, Charity and Credit*. Manchester: Manchester University Press.

Tournoy, G. 2004. "Towards the Roots of Social Welfare." *City* 8:266–273. doi:10.1

080/1360481042000242229.

Townsend, J. (1786) 1971. *A Dissertation on the Poor Laws, by a Well-Wisher to Mankind.* Berkeley: University of California Press.

Toynbee, A. 1887. *Lectures on the Industrial Revolution of the 18th Century in England,* 2nd ed. London: Covington.

Trachtman, H., A. Steinkruger, M. Wood, A. Wooster, J. Andreoni, J. J. Murphy, and J. M. Rao. 2015. "Fair Weather Avoidance: Unpacking the Costs and Benefits of 'Avoiding the Ask.'" *Journal of the Economic Science Association* 1:8–14. doi:10.1007/s40881-015-0006-2.

Travill, A. A. 1987. "Juan Luis Vives: The De Subventione Pauperum." *Canadian Bulletin of Medical History* 4:165–181. doi:10.3138/cbmh.4.2.165.

Treisman, D. 2007. "What Have We Learned About the Causes of Corruption from Ten Years of Cross-National Empirical Research?" *Annual Review of Political Science* 10:211–244. doi:10.1146/annurev.polisci.10.081205.095418.

Trivers, R. L. 1971. "The Evolution of Reciprocal Altruism." *Quarterly Review of Biology* 46:35–57. doi:10.1086/406755.

Truman, H. S. 1949. "Inaugural Address." Harry S. Truman Library and Museum, www.trumanlibrary.gov/library/public-papers/19/inaugural-address.

Trump, D. 2015. "Remarks Announcing Candidacy for President in New York City." American Presidency Project, University of California Santa Barbara, www.presidency.ucsb.edu/documents/remarks-announcing-candidacy-for-president-new-york-city.

Turk, D. J., K. van Bussel, J. L. Brebner, A. S. Toma, O. Krigolson, and T. C. Handy. 2011. "When 'It' Becomes 'Mine': Attentional Biases Triggered by Object Ownership." *Journal of Cognitive Neuroscience* 23:3725–3733. doi:10.1162/jocn_a_00101.

United Nations. 1947. *Yearbook of the United Nations, 1946–1947.* Lake Success, NY: United Nations Publications.

United Nations Department of Economic and Social Affairs. 2019. *The Sustainable Development Goals Report, 2019*. New York: United Nations, https://unstats.un.org/sdgs/report/2019/The-Sustainable-Development-Goals-Report-2019.pdf

United Nations Development Programme. 2015. *The Millennium Development Goals Report 2015: Summary*. New York: United Nations, www.undp.org/content/undp/en/home/librarypage/mdg/the-millennium-development-goals-report-2015.html.

United Nations High Commissioner for Refugees. 2019. *Global Trends: Forced Displacement in 2018*. Geneva: UNHCR, www.unhcr.org/5d08d7ee7.pdf.

van Bavel, B., and A. Rijpma. 2016. "How Important Were Formalized Charity and Social Spending Before the Rise of the Welfare State? A Long-Run Analysis of Selected Western European Cases, 1400–1850." *Economic History Review* 69:159–187. doi:10.1111/ehr.12111.

van Zanden, J. L. 2005. "What Happened to the Standard of Living Before the Industrial Revolution? New Evidence from the Western Part of the Netherlands." In R. C. Allen, T. Bengtsson, and M. Dribe, eds., *Living Standards in the Past: New Perspectives on Well-Being in Asia and Europe*, 173–194. Oxford: Oxford University Press.

Versoris, N. 1885. *Livre de raison de maître Nicolas Versoris, avocat au parlement de Paris*, 1519–1530, vol. 12. Paris: G. Fagniez.

"Violence Against Women: War's Overlooked Victims." 2011. *The Economist, January* 13, www.economist.com/node/17900482.

Vives, J. L. (1526) 1917. *Concerning the Relief of the Poor*, vol. 11. M. M. Sherwood, trans. New York: New York School of Philanthropy.

Walker, R. S. 2014. "Amazonian Horticulturalists Live in Larger, More Related Groups Than Hunter-Gatherers." *Evolution and Human Behavior* 35:384–388. doi:10.1016/j.evolhumbehav.2014.05.003.

Walker, R. S., and D. H. Bailey. 2014. "Marrying Kin in Small-Scale Societies." *American Journal of Human Biology* 26:384–388. doi:10.1002/ajhb.22527.

Walker, T. D. 2015. "Enlightened Absolutism and the Lisbon Earthquake: Asserting State Dominance over Religious Sites and the Church in Eighteenth-Century Portugal." *Eighteenth-Century Studies* 48:307–328. doi:10.1353/ecs.2015.0016.

Wallace, J. 2018. "Practical Reason." In E. N. Zalta, ed., *The Stanford Encyclopedia of Philosophy* (Spring ed.).

Waters, K. 1998. "How World Vision Rose from Obscurity to Prominence: Television Fundraising, 1972–1982." *American Journalism* 15:69–93. doi:10.1 080/08821127.1998.10739142.

Watson, F. D. 1922. *The Charity Organization Movement in the United States: A Study in American Philanthropy*. New York: Macmillan.

Wattles, J. 1996. *The Golden Rule*. New York: Oxford University Press.

Wayland, J. 2019. "Constraints on Aid Effectiveness in the Water, Sanitation, and Hygiene (WASH) Sector: Evidence from Malawi." *African Geographical Review* 38:140–156. doi:10.1080/19376812.2017.1340169.

Webber, C., and A. Wildavsky. 1986. *A History of Taxation and Expenditure in the Western World*. New York: Simon and Schuster.

Weber, J. 2006. "Strassburg, 1605: The Origins of the Newspaper in Europe." *German History* 24:387–412. doi:10.1191/0266355406gh380oa.

Weiner, B. 1993. "On Sin Versus Sickness: A Theory of Perceived Responsibility and Social Motivation." *American Psychologist* 48:957–965. doi:10.1037/0003-066X.48.9.957.

———. 1995. *Judgments of Responsibility: Foundations for a Theory of Social Conduct*. New York: Guilford.

Weisfeld, G. E., T. Czilli, K. A. Phillips, J. A. Gall, and C. M. Lichtman. 2003. "Possible Olfaction-Based Mechanisms in Human Kin Recognition and Inbreeding Avoidance." *Journal of Experimental Child Psychology* 85:279–

295. doi:10.1016/S0022-0965(03)00061-4.

Wesley, J. 1872. "Sermon 50: The Use of Money." *The Sermons of John Wesley,* Wesley Center Online, http://wesley.nnu.edu/john-wesley/the-sermons-of-john-wesley-1872-edition/sermon-50-the-use-of-money.

West, S. A., C. El Mouden, and A. Gardner. 2011. "Sixteen Common Misconceptions About the Evolution of Cooperation in Humans." *Evolution and Human Behavior* 32:231–262. doi:10.1016/j.evolhumbehav.2010.08.001.

West, S. A., A. S. Griffin, and A. Gardner. 2007. "Social Semantics: Altruism, Cooperation, Mutualism, Strong Reciprocity and Group Selection." *Journal of Evolutionary Biology* 20:415–432. doi:10.1111/j.1420-9101.2006.01258.x.

Westbrook, R. 1995. "Social Justice in the Ancient Near East." In K. D. Irani and M. Silver, eds., *Social Justice in the Ancient World,* 149–163. Westport, CT: Greenwood Press.

Whittaker, J., B. McLennan, and J. Handmer. 2015. "A Review of Informal Volunteerism in Emergencies and Disasters: Definition, Opportunities and Challenges." *International Journal of Disaster Risk Reduction* 13:358–368. doi:10.1016/j.ijdrr.2015.07.010.

Wiepking, P., and R. Bekkers. 2012. "Who Gives? A Literature Review of Predictors of Charitable Giving. Part Two: Gender, Family Composition and Income." *Voluntary Sector Review* 3:217–245. doi:10.1332/204080512X649379.

Wilkinson, G. S. 1984. "Reciprocal Food Sharing in the Vampire Bat." *Nature* 308:181–184. doi:10.1038/308181a0.

Williams, G. C. 1996. *Adaptation and Natural Selection: A Critique of Some Current Evolutionary Thought.* Princeton, NJ: Princeton University Press.

Williams, K. D., C. K. T. Cheung, and W. Choi. 2000. "Cyberostracism: Effects of Being Ignored over the Internet." *Journal of Personality and Social Psychology* 79:748–762. doi:10.1037//O022-3514.79.5.748.

Wilson, D. S. 1975. "A Theory of Group Selection." *Proceedings of the National*

Academy of Sciences 72:143–146. doi:10.1073/pnas.72.1.143.

Wilson, D. S., and E. O. Wilson. 2007. "Rethinking the Theoretical Foundation of Sociobiology." *Quarterly Review of Biology* 82:327–348. doi:10.1086/522809.

Wilson, E. O. 2012. *The Social Conquest of Earth*. New York: Liveright.

Wilson, J. 1986. "'We Are the World' Passes Goal; States Getting 'Hands' Money." *Gainesville Sun*, October 9, 7A.

Winchester, S. 2003. *Krakatoa: The Day the World Exploded*. New York: HarperCollins.

Wood, B. M., and F. W. Marlowe. 2013. "Household and Kin Provisioning by Hadza Men." *Human Nature* 24:280–317. doi:10.1007/s12110-013-9173-0.

Woods, R. A., ed. 1898. *The City Wilderness: A Settlement Study*. Boston: Houghton Mifflin.

World Bank. 2018. "Heavily Indebted Poor Country (HIPC) Initiative." World Bank, January 11, www.worldbank.org/en/topic/debt/brief/hipc.

Wright, M. F., and W. S. Pendergrass. 2018. "Online Prosocial Behaviors." In M. Khosrow-Pour. ed., *Encyclopedia of Information Science and Technology*, 4th ed., 7077–7087. Hershey, PA: IGI Global.

Wright, R. 2009. *The Evolution of God*. New York: Little, Brown.

Wright, R., and R. Kaplan. 2001. "Mr. Order Meets Mr. Chaos." *Foreign Policy* 124 (May/June): 50–60.

Wu, J., and R. Axelrod. 1995. "How to Cope with Noise in the Iterated Prisoner's Dilemma." *Journal of Conflict Resolution*, 39:183–189. doi:10.1177/002200279 5039001008.

Wydick, B., P. Glewwe, and L. Rutledge. 2013. "Does International Child Sponsorship Work? A Six-Country Study of Impacts on Adult Life Outcomes." *Journal of Political Economy* 121:393–436. doi:10.1086/670138.

Wynne-Edwards, V. C. 1962. *Animal Dispersion in Relation to Social Behavior*. London: Oliver and Boyd.

———. 1978. "Intrinsic Population Control: An Introduction." In F. J. Ebling and D. M. Stoddart. eds., *Population Control by Social Behaviour*, 1–22. London: Institute of Biology.

———. 1993. "A Rationale for Group Selection." *Journal of Theoretical Biology* 162:1–22. doi:10.1006/jtbi.1993.1073.

Xu, X., X. Zuo, X. Wang, and S. Han. 2009. "Do You Feel My Pain? Racial Group Membership Modulates Empathic Neural Responses." *Journal of Neuroscience* 29:8525–8529. doi:10.1523/JNEUROSCI.2418-09.2009.

Yad Vashem. 2019. "Names of Righteous by Country." Yad Vashem, www.yadvashem.org/righteous/statistics.html.

Yanguas, P. 2018. *Why We Lie About Aid: Development and the Messy Politics of Change*. London: Zed Books.

Yoffee, N. 2012. "Deep Pasts: Interconnections and Comparative History in the Ancient World." In D. Northrop, ed., *A Companion to World History*. Oxford: Wiley Blackwell.

Zack, M. 2015. "Rebuilding Mathematically: A Study of the Rebuilding of Lisbon and London." *Nexus Network Journal* 17:571–586. doi:10.1007/s00004-015-0248-6.